改革开放四十年与中国社会科学丛书

中国政治学四十年

俞可平　主编

本书由
"中央高校基本科研业务费专项资金"及
"北京大学建设世界一流大学（学科）和特色发展引导专项资金"
资助

改革开放四十年与中国社会科学丛书
编委会

总 顾 问：郝 平　林建华　高 松

总 主 编：王 博　杨 河

编委会主任：杨 河

　　副主任：关海庭　文东茅　汪建成

编　　　委（以姓氏拼音为序）：

　　　　　　陈晓宇　贾庆国　李广建　陆绍阳

　　　　　　孙熙国　姚 洋　俞可平　张 静

　　　　　　张守文　郑晓瑛

项目统筹：佟 萌

改革开放四十年与中国社会科学丛书

总　序

杨　河

1978年中国共产党的十一届三中全会,冲破了长期"左"的错误的严重束缚,重新确立了马克思主义的思想路线、政治路线、组织路线,拉开了中国改革开放的大幕。四十年来,中国社会发生了深刻的历史性变化,作为其思想反映和理论概括,中国社会科学也在守正创新中与时俱进。认真梳理其发展的历史逻辑与理论逻辑,总结其历史经验与理论成果,对于我们面向未来,继续砥砺前行,着力构建中国特色哲学社会科学学科体系、学术体系、话语体系,不无裨益。

一

中国传统文化中的学术思想源远流长,但是将它们作为学科即分门别类的知识体系来对待,却是近代以后的事情。发展迄今,有五个重要的转变时期。①

第一个转变时期：从"书院四部"到"学堂七科"。

1840年第一次鸦片战争以后，中国陷入了半殖民地半封建状态，清朝在帝国主义入侵下的节节败退和妥协，将中国两千多年的封建制度带入了穷途末路，作为这个制度的意识形态的儒学随即陷入危机。在向西方学习、谋强图变的努力中，西学东渐进入了中国思想界。

中国古代的学问讲究博通，旨在培养"通才"，要求研读经、史、子、集，晚清的政治和社会危机引发了人们对"四部典学"有何"用处"的质疑，转向了"经世实学"的研究，然植根于农耕文明的传统"经世实学"仍难以"匡时济世"，19世纪60年代开始的洋务运动提出"中体西用""师夷制夷"，在开启大规模翻译输入"有用之学"——西学的同时，也开启了中国教育的学科建设之途。

中国古代的学校，没有学科和层次之分，启蒙教育之后即可进入书院，主要的学问大都包含在儒学之哲学思想中，在与西方学术思想的对话和碰撞中，西学的逻辑结构显示了一种强势的知识力量，中国学术思想一方面被重新解读，另一方面也得以重新整理和组合。这是一个重要的转化过程，有待于与此相适应的教育体系特别是近现代高等教育系统的形成，当这些条件比较具备的时候，已经是1898年京师大学堂的成立了。在这之前，以甲午战争为界，这个转化过程经历了前后两个阶段的演变。

甲午战争前，洋务运动的"中体西用"被理解为中国的人文（伦常名教）为"体"，西方的科技为"用"，因此，对西学的译介，大都为自然科学诸

---

① 本节的写作主要参考和借鉴了肖朗：《中国近代大学学科体系的形成——从"四部之学"到"七科之学"的转型》，《高等教育研究》2001年第6期；纪宝成主编：《中国大学学科专业设置研究》，北京：中国人民大学出版社，2006年。

学科,如天学、算学(即数学)、重学(即物理学)、热学、光学、电学、化学、地学、医学、植物学、动物学等。为"师夷制夷",一些培养外语人才和军事技术人才的专门学校建立了起来,最初有1862年成立的京师同文馆和1867年创办的福建船政学堂,至1894年前后,又先后有30所左右的此类学堂开办。这些在外来因素诱发下创办的学堂,是中国学人接受"分科治学"的西学观念而展开的最初的办学实践。

冯桂芬在1861年撰写的《采西学议》中,将西学称为有"格致之理"的"舆算之学",分为"算学、重学、视学、光学、化学等",将中学分为经学、史学和古学,这是中国近代最早的学术分科考虑,其要义是以中国伦常名教为原本,辅以西方富强之术。此后,王韬、陈虬、郑观应等又继之对这一问题以及中学西学的教学重点和比例结构进行了探讨。

中国在甲午战争中的失败,暴露了洋务运动的局限。日本的崛起,使中国人转移了向欧美学习的眼光,开始以日本为榜样,从器物层面的图强转向了制度层面的图强,中国教育深受影响。一方面,对西学更为重视,由胡聘之、秦绶章等倡议,经礼部复议后于1896年颁行各省实行的学科方案,将以往的"四部典学"扩充为经学、史学、掌故之学、舆地之学、算学、译学六大门类,除经学、史学外,其余四门皆吸纳了西学的内容;另一方面,开始注重研究中学与西学的融通结合,这与对西学中人文社科地位的重新认识密切相关。

针对洋务运动专注技艺的教育思想,梁启超指出:"中国向于西学,仅袭皮毛,震其技艺之片长,忽其政本之大法,故方言、算学、制造、武备诸馆,颇有所建置,而政治之院曾靡闻焉。"[①]张之洞也认为,"西学亦有

---

① 梁启超:《上南皮张尚书书》,《饮冰室合集》,北京:中华书局,1936年,第104—105页。

别,西艺非要,西政为要","大抵救时之计,谋国之方,政尤急于艺"。①这种对"西艺"和"西政"的区分,既是对西学之"用"的认识的深化,也是对近代学科两大知识体系——自然科学技术与人文社会科学分类的最初意识。

1897年,梁启超在《湖南时务学堂学约》中,进一步做了尝试解构中学西学二元结构的努力,将所讲授的课程分为两类:"溥通学"和"专门学",前者包括经学、诸子学、公理学、中外史志;后者包括公法学、掌故学、格算学。两类之中,经学、诸子学、掌故学系中国传统学术,公理学、公法学、格算学系西方近代学术,中西学术在其中融汇结合,这是一个新的综合性学科分类考虑,为新式学堂课程设置开了先河。

1898年,以"西政为要"的戊戌变法在清王朝内部发生,一时风生水起,然保守力量的过于强势使光绪皇帝及其一班学者、大臣的努力终于付之东流,在103天的轰轰烈烈之后,一切似乎又归于旧态,但却为后来的辛亥革命提供了借鉴。1898年至1911年的最后十余年,清王朝做了自我挽救的最后努力,一是在实行"新政"过程中于1905年宣布废除科举,二是在"五大臣出洋"后于1906年宣布预备立宪,虽均为不得已而为之,然却在为中国政治另辟新径的同时也为中国教育的发展开了转折之途。继1895年、1896年、1897年天津中西学堂、上海南洋公学、浙江求是书院先后成立之后,在戊戌变法的风雨中诞生的中国近代第一所国立综合大学——京师大学堂幸存了下来,中国大学教育的学术分科在这里从探索走到了初建。

早在1896年,孙家鼐在奉命筹办京师大学堂上奏的《议复开办京师大学堂折》中,就按照"总古今、包中外、该体用、贯精粗"的方针,拟定了

---

① 张之洞:《张文襄公全集》第4卷,北京:中国书店,1990年,第545、570页。

分天学、地学、道学、政学、文学、武学、农学、工学、商学、医学十科立学的章程,确立了京师大学堂分科立学的基本格局。戊戌变法期间,康有为在《请开学校折》中进一步论证,"夫学至于专门止矣,其所谓大学者"①,只有注重专门,才能"诸学并立,大学岿然,人才不可胜用"②。由梁启超执笔的《京师大学堂章程》,将大学堂的教育分为预科和本科,分别学习"溥通学"和"专门学"。预科是基础教育,中西科目兼顾;本科是专门教育,以西学为主。

戊戌变法的失败,使得孙家鼐和梁启超的方案都未能实施,直到1901年在清王朝开始实行"新政"改革时,张之洞等为重开京师大学堂而上奏的《筹议变通政治人才为先折》中,才又以日本大学的学科设置为蓝本,提出京师大学堂分设经学、史学、格致学、政治学、兵学、农学、工学的"七科方案"。

为弥补这一方案中未设"医学"和"商学"的不足,1902年(光绪二十八年),时任京师大学堂管学大臣的张百熙拟订了《钦定京师大学堂章程》即"壬寅学制",将大学分为政治、文学、格致、农业、工业、商务、医术七大学科,这是我国第一个以法定形式颁布的学制,但由于没有将"经学"单独列为一科,被认为有违"中体西用",受到质疑而搁置,未真正实施。

1904年1月13日(光绪二十九年十一月二十六日),清政府公布了由张之洞、荣庆、张百熙主持重新拟定的新学制《奏定学堂章程》即"癸卯学制",将"经学"置于群科之首,形成了经、法政、文、医、格致、农、工、商八大学科四十三门的学科体系。在此基础上,京师大学堂在1910年正

---

① 《康有为政论集》(上册),北京:中华书局,1981年,第306页。
② 《康有为政论集》(上册),北京:中华书局,1981年,第307页。

式确立了经科、法政科、文科、格致科(理科)、工科、商科、医科的"七科立学"的教育教学体系,至此,初步完成了从传统"书院四部"体制向近代"学堂七科"体制的转化。

第二个转变时期:从"独尊经学"到"兼容并包"。

当大臣们还在固守"经学"的"至尊"地位时,清王朝已经走到了它的尽头。以"大权统于朝廷,庶政公诸舆论"为原则的预备立宪由于其保守性和欺骗性,加剧了中央与地方之间、满汉之间和各阶级之间的矛盾,引发了社会动荡,加速了清王朝的灭亡,1911年辛亥革命的枪声催生了新的政治制度。

1912—1913年,刚刚成立不久的民国政府教育部在蔡元培的主持下颁布了"壬子癸丑学制",这是我国第一个具有资产阶级教育性质的学制,废除了原有的读经讲经课,充实了自然科学知识,规定了妇女受教育的权利与男女同校制度。

在推行新学制的同时,1912年10月24日教育部颁布了《大学令》和《专门学校令》,次年1月12日又颁布了《大学规程》,规定大学设预科、本科和大学院,以文科、理科为主,凡办大学,必须或者并设文理两科,或者设立文科并法商两科,或者设立理科并医、农、工任一科。

教育部的这三个文件,在新学制的基础上,进一步扭转了"中体西用"在教育上的规范。一是废除忠君尊孔的宗旨,禁用清朝教科书,接受西方近代大学课程体系;二是废除奖励科举身份,实行学位制,以成绩论进退;三是废除官吏制度,设立评议会,实行教授治校。

西方学科的大规模进入,一方面改变了原有的学科格局,西学除了在自然科学中一统天下外,在人文社会科学中也与传统中学平分秋色,西学教育学的理念由此开始深刻影响中国大学的发展;另一方面改造了原有的学术话语体系,西学理性主义的认知倾向、主客二分的思维模式、概念化的逻辑结构、定量的数学分析方法等等，也由此开始深刻影响中国传统学术思想的未来走势，开启了中国教育和中国传统学术的现代转化历程。

当然，正如历史上一切变革的发生一样，这个历程也不可能一帆风顺，辛亥革命后的七年中，先后发生了袁世凯、张勋、段祺瑞的三次文化复古运动，每一次都重提尊孔读经，但皆因逆时代潮流而未能得逞。其中起了重要作用的是中国教育界的那些向西方国家寻求真理的"先进中国人"，这里首先要提到的是1912年京师大学堂更名为北京大学后的第一任校长——严复。

作为中国"精通西学第一人"（康有为语）和《天演论》的翻译者，严复在介绍西方民主与科学思想的过程中，悟出了西方近代文明的精华——"自由为体，民主为用"，并将它们应用于北京大学的建设。严复提出，大学之根本，在"保存一切高尚之学术，以崇国家之文化"，办学之方针，在"兼收并蓄，广纳众流，以成其大"。四年以后，蔡元培主政北大，借鉴德国大学的经验，在北京大学推行教育教学改革时提出的"思想自由、兼容并包"，正是对严复办学方针的继承和发扬。循着这一办学方针，蔡元培以北京大学为试点，对学科布局和结构进行了重要调整。首先，在"学"与"术"亦即基础学科与应用学科的关系上，蔡元培提出了"学为基本，术为支干""学重于术"的原则，强调基础知识的重要性；其次，在文科和理科的关系问题上，蔡元培提出改"门"为"系"，废除文科、理科之名，分别将两科所属的14门专业调整组建为数学系、物理学系、化学系、地质学系、中文系、史学系、哲学系、经济系、政治学系、法学系、英文系、法文系、德文系、俄文系；最后，在学科教育的层次上，蔡元培提出招收研究生，建立研究生学科教育平台的主张，在北京大学开设了研究生教育课程。始于严复、行于蔡元培的北大改革，开中国近代高等教育改革之先河，其经验和成果影响至今。

1929年,民国政府颁布了《大学组织法》《大学规程》《专门学校组织法》《专门学校规程》,对1912年和1913年的三个文件内容作了进一步的完善,借鉴欧美的中国大学制度基本确立。后来,一是在大学内部管理体制上,又通过一些补充文件进行了充实:规定综合大学设学院、系,为三级管理,独立学院和专科学校为两级管理;二是在学位制度上,规定国立大学可以设立研究机构,以学科为基础的学位分为学士、硕士、博士三级,实行分类分级培养;三是在课程建设上,明确课程建设以学科为中心,按照"厚基础、严质量"的原则,规定了文、理、法、工、农、商六类学院的共同必修课目。这些制度化的建设,直接影响了1949年以后中国大学制度的改革与发展。

第三个转变时期:从西方模式到"以俄为师"。[1]

中华人民共和国成立以后,社会制度发生了根本性的变革,高等教育在"培养什么人、怎样培养人"的指导思想上也随之变化,为社会主义现代化建设服务是基本的要求。

1949年12月,在第一次全国教育工作会议上,时任教育部副部长钱俊瑞提出了教育改革任务,方针是:"以老解放区新教育经验为基础,吸收旧教育的有用经验,借助苏联经验,建设新民主主义教育。"但是在后来的实践中,全面学习苏联教育成了教育改革的主流。1952年下半年,教育部规定全国高校从一年级起采用苏联教学计划和教学大纲,组织力量翻译苏联教材,成立教学研究组,学习苏联教学方法。由此,苏联高等教育模式开始取代过去的欧美高等教育模式进入了中国。以法学为例,1949—1959年间共出版译作165种,基本上都是苏联的法学著作

---

[1] 参见纪宝成主编:《中国大学学科专业设置研究》,北京:中国人民大学出版社,2006年。

和教科书，这一时期的法学理论、法学体系、法律机制以及法制实践的方法等，无不沿袭苏联。

第四个转变时期：从教育改革到教育革命。

1953年，在苏联的帮助下，中国开始实施第一个五年计划，在编制"一五"计划和引进苏联156个大中型项目的同时，苏联的计划经济管理体制也进入了中国，教育也被纳入其中。

在应用苏联的经验和方法的过程中，出现了一些与中国实际情况"水土不服"的问题。苏共"二十大"后，在调查研究的基础上，毛泽东于1956年4月25日作了《论十大关系》的重要报告，提出了要"以苏为鉴，走自己发展道路"，指出："最近苏联方面暴露了他们在建设社会主义过程中的一些缺点和错误，他们走过的弯路，你还想走？过去我们就是鉴于他们的经验教训，少走了一些弯路，现在当然更要引以为戒。"9月召开的中国共产党第八次全国代表大会总结了探索适合中国国情发展道路的初步经验和理论，作出了党和国家的工作重点必须转移到社会主义建设上来的重大战略决策，提出了促进科学和艺术发展的极为重要的方针——百花齐放、百家争鸣。1956年4月28日在中央政治局扩大会议的总结讲话中，毛泽东就指出："艺术问题上的百花齐放，学术问题上的百家争鸣，我看应该成为我们的方针"，"讲学术，这种学术也可以讲，那种学术也可以讲，不要拿一种学术压倒一切。你讲的如果是真理，信的人势必就会越来越多"。① 5月2日，在最高国务会议第七次会议上，毛泽东正式宣布了"百花齐放、百家争鸣"的方针。他说："现在春天来了嘛，一百种花都让它开放，不要只让几种花开放，还有几种花不让它开放，这就叫百花齐放。百家争鸣，是说春秋战国时代，二千年以前那个时

---

① 《毛泽东文集》第7卷，北京：人民出版社，1999年，第54—55页。

候,有许多学派,诸子百家,大家自由争论。现在我们也需要这个。……在《中华人民共和国宪法》范围之内,各种学术思想,正确的、错误的,让他们去说,不去干涉他们。……有那么多的学说,那么多的自然科学学派。就是社会科学,也有这一派、那一派,让他们去谈。在刊物上、报纸上可以说各种意见。"

1957年2月,毛泽东在《关于正确处理人民内部矛盾的问题》的报告中再次强调:"百花齐放、百家争鸣的方针,是促进艺术发展和科学进步的方针,是促进我国的社会主义文化繁荣的方针。艺术上不同的形式和风格可以自由发展,科学上不同的学派可以自由争论。利用行政力量,强制推行一种风格,一种学派,禁止另一种风格,另一种学派,我们认为会有害于艺术和科学的发展。艺术和科学中的是非问题,应当通过艺术界科学界的自由讨论去解决,通过艺术和科学的实践去解决,而不应当采取简单的方法去解决。"①

在"以苏为鉴,走自己发展道路"这个总的思想的指导下,中国高等教育也开始了扭转全盘苏化的改革进程,但是这个过程很快就出现了曲折。1958年5月中国共产党的八大二次会议提出社会主义建设总路线之后,没经过认真的调查研究,就轻率地发动了"大跃进"运动。"大跃进"中忽视客观规律、急躁冒进的问题也反映到了高等教育的发展中:一方面,高等学校数量盲目扩大,使得办学质量下降较大;另一方面,专业设置盲目增加,又使得高等教育人才培养口径不合理地收窄。

为了纠偏,1961年9月教育部印发了《中华人民共和国教育部直属高等学校暂行工作条例(草案)》,即"高校六十条",在学科设置上,要求"高等学校的专业设置,应根据国家的需要、科学的发展和学校的可能条

---

① 《毛泽东文集》第7卷,北京:人民出版社,1999年,第229页。

件来决定。专业设置不宜过多,划分不宜过窄。每个学校应该努力办好若干重点专业。专业的设置、变更和取消,必须经过教育部批准"。1963年9月经国务院批准发布了《高等学校通用专业目录》和《高等学校绝密和机密专业目录》,这两个专业目录根据"宽窄并存,以宽为主"的原则,一是将1962年已经增加到的627种专业压缩到432种,二是适当调整了一些专业的培养目标。虽然没有完全解决专业过窄的问题,但是作为1949年以后第一个由国家统一制定的高等学校专业目录,还是较好地适应了当时社会经济文化发展的需要,以其较齐全的专业种类设置为以后的进一步补充完善奠定了基础。

1966年发生的"文化大革命"中断了中国高等教育在调整改革中的发展进程。"文革"期间,教育和其他领域一样,受到了严重的破坏,遭遇了严重的挫折。

第五个转变时期:从重新起步到跨越式发展。

1978年12月召开的中国共产党的十一届三中全会,正确总结了"文化大革命"的经验教训,停止了"以阶级斗争为纲"的方针,确立了经济工作的中心地位,开始实施改革开放,在拨乱反正、开创中国特色社会主义道路的过程中,中国高等教育的发展迎来了前所未有的大好机遇。1977年,受"文化大革命"冲击而中断了十年的中国高考制度得以恢复,中国高等教育在"回归"中重新起步。一些在历史上被错误取消的学科如社会学、政治学等得以恢复重建。

1983年10月1日,邓小平为北京景山学校题词"教育要面向现代化,面向世界,面向未来",为整个中国教育的发展指明了方向。1985年,中共中央《关于教育体制改革的决定》指出,"高等教育的结构,要根据经济建设、社会发展和科技进步的需要进行调整和改革",提出要解决"专业设置过于狭窄"问题,这就需要逐步消减和改造一些陈旧落后的专业,增加和创立一些具有重要前沿性和现实性的专业。"如何进行"成为高等学校专业设置的重要课题。20 世纪 80 年代中后期,为了整合资源,中国一些规模较大的高校在学科组织的构建上开始突破"系—教研室"的模式,恢复和创建学院。1998 年《中华人民共和国高等教育法》的颁布进一步扩大了高校的自主办学权。为了改变长期以来学科管理条块分割的问题,教育部在推动高校管理体制的改革中进行了自 1952 年院系调整以来的新一轮大规模院系调整,通过共建、合作、合并等形式,重组了一批高校特别是综合性大学。与此相适应,改革开放以来,高等学校专业目录进行了多次调整,2000 年以前有三次较大幅度的调整。

第一次是 1987 年的调整,这次调整的重点是解决"文化大革命"十年的耽误和改革开放初期匆忙上马分别造成的专业缺口和专业混乱问题,专业总数从 1982 年的 1343 种减少到 671 种,其中人文社会科学 214 种,理工科 325 种,农林 75 种,医药 57 种。恢复和增设了文科、财经、政法类中一批长期比较薄弱的专业,加强了一些如管理类的新兴、交叉、边缘学科的专业。通过专业目录修订,明确了专业划分与设置的基本原则。这是 1963 年 9 月发布《高等学校通用专业目录》后第二次对高校专业目录的全面修订,解决了"文化大革命"所造成的专业设置混乱的问题,专业名称和专业内涵得到整理和规范。

第二次是 1993 年的调整,这次调整的重点是解决专业归并和总体优化的问题,全部专业分为哲学、经济学、教育学、文学、历史学、理学、工学、农学、医学等十大门类,下设 71 个二级学科。经过调整,专业总数从之前的 813 种压缩至 504 种,其中含有 56 种跨学科门类的专业,形成了体系完整、统一规范、比较科学合理的本科专业目录。

第三次是 1998 年的调整,这次调整的重点是改变过去过分强调"专业对口"的教育观念和模式,按照"科学、规范、拓宽"的原则,本科专业目录的学科门类调整为 11 个,专业类为 71 个,增设了管理学门类,专业种数由 504 种调减到 249 种,其中跨学科门类专业 31 种。这次调整的力度较大,为培养面向 21 世纪需要的复合型、创新型高层次专门人才做了准备。

进入 21 世纪以后,比较大的是 2012 年的调整,这次调整的重点是要适应中国经济社会可持续发展的需要,按照科学规范、主动适应、继承发展的原则,经过分科类调查研究、专题论证,将学科门类分为哲学、经济学、法学、教育学、文学、历史学、理学、工学、农学、医学、管理学、艺术学 12 个,新增了艺术学学科门类,专业类由修订前的 73 个增加到 92 个;专业由修订前的 635 种调减到 506 种,推进了学科布局的总体优化配置。

二

改革开放四十年来中国高等教育学科专业的调整,是中国高等教育走向世界强国的客观要求,贯穿在这个调整中的根本问题是培养什么人、怎样培养人,需要处理好的基本关系主要有五个:一是政治与学术的关系,这里涉及的是马克思主义对学术研究的指导问题;二是中学与西学的关系,这里涉及的是古今中外的问题;三是"通才"教育与"专才"教育的关系,这里涉及的是人才培养的知识结构问题;四是基础性研究与应用性研究的关系,这里涉及的是学术发展"源"与"流"的问题;五是专业性研究与跨学科研究的关系,这里涉及的是学问的深度与广度以及新的知识成长点的问题。推动这种调整的基本力量主要来自三个方面的现实需要:一是中国特色社会主义经济、政治和文化发展的现实需要;二是世界科技进步和现代化进程的现实需要;三是世界高等教育发展的现实需要。从总的趋势上看,中国高等教育在调整中对五个基本关系的认识是越来越趋向于辩证综合，而不是简单地肯定一个方面、否定另一个方面。

这些调整，既存在于自然科学学科，也存在于哲学社会科学学科，从调整的内容和形式上看，哲学社会科学学科的调整更为突出，这主要在于：第一，从历史上看，中国高校学科建设的一个重要问题是走出"中体西用"的束缚，融通古今中西，哲学社会科学一马当先，改革开放推进了这种进程，提出了新的要求；第二，从实践上看，改革开放以来中国社会在历史性转型的过程中呈现了大量社会矛盾和社会问题，需要哲学社会科学加以研究和回答；第三，从学科关系上看，自然科学的发展出现了越来越多的关于人的生存价值等问题，要求哲学社会科学予以诠释。

恩格斯讲过："社会上一旦有技术上的需要，则这种需要会比十所大学更能把科学推向前进。"自然科学如此，哲学社会科学也是如此，以法学的发展为例，党的十一届三中全会完成了指导思想上的拨乱反正以后，工作重点转移到社会主义现代化建设上来，法制在国家与社会治理体系中的重要性被充分认识。① 十一届三中全会公报指出："为了保障人民民主，必须加强社会主义法制，使民主制度化、法律化，使这种制度和法律具有稳定性、连续性和极大的权威，做到有法可依，有法必依，执法必严，违法必究。"在新的观念体系、制度环境和建立社会主义市场经济的改革开放实践中，一方面，持续性的社会主义法制建设全面展开，大量的基本法律陆续得以制定。从1978年全国生效的法律（包括宪法）只有8部到2018年国家层面的法律262部、行政法规680部、地方性法规8000部、政府的规章11000部，形成了一个覆盖众多社会生活领域的以

---

① 参见陈甦：《当代中国法学的历程：〈当代中国法学研究〉导论》，《中国社会科学院研究生院学报》2010年第6期。

宪法为基础、以七个部门法为分支的完整的中国特色社会主义法律体系，用四十年的时间走完了西方用三百多年才走完的立法道路；另一方面，中国法学摆脱了对苏联法学的理论依赖，也走出了原有的政治学结构，开始作为一个独立的理论体系和一门独立的专业学科走上自己的路。在澄清了法的阶级性与法的其他属性之间的关系、脱离了"以阶级斗争为纲"的基本研究范式之后，中国法学确立了自身的研究对象、逻辑起点、推演方法与展开路径，逐渐形成了与中国的法制实践和法制建设相适应的法理学、宪法学、行政法学、刑法学、民法学、经济法学、诉讼法学、环境法学等基本的二级学科、众多的三级学科和许多边缘交叉学科组成的枝形学科体系，文献引证、学术批评、学术评审、学术道德等规范化程度不断提升。全国630多个法学院系的建立，200多种法学期刊的出版，大量法律实用人才和法学研究人才的培养，为依法治国、推进中国的现代化事业提供了重要的理论支撑和人才支撑。

邓小平指出："我们要赶上时代，这是改革要达到的目的。"改革开放四十年来，随着中国经济的快速发展，高等教育实现了跨越式的发展。教育部的数据显示，1978年，中国的高等教育毛入学率只有1.55%，1988年为3.7%，1999年高校扩招后，2001年毛入学率达到11%，2014年，在校生规模达到3559万人，居世界第一，毛入学率达到37.5%，2017年在校生规模3779万人，毛入学率达到45.7%，2018年高等教育在校生规模达到3833万人，毛入学率48.1%。按照目前国际上比较公认的看法，中国的高等教育已经进入大众化阶段，这是中国实行科教兴国战略、优先发展教育的大政方针的历史结果。高等教育的发展提高了全民族素质，推进了科技创新、文化繁荣，为经济发展、社会进步和民生改善做出了重大贡献，是中国实现从人口大国向人力资源大国转变的重要途径。

三

　　未来的发展,在实现现代化的总体要求下,中国教育发展的方针是,以育人为本作为教育工作的根本要求,以改革创新作为教育发展的强大动力,以促进公平作为国家基本教育政策,以提高质量作为教育改革发展的核心任务,加快解决经济社会发展对高质量多样化人才需要与教育培养能力不足的矛盾、人民群众期盼良好教育与资源相对短缺的矛盾、增强教育活力与体制机制约束的矛盾,完善中国特色社会主义现代教育体系,办好人民满意的教育,建设人力资源强国。

　　对于中国高等教育来讲,在教育改革中提高质量具有特殊的意义,关系到高素质高层次人才的培养。为了带动全局工作,国家启动了"双一流"即建设世界一流大学和一流学科的规划,这是继"211 工程""985 工程"之后的又一国家战略,旨在提升中国高等教育综合实力和国际竞争力,为实现"两个一百年"奋斗目标和中华民族伟大复兴提供有力支撑。

　　"双一流"的基础是一流学科建设,没有世界一流的学科,就没有世界一流的大学。从哲学辩证法的观点讲,任何命题都是一般与个别的统一,"世界一流"也是如此,只有具体的"世界一流",没有抽象的"世界一流"。在中国要建成世界一流的高校和世界一流的学科,必须从中国的实际出发,具有中国的特色。中国高校的学科建设,从最初的清末学欧洲,然后学日本,到民国逐渐转向学美国,1949 年以后从最初学苏联,到重新借鉴美欧,一路走来,几经磨难,在否定之否定以后还是回到了自我。

　　学科的底蕴是学术,中国学术古来就有着高度的自觉和自信,"为天地立心,为生民立命,为往圣继绝学,为万世开太平"是中国知识分子的学术志向和传统。鸦片战争以后,这个学术志向和传统融入了民族复兴的大业,成为教育兴国、知识报国的自觉意识。中国高校的学科建设历史,形式上是学科设置规划的调整变化,内容上却是中国学术的砥砺前行,学习和借鉴外来的东西,实现的还是中国学术的自我发展。

改革开放四十年来,中国政治、经济、文化发生了巨大变化,习近平总书记在庆祝改革开放四十周年大会上指出:"改革开放是我们党的一次伟大觉醒,正是这个伟大觉醒孕育了我们党从理论到实践的伟大创造。改革开放是中国人民和中华民族发展史上一次伟大革命,正是这个伟大革命推动了中国特色社会主义事业的伟大飞跃!"这场伟大觉醒、伟大革命、伟大飞跃为中国高校的学科建设特别是哲学社会科学的学科建设开辟了新的发展道路。一方面,改革开放这场中国历史上最为广泛而深刻的社会变革和人类历史上最为宏大而独特的实践创新,给哲学社会科学的理论创造、学术繁荣提供了强大动力和广阔空间;另一方面,改革开放所敞开的思想解放视域使中国高校的哲学社会科学学科建设能够更深入地了解世界高等教育的历史与现状、问题与挑战、特点与规律,在路径选择上有了更多的机会和机遇。

面向未来,我们既需要只争朝夕的精神,也需要任重道远的定力。习近平总书记在哲学社会科学工作座谈会上指出:"面对新形势新要求,我国哲学社会科学领域还存在一些亟待解决的问题。比如,哲学社会科学发展战略还不十分明确,学科体系、学术体系、话语体系建设水平总体不高,学术原创能力还不强;哲学社会科学训练培养教育体系不健全,学术评价体系不够科学,管理体制和运行机制还不完善;人才队伍总体素质亟待提高,学风方面问题还比较突出,等等。总的看,我国哲学社会科学还处于有数量缺质量、有专家缺大师的状况,作用没有充分发挥出来。

改变这个状况,需要广大哲学社会科学工作者加倍努力,不断在解决影响我国哲学社会科学发展的突出问题上取得明显进展。"

解决这些前进中的问题,一是要坚持马克思主义的指导,因为人类社会至今仍然生活在马克思所阐明的发展规律之中。实践证明,无论时代如何变迁、科学如何进步,马克思主义依然显示出科学思想的伟力,依然占据着真理和道义的制高点。因此,要探索人类社会发展前景,我们必须向马克思求教,以现实问题为导向,努力揭示我国社会发展、人类社会发展的规律和趋势。二是要传承中华优秀传统文化,因为它是我们国家和民族的精神血脉和文化基因。历史和现实都表明,一个抛弃了或者背叛了自己历史文化的民族,不仅不可能发展起来,而且很可能上演一场历史悲剧,因此,要加强对中华优秀传统文化的挖掘和阐发,使中华民族最基本的文化基因与当代文化相适应、与现代社会相协调,把跨越时空、超越国界、富有永恒魅力、具有当代价值的文化精神弘扬起来,推动中华文明创造性转化、创新性发展。三是要吸取世界所有国家哲学社会科学取得的积极成果,因为社会主义、共产主义本身就是世界历史的产物,只有站在时代潮流前列,才能使社会主义保持生机活力,而只有广泛吸取人类文明的积极成果,才能站在时代潮流的前列。人类思想史告诉我们,任何一种文化的长足发展,都离不开人类文明发展的大道,离不开对其他文化的吸取和借鉴,因此,既要坚持古为今用,也要坚持洋为中用,不忘本来、吸收外来、面向未来,对一切有益的知识体系和研究方法,都要研究借鉴,不能采取不加分析、一概排斥的态度。

习近平总书记在哲学社会科学工作座谈会上还指出:"当代中国的伟大社会变革,不是简单延续我国历史文化的母版,不是简单套用马克思主义经典作家设想的模板,不是其他国家社会主义实践的再版,也不是国外现代化发展的翻版，不可能找到现成的教科书。我国哲学社会科学应该以我们正在做的事情为中心，从我国改革发展的实践中挖掘新材料、发现新问题、提出新观点、构建新理论，加强对改革开放和社会主义现代化建设实践经验的系统总结，加强对发展社会主义市场经济、民主政治、先进文化、和谐社会、生态文明以及党的执政能力建设等领域的分析研究，加强对党中央治国理政新理念新思想新战略的研究阐释，提炼出有学理性的新理论，概括出有规律性的新实践。这是构建中国特色哲学社会科学的着力点、着重点。一切刻舟求剑、照猫画虎、生搬硬套、依样画葫芦的做法都是无济于事的。"

当前，经济全球化、政治多极化、文化多样化正在持续发展，新的科技革命所展现出的巨大潜力正在孕育世界高等教育新的理念和新的改革，认真回顾和总结中国哲学社会科学学科建设改革开放四十年以来走过的道路，对于我们规划未来，必然大有裨益。从中国的实际出发，抓住机遇，迎接挑战，守正创新，努力构建中国哲学社会科学的学科体系、学术体系、话语体系，是民族复兴和现代化事业赋予中国哲学社会科学工作者的历史使命，我们应当承担起这份历史责任。

为此目的而组织撰写的"改革开放四十年与中国社会科学丛书"，涵盖法学、政治学、社会学、国际政治与国际关系学、新闻传播学、图书馆情报与档案管理学、马克思主义理论、教育学、经济学、人口学等社会科学学科，由郝平、林建华、高松任总顾问，王博、杨河任主编，杨河兼任编委会主任。十卷本的具体组织撰写者为：《中国法学四十年》（张守文）、《中国政治学四十年》（俞可平）、《中国社会学四十年》（张静）、《中国国际政治与国际关系学四十年》（贾庆国）、《中国新闻传播学四十年》（陆绍阳）、《中国图书情报学四十年》（李广建）、《中国马克思主义理论四十年》（孙熙国）、《中国教育学四十年》（陈晓宇）、《中国经济学四十年》（姚洋）、《中国人口学四十年》(郑晓瑛)。

  由于能力所限,呈献给读者的文稿与我们的初衷会有不小差距,不足之处在所难免,请大家不吝赐教。

2018年12月17日

目 录

前　言	俞可平	1
第一章　中国政治学的主要趋势	俞可平	3
第二章　中国政治学的学科发展	王中原　郭苏建	27
第三章　中国政治学的重要概念	谈火生　杨　婕	63
第四章　中国政治学的重点领域	张长东　李佳璐	122
第五章　中国政治学的研究方法	韩冬临　释启鹏	173
第六章　中国的政治文化研究	费海汀	209
第七章　中国的政治学理论	殷冬水	255
第八章　中国的比较政治研究	陈　刚	302
第九章　当代中国政治研究	陈　文	346
附　录　中国政治学四十年大事记	张　禹　王　俊	395
参考文献		424

前　言

俞可平

　　今年是伟大的改革开放四十周年,为了全面检视改革开放以来哲学社会科学所取得的成就,北京大学社会科学学部推出了"改革开放四十年与中国社会科学丛书"。2018年3月,学部委托我主持其中《中国政治学四十年》一书的撰写。出于对改革开放的深刻认同和对学科发展的责任感,我欣然接受了这一任务。在拟定了全书的结构框架和主要章节内容后,我听取了若干同行的意见,并决定由中青年学者来承担各章的写作任务。这既是出于政治学的学术传承,也是出于新老政治学者之间的对话反思。我分别请北京大学、清华大学、中国人民大学、复旦大学、武汉大学、吉林大学和深圳大学政治学专业的相关负责人推荐年轻作者,各校的同仁十分支持,在最短的时间内便推荐了8名优秀的青年政治学者,组成了本书的基本作者队伍。

　　今年5月,我邀请这些作者来到北京大学,召开了本书的第一次撰写工作会议。明确了各章的分工,讨论并确定了详细的撰写提纲。全书分为两个部分,第一部分评述中国政治学的整体发展状况,包括改革开放四十年来中国政治学的学科建设、重点研究领域、重要分析概念和主要研究方法;第二部分着重评析政治学主要分支学科的发展状况,包括政治学理论、中外政治文化、比较政治研究和中国政治研究。全书采取史论结合的叙述方式,在史料和事实的基础上,力图全景式地回顾和评述改革开放四十年来中国政治学的发展历程,着重论述政治学学科发展、专业人才队伍建设和学术研究所取得的重大成就,面临的主要挑战,以及未来中国政治学的发展前景。

各位年轻的政治学同仁,不负前辈的重托,在3个月的时间内便完成了初稿的撰写。我对初稿提出修改意见后,大家又在8月底拿出了第二稿。2018年8月29—30日,北京大学中国政治学研究中心与西华师范大学政治与行政学院在四川南充联合召开了"中国政治学发展四十年全国学术研讨会",特地邀请各位作者及知名政治学者王长江、周光辉、黄卫平、景跃进、何增科、胡伟、任中平等人参加会议,就第二稿进行认真的研讨,广泛听取与会代表的修改意见。各位作者充分吸收了与会专家学者的建议,在9月中旬完成了该书的第三稿。为了突出重点、避免重复和统一模式,我又对第三稿做了最后的修订。从某种意义上说,本书不仅仅是13位作者的成果,也凝聚了众多国内政治学同仁的心血。

本书能够在短期内得以顺利完成,除了感谢北京大学社会科学学部、政府管理学院和中国政治学研究中心外,要特别感谢各位年轻作者、审稿专家和西华师范大学的合作与支持。毫无疑问,在如此仓促的时间内,要对中国政治学四十年的发展做出全景式的评述和分析,挂一漏万与论述失当是在所难免的。对此,作为课题负责人和本书主编,我负主要责任,也欢迎各位读者提出批评与建议。

2018年9月12日于莫斯科

第一章 中国政治学的主要趋势

俞可平

本章在简要回顾改革开放后中国政治学恢复与发展的历程之后,将着重论述中国政治学在过去四十年时间内演化发展的若干重要趋势。最后,本章将通过概括目前关于"中国政治学向何处去"的几个典型争论,分析制约中国政治学繁荣进步的某些瓶颈,并就如何破解这些瓶颈提出若干建议与主张。

一、引论:中国政治学的曲折发展

作为一门独立学科的政治学,在我国产生于清末民初,北京大学是中国近代政治学的发源地。据考证,"1899 年 9 月京师大学堂政治专门讲堂的设立,是北京大学政治系的前身或最早的学科渊源和组织渊源"。1902 年的《钦定京师大学堂章程》制定了一个"分科大学专业设置",指出"政治科第一,政治科下设二目,一曰政治学,二曰法律学"。这是中国最早的政治学课程设置。1904 年,北京大学开设"政治学门",1910 年政治学门首次单独招生,从而,"北京大学完成了政治学学科体系的独立建制"。①继北京大学率先开设政治学科之后,国内其他重要的综合性大学也纷纷效仿。到 1948 年为止,在当时全国的 100 余所大学中,已有 40 多所大学设立了政治学系,培养政治学专门人才。②

1949 年中华人民共和国成立后,我们开始照搬苏联的模式,政治学被当作"伪科学",被马列主义理论所替代。1952 年,高等院校进行院系调整,大学中的政治学系被正式取消。从 20 世纪 50 年代初到 70 年代末这一漫长的时期中,虽在少数大学里短暂有过"政治学系"或"国际政治系"的设置,但作为一门独立学科的政治科学已不复存在。从此以后,政治学在中国学术领域中消失了近三十年。政治学在我国的再次振兴,是改革开放之后的事情。改革开放使我国学术界长期禁锢的思想得以解放,广大知识分子深切地认识到,1949 年后之所以出现了"反右扩大化"和"文化大革命",一个重要的原因,是我们忽视了政治发展的普遍规律。一些理论工作者开始呼吁加强对社会主义民主法制的研究,加强对社会政治发展规律的研究。顺应广大知识分子的这种迫切要求,邓小平同志在 1979 年召开的理论务虚会上明确指出:"政治学、法学、社会学以及世界政治的研究,我们过去多年忽视了,现在需要赶快补课。"③此后,政治学在中国重新恢复,并得以迅速发展。

政治学恢复四十年来,已经成为我国的基础社会科学门类之一,取得了引人注目的成就。概括地说,新时期中国政治学的成就,主要体现在以下几个方面:第一,在学科设置方面,政治学作为基础学科的地位已

---

① 金安平:《中国近代社会转型的学术折射——北京大学政治学科与学系的建立》,《北大政治学评论》第 3 辑,北京:商务印书馆,2018 年,第 32—35 页。
② 参见赵宝煦:《中国政治学百年历程》,《东南学术》2000 年第 2 期。
③ 《邓小平文选》第 2 卷,北京:人民出版社,1994 年,第 180—181 页。

得到确立，被编入国家的一级学科目录。第二，在机构设置方面，从中央到地方，相继设立了许多综合性的或专门性的政治学研究机构。第三，在政治学专业人才培养方面，从1981年起开始招收政治学专业的本科生，1983年起招收硕士生，1985年起招收博士生，至今已经形成一个由学士、硕士、博士和博士后组成的完整政治学人才培养体系。第四，在科学化方面，政治学的研究对象比较明确，政治学独有的概念系统和方法论系统初步形成，专业化程度明显提高。第五，在应用研究方面，政治学者开始积极地参与各级政府的对策研究，更多地承担党政职能部门委托的课题研究，成为决策咨询系统的重要成员。第六，在国际交流方面，政治学基本上已经完成从敏感学科向常规学科的转变，全方位对外开放，包括邀请国外政治学者来华讲学、国内政治学者到国外访问和参加国际会议、海内外学者合作从事政治学研究、国内外大学联合培养政治学研究生，等等。最后，政治学的学术共同体开始形成，"中国政治学会"等专业学术团体相继建立，各种政治学专业论坛、专业期刊和同人组织大量出现。

在哲学社会科学的基础学科中，政治学与现实政治的关系最为紧密，政治学理论与政治意识形态的关系也最为直接。一方面，政治学知识在很大程度上，本身就是政治意识形态的重要内容，政治学的发展必须遵循现实政治的逻辑，也必然受到现实政治的制约。另一方面，政治学是一门独立的科学，它有自己的学术逻辑，政治学的发展必须遵循学术发展的规律，与现实政治保持适当的距离。改革开放以来，中国政治学正是在政治逻辑和学术逻辑的双重变奏中曲折地向前发展。在四十年的发展轨迹中，我们可以清楚地看到以下七个重要的演进趋势。

二、从理论译介到本土研究

作为一门独立科学的政治学在我国的产生与发展,肇始于译介西方近代政治学著作。清末的一些维新之士,出于当时政治现实的需要,纷纷从西方政治学中寻找其政治改良的理论依据,在译介西方政治学著作的同时,开始对政治学进行独立的研究和教学。卢梭的《民约论》、穆勒的《群己权界论》等一大批西方政治学名著在清末被译传到中国,有人统计,在 1901 年到 1904 年的四年间,中国翻译出版的西方政治学著作多达 66 种。历史的逻辑常常有着惊人的相似:改革开放后中国政治学的恢复和发展,首先也是从译介国外政治学理论开始的。中国政治学会与中国社会科学院政治学研究所,自 1980 年起陆续编印《政治学参考资料》,主要介绍国外的政治学理论。在 20 世纪 80 年代和 90 年代,苏联东欧地区和西方发达国家中一些最有代表性的著作和理论,纷纷被译介到国内。"我国政治学恢复之初,国内学者首先研究和介绍了国外有关阐明政治学的对象、范围、任务、理论、方法等政治学原理的论述,曾先后将美、苏、日、德等七个国家有关论著介绍给国内读者,这对我国开展政治学研究工作是很有参考价值的。"[①]一些出版社推出大型的国外哲学社会科学翻译丛书,有计划、成规模地翻译介绍国外的政治学著作。例如,上海译文出版社的"当代学术思潮译丛"、浙江人民出版社的"政治学丛书"、华夏出版社的"二十世纪文库"丛书等。此外,许多社会科学的期刊也开设专栏,介绍国外政治学的最新进展。中国社会科学院政治学研究所曾在原先《政治学参考资料》的基础上,正式编辑出版专门期刊《国

---

① 刘庆民:《五年来我国对国外政治学的译介和研究》,《政治学研究》1986 年第 2 期。

外政治学》》①。

与苏联东欧地区传统社会主义体制和西方发达资本主义体制相比,改革开放后中国的政治发展走上了一条极不相同的道路,即使是那些已经风靡于世的国外政治学理论,往往也很难解释和预测中国的政治现象和政治发展。许多中国政治学者很快就认识到,原封不动地照搬国外的政治理论,不仅无助于解释中国特色的政治现实,还会阻碍中国政治学的进步与发展。一些中国学者在20世纪90年代后期,就开始提出"中国政治学本土化"的诉求,到了21世纪初,"本土化"便成为中国政治学界最强有力的声音之一。尽管对"本土化"的理解不尽相同,但在绝大多数情况下,"中国政治学的本土化"命题包含着以下三个方面的意义。其一,是承认国外政治学理论的普遍价值,但要结合中国的传统文化和现实情况来引进和运用国外的政治学理论,使之具有更强的适用性和解释能力。例如,有的学者指出:"本土化"问题在不同领域与不同学科之中仍具争议,其内涵与话语选择也因学科领域不同而有差异。对于中国政治学而言,西方的政治学理论无疑具有学术的前沿性,参照和借鉴西方的前沿性学术是推动中国现代政治学理论建构的重要环节。但是,这种参照和借鉴必须以"本土化"为归宿,以中国的本土特色来应用和修正西方的理论体系。②其二,是从中国的具体政治现实出发,借鉴国外的政治理论和方法,建构我们自己的具有"中国特色的政治学"。有些学者将前者称为"理论是西方的,资料是本国的",将后者称为"理论本土化",即

---

① 《国外政治学》创刊于1984年,由中国社会科学院政治学研究所主办,1989年停刊。
② 参见葛荃、张英魁:《本土化构想:建设中国特色现代政治学理论面临诸问题》,《华侨大学学报》(哲学社会科学版)2005年第4期。

建构"中国特色"的政治理论。①其三,是立足中国的政治现实,建构"中国特色"和"中国气派"的政治学理论和话语体系,并以此去拒斥和抗衡西方的政治学。

在最近这些年中,这种用以抗衡西方政治理论的"中国特色政治学"或"中国气派政治学"无疑已经成为"中国政治学本土化"的官方主旋律。在过去的四十年中,中国的政治学,从译介国外政治学理论,尤其是西方政治学理论,到强调政治学的本土化和中国化,再到以"中国特色的政治学"去拒斥西方政治学理论,这背后的深层原因是什么呢?这当然有国外政治学本身的内在不足,以及不足以完全解释中国政治等学术的原因,但主要的原因显然是政治性的。这就是担忧"中国政治学的话语权"被西方学者或亲西方学者把持,担忧中国学者失去自己对政治学话语的主导权,进而导致西方的政治价值观和政治理念冲击中国的主流价值观和意识形态。例如,有些学者痛心疾首地指出:"政治学研究的本土化并不是简单的西方政治范式在中国问题上的运用,而是基于两个基本问题的创造性思考与重建:一是中国的政治学研究问题的立足点是否与马克思主义的基本立场和观点一致;二是我们是否以独特的视角创造了新理论、新理念、新思想、新观点、新体系,来构建适应性的核心政治价值观。"在这些学者看来,西方政治学的盛行与对其的盲目崇拜引起了本土政治和学术话语权的丧失;对西方外文文献的过分推崇表现出本土研究自主性的缺失;盲目的学术对外交流加剧了本土学术话语的迷失。"近年来,随着深受西方政治文化熏陶并接受西方政治学学术训练的大量学者的回归,西方经典及最新发展的政治学译著引介和学术交流的频繁,大多

---

① 参见洋龙、韩旭:《迈向21世纪的中国政治学:发展中的几个问题》,《政治学研究》1998年第1期。

数学者对西方政治学耳熟能详,以致形成这样一种学术气象,西方的概念、基本假设、分析框架和研究方法无形中成为学术的主流话语,甚至'言必称希腊',由于缺乏应有的批评和本土化的创新意识,学术研究只能重复西方的思考方式及政治学问题,从而失去了本土的政治和学术话语权。"①

三、从意识形态到政治科学

意识形态(ideology)一词,最早是由法国人特拉西(Antoine Destutt de Tracy)于1796年提出的,法文原文是 the ideologues,指的是"信仰"或"观念"的体系。马克思和恩格斯在《德意志意识形态》等书中对这一概念做了系统的分析和批判,从而使"意识形态"一词广为流传。马克思认为,意识形态作为一个观念体系,是基于经济基础之上的上层建筑。一切宗教的、法律的和政治的观念体系,都是由统治阶级主导并服务于阶级统治的上层建筑。按照马克思主义的经典解释,政治学理论也属于意识形态的范畴。1949年以后,政治学在中国不再被当作科学,主要不是因为它不能被定量化或模型化等学术原因,而是由于受这种马克思主义经典理论的影响,认为民国时期产生的作为一门独立学科的政治学具有"虚伪性",即传统的政治学掩盖了政治现象背后的阶级本质。政治学成为统治阶级欺骗人民的工具,是一种"资产阶级伪科学",因而应当被取消。即使改革开放后,政治学作为一门独立学科得以在我国恢复,但政治学界有一些人事实上仍把政治学直接等同于政治意识形态,依旧用阶级分析替代所有其他的政治分析,认为政治学就是服务于统治阶级的意识形态工具。在这样一种现实背景下,中国政治学的发展在相当程度

---

① 娄成武、蒋龙祥:《中国政治学研究的历史、现实与未来》,《政治学研究》2010年第6期。

上便体现为：政治学在何种程度上成为相对独立于政治意识形态的社会科学。

在过去四十年中，中国政治学沿着以下两条具体路径逐渐从以解释和论证现实政治为主的政治意识形态，转向以分析和研究政治规律为主的政治科学。其一，知识化，即发挥政治学作为人文社会科学基础知识体系的作用。广义地说，政治学是关于人类政治现象、政治生活和政治规律的系统知识。正如亚里士多德所说，人是天生的政治动物，要过政治生活。人类社会只要存在政治现象，就需要政治知识。对于普通人而言，可以不需要政治科学，但只要他生活在政治社会里，就始终需要关于政治生活的知识。统治阶级需要政治知识，来维护既定的政治秩序，巩固自己的政权，保护自身的政治利益。被统治者也需要政治知识，以便在现存政治框架下更好地保护自身的政治利益，或者追寻更加有利于自己的社会政治制度。如果说在21世纪前中国大学里开设的"政治学概论"等课程，其重点还是为现实政治辩护的阶级理论，那么在21世纪后开设的"政治学原理""政治学基础"和"政治学概论"等课程的重点，则变成了分析人类政治利益和政治规律的一般知识。① 其二，专业化，即把政治学当作一个专门的知识体系。改革开放后最初从事政治学研究与教学的，多半是原来从事科学社会主义、国际共产主义运动史和中共党史研究的学者，他们大都没有受过专门的政治学研究训练。这种特定的情况，使得政治学虽然在1979年后就作为一门独立学科得以恢复，但在整个20世纪80年代，中国政治学的独立性和专业程度相当低，以致难以

---

① 例如，赵宝煦主编的《政治学概论》（北京：北京大学出版社，1982年）是改革开放后国内第一本政治学通用教材，其主线仍然是阶级分析理论；而王浦劬主编的《政治学基础》（北京：北京大学出版社，1995年），是目前国内高校广泛使用的通用教材，其主线已经从阶级分析变为利益分析。

将政治学与科学社会主义和国际共运史明确地区分开来。即使按照最低的学科标准来衡量,也难说已经有一门独立的政治科学。值得庆幸的是,政治学界一些具有强烈责任感的前辈学者从一开始就充分认识到培养政治学专门人才和发展政治学研究工具的重要性。他们身体力行,开始有组织地培养年轻专业人才。从20世纪80年代末,特别是从90年代开始,一批中青年政治学者脱颖而出,他们的研究成果开始逐渐成为中国政治学的主流。可以说,只是到了90年代以后,中国政治学才真正成为一门相对独立的科学:一整套相对独立于其他学科的理论、概念、范畴、术语和方法成为中国政治学者特有的知识工具,中国政治学自身的学科规范也逐渐得以形成。①

到了21世纪,中国政治学的知识化和专业化程度获得了突破性的进展,其突出表现,就是学科的科学化水平显著提高。近代以来,关于政治学究竟是不是一门严格意义上的科学,它能不能被科学化,一直争论不休。判断一门独立科学是否真实存在,可以有一个最低标准和一个最高标准。一个最低标准是,它有一套自己的概念体系和研究方法,有一个自己的问题领域,有一系列的公理和法则;一个最高标准是,除了上述这些要素外,它还可以运用自然科学的方法对假设进行实验和证伪,甚至运用数学模型进行精确的预测。在20世纪,如果按最低标准来衡量,多数人都会承认中国的政治学已经成为一门独立科学,但如果按照最高标准来衡量,则中国的政治学就难以被承认是一门科学。到了21世纪,这种情况发生了实质性的变化。即使按照上述最高标准,人们也不能否认,中国政治学的科学化程度已经大大提升。例如,政治学的二级学科设置更加合理,政治学系的课程体系更加完善,一批新的政治学交叉学

---

① 参见俞可平:《中国政治学的进程:一个评论性的观察》,《学术月刊》2007年第11期。

科发展起来,数据量化分析和问卷调查被广泛运用于政治研究之中,公共政策的仿真实验技术也开始受到中国政治学者的青睐。

四、从规范研究到经验研究

规范研究和经验研究,是社会科学研究的两种基本类型。规范研究本质上是一种应然分析,它重在理论推导和价值判断,主要回答"应该怎样"的问题,与目标导向和实质属性紧密相关。经验研究本质上是一种实然分析,它重在客观例证和事实判断,主要回答"是什么"的问题,它与事物现状和现象属性紧密相关。像其他社会科学一样,政治学既需要"政治学理论""政治哲学""政治思想史"等规范性研究,也需要"中国政治""公共政策""公共管理"和"基层政治"等经验性研究。但在传统政治学中,规范研究占据压倒性的地位。改革开放以来,中国政治学发展的一个明显趋势是:经验研究变得日益重要,与规范研究相比,经验研究的比重不断增大。一项对 1995 年至 2003 年间公开发表的政治学文献研究表明,规范研究的比例远高于经验研究。该项研究所涉及的 293 篇政治学论文中,规范研究高达 66.9%,约占三分之二;经验研究为 33.1%,仅占三分之一。而且在经验研究的文章中,运用规范的文献研究方式的占 80.4%;运用统计调查方式的占 11.3%;运用实地调查方式的,仅占 8.2%。这表明,"规范研究远远多于经验性的实证研究"。[①]然而在相隔十多年后,情况发生了颠覆性的变化。一项对 2011 年至 2015 年间公开发表的 369 篇政治学博士论文的研究显示,偏重规范研究的"政治哲学"论文仅占 26.6%,不到三分之一;而偏重经验研究的"政治科学"论文则

---

① 肖唐镖、陈洪生:《经验研究方法在我国政治学研究中应用的现状分析》,《政治学研究》2003 年第 1 期。

高达 73.4%,超过三分之二。对政治科学论文的偏爱,"可能表明了学生对经验、事实的关注,尤其是随着定量研究的崛起,政治科学论文将会更加受到青睐。实证研究将越来越成为政治学研究的'利器'与主要方向"①。

在经验研究和应用研究中,有两个方面的内容尤其受到政治学者的重视,一是对策研究,一是基层研究或草根研究。中国政治学由来已久的传统就是经世致用,为党和政府提供政策咨询,从而服务于现实政治,既是党和政府对包括政治学在内的所有社会科学的基本要求,也是许多中国政治学者的自觉意识。一位前辈学者在谈及为什么要恢复政治学时,曾这样说:政治学的任务是研究国家政权的性质、体制、机构、活动和政权与人民之间的相互关系。国家政权问题,包括两方面的内容,即夺取政权与巩固、发展政权。前者是政治革命问题,后者是政权建设问题。"我们今天恢复政治学研究,主要是为当前的政权建设、体制改革服务,为建设具有中国特色的社会主义的总任务服务。"②改革开放以来,中国政治学从来都把服务现实当作自己的重要使命,但服务现实的方式和途径在不同的时期却有着明显的区别。进入 21 世纪以后,特别是 2015 年中共中央办公厅、国务院办公厅发布《关于加强中国特色新型智库建设的意见》之后,承担党和政府的对策研究任务,发挥各级党政机关的"智库"作用,已经成为中国政治学研究的重要特色。直接为各级党政机关服务的对策性研究课题,在中国政治学界受到了前所未有的重视。不仅有大量的官方基金投向了这些完全实用性的对策研究,而且在一些教学科研机构,实用性的政策研究成果的重要性,甚至超过了常规的学术研

---

① 桑玉成、周光俊:《从政治学博士论文看我国政治学研究之取向》,《政治学研究》2016 年第 4 期。
② 赵宝煦:《当前我国政治学发展中的几个问题》,《政治学研究》1986 年第 1 期。

究成果,这类实用性政策研究在成果评价和职称评审中也受到了优先的考虑。

经验研究离不开实证调查,基层政治的实证研究,对广大的中国政治学者具有极大的吸引力。改革开放以来,对中国社会来说,政治生活最大的变革,发生在广大的农村地区。家庭联产承包制的推行、人民公社的解体和乡镇体制的恢复、村民自治和村民委员会的"海选"、基层党支部和乡镇基层政权的"公推公选"等一系列深刻的基层社会政治变革,为中国政治学者开展实证研究提供了极其难得的平台。从20世纪90年代开始,基层政治的实证研究逐渐成为中国政治学界经验研究的重点领域,其中对基层民主和乡村治理的实证研究,尤其令人瞩目。在对基层政治的实证研究中,不仅产生了一批有影响力的政治学者和研究机构,而且形成了中国政治学界难能可贵的、具有一定标识的学术共同体。例如,以研究基层选举和基层民主著称的深圳大学当代中国政治研究所,该研究所正式成立于1999年,后来成为广东省高校人文社会科学重点研究基地。又如,以对乡村治理的实证研究著称的华中师范大学中国农村问题研究中心,该中心也正式成立于1999年,次年成为教育部人文社会科学重点研究基地。从该中心走出的一些学者,"成为继费孝通之后,专注农村问题的代表人物,并逐步开创出中国政治学界的'华中乡土派'"①。

五、从定性分析到定量分析

过去四十年中,伴随着规范研究转向经验研究,中国政治学的另一

---

① 钟杨、韩舒立:《当代中国政治学学科发展状况评估——基于〈政治学研究〉的文本分析》,《政治学研究》2017年第2期。

个发展趋势,是日益重视定量分析。在年轻一代政治学者中,定性分析的传统压倒性优势,正在逐渐消失。通常认为,自然科学与社会科学的一个基本区别,就是前者以定量研究为主,后者以定性研究为主;前者以经验研究为主,后者以规范研究为主。政治学是一门社会科学,规范研究和定性研究一直占据绝对的主导地位。改革开放后最初从事政治学研究与教学的,多半是原来从事马列主义、科学社会主义、国际共产主义和中共党史研究的学者。他们的研究方法、分析框架和概念术语,基本上都是原来他们所熟悉的哲学社会科学通用的定性方法,例如历史唯物主义的阶级分析、经济分析、历史分析,以及常规的调查研究方法。毫不奇怪,中国政治学恢复和发展的特殊历史背景和知识背景,决定了定性研究的压倒性地位。但我们欣喜地看到,随着中国政治学界对经验研究的更加重视,定量分析方法正在受到更多的重视,在整个学科中量化研究的比重在总体上不断增加,尤其在青年政治学者中,重视量化研究的比例越来越高。例如,前引的一项近期研究表明,"自2005年开始,《政治学研究》所刊登的实证类研究越来越多,反映出政治学者的研究思维已经逐步接受了可重复、可证伪的科学化观念,并努力尝试将科学方法运用到政治学研究中"。该项研究还发现,在"量化研究中,运用统计分析的论文呈现递增态势,所占比例从第一阶段1.5%上升到后来的14.1%,同时部分量化文章已经不再停留于描述统计或相关性分析"[1]。

在对政治行为和政治事件的研究中,借助自然科学的方法对研究对象进行实验和证伪,通过数据分析寻找"因果规律",运用数学模型进行精确的判断和预测,可以明显提高研究的客观性、中立性和准确性。因

---

[1] 钟杨、韩舒立:《当代中国政治学学科发展状况评估——基于〈政治学研究〉的文本分析》,《政治学研究》2017年第2期。

此,定量分析技术的应用,对于提升政治学研究的科学化水平有着至关重要的意义。在这方面的每一点滴进步,都值得高度肯定。尽管我们高兴地看到了中国政治学研究在过去四十年的发展进程中,定量分析的比重在逐步增加。但同时我们必须清醒地看到,这种转变十分地缓慢,定性分析至今仍然在中国政治学研究中拥有压倒性的优势地位。多项研究发现,定量分析在中国政治学研究中的比重依然很低。例如,有的统计显示,"在所有的以描述政治现象为目的的研究中,有 66.5% 的研究成果采用文献型的定性研究方法,只有 1.3% 的研究成果借用已有的数据进行描述分析,5.9% 的研究成果由研究者通过社会调查获得数据进行描述分析"[①]。另一项对 1021 篇政治学论文的数据分析也表明,定性研究方法的比例高达 88.93%,定量分析仅有 6.76%。[②]

对定性分析和定量分析的重视和应用程度,在一定程度上反映着中国政治学共同体的代沟和分化。20 世纪 60—70 年代,美国政治学界曾经发生过"行为主义"与"后行为主义",以及"科学主义"与"现实主义"之争,其焦点便是如何看待政治学研究中的定量分析与定性分析。经过二三十年的争论,最后形成的共识是,定性分析与定量分析对政治学研究都同等重要,两者不可偏颇。但事实上,对于美国年轻一代政治学者来说,更多的是偏向定量分析。在中国政治学界,惊人相似的情况再度发生:中国的年轻一代政治学者,尤其是在西方发达国家受过政治学系统训练的政治学者,显然更加重视定量分析。近些年国内一些深有影响的定量分析成果,多半是由这些政治学者发表的。不可否认,随着信息网络技术的发展和大数据时代的来临,在年轻一代中国政治学者中,偏重

---

① 李艳霞:《当代中国政治学研究类型与领域的实证分析》,《文史哲》2012 年第 6 期。
② 参见张平、丁超凡:《中国政治学研究的发展态势与评价——基于〈政治学研究〉(2000—2015 年)的文献计量分析》,《北京行政学院学报》2017 年第 6 期。

定量分析正在成为一种流行的时尚。在这方面,一个值得关注的现象是,也有少数年轻政治学者能够比较客观地看待定量分析和定性分析各自的优缺点,从而试图"超越定性和定量之争"①。

六、从单一学科到交叉学科

学科交叉是现代社会科学的普遍特征,政治学当然也不例外。20世纪七八十年代中国政治学恢复之际,正值多学科交叉研究方兴未艾之时。中国的政治学者在译介国外政治学理论时,除了本学科的重要著作和代表性观点之外,也注意介绍和倡导一些新兴的政治学交叉学科。他们有意识地介绍"政治哲学、政治社会学、政治心理学、计量政治学、生物政治学等边缘学科或分支学科"②。在政治学恢复四十年后,政治学的重要交叉学科和分支学科,几乎都被引入国内,其中许多重要的政治学交叉学科已经有专门的学者开始进行研究。2011年,一项关于中国政治学新兴交叉学科的专题研究表明,中国政治学已经拥有二十多个新兴的交叉学科,它们可以分属四个类型:"第一类为借鉴别的学科理论方法研究政治问题的新兴学科,如政治社会学、政治心理学、政治人类学、生态政治学、经济政治学等;第二类为研究特定领域政治问题或政治现象的新兴学科,如农村政治学、地方政府学、权力政治学、政治文化学、地缘政治学、政治传播学、发展政治学、资源政治学、网络政治学、政治营销学等;第三类为研究区域或部门政治现象的新兴学科,如民族政治学、边疆政治学、国防政治学、警察政治学、军事政治学、教育政治学等;第四类为用政治学的理论和方法研究其他学科问题的新兴学科,如预算政治学、

---

① 参见唐世平:《超越定性与定量之争》,《公共行政评论》2015年第4期。
② 刘庆民:《五年来我国对国外政治学的译介和研究》,《政治学研究》1986年第2期。

安全政治学、能源政治学、灾害政治学等。"①

　　客观地说,在多学科研究方面,中国政治学的主要成就并不在发展新兴的交叉学科上,而主要体现在借用其他学科的方法来深化对政治问题的研究上。中国政治学恢复之初,研究方法极度贫乏,除了马克思主义的常用分析方法之外,几乎没有其他的方法可用。为了更加全面和更加科学地分析政治现象,必须引入新的政治分析方法。有的学者指出,随着政治学学科在中国的恢复与重建,"政治学方法的发展大致经历了'初步介绍''系统引进'和'应用与提高'三个阶段。与经济学和社会学等学科相比,中国政治学方法的教学和研究工作起步相对比较晚,但是近年来也取得了比较显著的进展"②。在过去四十年中,政治学界主要通过两条途径创新政治研究的方法。一条是从国外政治学界引入新的分析框架和研究方法,如政治系统分析、政治结构分析、政治沟通分析、政治文化分析、政治决策分析、政治团体分析、政治心理分析等③;另一条是向国内其他学科借用研究方法,如经济学的利益分析和新制度主义分析、社会学的阶层分析和调查统计分析、心理学的动机分析、传播学的舆情分析,以及其他学科的分析方法。这些新的分析方法超越了政治学的传统边界,实质上将其他学科的视角和方法引入政治学,从而大大拓展了政治学研究的境界。

　　政治学多学科交叉研究的另一个新发展,是近年来兴起的"协同研究"。"协同研究"最初源于政府职能部门就社会经济和政治发展中的一些重大问题,邀集或委托相关学科的专家学者进行集体的攻关研究。久而久之,协同研究便成为一种具有中国特色的合作研究机制。在政府职

---

① 王义保、师泽生:《中国政治学新兴学科30年:回顾与思考》,《探索》2011年第2期。
② 陈岳、孙龙:《中国政治学的跨学科融合与方法论演进》,《教学与研究》2011年第4期。
③ 参见俞可平:《西方政治分析新方法论》,北京:人民出版社,1989年。

能部门的支持下,许多重点科研机构和高校还相继建立了汇集多学科专家学者的"协同创新研究基地",用来承担需要多学科合作的重大对策研究项目和基础科研项目。国内政治学界通过两种方式,积极参与了这种多学科的协同研究。其一是,若干研究力量较强的高校或科研机构,建立协同研究机制,以政治学者为主体,邀请其他学科的学者参与重大政治问题的多学科合作研究。其二是,一些有相当影响力的政治学者,以特邀专家的身份,参与其他学科的协同研究。无论哪一种方式的"协同研究",对于政治学的多学科交叉研究,都有着积极的推进作用。

七、从政治制度到政治行为

政治学长期流传的一句名言是:政治学始于国家,也终于国家(political science begins and ends with the state)。换言之,传统的理论政治学主要关注国家理论或国家学说,而传统的应用政治学则把研究国家制度当作主体内容,传统政治学就是一门关于国家理论和国家制度的学问。然而,自从20世纪60年代美国政治学界发生"行为主义革命"后,国家制度在政治学中的这种压倒性地位发生了根本性的动摇。人的政治行为而不是国家的政治制度,动态的政治过程而不是静态的政治结构,逐渐成为新一代政治学者关注的核心议题。尽管接着发生的"后行为主义"反击运动,重新将国家拉回到政治学的核心视野范围之内,但过去那种独占鳌头的地位已经一去不复返了,政治制度和政治行为两者都成为应用政治学研究的主体内容。中国政治学恢复于20世纪70年代末,适逢西方政治学的"后行为主义"运动之后,相应地,政治制度和政治行为便双双受到国内政治学者的重视,成为新时期中国应用政治学的主体内容。一项关于1985—2010年间发表的中国政治学文献的统计分析,也证明了政治制度和政治行为同时受到国内政治学界的重视:"在应用研究中,以倡导或抑制某种政治制度、政治行为的政治行动研究占应用研究的 87.1%,对政策的事前或事后评估只占应用研究的 8.7%,对重大政治和社会事件(如加入 WTO)给予政治生态的影响以及应对的研究只占应用研究的 4.2%。此外,还有 10.0%的文章集中探讨中国政治学的总体方向、学科范式以及分支学科的发展等学科建设问题。"[1]

其实,在过去四十年中,国内政治学界关于政治制度本身的研究也发生了重大的变化,从传统的制度分析发展到了新制度主义的分析。新制度主义原来是经济学的分析方法,自从 1984 年马奇(James March)和奥尔森(Johan Olsen)发表《新制度主义:政治生活中的组织因素》[2]这篇重要文章之后,政治学界也刮起了一股"新制度主义"旋风。从某种意义上说,新制度主义是"后行为主义革命"的产物,是对行为主义政治学的一种批判性反思,同时也是对旧制度主义的超越。政治学中的传统制度分析,主要局限于成文的、静态的和结构性的国家制度分析;新制度主义分析则重在动态的行为模式,包括大量不成文的行为规则、社会契约和理性选择。旧制度主义的主要研究对象是国家的选举制度、代议制度、立法制度、行政制度、决策制度、自治制度等,而新制度主义的主要研究对象则是制度变迁、行为规范、组织结构、理性选择、政策偏好、过程模式等等。与旧制度主义分析相比,新制度主义具有明显的优势,正如一位新制度主义政治学的倡导者所指出的那样:"作为一种新兴的政治学理论,新制度主义政治学的制度创新理论对中国政治发展研究的启示在于,与经济制度相比,政治制度的创新有着更强的路径依赖,而只有开明

---

[1] 李艳霞:《当代中国政治学研究类型与领域的实证分析》,《文史哲》2012 年第 6 期。
[2] 参见 James G. March and Johan P. Olsen,"The New Institutionalism:Organizational Factors in Political Life," *The American Political Science Review*, vol. 78, no. 3(September 1984)。

的强有力的政治权威才能克服路径依赖的阻力,通过制度变革来推动政治体系渐进发展。但是由于政治权威本身是原有体制的受益者,所以公民社会必须施加强大的制度需求压力,但又不至于对现存制度构成威胁,使政治权威确信制度变革的预期收益大于预期成本时,政治权威才会有足够的动力去进行制度创新以供给新制度。因此,要实现制度创新的成功,必须注重利益驱动下的理性、文化形态中的观念和作为历史集装器的制度在制度创新过程中的不同作用。"[1]可见,新制度主义深受中国年轻一代政治学者的青睐,成为目前政治学界的一种流行理论,诸如"路径依赖""制度创新"和"理性选择"也成为中国政治分析的关键概念。

按照目前流行的政治学研究分类,政治制度仍然受到中国政治学者的高度关注。然而,如果我们变换一个视角,或者增加一些分析的视角,就不难发现,政治行为正在日益成为中国政治学研究的重点。其一,作为重要分支学科的政治文化研究,其中相当一部分对当代中国流行政治文化的实证分析,均涉及公民的政治价值、政治态度、政治情感和政治心理等政治行为的分析。其二,流行的新制度主义政治学,实际上也包括了公民的理性政治选择行为。最后,即使按照流行的主题词和研究领域分类,政治行为的关注度也在稳定地提高。个体和群体政治行为和政治心理,已经成为国内政治学界实证研究和定量分析的主要对象。有人对2000—2015年间《政治学研究》发表的文章做了计量分析,若以"政治行为""政治文化""政治发展""政治体系""政治性质"和"政治关系"等来分类,则"政治行为"高居第一。[2]另一项关于21世纪初十年间由中国社会

---

[1] 虞崇胜、罗亮:《当代中国政治制度创新的路径选择——基于新制度主义政治学的考察》,《行政论坛》2011年第1期。
[2] 参见张平、丁超凡:《中国政治学研究的发展态势与评价——基于〈政治学研究〉(2000—2015年)的文献计量分析》,《北京行政学院学报》2017年第6期。

科学院、北京大学、中山大学、西南政法大学、北京市社会科学院等机构先后完成的大型实证调研项目的研究结果显示,绝大多数问卷调查和深度观察的对象,就是公民的政治行为和政治心理。例如,中山大学的"广东农民政治参与问卷调查"、北京大学的"中国公民思想价值观状况调查"和"全国公众价值观调查"、西南政法大学的"4省78村调查"、民政部和中国社会科学院联合发起的"中国农村村民自治状况调查"、北京市社会科学院的"北京选民选举参与态度与行为调查"、中国社会科学院的"中国公众对欧盟及中欧关系的看法"和"中日舆论调查"等。①其实,仅北京大学中国社会调查中心、中国国情研究中心和中国政治学研究中心所从事的数十项大型调查课题,都涉及对公民政治行为和政治心理的研究。

八、从阶级统治到国家治理

对于中国学术界来说,马克思主义不仅仅是一个学术流派,首先是一种指导思想。马克思主义政治观的本质特征,即是其阶级分析或阶级统治理论。在马克思看来,人类的政治现象是阶级社会的产物。政治统治的实质,是阶级统治。"国家内部的一切斗争——民主政体、贵族政体和君主政体相互之间的斗争,争取选举权的斗争等等,不过是一些虚幻的形式——普遍的东西一般说来是一种虚幻的共同体的形式——在这些形式下进行着各个不同阶级间的真正的斗争。"②从政治学恢复之日直至现在,这种阶级统治观一直是中国政治学的主流理论,它深刻地影

---

① 参见陈岳、孙龙:《中国政治学的跨学科融合与方法论演讲》,《教学与研究》2011年第4期。
② 马克思、恩格斯:《德意志意识形态》,《马克思恩格斯选集》第1卷,北京:人民出版社,1995年,第84页。

响着中国政治学研究的方向。从政治学教材的编写、课程的开设、重点课题的资助、研究计划的制定、骨干人才的培养等,无不体现着马克思主义政治观的实质性要求,即服务于现实的中国共产党执政和无产阶级的政治统治。虽然在过去四十年的发展中,大量非阶级分析的理论和方法引入政治学研究之中,但以阶级统治为本质特征的马克思主义政治分析,依然占据主导地位。例如,从《政治学研究》创刊三十年来所发表的文献来看,马克思主义的分析方法依然位居各种方法的榜首。[①]

对于旨在打碎旧的国家机器、夺取国家政权的革命党来说,马克思主义的阶级统治分析是非常锐利的理论武器。但在夺取政权并宣布剥削阶级作为一个整体已经消灭的执政党来说,阶级统治分析的局限性便日益显现。为了克服指导理论面临的新挑战,执政的中国共产党在改革开放后极为强调马克思主义的理论创新,并且逐渐发展起了中国特色社会主义理论。对于中国政治学来说,中国共产党最重要的理论创新,是从强调阶级斗争变成强调社会和谐,从强调无产阶级专政变成强调人民民主,从强调阶级统治变为强调国家治理。特别是2013年的中共十八届三中全会,将全面深化改革的总目标确立为"完善和发展中国特色社会主义制度,推进国家治理体系和治理能力现代化"[②]。从此以后,"国家治理"便成为中国政治学的热点研究课题和重点研究领域,大量的基金课题、学术论坛、期刊专栏、课程设置、对策研究和数据库建设,均聚焦于"国家治理"或"国家治理现代化",过去五年中关于"国家治理"的论文著作,可谓汗牛充栋,形成了不折不扣的"国家治理"热。

[①] 参见钟杨、韩舒立:《当代中国政治学学科发展状况评估——基于〈政治学研究〉的文本分析》,《政治学研究》2017年第2期。
[②] 《中共中央关于全面深化改革若干重大问题的决定》,《人民日报》2013年11月16日,第1版。

其实，作为全面深化改革的总目标，"国家治理体系和治理能力现代化"是一个综合性的概念，不仅涉及政治学，也涉及法学、社会学、公共管理学，甚至涉及经济学、教育学、民族学和审计学等众多学科。因此，"国家治理"不仅是政治学的热点词，也同样是法学、社会学和公共管理学的热门词。由于"国家"是政治学的核心范畴，"国家治理"与政治学的关切度，显然比其他社会科学要更高。国家治理包含的内容极其广泛，除了政府治理外，还包括全球治理、经济治理、社会治理、环境治理、文化治理、教育治理等等。从研究内容看，政治学研究的重点是政府治理、社会治理和全球治理。其中对社会治理，尤其是社区治理的研究，与社会学显现出交叉研究的格局。对乡村治理和城市治理的研究，除了与社会学交叉之外，也与法学、公共管理和城市管理等学科呈现出交叉研究的格局。在国家治理研究方面，中国政治学的另一个重点议题，是"善治"，即国家治理现代化的理想状态或理想目标。中共十八届四中全会的决定提出"良法是善治之前提"，这是中央文件中首次出现"善治"的概念。此后"善治"迅速成为政治学的流行话语，并且被普遍看作社会治理和政府治理要达到的最终目标。

九、余论：繁荣政治科学，推进国家治理现代化

除了上述七个主要趋势之外，我们还可以列举其他一些明显的发展态势。例如，中国政治学正在迅速走向国际学界，受到外国同行的日益关注；政治学学科推进的动力机制日益从外部的推动，变为内在的自觉；政治学的从业队伍，正在从松散的职业构成转向更加紧密的学术共同体，等等。正如本文开头指出的那样，中国政治学过去四十年的发展所呈现出的上述趋势，主要受到学科自身的内在逻辑和现实政治的外部需求双重变奏的驱动。除此之外，信息化和网络化的时代特征、人文社

科学的整体变化和国外政治学的最新进展,都对中国政治学的演变产生着重大的影响。中国政治学未来的进一步发展,必定也将受到这些因素的制约。反过来说,要加速推进中国政治科学的进步,就必须改善学科的自身建设和外部的政治环境,促进国内外学术交流,加强社会科学的跨学科融合。

纵观四十年的发展历程,谁也不会否认中国政治学在学科建设、人才培养、知识传承、理论创新、决策咨询和学术交流等方面所取得的显著成就,但同样没有人会否认这门学科所存在的严峻挑战。知识体系相对陈旧,基础理论研究相当薄弱,研究方法比较落后,研究课题重复雷同,原创性成果严重稀缺,应用研究明显压倒基础研究,意识形态有时取代社会科学,本土化有时成为拒斥外来先进文明的借口,凡此种种,都与中国政治学的繁荣进步背道而驰。近些年中关于"中国政治学向何处去"的争论,集中于"本土化与全球化""中国化与西方化""政治化与学术化""自主性与普遍性""定量分析与定性分析""中国特色与普遍价值"等议题。①这一方面反映了众多的政治学者已经意识到了中国政治学的发展亟须更高程度的学术化、专业化、知识化和国际化;但另一方面也表明,中国政治学的繁荣进步仍然面临着某些重大的瓶颈制约。中国政治学共同体的健康发展,需要通过上述争论形成关于学科建设的基本共识。

国家治理的现代化,需要政治科学的繁荣。政治学的情况很像医学。人类在很长时间内有医学知识,但没有医学科学,独立的医学科学是近代的产物。一个社会可以只有医学知识而没有医学科学,但没有医学科学的社会,其医疗水平通常是非常落后的。人类自古就有政治思想

---

① 参见郭苏建:《中国政治学科向何处去——政治学与中国政治研究现状评析》,《探索与争鸣》2018年第5期。

和政治知识,但没有独立的政治科学。从民主政治和国家治理现代化的视角看,我们也可以说,没有政治科学的繁荣,就难有高度发达的民主政治,也不可能有国家治理的现代化。作为社会科学基础学科之一的政治学,不仅是人类不可缺少的专门知识体系,而且凝聚着人类的政治智慧;不仅肩负传承人类政治知识的责任,而且承载着促进人类政治文明的使命;不仅事关中国特色人文社会科学的繁荣,而且事关中华民族的民主进步。中国的政治学者要不辱这门学科的使命,不仅要把政治学教学和研究当作一种职业,更要把它当作一种事业。作为一种事业的政治学,要求政治学从业者具有一种自觉地投身于学术繁荣和政治进步的责任心和使命感,努力提高中国政治学的知识化、专业化、学术化和全球化程度。

第二章　中国政治学的学科发展

王中原　郭苏建

学科(academic disciplines)的形成和发展是启蒙运动和现代化的产物,政治学作为社会科学的关键学科,其兴起和流变在世界各国也呈现出不同的进程和样态。"学科"一词最早源自拉丁语 *discere*,本意指"学习",在中世纪,disciplina 常用来表示以"教授"和"学习"为目的的知识分类。①随着文艺复兴和启蒙运动的兴起,discipline 越来越多地用来描述人类的知识体系,特别是印刷术改进带来的知识传播以及百科全书学派的编纂工作让知识分类显得额外重要,学科意识越发增强。然而,近代之前,学科主要发挥知识整理和分类储存的功能,而较少关涉知识的创造和生产。②当代学科的发展是教育制度的体系化和学者研究的专业

---

① 中世纪时,虽然 disciplina 和 doctrina 两个词都意指知识分类,但 disciplina 一词在教父对信众的劝诫和惩罚过程中得到广泛使用,以至于福柯在其著作中将 discipline 同时意指"知识"(knowledge)和"规训"(disciplinary power)。因此,学科本身也具有"规范性"功能。
② 参见 R. Stichweh, "Scientific Disciplines, History of," in N. J. Smelser and P. B. Baltes, eds., *International Encyclopedia of the Social and Behavioral Sciences*, Oxford: Elsevier Science, 2001, pp. 13727 - 13731。

化所推动的,学科的意涵也随之指向知识生产、交流和传承的大系统。①首先,在知识生产方面,学者们根据自己的专业分工、研究兴趣和学术特长独立或合作产出思想和作品,形成学术积累与知识增量。其次,在知识交流方面,研究者之间相互学习、争辩、交流、协作,形成学术共同体,并借助协会、期刊、会议、职场流动、媒体活动和国际交流等机制增进知识的分享和传播。再次,在知识传承方面,学科的存续和发展需要一代又一代的学科继承人,为遴选和培养合格的毕业生和从业者,一个学科需要确定其有别于其他学科的知识体系和规范原则,包括学生和从业者的准入和评价标准、培养计划和课程体系、学位授予和职业晋升规则等等。总之,一个学科是一套认识世界的知识系统和路径方法。

政治学学科是一门探究、发现和解释人类社会政治现象基本规律、权力和资源分配基本模式、人类政治活动和政治行为基本形态的社会科学知识系统和路径方法。②它是一门科学、一种职业,也是一项事业。③作为一门学科的政治学在中国的发展已经有百余年历史,中间历经艰难曲折。2018 年是改革开放四十周年,也是中国政治学学科恢复发展的四十周年。经过四十年的重建、探索和推进,通过老中青几代政治学人的共同努力,中国政治学学科建设取得了令人瞩目的成就。本章将从学科

---

① 参见 Armin Krishnan, "What are Academic Disciplines? Some Observations on the Disciplinarity vs. Interdisciplinarity Debate," *NCRM Working Paper Series*, 2009。
② 参见 Guo Sujian, "Political Science and Chinese Political Studies—Where Is Chinese Political Science Headed?" *Journal of Chinese Political Science*, vol. 23, no. 2 (June 2018); Wang Zhongyuan and Guo Sujian, "The State of the Field of Chinese Political Science: 'Glocalising' Political Science in China?" *European Political Science*, vol. 17, no. 4 (July 2018)。
③ 参见俞可平:《中国政治学的进程:一个评论性的观察》,《学术月刊》2007 年第 11 期。Robert O. Keohane, "Political Science as a Vocation," *PS: Political Science and Politics*, vol. 42, no. 2 (2009)。

史的角度出发,尝试将改革开放以来中国政治学的发展划分为三个阶段:学科恢复调整阶段(1978—1992年)、学科全面发展阶段(1992—2012年)和学科精细化发展阶段(2012年至今),分别探究每个阶段在学科建设和发展方面取得的成绩,并在此基础上探析中国政治学学科的发展规律和学科特征,最后探讨中国政治学学科发展的当前困境和未来前景。

一、作为一门学科的政治学

政治学是一门研究人类政治生活基本规律的社会科学学科。然而,作为一门学科的政治学在不同历史时期、在不同学者的阐释中,以及在不同的国家和地区都有着不同的意涵。在对中国政治学过去四十年的学科发展进行总结和分析之前,我们有必要厘清"什么是政治学学科?""什么是中国政治学?"。对学科内涵、外延、特性和范畴的梳理有助于我们更好地界定和把握本文的分析对象。

从历史发展来看,政治学在不同历史时期有着不同的学科范式和研究传统。政治学最早是哲学和历史学的一部分,在哲学方面可以追溯到古希腊柏拉图和亚里士多德等关于政治秩序建构的政治著作。就近代学科而言,政治学主要从历史学科中独立出来。[①]海伍德(Andrew Heywood)认为,政治学学科的演化经历了三个传统,依次是哲学传统、经验传统和科学传统。首先是哲学传统,这个时期的政治讨论关注什么是

[①] 例如美国政治学原本是历史研究的一部分,参见 Robert Adcock, "The Emergence of Political Science as a Discipline: History and the Study of Politics in America 1875-1910," *History of Political Thought*, vol. 24, no. 3 (January 2003); James Farr, John S. Dryzek and Stephen T. Leonard, eds., *Political Science in History: Research Programs and Political Traditions*, New York: Cambridge University Press, 1995。

"善"的政治秩序、应当如何建立优良政体等规范性哲学问题。其次是经验传统,开始抛开应然的价值判断,转向"是什么"的实然问题,比较不同的政体和治理模式。最后是科学传统,在经验研究的基础上引入更多的科学方法,从描述分析走向因果推断,让政治学研究成为一门真正的科学。①在三个学科传统上的不同侧重,形成了政治学(politics)与政治科学(political science)两种不同的学科定位,前者强调政治学研究的政治问题意识和学科应用价值,对规范性理论、中观宏观层面的政治议题和政治生活的反思性与批判性有特别关切。后者注重政治学研究的科学方法和价值中立,聚焦于实证研究、微观中观层面的政治行为,以及政治生活中的因果关系和影响机制。每个国家的政治学学科发展都在不同时期呈现出政治学与政治科学之间的角力和磨合。

从学者阐释来看,政治学学者们基于各自的学术关注点对政治学有着不同的理解和定义。②例如,罗伯特·达尔(Robert A. Dahl)主张政治学是研究"权力和权力关系"③的学科,亨利·艾克斯坦(Harry Eckstein)将政治学理解为对"权威模式的系统分析"④,戴维·伊斯顿(David Easton)基于其系统论认为政治学是研究"社会价值的权威性分配"⑤,哈罗德·拉斯维尔(Harold Lasswell)则指出政治学是研究"谁在

---

① 参见 Andrew Heywood, *Politics*, New York: Palgrave Macmillan Press, 2002, pp. 12-18。
② 参见 Gabriel A. Almond, *A Discipline Divided: Schools and Sects in Political Science*, London: Sage Press, 1990; Michael A. Baer, Malcolm Edwin Jewell and Lee Sigelman, *Political Science in America: Oral Histories of a Discipline*, Lexington: University Press of Kentucky, 1991.
③ Robert A. Dahl, "The Concept of Power," *Behavioral Science*, vol. 2, no. 3 (April 1957).
④ Harry Eckstein, "Authority Patterns: A Structural Basis for Political Inquiry," *American Political Science Review*, vol. 67, no. 4 (1973).
⑤ David Easton, *A Systems Analysis of Political Life*, New York: Wiley, 1965.

什么时候以什么方式获得什么"①,然而罗伯特·古丁(Robert E. Goodin)批评这些定义过于描述性,并未阐明为什么要做政治学研究,因此古丁在"牛津政治学手册"的系列丛书中将政治学界定为研究"社会权力的约束性行使"的学科。②

从世界范围来看,政治学在世界各国的兴起和发展也呈现出不同的样貌和阶段性特征。不可否认,当代政治学作为一门独立的学科首先发端于西方,以致西方学科史的研究在论及政治学发展时基本聚焦于欧美国家,并预设了其代表着世界其他地区政治学发展的未来走向。然而,真的如此吗?其实拉美、非洲、东亚、中东地区的政治学学科都有着自身的传统特性、研究焦点和演进脉络。③与此同时,即便在欧美国家内部政治学研究也有着不同的传统④,欧洲政治学与美国政治学无论在问题意识还是研究方法上都有着明显差异,东欧、南欧和北欧各国的政治学发展进程与西欧国家也有所不同。由此可见,政治学学科的发展与国家实力、政体形式、国际格局乃至地缘政治等因素都有着密切关系。⑤

虽然关于政治话题的讨论和研究中国自古有之,但政治学作为一门独立的现代学科实际上是近代中国从西方引进的舶来品。政治学学科

---

① Harold Lasswell, *Politics: Who Gets What, When, How*, New York: P. Smith, 1950.
② Robert E. Goodin, "The State of the Discipline, the Discipline of the State", in *The Oxford Handbook of Political Science*, Oxford: Oxford University Press, 2011, pp. 5-6.
③ 参见 *European Political Science* 期刊上介绍世界各个国家和地区政治学学科发展状况的系列文章。
④ 参见 David Easton, John G. Gunnell and Luigi Graziano, eds., *The Development of Political Science: A Comparative Survey*, New York: Routledge, 1991; Mark Bevir, Shannon C. Stimson and Robert Adcock, eds., *Modern Political Science: Anglo-American Exchanges Since 1880*, Princeton: Princeton University Press, 2007.
⑤ 参见 David Easton, John G. Gunnell and Michael B. Stein, eds., *Regime and Discipline: Democracy and the Development of Political Science*, Ann Arbor: University of Michigan Press, 1995.

在中国的建立可以追溯到19世纪末和20世纪初。1899年,"京师大学堂"在传统经学之外首次开设"政治"专门讲堂,1904年,《奏定大学堂章程》提出"政法科—政治门"的分科规划,这些都是政治学在中国成为独立学科的前奏,也因应了中国从研究西方"船坚炮利"发展到研究西方"制度"的时代需求。1910年京师大学堂开办分科大学时,首次以"政法科—政治门"招收本科生,标志着政治学在中国正式成为一门独立建制的实体学科门类。①此后,伴随中国政治的变迁,中国政治学的发展也经历了起伏曲折的历程。1932年"中国政治学会"在南京成立,至1946年,约有会员140人。②中华人民共和国成立后,中国借鉴苏联的学科模式,政治学被当作资产阶级的"伪科学"。因此,在1952年的院系调整中,作为独立学科的政治学被取消,只有少数分支学科(例如政治理论和国际政治)以马克思主义政治学和国际共产主义运动的形式继续留存。

独立、科学和规范的政治学研究的缺失被认为是造成"文化大革命"十年动荡的原因之一,③1978年十一届三中全会的召开将中国推向了改革开放的历史进程,对政治学的研究需求也呼之欲出。1979年3月,邓小平在中央理论工作务虚会上指出,"政治学、法学、社会学以及世界政治的研究,我们过去多年忽视了,现在需要抓紧补课"④。对政治学研究的意识形态松绑、对历史错误的政治反思,以及伴随的关于真理标准的大讨论直接推动了政治学学科的恢复和重建,开启了中国政治学科建设

---

① "政治门"应是"政治学门"的简称。1919年,"政治学门"正式更名为"政治学系"。参见金安平:《中国近代社会转型的学术折射——北京大学政治学学科与学系的建立》。
② 参见赵宝煦:《中国政治学百年历程》,李景鹏主编:《中国政治学年鉴2002》,北京:中国大百科全书出版社,2002年,第1页。
③ 参见 Zhao Baoxu, "The Revival of Political Science in China," *PS: Political Science and Politics*, vol. 17, no. 4(1984)。
④ 《邓小平文选》第2卷,北京:人民出版社,1994年,第180—181页。

和发展的新征程。

经历了一个多世纪的曲折演进,特别是改革开放四十年来的恢复发展,中国政治学学科呈现出相较于其他国家的某些共性和诸多特殊性。从共性上看,中国政治学遵循政治学研究的基本规范和学科特性,其学科体系、课程设置、学生培养和研究方法等都逐步与国际接轨。从特殊性来看,中国的政治学科有着客观存在和主观追求的独特性。首先,政治学研究和教学与马克思主义政治学存在复杂的关联,早期的政治学研究是从国际共产主义运动研究中脱离出来的,无论是院系还是研究人员都有较大重合,马克思主义政治学和思想政治长期被认为是政治学的一部分,政治学研究也被强调要接受马克思主义的指导。公众对政治学的学科认知也多与马克思主义等同。其次,中国有"大政治学"和"小政治学"的不成文区分。在欧美大学中,政治学一般划分为五个领域,即政治理论、比较政治、本国政治、国际政治、行政管理。在中国高校,政治学系通常与国际政治系和行政管理系等并列设置,即"小政治学"。然而,在国家学科建设规划和学科评估中,国际政治、国际关系、行政管理、区域国别研究乃至马克思主义研究通常都被纳入政治学的整体学科框架当中,即"大政治学"。由于本次学科发展四十周年纪念丛书中,已经涵括其他学科的专门回顾,因此本文讨论范围聚焦于"小政治学"。

中国的政治学从学科初创到追求规范化再到探索本土化,经历了漫长而曲折的历程。如今,关于到底是"政治学在中国"还是"中国政治学"的辩论依然没有定论。经过改革开放四十年来的重建和发展,中国的政治学学科建设现状如何?有哪些演变的规律和趋势?存在哪些困境、问题和挑战?中国的政治学学科要向何处去?等等,这些关于政治学学科"是什么?从哪里来?要往哪里去?"的重大问题都值得我们在四十周年的历史时点上予以回顾、思考和展望。

二、中国政治学的学科建制

学科建制涉及一个学科的基本架构、一二三级学科的组成、学位和专业的设置以及新兴学科的发展等因素。学科建制和分类之所以重要，是因为其关系一个学科的资源配置、人才培养模式、学者的身份认同，乃至学科的社会影响力，等等。

改革开放四十年来，中国政治学从学科恢复逐步走向学科发展，形成了较为成熟的学科体系和基本完备的学科建制。无论是在国家标准化管理委员会印发的《中华人民共和国学科分类与代码国家标准》（GB/T 13745-2009，下简称《国标》）中，还是在教育部颁布的《学位授予和人才培养学科目录》（下简称《学科目录》）[①]中，政治学都属于标准的"一级学科"，拥有独立的知识体系和完整的学科架构。然而，不同的学科分类标准之间以及现实中各高校在政治学学科配置上都存在明显的差异。

一方面，两套权威的学科分类标准对政治学二级子学科的组成及其与邻近学科的关系给予了不同的设定，教育部的学科目录分为"学科门类""一级学科"和"二级学科"共三级，政治学一级学科归属法学"学科门类"之下，而《国标》将政治学与法学、社会学同等列为一级学科，没有设置"学科门类"。此外，教育部颁布的《学科目录》在政治学一级学科大类（代码0302）之下，划分了政治学理论、中外政治制度、科学社会主义与共产主义运动、中共党史、国际政治、国际关系和外交学七个二级学科，但并未对三级子学科予以具体列举。《国标》在政治学一级学科（代码810）之下，设立了政治学理论、政治制度、行政学、国际政治学四个二级

[①] 最新版本由教育部学位管理与研究生教育司于2018年4月公布。

学科①,并详细列举了各自对应的三级学科(参见表2-1)。出现此类差异的原因在于,两套标准发挥的功能有所不同,《国标》旨在推动学科信息的共享与交换,便于国家标准化管理,而教育部学科分类主要服务于学科建设和人才培养工作。

表2-1 《中华人民共和国学科分类与代码国家标准》政治学学科分类

代码	政治学二级学科	政治学三级学科
81010	政治学理论	比较政治学、政治社会学、政治心理学、地缘政治学、中外政治学说史、政治学方法论、政治学理论其他学科
81020	政治制度	政治制度理论、议会制度、行政制度、司法制度、政党制度、选举制度、中国政治制度、外国政治制度、比较政治制度、中国政治制度史、外国政治制度史、政治制度其他学科
81030	行政学	行政理论、行政组织、人事行政、财务行政、行政决策、行政学其他学科
81040	国际政治学	国际关系理论、国际关系史、国际组织、外交学、外交史、国际比较政治、美国政治、英国政治、法国政治、德国政治、日本政治、俄罗斯政治、欧洲政治、中东欧政治、北美政治、亚太政治、拉美政治、非洲政治、中亚政治、西亚政治、国际政治学其他学科

另一方面,相较于官方学科分类标准,现实运作中各个高校的政治学学科建制存在更加丰富多元的组合形式。虽然政治学在学科分类中属于一级学科,但高校在院系设置中通常将政治学与其二级学科国际政治、国际关系、行政学、外交学等并行设立为同等级别的科系,例如北京

---

① 《国标》给每一个一级学科一个开放式的二级学科代码(99),例如政治学下列有"政治学其他学科"(代码81099)。

大学政府管理学院设有政治学系、行政管理学系、城市与区域管理系；中国人民大学国际关系学院设有国际政治学、政治学系、外交学系。同时，虽然国际政治和国家关系是政治学一级学科下的二级学科，部分院校（例如北京大学、厦门大学等）单独设立有国际关系学院，作为与政府管理学院、公共事务学院和法学院等平级的单位。更为特殊的是，中国首个比较政治学系设在北京大学国际关系学院。与此类似，在教育部学科目录中，公共管理属于管理学门类下的一级学科，但很多高校设有公共管理学院或公共事务学院，下属政治学系。总之，虽然在官方学科分类上，中国采用了与西方类似的"大政治学"概念，使其囊括各个二级学科和专业，但在实际操作过程中，大多保持了"小政治学"的运作。

此番学科发展格局受到历史因素和各校禀赋的影响。首先，改革开放后政治学学科的恢复并非无中生有，1960年代基于国际形势和外交实务的需要，部分院校（例如北京大学）提前重建了国际问题研究和国别研究，加之一直存在的国际共运研究，使得国际政治在政治学中的分量举足轻重，并在学科恢复过程中扮演了中坚力量，例如北京大学、中国人民大学、复旦大学首先建立的是国际政治系。其次，政治学学科恢复发展的早期，各高校并不是按照一个严格设计的学科体系来执行院系设置，而是在"百花齐放"甚至"野蛮生长"中慢慢走向规范化。这个过程中学科带头人的研究取向和各校的资源禀赋往往起到决定性作用，例如有政治学"五老"之称的北京大学赵宝煦、中山大学夏书章、吉林大学王惠岩、天津师大徐大同、苏州大学丘晓分别对其所在大学的政治学科建设和发展产生了重大影响。中国政治学的发展延续了学科重建早期的格局和传统，由此产生的路径依赖使得各大院校的学科建制呈现出一定的差异。

学科建制并不是一成不变的。当前的学科分类和专业设置是否符合学科发展、服务社会和提升国际影响力的需要？这些问题都引起了学界的广泛讨论，并付诸了实践探索。例如，比较政治学在西方通常是政治学不可或缺的核心分支学科，然而无论在《国标》还是在教育部的学科序列中，其都没有作为二级学科出现，而被稀释在"中外政治制度"或国别研究当中，长期没有得到足够重视。2009年，在"全国政治学博士生导师研讨会"上，诸多学者认为现有的政治学专业划分已经落后于学科发展的需要，应当予以调整。有学者提议将中外政治制度拆分成比较政治和中国政治两个专业。①2012年北京大学国际关系学院正式成立比较政治学系②，并在同年10月举办了"比较政治系学科建设咨询会"，这是中国高校首次将比较政治学作为专业科系纳入政治学学科建设。这些举措对于充实和完善政治学学科体系都具有重大意义，同时也有助于中国政治学在相同的学科平台上开展国际交流。

新兴子学科和前沿交叉学科的发展是学科建制的另一项重要内容。早在1980年代，政治学学界就非常重视新兴学科的培育，并举办了数次新兴学科的专门研讨会。改革开放四十年来，随着政治学研究的纵深推进，其内部的学科分化和外部的学科融合成为一大趋势，诸多新兴子学科和交叉学科应运而生。一方面，政治学内部的领域分工和研究专业化不断加强，各研究单位和学者们逐步形成自己的研究专长和学术聚焦，推动了学科的不断裂变和细分。另一方面，政治学与其他社会科学学科甚至部分自然科学学科开始走向关联、互惠、对接和整合，形成了一系列跨领域跨专业的交叉学科。这些交叉学科博采相关学科的理论和方法之长，不断开辟新的研究议题和研究领域，推动了知识生产一体化。

---

① 参见徐湘林：《比较政治学学科发展的中国视角》，《国际政治研究》2013年第1期。
② 参见王缉思：《关于比较政治学学科建设的几点浅见》，《国际政治研究》2013年第1期。

政治学的新兴学科总体可分为三个类型。第一类是政治学学科内部根据不同政治议题和研究对象而细分形成的新兴学科，例如权力政治学、农村政治学、民族政治学、地缘政治学、网络政治学、政治文化学、发展政治学、选举政治学等。第二类是政治学借鉴吸收其他学科理论方法来研究政治问题的新兴学科，例如政治心理学、政治经济学、政治社会学、政治人类学、计算政治学等。第三类是运用政治学的理论方法研究其他部门和领域政治现象的新兴学科，例如教育政治学、环境政治学、移民政治学、警察政治学、卫生政治学、军事政治学等。①虽然很多新兴学科并未得到官方认证，在学术共同体内部也存在一定争议，但它们大多形成了自身独特的研究对象和概念系统，引入了新的研究视角和分析范式，为政治学学科体系的丰富和发展贡献了力量。此外，新兴学科和跨学科研究的发展也对中国政治学的人才培养模式和科研组织模式产生了一定影响。部分高校尝试开设跨学科的专业，例如北京大学的政法社、政经社、政经哲专业等。同时，近年来，中国一些高校开始探索"高等研究院"的研究组织模式，例如复旦大学社会科学高等研究院、浙江大学人文高等研究院等。政治学在新的跨学科研究平台上得以与其他学科交叉融合，打破学科壁垒，生产出了一系列具有国内外影响力的学术产品。总之，新兴学科和交叉学科研究的蓬勃发展是中国政治学学科建设成就的重要表征，不仅为政治学提供了新的学术增长点，同时有助于我们更加全面深入地理解人类政治现象。

三、四十年来中国政治学科的发展

1978年以降，中国政治学发展经历了几个关键阶段，关于政治学发

---

① 参见高秉雄：《回顾与展望：中国政治学新兴学科30年》，《东南学术》2011年第1期。

展阶段的分期研究,学者们在不同的回顾时点上给出了不同的划分标准。例如,王惠岩将中国政治学发展与国家政治实践紧密结合,以1980年中国政治学会成立为起点,以中共十二大、十四大、十五大和十六大为背景,考察了各个阶段政治学的发展状况。[①]王浦劬在回顾中国政治学二十年发展时,将其基本轨迹概括为从恢复重建阶段(1978—1985年)到学科扩展阶段(1986—1992年)再到学科深化阶段(1992年至今)。[②]王邦佐和潘世伟等在《二十世纪中国社会科学:政治学卷》中归纳了中国政治学发展的四个阶段:学科恢复阶段(1977—1985年)、学科的范式转换阶段(1985—1988年)、学科价值确定阶段(1988—1992年)和学科学术发展阶段(1992年至今)。以上分期方法是学者们基于参与者的切身体察和建设者的深刻洞见做出的提炼,为我们理解中国政治学学科发展历程提供了指南。

本章在中国政治学科恢复四十周年之际,基于更长的时间尺度将政治学发展划分为学科恢复调整阶段(1978—1992年)、学科全面发展阶段(1992—2012年)和学科精细化发展阶段(2012年至今)。每个阶段政治学科所处的环境、关注的焦点、取得的成绩以及面临的挑战各有不同,但总体呈现出制度化、专业化和国际化的累进演化趋势,为今后政治学科的发展奠定了基础。本章将以学科体系、学术队伍、人才培养模式、学术交流机制、学术研究范式和价值取向、学科的国际交流等为主线,梳理中国政治学科在每个阶段所取得的成绩,考察不同阶段的政治社会大环境和学术系统小环境如何影响政治学科发展,进而形塑了其当前的样貌和未来的走向。

[①] 参见王惠岩:《回顾与展望:发展中的中国政治学》,《吉林大学社会科学学报》2005年第4期。
[②] 参见王浦劬:《中国政治学发展二十年的回顾与展望》,李景鹏主编:《中国政治学年鉴2002》,北京:中国大百科全书出版社,2002年,第6—10页。

(一) 学科恢复调整阶段(1978—1992年)

1978年的改革开放为中国政治学的恢复和重建提供了良好的契机,在"补课"的紧迫感和"落后"的压力感下,政治学迈出了学科建设的艰难步伐。该阶段的学科发展起步低、底子薄、曲折艰辛,但成绩斐然,基本完成了学科基础的建设、范式路径的转化,以及价值立场的确立。

首先,学科体系初步建成,学术队伍初成规模,学科交流机制得以恢复。1981年,部分高校开始招收政治学本科生。1982年第一届政治学专题讲习班在复旦大学举办。1983年国家教委批准北京大学、复旦大学、吉林大学设立政治学硕博士点。1985年国家教委召开政治学教学研讨会,随后全国各个高校开始设立政治学专业。1985年中国社会科学院成立政治学研究所,各省市社科院也相继成立政治学研究机构。这些都为政治学科的长远发展提供了平台和人才保障。至1985年,全国政治学专业教师已近百人,在校本科生535人,研究生93人,编写教材和教学参考书百余种[①],学术队伍初成规模。与此同时,学术团体和交流机制逐步恢复。1980年,"中国政治学会成立(重建)大会"在北京召开,并于1984年成为全球政治学协会(IPSA)的正式成员。[②]各地政治学会或政治学研究会也纷纷组建,并开始举办各类主题的学术研讨活动。1984年和1985年全国性的专业期刊《国外政治学》和《政治学研究》相继创刊,加之人民出版社出版的"政治学知识丛书"和"外国政府体制丛书"等,共同推动了政治学知识的交流和传播。

[①] 参见琼文:《保证质量 积极稳进——政治学教学研讨会综述》,《政治学研究》1986年第3期。

[②] 由于台湾因素,中国政治学会于1991年退出了全球政治学协会,参见Thibaud Boncourt, *A History of the International Political Science Association 1949 -2009*, Montreal: The International Political Science Association, 2009。

其次，政治学研究的范式方法和功能定位基本确立。政治学恢复初期，由于研究人才短缺，从哲学、科学社会主义、中共党史和国际共运等相关学科引入了大批学者，因而在学科范式和研究方法上带有传统人文学科和意识形态分析的色彩，描述性研究和理论思辨占主导。伴随 80 年代政治学研究的专业化和规范化，以及国外政治学理论和方法的不断引入，中国政治学开始从传统范式中走出，形成相对独立的理论体系、知识架构和研究方法。同时，政治学的研究对象和功能定位也基本确立，中国政治学科自恢复之日起就非常注重中国政治问题的研究。在中国政治学会的"学会章程"和"第一个五年规划"中就明确了为改革和完善社会主义政治体制服务的宗旨。①这些都很大程度上塑造了中国政治学的学科特性，并种下了日后"本土化"与"西方化"、学科独立性与学科应用性之间紧张关系的基因。

再次，中国政治学开始积极参与国际交流。1980 年代，一大批国际知名政治学家陆续访华，其中包括加布里埃尔·阿尔蒙德（Gabriel A. Almond）、戴维·伊斯顿、罗伯特·达尔和马丁·李普塞特（Martin Lipset）等。②1985 年中国政治学会派出代表团参加在巴黎举办的全球政治学协会第 13 届世界大会，赵宝煦教授当选该会执行委员，1988 年胡奇安教授当选协会副主席。同时，一大批西方政治学著作和教材被译介为中文，包括托克维尔的《论美国的民主》、汉密尔顿等人的《联邦党人文集》等，以及各类丛书译介，例如"政治理论译丛""现代政治学译丛""回

---

① 参见 Zhao Baoxu, "The Revival of Political Science in China", PS: Political Science and Politics, vol. 17, no. 4(January 1984)。
② 参见李普塞特中国之行备忘录，M. Lipset, "China in Transition: A Travel Memoir, May-June, 1984," PS: Political Science and Politics, vol. 17, no. 4(September 1984); 叶维钧：《我国政治学界的对外学术交流》，《政治学研究》1986 年第 1 期。

顾与反思：苏联东欧问题译丛"等，加之四川人民出版社出版的"走向未来丛书"和上海译文出版社出版的"当代学术思潮译丛"，共同丰富了中国政治学科的国际视野。

最后，该阶段政治学完成了学科价值的转向。1980年邓小平在《党和国家领导制度改革》中提出政治体制改革的基本构想，政治学进而将政治体制改革作为研究的聚焦，一时间涌现出大量关于政治参与、废除领导干部终身制、廉政建设、党政分开、反思苏联模式等议题的研究。1987年，中共十三大把政治体制改革提上议程，再次推动了政治学相关研究的勃兴。然而，20世纪80年代末，现实政治的发展与当时政治学研究的价值追求出现断层。面对新的政经局势，政治学不得不做出学科价值的重新定位和研究取向的重大调整，部分学科建设甚至暂时中断。[1]整个学科开始反思原来过于理想化的研究议程，并尝试回到中国政治、社会、历史和文化的大系统当中，回到基本国情和改革现实当中，探索中国政治自身的内在发展规律。[2]政治学研究的此番转向影响了其接下来二十多年的发展路径。

（二）学科全面发展阶段（1992—2012年）

经历了学科价值的重新定位后，20世纪90年代以降中国政治学再次迎来学科发展的新高潮。1992年邓小平的南方讲话和中共十四大的召开标志着中国的改革开放和社会主义现代化建设进入历史新阶段。伴随着国家政治的总体演进，中国政治学在1992年至2012年的二十年间经历了系统的大发展，无论是在质上还是在量上都取得了显著的突

---

[1] 上海《政治学信息报》于1988年停刊，《政治学研究》和《国外政治学》于1989年同时停刊。《政治学研究》后来复刊。
[2] 1989年10月，全国高校政治学系主任联席会议从实事求是的态度出发，认为政治学的发展必须坚持四项基本原则。

破,呈现出繁荣局面。

首先,政治学学科体系日渐充实、学术队伍不断壮大、学术交流机制进一步拓展。该阶段,政治学学科架构得以完善,政治思想并入政治理论,形成了政治理论、中外政治制度、国际政治和国际关系等组成的学科体系。北京大学、复旦大学、中国人民大学和华中师范大学首批获得政治学一级学科博士和硕士学位授予权,此后政治学博士点和硕士点不断增多[1],全国性的本科、硕士和博士三级培养体系以及相应的政治学学位授予制度形成并完善。各高校的人才培养模式也趋向规范,形成了必修课和选修课、公共课和专业课、基础课和前沿课组成的课程体系,并涌现出一批有关新兴分支学科和交叉学科的新课程。经过1980年代的积累,研究和师资队伍继续壮大,教学和科研的能力显著提升。同时,政治学研究机构逐步扩充,形成了高校政治学系、各级党校的政治学教研室、各级社科院的政治学研究所、党政机关的相关研究机构[2]、民间研究机构等组成的研究网络。据不完全统计,仅2006年至2010年间,从事政治学研究的学者和专业人士就达万人,设有政治学专门研究机构近150个。[3]同时,科研领域不断拓展,新兴学科和交叉学科也纷纷涌现,围绕各个议题的学术会议、论文发表和课题立项显著增多,课题基金评审制度和学术评价体系基本形成。据粗略统计,2006年至2010年间,政治学界共发表学术论文7万余篇,出版专著4000余部,出版译著和教材450余部,设立研究课题4000多项。[4]在学术发表上,除了政治学的专业

---

[1] 参见《2010年审核增列的博士和硕士学位授权一级学科名单》,2011年3月3日,http://www.moe.edu.cn/ewebeditor/uploadfile/20110413101326238.pdf,2018年9月29日。
[2] 例如中央编译局、国务院发展研究中心等。
[3] 参见王浦劬主编:《中国政治学学术发展回顾与规划(2006—2015)》,天津:天津人民出版社,2011年,第3页。
[4] 参见王浦劬主编:《中国政治学学术发展回顾与规划(2006—2015)》,第3页。

期刊之外,政治学者们也向社会科学综合类期刊、学术网站和社会媒体等积极投稿,同时通过"以书代刊"等形式(例如《当代中国政治研究报告》《复旦政治学评论》《中大政治学评论》《珞珈政治学评论》)拓展政治学知识的传播渠道,为学科发展做出了重要贡献。

其次,政治学研究方法规范化和研究路径多元化。各种社会科学研究方法开始引入政治学,多元的研究范式不断涌现,例如结构功能主义、历史制度主义、新制度主义、理性选择、法团主义等,不同学术思潮(自由主义、新权威主义、新左派等)激烈争辩。虽然该阶段"口号型文章""标签型文章"和"判定型文章"依然大量存在①,学者们的方法论意识,以及对研究范式和方法的理解、把握和运用能力系统提升。以"万卷方法"丛书为代表的一大批国外社会科学研究方法著作相继翻译出版,2000年后中国学者发表的讨论政治学方法论的论文、教材和著作也明显增多,经验研究方法在政治学研究中的比重总体上升。②研究方法课程开始被纳入本科至博士阶段的培养计划和课程体系当中。自2006年起,美国杜克大学与国内各高校联合举办"政治学研究方法讲习班",系统培养了逾千名学员。③以"北京大学国情研究中心"为代表的本土实证调查和数据分析机构开始出现,并具备一定的国际影响力。值得一提的是,随着学者们方法论自觉的提升,关于研究方法的辩论和反思开始在该阶段出现,如何处理量化和质化研究的关系、如何推进研究方法与研究问题的适配、如何保持政治学研究的本土性等成为学者们热议的话题。

---

① 参见唐世平:《与"口号型"文章决裂》,2010年12月29日,http://www.aisixiang.com/data/38073.html,2018年9月29日;唐世平:《与"标签型"和"判定型"文章决裂》,2011年5月10日,http://bbs.pinggu.org/thread-1095207-1-1.html,2018年9月29日。
② 参见肖唐镖、陈洪生:《经验研究方法在我国政治学研究中应用的现状分析》,《政治学研究》2003年第1期。
③ 参见陈周旺:《中国政治学的知识交锋及其出路》,《政治学研究》2017年第5期。

再次,国际合作和对外学术交流全面拓宽。该阶段出现了海外政治学著作翻译和引介的大潮,以"现代政治学译丛"、"政治学名著译丛"、"万卷方法"丛书为代表的学术翻译工作系统展开。学者们对海外政治学的流派、范式、理论、方法、观点等进行了较为系统的梳理和介绍,外文文献在中国政治学研究中的引用频率一直保持较高。①该阶段,政治学各个领域的国际学者来华访问、讲座、参会、授课甚至任职的人次显著增多。与20世纪80年代松散的交流不同,该阶段中国高校的政治学系与海外大学逐步建立起稳定的交流机制和合作关系,包括交换学生项目、暑期学校项目和研究访问项目等形式。此外,除了国外学术引进来,中国政治学也开始走向国际。该阶段,中国学者已经尝试外文写作,并开始在国外期刊上发表文章或出版外文专著,且享有一定的国际引用率。这期间,中国政治学者作为组织者和发表者参与国际会议的次数明显增多,学生和学者出境访问、学习培训、交流讲学的规模和频次也大大增加,部分学者和研究团队还申请到海外学术研究基金。②这些都推动了中国政治学的国际化进程。

最后,值得一提的是,该阶段中国政治学还出现了回顾、总结和反思学科自身发展的讨论和研究。1992年,《中国大百科全书·政治学卷》出版,对政治学的研究对象、概念体系、基本内容、研究范畴等进行了系统的梳理和归纳,为政治学学科地位的确立做出了重要贡献。此外,1998年和2008年前后,在中国政治学科恢复重建二十周年和三十周年之际,一大批政治学者参与到对学科的历史总结、现状分析和未来展望

---

① 据统计,《政治学研究》杂志上所发表论文引用海外原著和译著的比率在1995年至2000年间达71.5%。参见钟杨、韩舒立:《当代中国政治学学科发展状况评估:基于〈政治学研究〉的文本分析》,《政治学研究》2017年第2期。

② 例如福特基金会、卡特基金会、欧盟学术委员会基金等。

当中,并公开发表了自己的观点和倡议(参见图2-1)。其中代表性的著作有《中国政治学年鉴》(2002;2003—2005;2006—2008)《中国高校哲学社会科学发展报告1978—2008:政治学卷》《二十世纪中国社会科学:政治学卷》《中国政治学学术发展回顾与规划(2006—2015)》等。学科史研究是学科发展不可或缺的一部分,欧美政治学界一直高度重视对学科发展状况的思考和论辩,相关讨论在中国的兴起彰显出中国政治学学者的学科自觉和学术担当。

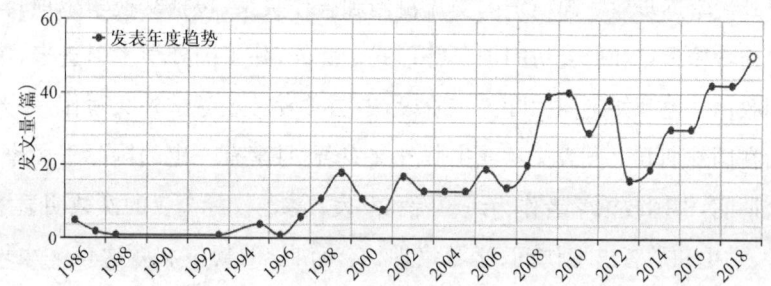

图2-1 中国政治学学科回顾与反思类论文的年度发表趋势

数据来源:CNKI

(三) 学科精细化发展阶段(2012年至今)

二十年的全面发展使得中国政治学的学科地位和影响力得以巩固,政治学成为中国社会科学系统中的核心支柱。2012年党的十八大以来,中国政治学进入了精细化发展的新阶段,学科体系更加成熟、学术研究更加精专、研究方法更加扎实、国际合作更加深厚,同时政治学学科的本土化取向也日趋明显。

首先,学科体系更加完备、学术队伍更为成熟、学术交流机制更趋完善。该阶段,拥有政治学博士学位授予权的高校已达30所,拥有政治学硕士学位授予权的高校近80所,拥有政治学本科学位授予权的高校130

余所，截至2017年共有127所大学设立了政治学系。政治学各分支学科的发展趋向均衡，比较政治学得到重视，各个高校在科研和教学方面都加强了对比较政治学的投入，逐渐补齐此前学科发展的短板。该阶段，课题基金评审制度、学术评价体系等也日趋完善，高校政治学系在岗位设置、人员聘用、职称评定、招生录取、课程设置、毕业考核等方面更加规范化。例如，一些院校尝试研究导向型岗位与教学科研型岗位的分离，一些高校开始在政治学课程体系中加入英文专业必修课，部分高校开始试验政治学博士生的申请考核制度，等等。该阶段，国家对政治学学科建设的投入也不断加大，学科发展的规划性色彩明显增强。一项针对《政治学研究》所刊发论文的统计显示，接受政府基金资助的科研项目成果在该阶段显著增多。[①]2017年，6所院校的政治学系入选"一流学科"建设名单，包括北京大学、清华大学、中国人民大学、复旦大学、华中师范大学和外交学院。在学术交流机制方面，该阶段学术会议定期举行，在议题上保持了较好的延续性，会议与期刊合作推动学术发表成为流行的模式。网络学术社群、跨校的协同创新、产学研结合成为学术新现象，促进了知识生产、传播及应用。新的学科期刊陆续创建，例如中国人民大学《世界政治研究》、上海交通大学的《实证社会科学》等，推动了相关学科领域研究水平的提升。此外，学者们开始借助微信公众号等社交媒体和新闻客户端等新媒介传播研究成果和学术思想，扩大了政治学学科的公共影响力。

其次，政治学研究的范式和方法更加精细化。政治学研究路径在经历了上个阶段的多元化发展之后，继续朝复杂和精细化的方向推进。该

---

① 参见钟杨、韩舒立：《当代中国政治学学科发展状况评估——基于〈政治学研究〉的文本分析》，《政治学研究》2017年第2期。

阶段，学科的领域分工更明显，研究议题具象化，学者们较早确立起各自专攻的研究领域并"精耕细作"，使得政治学研究日趋精专。此外，研究方法的科学化是该阶段的显著特征，"数据驱动"与社会科学理论合流成为政治学新的增长点。政治学者的"数据意识"明显提高，对概念、类型、操作化、测量、分析等研究步骤的理解和把握系统提升。借助计算机技术和相关统计软件，学者们在数据收集、整理、清洗、分析和运用方面的本领大大增强。计算社会科学、量化历史方法、大数据分析、实验方法、预测研究等一系列前沿研究方法开始被引入政治学领域，R语言、Python、Java等编程语言被运用于政治学研究当中，极大地丰富了政治学对数据的处理和分析能力。清华大学、北京大学、武汉大学、南京大学等高校建立起"计算社会科学"相关的研究机构，在推动跨学科实证研究的同时，逐渐搭建起相关的研究团队和学术平台。总之，该阶段，各种研究方法被更加广泛地运用到政治学研究当中，研究方法的升级成为推动政治学知识生产的重要引擎。当然，学科研究的迅速科学化，也引起了学界的反思和论辩。

再次，国际交流合作更加广泛和深入。在"引进来"方面，除了外国学者日常来访和参会之外，该阶段，包括省部级层面的长江学者访问项目、高校层面的访问研究项目等在内的一系列高规格交流机制建立起来。以复旦大学社会科学高等研究院为例，该院的国际驻院学者项目和"复旦学者"项目吸引了包括罗伯特·基欧汉（Robert O. Keohane）、菲利普·施密特（Philippe Schmitter）、泰利·莱恩·卡尔（Terry Lynn Karl）、让·马克·夸克（Jean Marc Coicaud）等在内的一大批国际重量级政治学家前来访问研究。与此同时，部分中国高校（例如北京大学和复旦大学）的政治系以及党校系统尝试开设国际学位和培训项目，招收和培养海外留学生。近年来在华就读和培训的政治学领域外籍学生规模明显扩大。在"走出去"方面，该阶段承续了前期中国学生出国访问、联合培养、学习培训的热潮,交流频率和人次进一步增加。中国政治学者也越来越重视对发展中国家的研究,并亲自前往这些地区开展实地调查,部分院校(例如华中师范大学和上海外国语大学)还设立了专门的科研基金鼓励学者学生去到海外做实证研究。此外,中国政治学者开始发起并编辑学科英文期刊,例如复旦大学的 *Chinese Political Science Review* 和浙江大学的 *Journal of Chinese Governance* 等,吸引了不少国际投稿,并很快进入 SSCI 扩展版(Emerging Sources Citation Index),同时,优秀的政治学研究作品被选入"中华学术外译项目",有效提升了中国政治学的国际能见度和影响力。该阶段,中国政治学的国际排名也不断提升,北大、清华和复旦的政治学学科进入 QS 全球排名前 50 位。中国政治学者的国际期刊发文量从 1997 年的 13 篇提升到 2017 年的 307 篇。①

最后,该阶段政治学学科服务现实政治发展的功能更为凸显,政治学研究也更偏政策应用性。中共十八大以来,国家强调政治学研究的咨政功能和智库角色,不少学术资源投入对策研究领域,围绕国家治理现代化、"一带一路"倡议、党建、新时期治国理政等议题设立课题项目、建立研究机构、组织研究团队。同时,各级地方政府也有意识地借助政治学的专业力量提升政策决策和地方治理的绩效,通过与高校共建合作或横向课题等形式影响着政治学研究的议程。这一趋势在推动政治学学科多元化发展、提升社会影响力、充实研究资源等方面成效显著,但同时导致冷门学科领域发展不足,引起学界关于政治学研究应该多大程度以及如何介入现实政治运行的思考。

---

① 据 Scimago Journal & Country Rank (SJR)(https://www.scimagojr.com/journalrank.php)数据统计。

四、中国政治学学科的发展规律

改革开放四十年来,中国的政治学学科经历了恢复调整、全面推进、精细化发展三个基本阶段。每个阶段的政治学学科建设都取得了可喜的成绩,并在总体上呈现出显著的发展规律和学科特征。

首先,中国政治学学科在过去四十年凸显出制度化、专业化和国际化的演进规律。这些规律伴随着学科多元化和本土化的张力,共同推动了政治学持续迈向前进。第一,在制度化方面,中国政治学的学科体系、一二级学科设置、新兴学科和交叉学科、学位授予制度、课题基金评审制度、学术评价体系等逐步建成并完善,政治学的教学科研平台、人才培养模式、协会期刊会议等交流机制、学术社群和共同体、学者梯队等都稳步建立并巩固。新时期,国家在政治学学科建设上持续加大投入,学科规划发展趋势明显,各高校的学科竞争意识不断增强,在硬件和软件建设方面都取得不少创新突破。这些都推动着学科进一步制度化,为政治学学科的持续稳定发展打下了扎实的基础。第二,在专业化方面,中国政治学逐步从原生的国际共运研究和阶级分析范式中走出来,从纯粹的描述性研究和理论思辨走向规范化和严谨性的实证研究。实证研究方法和跨学科方法的兴起,使得政治学研究逐步脱离宏大叙事的初始状态。系统的方法训练、严谨的研究设计以及方法驱动的学术研究成为流行趋势,推动着学科的规范化和科学化进程。与此同时,中国政治学逐渐确立起清晰的研究对象、研究领域、研究议题和研究方法,形成了有别于其他社会科学学科的概念、理论和话语体系,在借鉴和融合其他学科知识和方法的同时,确立起自身的学科主体地位。第三,在国际化方面,中国政治学科一直十分重视国际交流与合作,其四十年的发展成绩很大程度上受益于对海外先进学科建设经验的学习和借鉴。改革开放以来,从早期单纯的知识引进逐步走向研究成果的国际分享,从国外概念和理论的试验场渐渐到中国本土概念和理论的提炼,从外国学者到中国做田野调查转向中国学者慢慢走向世界,从学者交流和学术培养的走出去到外国学者和学生的引进来,中国政治学学科的国际联结日渐增强、国际影响力显著提升。伴随以上三个方面的发展规律,近年来中国政治学学者关于研究方法多元化和学科发展本土化的呼声也不断高涨。① 总体而言,每个阶段学科发展的侧重点有所不同,在学科恢复初期以及全面发展时期,由于学科建设滞后,政治学更加注重制度化、专业化和国际化,当学科建设进入成熟期,本土化的诉求和趋势越发明显。

其次,与西方政治学发展不同的是,中国政治学学科的演化带着明显的国家意志和时代烙印,从恢复调整到全面推进再到精细化发展,每个阶段都受到国家政治大环境的影响。这其间既有助力又有约束,进而构成了中国政治学科发展有别于其他国家的学科特征和动力结构。首先,中国现实政治的发展是中国政治学科演化的重要动能。早在学科重建时期,改革开放的大气候和邓小平关于"补课"的指示是政治学得以恢复的源动力,同时也为中国政治学服务现实政治发展注入了早期的基因。20世纪80年代,政治学界聚焦政治体制改革的讨论和研究明显受到当时国家政治议程的引导。90年代初,学科功能和取向的重新定位也直接源于80年代末政治风波的影响,其后中国共产党每一次全国代表大会的召开都牵引着政治学研究的焦点转换和议题变迁。例如,90年代党的十四大和十五大后关于"三农"问题、

---

① 其他社会科学学科也面临类似问题,参见邓正来、郝雨凡主编:《中国人文社会科学三十年:回顾与前瞻》,上海:复旦大学出版社,2008年;谢立中:《论社会科学本土化的类型——以费孝通先生为例》,《江苏行政学院学报》2017年第1期。

"国家社会关系"、"政商关系"的研究,2002年党的十六大后关于"党的领导""社会稳定""政治代表"的研究,2012年党的十八大后关于"国家治理现代化""一带一路""党建"问题的研究,等等。这些议题既贴近中国时代性的政治社会问题,同时服务于每个阶段政策决策的实际需要。中国政治的发展为政治学研究提供了鲜活的研究素材和广阔的应用场景,政治学研究也对推进中国政治发展贡献了学科智慧。[①]学科的崛起与一个国家国际地位的提升密不可分,欧美政治学发展重心的转移也几乎与国际权力关系的转移同步。近年来,随着"一带一路"倡议的推进,国家在相关领域和议题上的资金投入和学科扶持开始带动政治学研究视角的外向化。特别是新时期,伴随着中国参与国际事务机会的增多,中国政治学科有望开辟更加广阔的发展空间,并受到更广泛的国际关注。

总之,从规范化走向自主性,从线性发展走向多线竞争,从价值导向到价值中立再到呼唤价值回归,中国政治学与中国社会转型一样,在短短四十年里经历了西方几百年的发展历程,在一个压缩折叠的时空当中,各种元素、动能、趋势相互交锋,呈现出中国特色的复杂性。

五、中国政治学学科的当前挑战和发展困境

经过四十年的学科建设,凭借几代政治学人的持续奋进,中国政治学研究已经达到一定的水准,其学科地位和学科影响力得以稳固提升,可以说中国政治学的"补课"已经卓有成效。然而,我们也必须清醒地认识到,中国政治学科还存在诸多发展的不足和前进的挑战。其中有些问

[①] 参见林尚立:《相互给予:政治学在中国发展中的作为——中国政治学30年发展的反思》,《山西大学学报》(哲学社会科学版)2008年第3期。

题是与外国政治学学科乃至其他社会科学学科所共有的,例如:基础性理论研究被边缘化,研究的精细分工导致学科离散化,分支学科之间相互脱节,学科在不同地域间发展不均衡,政治学研究者的性别比例不对称,学术就业市场竞争激烈,学者面临较大的求职、发表和晋升压力等等。另外一些问题则在中国政治学学科里更为凸显。例如,相对于经济学和社会学来说,政治学研究的实证化水平相对较低并且受到更多质疑和阻力,意识形态取代科学方法的现象更为严重,学者研究面对的敏感领域和议题也更多。相对于西方国家的政治学学科而言,中国政治学在学科构成和学科边界上还相对模糊,部分分支学科和新兴子学科发展不平衡不充分,理论、范式和方法上创新不足,方法论研究严重滞后,学术技能训练不足,研究课题存在大量重复,学术研究质量参差不齐、国际关注度和引用率偏低,部分高校师生比严重失衡,教学工作学术认可度低,学术生产竞标赛化,学科学位点竞争激烈,学科发展受到较严重的行政干预,等等。这些问题都在很大程度上限制了中国政治学科的健康发展,减缓了其迈向世界一流的前进步伐,甚至使其与学科繁荣背道而驰。正视和解决这些问题将为中国政治学科发展带来新的发展契机。这方面欧美政治学界有一些发展经验,例如,近年来,欧美的政治学界非常注重教学方法的训练和教学资源的共享,有专门的委员会、学术会议、研究课题和网站来推进政治学教学质量的提升。同时,欧美政治学协会也十分关注对青年学者职业生涯规划的指导以及就业信息的分享,在学术资源、培训方案和发展平台上予以倾斜。此外,西方高校的政治学系也积极投入网络课程的制作和政治学知识的公共分享当中。这些做法都值得中国政治学界借鉴学习。

当前中国政治学科发展的关键难点集中表现在学科困境和体制困境两个方面:

首先,学科困境方面,当前的学科结构和专业设置落后于国际标准,较难符合新时期学科发展、服务社会和提升国际影响力的需要。第一,总体来说,中国政治学还存在"分化不够"和"融合不足"的问题。①一方面一些该有的核心分支学科没有得到充分发展,例如比较政治学等;另一方面能够熟谙并运用其他学科方法研究政治问题的学者还不多。例如近年来计算机技术的迅猛发展在国外催生了"计算社会科学",运用计算机算法研究政治问题成为政治学的前沿领域,然而中国除部分高校的少部分学者之外,在该领域涉足较少。第二,各个新兴学科之间发展极度不均衡。部分新兴学科已经形成了明确的研究对象、特定的概念和理论体系,以及较为完整的方法论基础,但是大部分新兴学科还处在初级发展阶段,缺乏基础性理论研究和范式方法的创新,学理性、延展性以及学科延续性都较为欠缺。第三,学科的不断分化也带来一个个领域和议题的孤岛,岛与岛之间缺乏必要的桥梁和沟通机制。学者们精专于自己的研究领域,对政治学的整体图景缺少足够认识,陷入"盲人摸象"的境地,对政治学的根本问题(big question)和广义理论缺乏贡献能力。同时,在国别研究和学科研究之间缺少沟通和平衡,导致学科知识的离散化和积累困难。②这些问题都有待在学科进一步发展中得到正视和解决,通过学科制度改革带动中国政治学新一轮的蓬勃发展。

其次,体制困境方面,现实政治对政治学科的发展提出了诸多挑战。

---

① 参见陈岳、孙龙:《中国政治学的跨学科融合与方法论演进》,《教学与研究》2011年第4期。
② 参见 K. J. O'Brien, "Studying Chinese Politics in an Age of Specialization," *Journal of Contemporary China*, vol. 20, no. 71(2011);欧博文:《与学科理论对话还是与中国研究对话》,在香港中文大学举办的"第十二届国际研究生'当代中国'研讨班"上的主旨发言,2016年1月。

第一,诚然关注现实政治问题有利于增强学科的应用价值和社会影响力,同时可以获取学科发展的资源,然而过度侧重对策研究将危及学科的独立性。近年来,部分学者开始强调政治学研究的学科前提条件,即自主性、独立性等,讨论中国政治研究为何缺乏科学性,是什么因素阻碍了中国政治研究成为规范意义上政治科学的一部分。学者们认为在中国的政治学研究中,政府导向的研究长期占据主导地位,政策思维压倒学理思维。政治学研究服务于经济发展和政治需要使得学者依赖于政府并失去了独立研究的能力,学者们更愿意为政府提供咨询服务而非从事独立的学术研究。①对政策导向型研究的偏重,也使得政治学基础性理论研究逐渐被边缘化,导致分支学科发展的失衡。第二,政治学研究的繁荣离不开宽松自由的学术环境。目前,中国政治学研究在议题选取和资料可及性上都受到一定限制,数据采集受到较大阻力,一些研究领域和议题很难得到经费支持,其研究成果也较难公开发表。这些因素不仅阻碍了学者们产出高质量的学术成果,同时也限制了政治学研究提供中立、客观、警示性和反思性对策建议的能力。现实政治塑造着中国政治学学科发展的学术空间,上述问题的形成是一定时代环境的产物,学者们应该放眼未来,站在更长的时间尺度上把握政治学科的研究取向,致力于发展在历史时空中立得起、站得住的政治学研究。

六、中国政治学学科的发展前景

经过四十年的学科积累,中国政治学的未来发展前景也较为看

---

① 参见杰弗里·艾萨克:《对科学探索、学术自由和启蒙之关系的反思》,何包钢:《中国崛起语境下我国政治学发展的困境》,吴国光:《当代中国国内政治研究反思》,郭苏建主编:《政治学与中国政治研究——学科发展现状分析》,上海:上海人民出版社,2016年,第十一、十二、十三章。

好。一方面,新时期国内外政治发展的大环境和社会科学学科系统的小环境都为政治学的发展提供了良好的契机和资源保障;另一方面,老一辈政治学人为政治学科发展奠定了扎实的基础,新一代中青年政治学者所拥有的学术训练、方法论自觉和国际视野为中国政治学的发展积蓄了强劲的动能。然而,四十年的发展也带来中国政治学学科取向上的分殊,是走向整体科学化还是追寻方法论多元主义?是继续迈向学科西方化还是推进学科本土化?这些争论不仅涉及政治学学科的根本特性和价值定位,同时关涉学科未来的发展方向。

关于"中国政治学向何处去",学者们抱持不同的立场和观点。近年来,国内外政治学者围绕这个充满争议的重要议题展开了激烈的辩论。其中比较集中的争论聚焦在西方政治科学与当代中国政治研究两者的关系上,涉及诸如普适性与特殊性,规律性与差异性,科学性和本土性,以及在中国崛起背景下中国政治研究的主要问题、挑战、机遇、趋势和方向,等等。在学科发展方向上,关于中国政治学是否应该本土化以及如何本土化的问题,存在至少三种不同的立场:极力倡导本土化,质疑本土化,以及主张调和本土化与国际化。近年来,伴随学科建设的日臻成熟和国家力量的系统提升,关于学科"本土化"的论辩也越发激烈(参见图2-2)。可以说,当前中国政治学正处在一个学科发展的十字路口,如何抉择将决定整个学科的未来发展轨迹。

首先,一部分学者倡导政治学的本土化,认为中国政治学应该有自己的问题意识和理论自觉,中国不应该成为西方理论的检验场,而应成为本土理论的策源地。他们反对套用西方概念、理论、范式和方法来研究中国问题,认为西方理论忽略了中国的本土差异、传统经验和地方性知识。他们积极倡导中国政治学研究在方法论上的自主性、特殊性和多样性,反对把美国和西方的政治学理论和方法嫁接到中国

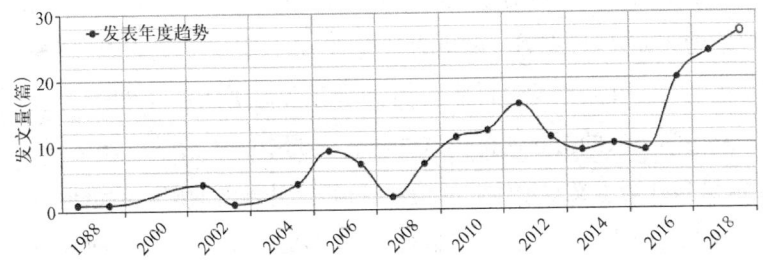

图 2-2 讨论中国政治学学科本土化问题相关论文年度发表趋势
数据来源：CNKI

的"拿来主义"。他们试图在研究中融入中国独特的政治和社会关怀，强调其政治、经济、文化、意识形态和发展路径的特殊性，而非遵循一个统一的发展路径。这些学者强调不能追求纯粹的实证主义方法，造成方法论上的"全能主义""唯科学主义"，或缺乏社会和政策相关性。他们主张在中国的语境下建立本土化的中国政治学或中国学派，认为发展"具有中国特色的政治科学"将对海内外的学术共同体产生重大影响。①同时，这些学者也认为本土化并不是一项简单的工作，意味着持

---

① 参见乔恩·泰勒(Jon R. Taylor)：《中国政治学的抉择：方法论实证主义还是方法论多元主义？》，任雪莉(Shelley Rigger)：《美国政治学科重建运动及对中国政治研究的启发》，王绍光：《"接轨"还是"拿来"——政治学本土化的思考》，乔恩·泰勒：《百花齐放、百家争鸣：具有中国特色的政治学》，郭苏建主编：《政治学与中国政治研究——学科发展现状分析》，第九、十、十四、十五章；林毅：《西方化反思与本土化创新：中国政治学发展的当代内涵》，《政治学研究》2018年第2期；张桂林：《逻辑要义、历史努力与认知前提：建构中国特色政治学话语体系》，《政治学研究》2017年第5期；徐大同：《政治学学科发展史略：兼论中西传统政治学的差异》，《政治学研究》2007年第1期；杨雪冬：《建构、互通与自主：当代中国政治学的话语体系建设》，《浙江社会科学》2017年第7期；朱云汉：《"巨变时代"呼唤"中国政治学"》，《北京日报》，2016年1月25日，第20版；郁建兴：《政治学发展的自我反思与中国政治学建构》，《教学与研究》2005年第5期；杨海蛟：《20世纪90年代以来中国政治学研究的特点及发展趋势》，《浙江社会科学》2001年第4期；王丽萍：《构建中国特色的比较政治学》，《人民日报》2017年3月27日，第16版。

续不断的努力。如果没有本土学人的自觉和投入及自我反省,本土化是不可能的。此外,存在另一种更为激进的"本土化"的声音,主张建构"中国特色社会主义政治学学科体系、学术体系和话语体系",巩固马克思主义在政治学领域的指导地位。这些学者强调中国政治学应该讲好中国故事,增强社会主义政治体制的理论自信,提升学科的国际话语地位,并警惕海外政治话语的"入侵"。[1]因此,中国政治学界至少存在两种"本土化"的主张,一种是以学科发展本身为出发点,注重地方性、历史性、多元性以及传统内涵的本土化,另一种是以学科为工具,强调学科服务于本国政治发展和提升国际话语权的本土化。

其次,另一部分学者质疑中国政治学的"本土化",认为中国政治学应该和其他社会科学具有相同的逻辑,因为政治科学致力于探索和解释存在于政治生活、现象和行为中的一般规律,而科学规律是没有国界的。通过吸收西方政治学、经济学、社会学和其他社会科学的理论和方法,中国政治学研究在科学化的道路上有了长足的进步。这部分学者们认为"中国政治学本土化"这一命题轻则误导学人,重则严重影响整个政治科学在中国的长远发展。作为社会科学家,不应该满足于使用"中国本土性"或者"中国特殊的文化因素"来解释中国的政治行为和现象。相反,应该追求中国政治学研究的科学性,以及去"中国特色化",倡导政治学的"世界主义"(cosmopolitanism)。这些学者认为中国政治科学发展在于用比较研究的方法以"时空变数"来取代"中

---

[1] 参见奚广庆:《对我国现代政治学学科建设的几点看法》,《政治学研究》2008年第4期;崔华前:《论我国政治学学科发展的马克思主义路径:基于对31所高校政治学学科建设现状的调研》,《政治学研究》2010年第5期;杨光斌:《中国比较政治学需要自信与自觉》,《中国社会科学报》2015年7月1日,第2版;苏长和:《中国政治学正走出百年西制崇拜意识》,《中国社会科学报》2014年3月31日,第5版;李猛、郑言:《构建中国特色社会主义政治学学科体系、学术体系和话语体系何以必要》,《探索》2017年第4期。

国"或"中国的"这些名称,进行跨文化对话,才能把这些国别或个案的"条件"和"文化因素"概念化,并上升到广义理论高度,对世界政治学发展做出贡献。①

第三种立场认为,"西方化"与"本土化"、"科学化"与"方法论多元主义"不是非此即彼、你死我活的选择,而是可以互补、共存、融通甚至相互滋养的几股力量。例如,早在2000年,俞可平就在《人民日报》撰文指出:要"处理好本土化与国际化的关系,使政治学扎根于我国的特殊土壤之中,又不背离人类社会共同的政治学原理。立足于中国的现实,根据我国具体的政治、经济、文化和历史环境,研究我国的政治问题,使政治学研究带有中国特色,是我国政治学发展的前提条件。但是,政治学作一门科学,它必然具有超越国家和社会的普遍性公理,离开这些公理,就无所谓政治科学。所以,我国的政治学不应脱离国际政治学,而应当在立足中国的基础上走向国际化"②。又如,两位笔者在另一篇文章中也指出,本土化和全球化都不应是学科发展的终点,而是交互发展和彼此滋养过程的中间状态,不是为了本土化而本土化,而是通过本土化走向更高质量的国际化,同时依托不断的国际化来带动更深度的本土化,如此变奏推进。政治学可以同时是"中国的"

---

① 参见钟杨:《从比较政治的逻辑看政治学在中国的发展》,阿尔佩曼(Björn Alpermann):《关于中国的政治学研究:充分利用多样性》,杰弗里·艾萨克:《对科学探索、学术自由和启蒙之关系的反思》,何包钢:《中国崛起语境下我国政治学发展的困境》,吴国光:《当代中国国内政治研究反思》,郭苏建主编:《政治学与中国政治研究——学科发展现状分析》,第七、八、十一、十二、十三章;Yu Keping, "The Study of Political Science and Public Administration in China," in *Democracy Is a Good Thing*, Washington, DC: Brookings Institution Press, 2011, pp. 6-26.

② 俞可平:《中国政治学百年回眸》,《人民日报》2000年12月28日,第12版。

又是"世界的"(glocalization),两者可以调和且兼容并蓄。①什么时候强调本土化、什么时候强调普适性具有一定的时空特性,在一个学科真正成熟和稳固之前更应该注重其专业化和国际化,在学科发展相对成熟之时可以适当追求自主性和独立性,中国政治学不应该在科学化发展明显不足的时候去否定科学化,同时科学化的政治研究也不应该无视传统研究路径的价值。此外,对本土化和国际化、科学化与方法论多元主义在不同阶段的推崇应该扮演学科纠偏的角色,即在某一个方面的发展走向极端的时候有另一端的力量将其拨回正轨,进而维系整个学科的"生态多样性"。

值得强调的是,关于"西方化"与"本土化"、"科学化"与"方法论多元主义"的论辩并非中国独有。在印度、俄罗斯、日本、澳大利亚、东欧和拉美等国家和地区的政治学界,不同时期都出现过类似的争辩,都曾主张尊重本国政治研究的传统、关心切合本国政治实际的研究议题、警惕泛科学化的倾向,以及维护本国学术的自主性乃至学术主权等观点。②关于学科发展取向,即便西方政治学内部也存在不同声音。欧洲政治学与美国政治学在学科传统、问题意识和研究方法上存在较大差异,欧洲政治学一直警惕政治研究的"美国化",寻求人文和科学传统的平衡,注重政治学研究与现实政治问题的关联。③著名意大利政治学家萨托利曾批评美国政治科学已经

---

① 参见 Wang Zhongyuan and Guo Sujian, "The State of the Field of Chinese Political Science: 'Glocalising' Political Science in China?" *European Political Science*, (2018).
② 参见 Jon R. Taylor, "Let One Hundred Flowers Bloom, Let One Hundred Thoughts Contend: Political Science with Chinese Characteristics," in Guo Sujian, ed., *Political Science and Chinese Political Studies: The State of the Field*, Belin: Springer, 2013.
③ 参见 Daniel Stockemer etc., "The Discipline of Political Science in Europe: How Different Is It from Political Science in North America?" *PS: Political Science and Politics*, vol. 49, no. 4 (October 2016).

窄化为纯粹的研究设计和过度的量化，进而脱离政治现实以及思想性匮乏。①美国政治学内部也存在对唯科学主义的抗拒和反思，早在 20 世纪 70 年代，就出现过制度主义、国家学派的回归，并创办了与行为主义针锋相对的期刊《新政治科学》(*New Political Science*)。2000 年，一群以"改革先生"(Mr. Perestroika)为笔名的政治学者发起了一场抗议美国主流政治学研究的运动，②其矛头直指美国政治学协会(APSA)及其期刊《美国政治科学评论》(*American Political Science Review*)，反对唯科学主义主导的政治学研究，批评美国政治学对量化方法的狂热，主张用方法论多元主义打破量化研究的霸权，强调重拾理论性、思想性、规范性、历史性的政治研究。这场运动虽然没能扭转美国政治学的航向，但也引起了政治学界不小的震动。为此，《美国政治科学评论》留出一定版面刊发非量化的论文，同时美国政治学协会还创办了专注思想理论的新期刊《政治视野》(*Perspectives on Politics*)。由此可见，西方政治学也不是铁板一块。政治学不同发展取向的差异或许不是东方与西方的差异，而是学术研究在本体论、认识论和方法论不同层次上的差异，③是我们在如何理解政治知识的本质以及如何将政治转化为知识的途径上的差异，是政治学不同发展阶段的差异。这种差异在每个国家都存在。

总体来说，关于学科的普适性与特殊性、规律性与差异性、科学性和

---

① 参见 Jack Hayward, Brian Barry and Achie Brown, eds., *The British Study of Politics in the Twentieth Century*, Oxford and New York: Oxford University Press, 1999, p. 27.

② 参见 Kristen Renwick Monroe, *Perestroika! The Raucous Rebellion in Political Science*, New Haven: Yale University Press, 2005; Shelley Rigger, "The Perestroika Movement in American Political Science and Its Lessons for Chinese Political Studies," in Guo Sujian, ed., *Political Science and Chinese Political Studies: The State of the Field*, Belin: Springer, 2013;谈火生：《政治学的学科传统之争与中国政治学的未来》，《教学与研究》2017 年第 5 期。

③ 参见 Gary Goertz and James Mahoney, *A Tale of Two Cultures: Qualitative and Quantitative Research in the Social Sciences*, Princeton: Princeton University Press, 2012.

本土性的辩论和思考将对中国政治学学科的发展大有助益,一方面体现出学科发展的曲折与艰辛,另一方面为我们提供了关于学科未来发展图景的多元想象。当前的中国政治学学科发展不应该囿于本土化与西方化之间非黑即白的争论,更不应该诉诸极端的"学科民族主义"(disciplinary nationalism)和激进的唯科学主义,而应采取开放性、包容性的世界观和方法论,致力于建构相互尊重、相互信任、彼此宽容、彼此善待的学科环境,共同推动学科建设的进一步制度化、专业化和国际化,共同思考并探索如何在不同的范式、方法之间建构起实质性交流、对话、合作的机制和桥梁。未来政治学的发展水平或许不是由某个最强势的理论、范式和方法决定的,而取决于我们打通不同国界、领域、层次、理论、范式、方法和思路等的能力,因为政治学作为一门科学的目标是共同的:探索人类政治生活和政治现象发生的基本规律和各种发展模式。这或许是中国政治学学科下一步要努力的方向,需要整个学术共同体的齐心协力。

第三章 中国政治学的重要概念

谈火生 杨 婕

就像其他学科一样,政治学学科最为基本的组成部分就是政治概念,以及在此基础上所形成的命题和理论。从这个意义上讲,政治概念是建造政治学学科大厦的砖石,它对于政治学学科建设具有重要意义:首先,政治概念是政治理论的基础。概念化环节是我们将感性认识上升为理性认识的关键步骤,政治概念是政治理论得以生长的种子,也是政治知识增长的基础。其次,政治概念是政治实践必不可少的工具。我们只能看到政治概念让我们看到的东西,或者说我们只能通过政治概念这个望远镜来观察我们身处其中的政治世界。从这个意义上讲,政治概念的更新会带来政治实践的创新。最后,政治概念的构建是推进国际学术对话的前提。如果没有基于自身经验构建起来的独特概念,中国的政治学研究永远都是在用基于他国经验所打造出来的尺子来衡量中国的政治实践,永远都生活在别处,要么用本国的经验验证他国的理论,要么在枘圆凿方的尴尬中扭怩作态。因此,政治概念的建构对于政治知识的增长、政治实践的创新和国际学术对话都具有重要意义。

在这一章中我们将系统梳理四十年来中国政治学学科的若干重要概念,考察重要概念的更替与政治学学科发展之间的关系,为未来政治学学科的概念的构建提供借鉴。

一、重要概念的特征和类型

什么是重要概念?本章认为,作为学科的重要概念,必须具备如下三个基本特征:第一,它应该是具有话题性的概念(attracted conception),能吸引众多的学者运用该概念来构建理论模型、阐释政治事实。第二,它应该是有影响力的概念(influenced conception)。这种影响力不仅体现为它能在一定时期成为政治学界研究的重心,影响学术研究的议程安排和议题选择,从而对相关的研究领域发挥引导作用,而且表现在它甚至能直接对政治实践产生影响。第三,它应该是具有丰富内涵的概念(contested conception),具有较大的阐释空间。学者们可以通过持续的学术努力,不断丰富其内涵,拓展其解释力。

按照这个标准,我们选取了十七个概念,它们可以分为三种类型:第一种类型是国际学术界通用但具有中国特色的重要概念,例如"执政党""协商民主"等。这些概念尽管为国际学界所通用,但中国政治学界在引进和使用这些概念时,对之进行了改造。一般而言,在国际学术界,执政党是和在野党相对的,但在中国语境下,我们在描述中国的政治实践时,一般会将"执政党"和"参政党"作为一对概念来使用,而不会将其和在野党相对。又如,在使用协商民主概念时,我们将重心从西方协商民主所强调的"公民之间"的协商转移到"官民之间"的协商。这类概念非常典型地体现了政治学在本土化过程中的张力,可以让我们很好地体会政治概念的普遍性和特殊性的结合。

第二种类型是基于中国自身经验提出的重要概念,例如贤能政治、执政能力等。这些概念的产生本身就源于中国经验，也是为了解释中国经验。这些概念是在国际的视野中诞生的，是在与西方发达国家或发展中国家的政治发展经验进行比较的过程中形成的。例如，"贤能政治"的概念就是具有西方背景的学者基于中国政治经验提出的概念，相较于西方既有的政体概念，它更好地解释了中国的政治经验。"执政能力"则是中国共产党自己提出的一个政治概念，其内涵随着政治学人的阐释得到不断丰富。这类概念主要体现的是政治概念的政治性和学科自主性之间的张力，可以让我们更好地理解政治实践和政治学学科之间的互动关系。

第三种类型是与其他学科共享但有政治学学科特色的概念，例如"中国模式""社会治理"等。这类概念为不同学科所使用，但不同学科在使用同样的概念时，其问题意识和研究视角还是有很大的差别。例如，"中国模式"的概念最初源于经济学，后来扩散到包括政治学在内的其他学科；"法治国家"的概念诞生于与政治学关系密切的法学领域；"社会治理"的概念则发端于社会学。这些概念近年来都成为政治学研究中非常重要的概念，但政治学在使用这些概念时与其他学科在问题意识和研究视角上都有很大的差异。这类概念主要体现的是不同学科之间的张力，可以让我们更好地理解政治学的研究进路。

下面，我们就按照这三种类型对四十年来政治学学科中比较重要的一些概念进行梳理。

二、国际学术界通用但具有中国特色的重要概念

(一) 政治体制

国内对"政治体制"概念的研究始于十一届三中全会,鉴于对中华人民共和国成立之后政治体制弊病的反思,三中全会后开展了经济体制、政治体制改革的诸多实践,政治体制这一概念也进入学术界的视野之中。在 1980 年代中期,随着改革的推进,一些社会矛盾逐渐凸显,学界关于政治体制改革的讨论也在十三大前后达到了高峰。1989 年以后,相关讨论走向沉寂,直到十五大以后才重新升温,并在每次党代会前后都会出现一个研究的小高潮(参见图 3-1)。

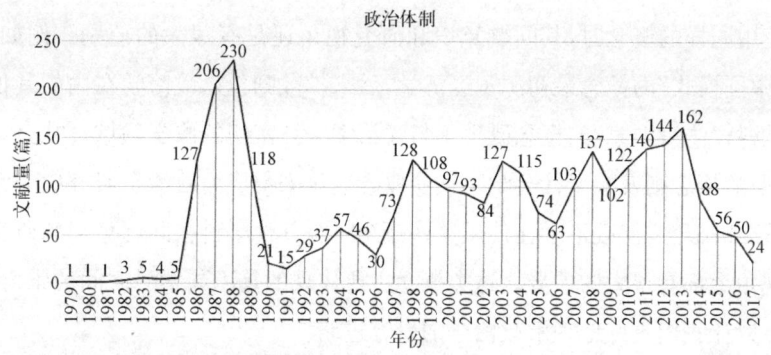

图 3-1 "政治体制"概念在 CNKI 中的文献量分布(1979—2017 年)①

关于"政治体制"概念的内涵。郭正礼从动态的角度分析,认为"政治体制属于社会上层建筑,是一个综合性的政治范畴,是指基本政治制

---

① 本章对重要概念文献量进行统计时,检索位置均为文章标题,检索时间为 2018 年 8 月 14 日。下面恕不一一说明。

度的具体表现形式的总和,是政治制度运行的具体模式,是管理社会政治事务的规范体系"①。王惠岩从权力政治的角度分析,认为"政治体制是指一个国家为了行使政治权力而设置的政权组织、政治组织(包括政党、政治性团体组织等)的相互关系及其运行制度"②。许耀桐也从该角度分析,将政治体制理解为"由关于政治权力的关系规定和制度安排所构成的系统"③。而鄢一龙则从本土的视角而非西方中心主义视角,提出了"六权分工"观念来解释我国独特的政治体制,即"党中央的领导权、全国人大的立法权、国务院的行政权、人民政协的协商权、最高人民法院和最高人民检察院的司法权、中央军委的军事权六项国家权力的分工体制"④。

国内学界对政治体制问题的探究绝大多数都与"改革"二字紧密相关,政治体制改革问题一直是学术界高度关注的话题。政治体制改革是"政治领导集团根据社会发展需要,对政治体制、政治权力结构、政治运行机制等,有计划有步骤地进行旨在优化政治体系、调节政治关系、巩固和完善统治的政治作业过程"⑤。中国特色社会主义政治体制改革的良好运行要求以经济改革为基础,大力加强民主政治文化建设,并通过各政治机体的沟通营造良好政治环境。⑥

关于政治体制概念的研究议题主要有如下几个方面:

---

① 郭正礼:《对政治体制的动态分析》,《宁夏社会科学》1996年第3期。
② 王惠岩:《政治体制改革的思考》,《高校理论战线》1998年第9期。
③ 许耀桐:《关于政治体制改革的思考》,《民主与科学》2010年第5期。
④ 鄢一龙:《六权分工:中国政治体制概括新探》,《清华大学学报》(哲学社会科学版)2017年第2期。
⑤ 王邦佐、秦德君:《政治体制改革与政治发展——关于政治体制改革的对话》,《学术月刊》1997年第12期。
⑥ 参见包心鉴:《社会主义政治体制改革的运行要素——兼论当代中国政治体制改革的战略地位和价值目标》,《东岳论丛》1998年第3期。

第一，对于我国政治体制改革范围和限度的探讨。陈红太指出我国政治体制改革不仅局限于具体政治制度的改革，还包含了对根本政治制度的改革，但政治体制的改革要坚持党的领导和人民民主专政两大基本政治原则不动摇。①刘军宁则指出，随着20世纪90年代后经济体制改革对传统经济体制的突破，相对滞后的政治体制不仅面临改革，甚至需要突破固有政治体制，不仅需要政治体制的改革和突破，甚至需要政治精神、价值观念的改革和转换。②

第二，政治体制改革与国家治理关系的探讨。汪仕凯认为新兴工业国家的崛起为我们提供了从国家治理的角度探讨政治体制能力的契机。所谓政治体制的能力，是指"约束国家的力量、平衡社会内部的结构、重塑国家与社会各自的立场、调整国家与社会之间的关系"。政治体制的能力造就了新兴工业国家的崛起，政治体制能力的差异也导致了新兴工业国家发展的分化和变异。政治体制的能力"是新兴工业国家取得良好治理水平、实现最终崛起的决定性因素"③。徐湘林也指出改革开放以来我国渐进式的政治体制改革在取得良好成就的同时也"保障了国家治理结构的稳定"。国家治理结构的稳定既是政治体制改革的条件，又是政治体制改革的目标，因此在深化政治体制改革阶段，需要有序推进政治体制改革，提升国家治理现代化的水平。④

第三，寻找我国政治体制改革突破口的问题。政治体制改革需要首先解决一些关键问题作为改革的突破口，以推动整体改革的发展，党内

---

① 参见陈红太：《"政治体制"概念认识上的误区》，《中国特色社会主义研究》2004年第2期。
② 参见蒋铁刚：《从政治体制改革到政治体制突破——访青年政治学家刘军宁博士》，《改革内参》1998年第14期。
③ 汪仕凯：《论政治体制的能力与国家治理》，《社会主义研究》2016年第2期。
④ 参见徐湘林：《政治体制改革与国家治理现代化》，《中央社会主义学院学报》2017年第4期。

民主①、改革人大制度②、公权力改革③等都曾被不同的学者视为我国政治体制改革的突破口。但也有观点认为，关键不是突破口的选择问题，而是突破口的层级问题。许耀桐指出一些突破口未能成功的症结在于政治体制改革的层级选择不当，他认为需要区分中央政治体制改革和地方政治体制改革，并将县级政治体制作为改革突破口。④

（二）合法性

通过正当民选选举程序掌握政权的纳粹政党上台后实行独裁统治并给人类带来巨大灾难，基于对二战的深刻反思，政治合法性问题受到西方学者广泛关注。国内学者也基于对我国政治现实的思考，就政治合法性问题与西方学者展开理论对话，相关讨论在 2000 年前后开始迅速升温（见图 3-2）。

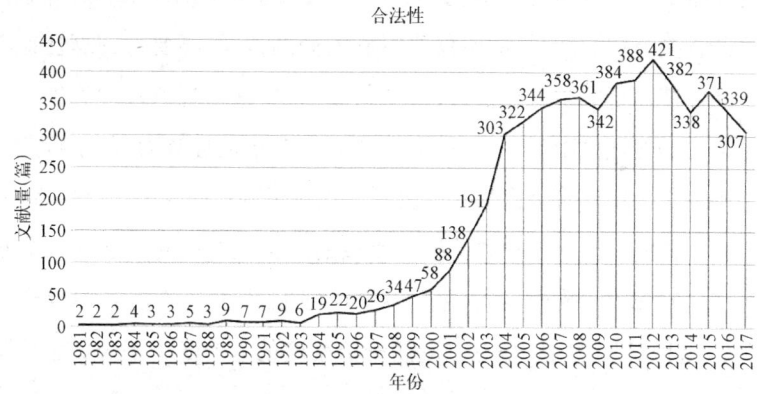

图 3-2 "合法性"概念在 CNKI 中的文献量分布（1981—2017 年）

---

① 参见王贵秀：《谈谈政治体制改革的突破口问题》，《科学社会主义》2002 年第 1 期；俞可平：《民主是共和国的生命》，《人民论坛》2007 年第 22 期。
② 参见李严昌：《文化整合视野下的中国政治体制改革》，《中国特色社会主义研究》2004 年第 2 期；赵景刚：《十余年来的中国政治体制改革研究述评》，《学术界》2006 年第 6 期。
③ 参见张海涵：《政治体制改革的突破口——公权力改革》，《经济与社会发展》2013 年第 1 期。
④ 参见许耀桐：《关于政治体制改革的思考》，《民主与科学》2010 年第 5 期。

尽管国内学界非常清醒地意识到"合法性"概念有规范性合法性和经验性合法性之分，但是，从规范性角度讨论"合法性"的成果较少，①绝大多数的研究都深受韦伯（Max Weber）经验性合法性概念的影响。如胡伟认为"政治合法性主要是指政治权威得到人民的广泛认同、信仰、忠诚和服从，并通过特定时空条件下适当的决策及政策实施来塑造政治秩序和适应环境变化，保持政治系统的有效性和稳定性"②。王浦劬认为"政治统治的合法性就是社会成员对于政治统治的承认，就是社会成员对于政治统治正当性的认可"③。燕继荣对政治合法性下的定义是"政府基于被民众认可的原则基础上实施统治的正统性或正当性"④。虽然表述不同，但都是将合法性理解为社会大众对当下统治政权认同与服从的经验事实。也有学者试图吸收哈贝马斯（Jürgen Habermas）对经验性理论的批判，认为政治权威不仅要得到人们的认同，还要得到理性证明的支持才能获得完备的合法性。将"值得认同"这一规范性理论纳入合法性概念的内涵之中，统一经验与规范而将合法性理解为"基于特定经济基础之上的统治阶级内部成员及其盟友对于特定的政治规范体系、政治权力主体的统治地位和政治统治手段的正当性的认同"⑤。姚大志也将合法性理解为"政府实行统治和使用强制性权力的正当性或道德性"⑥。这种对"合法性"概念中应然价值维度的考虑赋予了公民服从政

---

① 参见谈火生：《民主审议与政治合法性》，北京：法律出版社，2007年；周濂：《现代政治的正当性基础》，北京：生活·读书·新知三联书店，2008年。
② 胡伟：《合法性问题研究：政治学研究的新视角》，《政治学研究》1996年第1期。
③ 王浦劬主编：《政治学基础》，北京：北京大学出版社，1995年，第163页。
④ 燕继荣：《政治统治的要素和基础——关于政治合法性研究的一般理论》，《中共福建省委党校学报》2004年第12期。
⑤ 王庆利：《政治合法性问题的国内研究现状述评》，《岭南学刊》2005年第4期。
⑥ 姚大志：《善治与合法性》，《中国人民大学学报》2015年第1期。

府的政治义务以强有力的道德支撑。

当前国内学界对合法性问题的研究主要集中在如下几个方面:第一,对合法性内涵的解读,以韦伯为代表的经验性研究和以哈贝马斯为代表的规范性研究对政治合法性内涵的分歧性理解为基础,进一步深化、丰富对合法性概念内涵的理解。①第二,中国传统政治合法性的基础和合法化策略。张星久认为,基于君德的合法性信仰是中国传统君权合法性信仰系统的核心,它通过一整套象征系统(如礼乐制度、政治制度、政策过程与文化符号)来加以体现。②第三,当前我国政治合法性的来源分析。姚大志认为善治和同意是政府合法性的两种来源,缺乏民主传统的国家虽然无法获得同意的合法性,但也可以通过善治获得合法性。③当前中国的国家合法性主要来源于绩效表现。④孟天广进一步分析了绩效合法性的主观维度和客观维度,认为"尽管经济增长仍然是政治信任的重要来源,但民生福利和纯公共产品正赶上并超越经济增长,成为为公民提供政治信任的新源泉"⑤。马得勇、王正绪则认为,绩效对地方政府合法性的影响并不显著,而公推直选等民主机制在一定程度上改变了乡镇政府合法性的生成机制,并对其产生显著影响。⑥第四,对我国当前

---

① 参见周光辉:《论公共权力的合法性》,长春:吉林出版集团有限责任公司,2008年;胡伟:《合法性问题研究:政治学研究的新视角》,《政治学研究》1996年第1期。
② 参见张星久:《论帝制中国的君权合法性信仰》,《武汉大学学报》(哲学社会科学版)2005年第4期;张星久:《象征与合法性:帝制中国的合法化途径与策略》,《学海》2011年第2期。
③ 参见姚大志:《善治与合法性》,《中国人民大学学报》2015年第1期。
④ 参见杨宏星、赵鼎新:《绩效合法性与中国经济奇迹》,《学海》2013年第3期。
⑤ 参见孟天广、杨明:《转型期中国县级政府的客观治理绩效与政治信任——从"经济增长合法性"到"公共产品合法性"》,《经济社会体制比较》2012年第4期。
⑥ 参见马得勇、王正绪:《民主、公正还是绩效?——中国地方政府合法性及其来源分析》,《经济社会体制比较》2012年第3期。

合法性危机的认识,以及增强政治合法性之途径的探索。40%的国内学者都认为中国体制存在合法性危机或挑战,且大多认为这种危机和挑战更多地来自国内而非国外。①而当国家出现正当性危机时,如果其"合法性基础主要建立在合理的制度之上",则这种危机就不会危及到整个政治系统,因而需要确立法理型权威体系,增强政治的合法性基础。②何增科将增强我国政治合法性的具体途径表述为:强国富民,改善收入分配,建立廉洁和透明政府,提供优质高效的公共服务,通过勤政爱民增强政治的道德正当性,通过推动选举民主和代议民主增强授权来源合法性,通过推进协商民主增强决策合理性和合法性,通过建设法治国家增强法律合法性。③

(三) 执政党

中国共产党作为我国的执政党,是当代中国的领导核心,党的领导决定了中国前进的方向和社会主义事业进程。1949年中华人民共和国成立,标志着中国共产党由革命党转变为执政党,这种地位的转变需要与之相适应的职能与角色转变。但建国后一些领导人对革命思想的坚持和对执政党概念的误解,造成了中国共产党自身定位和实际角色之间的错位,关于执政党概念的理论也严重缺失。④十一届三中全会以来,改善党的领导问题提上日程,邓小平于1980年提出"我们党是执政党"的

---

① 参见曾敬涵:《合法性研究:中西方学界看法为何如此不同?》,《经济社会体制比较》2014年第5期。
② 参见燕继荣:《政治统治的要素和基础——关于政治合法性研究的一般理论》,《中共福建省委党校学报》2004年第12期。
③ 参见何增科:《政治合法性与中国地方政府创新:一项初步的经验性研究》,《云南行政学院学报》2007年第2期。
④ 参见王贵秀:《从革命党到执政党——中国共产党政治成长中的地位转变与角色转换》,《中共中央党校学报》2008年第4期。

重要论断,此后包括党的十五大、十六大报告都屡次提到党的执政地位、执政方式等问题,廓清执政党概念、党的领导等问题受到国内学界的广泛关注(参见图3-3)。

图3-3 "执政党"概念在CNKI中的文献量分布(1979—2017年)

执政党这一概念在当代中国具有独特内涵,"三个代表"重要思想的提出明确了中国共产党作为执政党的地位和职责,推动了国内学界对执政党问题展开进一步研究。

国内学界对执政党问题的研究主要集中在如下几个方面:

第一,中国共产党作为执政党的权威及其正当性地位的确立。首先,中国共产党以党建国的史实使其获得了的执政地位。其次,中国共产党是我国唯一的、长期的执政党,是我国政治权力的核心,中国共产党的命运与民族和国家的命运休戚相关。[1]这些都为共产党作为执政党奠定了来自历史性和现实性的正当性基础。同时,广泛的群众基础增强了

---

[1] 参见王长江:《执政党建设前沿问题研究》,《中共天津市委党校学报》2012年第1期。

共产党执政的合法性基础。①

第二,关于执政党转型与建设问题的研究。杨德山认为,党的建设需要不断根据客观形势调整其政治路线和历史方位:在理想目标上,从激情烂漫的幻想到理性科学的探寻;在思维方式上,从"阶级斗争"的"两极对立"到"和而不同";在干部队伍上,从轻视意识形态、轻视知识到崇尚专业智能;在党员构成上,从体力劳动者为主体到纳入各阶级、阶层先进分子;在党的领导方式和执政方式上,从个人高度集权的"一元一化"原则到"民主执政""科学执政""依法执政"。②

第三,执政党与其他政治机体之间关系的分析。曲延春以共产党和人民代表大会的关系为例指出:党对人大实行政治领导,人大对党实现宪法、法律的监督和管理。③而要处理好与其他政治机体的关系,就需要执政党承担起国家建设、社会整合、政策供给、价值分配、利益协调、全局调控六大功能。④

(四) 党内民主

1978年党的十一届三中全会总结"文化大革命"的历史教训,指出党内民主建设对我国政治正常发展、健康运行的重要性,并为新时期的党内民主建设指明了方向。2002年江泽民在党的十六大报告中所下的"党内民主是党的生命"的论断使党内民主成为学术界研究的热点问题(参见图3-4)。

---

① 参见彭忠林:《论执政党政治权威的社会基础》,《湖北行政学院学报》2003年第2期。
② 参见杨德山:《转型时期执政党转型考察》,《新视野》2008年第6期。
③ 参见曲延春:《执政党与人民代表大会关系研究综述》,《中共济南市委党校学报》2006年第3期。
④ 参见林尚立:《执政党执政的功能体系》,《学习时报》2001年1月8日,第3版。

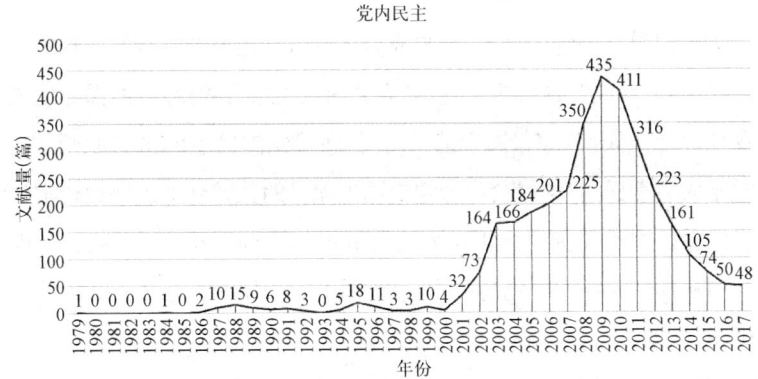

图3-4 "党内民生"概念在CNKI中的文献量分布(1979—2017年)

  学术界对党内民主概念的定义主要分为三种。一种观点认为党内民主是对党员权利和主体地位的凸显,"所谓党内民主,就是一个党的全体党员在有关本党的一切问题上有最终决策的权利"[①]。第二种观点将党内民主归结为一种制度安排,认为党内民主必须以制度作为载体,强调党内民主的程序建设。"党内民主是指全体党员基于党自身的生存、发展和使命,依照多数和一律平等的原则,直接或间接地参与管理党内一切事务的一种制度安排。"[②]第三种观点认为党内民主是制度规定和政治生活的有机结合,"是党基于自身的性质、任务和宗旨,依据民主集中制的基本原则,对党的组织、体制和过程所作出的民主的制度规定以及由此所形成的党内政治生活"[③]。虽然学者们对于党内民主概念的具体内含有不同解读,但是彼此之间并不矛盾,甚至多有重合,是从不同角

[①] 王长江等:《论党内民主的实质及改革取向》,沈一之主编:《理论纵横·政治篇》,石家庄:河北人民出版社,1988年,第199页。
[②] 颜杰峰:《党内民主含义考析》,《理论与改革》2009年第1期。
[③] 林尚立:《党内民主:中国共产党的理论与实践》,上海:上海社会科学院出版社,2001年,"序言",第4页。

度对党内民主概念做出的概括。

关于建设发展党内民主,学界有以下几方面措施建议:第一,保障党员民主权利,以养成党内民主风气、树立党内民主监督的权威性,保障党内民主顺利运行;[1]第二,完善民主选举制度,保障党内民主的平等原则;第三,探索党代会常任制,党代会作为党内民主建设的关键环节需要通过常任制以确保其权力不流失;[2]第四,从政党组织的不同层级着力,发展党内民主。加强基层党组织的党内民主建设可以为党内民主建设提供新的灵感和思路,从党内高层着手使党内民主建设便于操作,还可以采取"高层民主示范、基层民主试点到中层民主带动"的多层级同步发力的方法。[3]

从研究议题而言,党内民主的研究主要集中在以下几个方面:第一,党代会常任制。郐工农、齐卫平以基层调研为基础,指出党代会常任制的推广需具备四个条件:政治条件、主体条件、社会条件和运作条件。[4]许法根、蒋汉武则以浙江省椒江区党代会常任制为例,分析了协商民主如何推动党内民主和基层民主的发展。[5]第二,竞争性选举与基层党内民主的制度创新。周红云以湖北广水为例,分析了两票制的运行机制,以及它在扩大党内民主和社会民主方面所具有的积极意义。[6]肖立辉则着重分析了基层

---

[1] 参见赵金鹏、房晓军:《试论保障党员民主权利在发展党内民主中的重要作用》,《东岳论坛》2005年第4期。
[2] 参见高伟、佟德志主编:《党内民主》,天津:天津人民出版社,2010年,第11—14页。
[3] 参见王长江:《党内民主》,景跃进、张小劲、余逊达主编:《理解中国政治——关键词的方法》,北京:中国社会科学出版社,2012年,第67页。
[4] 参见郐工农、齐卫平:《试论党代会常任制的推广条件——上海金山、浙江椒江、四川雅安专题调研的思考》,《科学社会主义》2008年第1期。
[5] 参见许法根、蒋汉武:《协商机制与党内民主的实践——对浙江省椒江区党代会常任制的一种思考》,《西南交通大学学报》(社会科学版)2006年第1期。
[6] 参见周红云:《使农村民主运转起来——湖北广水"两票制"案例分析》,《马克思主义与现实》2003年第4期。

"公推直选"在制度设计上需要注意的一些问题。①第三,党员议事制度。金秀光以浙江景宁县"党员议事提案制"为案例,揭示了在既有的制度框架下中国基层党内民主建设和制度创新的新空间。②

虽然学者对于党内民主的发展路径存在诸多分歧,但大家对党内民主的重要意义有着广泛共识。胡伟认为:"中国应当努力开发民主化的体制内资源,通过党内民主带动国家政治生活的民主化,由精英民主导向大众民主应当成为中国民主政治发展的一个战略。"③

(五)政府创新

危机和发展是创新的两大背景。危机的出现要求政府做出调整以顺应社会变化,发展的要求则给政府施加了创新的压力和推动力。在危机和发展的大背景下,作为创新者的地方官员的能动性也是推动政府创新的重要因素。④改革开放以来,出于危机和发展的双重要求,我国积极促进政府管理体制的改革创新,并以 2000 年由俞可平发起、设立的"中国地方政府创新奖"为核心,建立了一套符合我国国情的政府创新评估与奖励机制。与此同时,国内学界对相关问题的讨论也逐步升温(见图 3-5)。

政府创新被认为是公共权力机关以提高行政效率和增进公共利益为目的而进行的创造性改革,学界从不同视角解读政府创新的内涵和目标。如俞可平从综合创新目的和创新对象的角度,将我国政府创新划分为政治改革、行政改革和公共服务三类,并将政府创新的目标理解为向

---

① 参见肖立辉:《基层党内选举制度改革研究——以成都、雅安乡镇党委直选为例》,《毛泽东邓小平理论研究》2008 年第 9 期。
② 参见金秀光:《"党员议事提案制"与党内民主建设——浙江省景宁县调查》,《社科纵横》2011 年第 7 期。
③ 胡伟:《党内民主与政治发展:开发中国民主化的体制内资源》,《复旦学报》(社会科学版)1999 年第 1 期。
④ 参见杨雪冬:《简论中国地方政府创新研究的十个问题》,《公共管理学报》2008 年第 1 期。

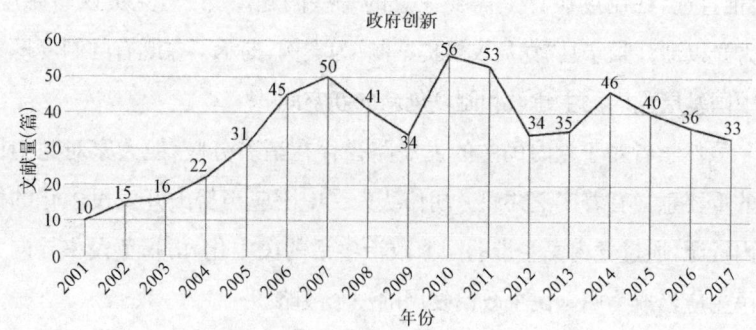

图 3-5 "政府创新"概念在 CNKI 中的文献量分布(2001—2017 年)

着民主政府、法治政府、责任政府、服务政府、优质政府、效益政府、专业政府、透明政府、廉洁政府的方向发展。①而谢庆奎则认为政府创新的内涵包括理论规范层面、体制建设层面、人力资源层面以及行政操作层面的创新与改革,政府创新的目标是"建立政治、经济、社会、文化协调与可持续发展的服务型政府"②。另外,还有一种观点,将政府创新的目的剥除增进公共利益的向度,而认为"政府创新的最终目的是提升政府能力和政府效能"③。

政府创新是政府在现实基础的路径依赖之上发挥主体能动性的体现,一方面,我国政府创新受到中国特色社会主义初始阶段政治、经济、文化的制约和规定,另一方面,需要发挥政府自觉的主观能动性以实现政府的综合创新。④在路径依赖方面,王清着重分析了不同政党模式对

---

① 参见俞可平:《论政府创新的若干基本问题》,《文史哲》2005 年第 4 期。
② 谢庆奎:《论政府创新》,《吉林大学社会科学学报》2005 年第 1 期。
③ 刘景江:《地方政府创新:概念框架和两个向度》,《浙江大学学报》(人文社会科学版)2009 年第 4 期。
④ 参见乔耀章、芮国强:《政府创新与政府自觉》,《学术界》2002 年第 4 期。

政府创新限度的影响。①杨雪冬则从制度和非制度环境分析了我国政府创新的空间:在制度层面,虽然我国政府管理体制中的民主集中制压抑了地方政府的能动性,但由于巨大国家规模对集中控制力度的削弱作用、民主集中制中的民主因素、地方政府之间的竞争加剧、改革开放所带来的制度的大规模转型,这些因素共同为政府创新保留了一定的制度空间;而在非正式制度方面,以人际关系为主要形式的社会资本和在地方实践中形成的好的但未被制度化的做法也为政府创新提供了支持。②

进入21世纪,由于"决策者对创新重要性的强调以及政府改革的重视"③,政府创新在我国有持续的生命力。而决策者重视政府创新的理论逻辑则是,政府创新会影响执政党和中央政府的政治正当性、政权稳定性,因而地方政府创新在增强政治正当性方面程度越强、途径越多,得到执政党和中央政府的支持与鼓励就会越大。随着政府执政的正当性"从以经济增长为核心的政绩合法性向现代民主法治的政治合法性转变"④,地方政府创新也从追求政绩合法性走向追求政治合法性。而善治作为政治正当性的新的重要来源,成为地方政府在创新过程中新的关注点。何增科通过对地方政府创新项目的深度分析,认为我国迈向善治的政府创新对于促进政治正当性的效果最好。⑤

---

① 参见王清:《论政党模式与政府创新的限度——一种比较分析的视角》,《上海交通大学学报》(哲学社会科学版)2007年第3期。
② 参见杨雪冬:《简论中国地方政府创新研究的十个问题》,《公共管理学报》2008年第1期。
③ 杨雪冬:《中国地方政府创新:特点和问题——中央编译局专家笔谈:"政府创新与和谐社会"专题之一》,《甘肃行政学院学报》2007年第4期。
④ 何增科:《地方政府创新,从政绩合法性走向政治合法性》,《中国改革》2007年第6期。
⑤ 参见何增科:《地方政府创新与政治正当性:中美之间的比较研究》,《湖北社会科学》2015年第4期。

当前学界主要从创新过程中政府的创新方案①、关于政府创新的绩效评估②以及对政府创新的具体管理③等各种实操环节研究我国政府创新的成绩与现状,但在更为制度性的、根本性的层面,我国政府创新依然有很大的改进空间。在实操层面,地方政府创新具有显著的区域差异,同时又有自身的演进逻辑,具有累积性和稳定性。④运用人际关系网络和非制度性做法实现政府创新虽然适应中国国情,但却也存在地方经验无法制度性地推广和普及的弊端。因此虽然地方政府创新具有实验和试错的功能,但要保证优良创新实践的持续性和推广性,就需要中央政府积极地"在全国范围内系统配套地和循序渐进地推进"⑤地方政府创新经验,推动地方政府创新实践的法律化和制度化。

(六) 善治

"善治"是20世纪90年代初期西方政治学界提出的一种新的治理理论和政治分析框架,国内学界对其研究在21世纪初开始逐步升温(参见图3-6)。"善治"体现了国家治理水平的提升和国家—社会关系的转换。一个国家的治理水平反映在其国家和社会的关系上,实现善治的关键在于处理国家(政府)与社会的关系。关于"善治"的思考经历了三代理论:"善治"1.0版本以"政府治理"为核心,强调政府在公共管理中的主体地位,认

---

① 参见赵强、李作红:《政府创新路线图:基于创新过程的分析》,《中共四川省委省级机关党校学报》2014年第2期。
② 参见卓萍、卓越:《政府创新的前沿走向:从目标考核走向绩效评估》,《中国行政管理》2013年第1期;尚虎平:《我国政府创新:复制、周期律与"诺门克拉图拉"阴影——面向我国政府绩效评估创新的代际基因遗传性探索》,《社会科学》2014年第8期。
③ 参见陈永杰:《从政府创新到政府创新管理:一个分析框架》,《中国行政管理》2016年第2期。
④ 吴建南、黄艳茹、马亮:《政府创新的稳定性研究——基于两届中国地方政府创新案例的比较》,《软科学》2015年第5期。
⑤ 何增科:《地方政府创新,从政绩合法性走向政治合法性》,《中国改革》2007年第6期。

为实现善治需要打造良性政府;"善治"2.0版本以"社会治理"为核心,强调公共管理的真正主体是"社会组织乃至公民个体";"善治"3.0版本则强调"公共事务公共管理",认为公共事务需要多元公共主体、多中心共同参与、协同行动,需要国家和社会双主体之间的"良性互动、协同治理"。在具有"全能主义"倾向的中国,要实现善治理想,就需要"建立政府与社会、政府管理与社会自治的良性互动和分工协作"。①

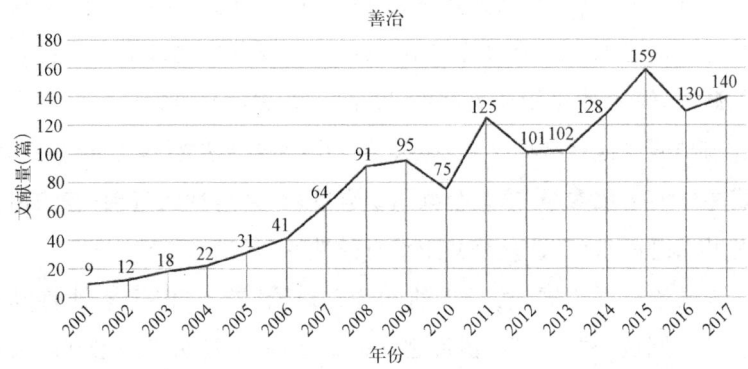

图3-6 "善治"概念在CNKI中的文献量分布(2001—2017年)

部分学者关注"善治"概念所包含的政府—社会关系与角色的转变。俞可平认为,善治的本质是"政府与公民对公共生活的合作管理",善治的基本要素包括合法性、透明性、责任性、法治、回应和有效。②与俞可平不同,杨雪冬认为我们需要承认我国"治理"的"国家主义"尾巴的重要性,使实现善治与我国的现代制度建设同步发展。③

---

① 燕继荣:《善治理论3.0版》,《人民论坛》2012年第24期;燕继荣:《协同治理:社会管理创新之道——基于国家与社会关系的理论思考》,《中国行政管理》2013年第2期。
② 参见俞可平:《治理和善治分析的比较优势》,《中国行政管理》2001年第9期;俞可平:《治理和善治:一种新的政治分析框架》,《南京社会科学》2001年第9期。
③ 参见杨雪冬:《要注意治理理论在发展中国家的应用问题》,《中国行政管理》2001年第9期。

还有一部分学者关注的是实现善治所需要的条件和路径选择。李景鹏指出,我国行政管理的现状离善治理想还有较大差距:掌握行政权力的人具有统治意识而非服务意识、公民缺乏政治参与的意识和素质。这一方面需要政府和公民双方传统观念的转变,另一方面需要党的组织作为第三种力量介入政府和公民博弈过程,以达到双赢结局。①毛寿龙将善治视为治道变革进程,它有五个方面的趋势:"从无限政府走向有限的政府,从人治的政府走向法治的政府,从高度集权的单中心政府走向高度分散的多中心的政府,从封闭的政府走向信息公开的政府。"②高小平则认为监督、民主、法治是实现良好治理的三大基石:"有监督才能保持廉洁,这是公共组织自身合法性、责任性的基础;有民主才有公民参与,这是公共组织合理性、回应性的基础;有法治才有公共管理的秩序,这是公共组织有效性、高效化的基础。"③

与政治学界不同,法学界的学者在讨论"善治"时更多地将其与"良法"一同放于"法治"的语境之下来研究,如王利明将法治理解为良法和善治的有机结合,良法是法治的前提,善治是法治的目标。④何志鹏则在国际法治的语境下讨论良法和善治,认为要在世界范围内实现善治,必须"就一些实体规范达成一致,国家之间增进身份认同和规范共识","确立最低限度的良法",因而我国应更积极地参与到国际法规范共识的制定之中。⑤

---

① 参见李景鹏:《中国走向"善治"的路径选择》,《中国行政管理》2001年第9期。
② 毛寿龙:《国际与国内视野中的治道变革》,《中国行政管理》2001年第9期。
③ 高小平:《实现良好治理的三大基础》,《中国行政管理》2001年第9期。
④ 参见王利明:《法治:良法与善治》,《中国人民大学学报》2015年第2期。
⑤ 何志鹏:《"良法"与"善治"何以同样重要——国际法治标准的审思》,《浙江大学学报》(人文社会科学版)2014年第3期。

(七)协商民主

"协商民主"是 1980 年代在西方兴起的一种新的民主理论。该概念最早进入中国学界是在 2000 年协商民主理论的代表人物于尔根·哈贝马斯来中国讲学之时,但国内最早的研究性文章则出现在 2004 年。[①]中国学界对"协商民主"的研究经历了两次比较大的飞跃,而这两次飞跃都与中共中央文件的出台时间节点相吻合。第一次飞跃发生在 2006 年,其主要背景是中央在 2005 年和 2006 年连续出台了两个 5 号文件;第二次飞跃发生在 2013 年,其背景是党的十八大提出"健全社会主义协商民主制度"(参见图 3-7)。

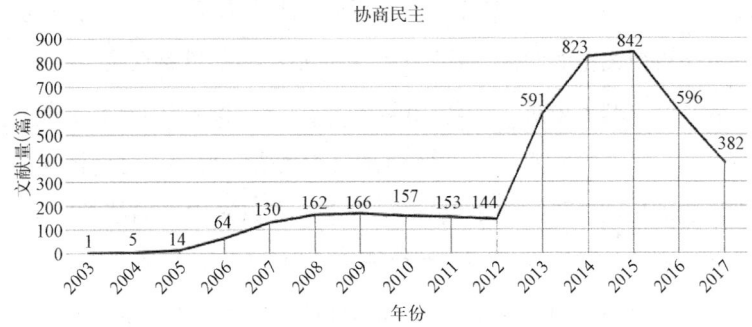

图 3-7 "协商民主"概念在 CNKI 中的文献量分布(2003—2017 年)

十八大以来,"协商民主"成为政治学界研究的一个热点。关于"协商民主"概念的内涵,有两种不同的界定思路,我们可以将其称之为学院派的定义和实务派的定义。学院派明确强调"协商民主"概念的西方渊源,认为协商民主是公共协商过程中自由、平等的公民通过对话、讨论、审视各种相关理由而赋予立法和决策合法性的一种治理形式。[②]实务派

[①] 参见陈家刚:《协商民主引论》,《马克思主义与现实》2004 年第 3 期。
[②] 参见陈家刚:《协商民主引论》,《马克思主义与现实》2004 年第 3 期。

则更强调协商民主的本土特征,强调协商民主是中国民主政治的特有形式和独特优势,根植于中国共产党领导的多党合作和政治协商的长期实践,以中国特色社会主义为本质属性,与西方协商民主理论具有根本差异。①林尚立对"特有形式"中的"特"进行了深入解读,认为"从形式上看,协商民主的组织和运行方式很契合党的领导、国家的组织和运行以及人民管理国家事务的基本原则。从功能上看,协商民主对于在中国这样规模巨大、结构多样的社会,实现国家治理体系和治理能力现代化,能够起到全方位的支撑和推动作用"②。十八大以后,学界关于"协商民主"概念的内涵的看法逐渐走向了融合,学院派越来越重视本土资源在协商民主建设中的作用,实务派也逐渐承认西方协商民主的理论和实践对于中国协商民主的制度和程序建设方面所具有的借鉴意义。

从研究主题上来讲,中国政治学界关于"协商民主"的研究逐渐从规范性研究转向经验研究,研究领域也在不断拓展。③其中,协商民主的制度化和法治化成为研究的重点,这也与十八大以来中央的精神相吻合。从研究议题的分布上讲,学界对"协商民主"的研究存在不平衡的现象。第一,理论研究和经验研究不平衡,经验研究多,理论研究少。大量研究都集中在经验领域,而协商民主中一些重要的理论问题,如代表问题、协商系统问题、公民教育问题、协商能力问题等,均未得到充分的重视。对西方协商民主发展的前沿动态也关注不够。④第二,对不同协商渠道的研究不平衡。在七个协商渠道中,只有政党协商、政协协商和基层协商

---

① 参见张献生、吴茜:《试论中国社会主义协商民主制度》,《政治学研究》2014 年第 1 期。
② 林尚立:《协商民主是我国民主政治的特有形式和独特优势》,《求是》2014 年第 6 期。
③ 参见谈火生:《从民主研究的"协商转向"到协商民主的"经验转向"》,《联合时报》2015 年 3 月 31 日,第 6 版。
④ 参见谈火生:《协商民主理论发展的新趋势》,《科学社会主义》2015 年第 6 期。

得到了学界较多的关注,人大协商、政府协商、人民团体协商和社会组织协商的研究都非常少(参见图3-8)。这种现象在一定程度上说明,有些协商渠道在制度创新方面动力不足。第三,在经验研究中,一般性研究多,深入的个案分析少。在既有的研究中,真正得到较为充分研究的个案主要是浙江温岭的民主恳谈会,不仅有何包钢和陈朋的专著,而且有大量的文章对之进行了较为深入的剖析。[①]其他的个案,如人民政协的双周协商座谈会、成都的曹家巷改造、吉林安图的群众诉求服务中心等,尚未得到充分的发掘。

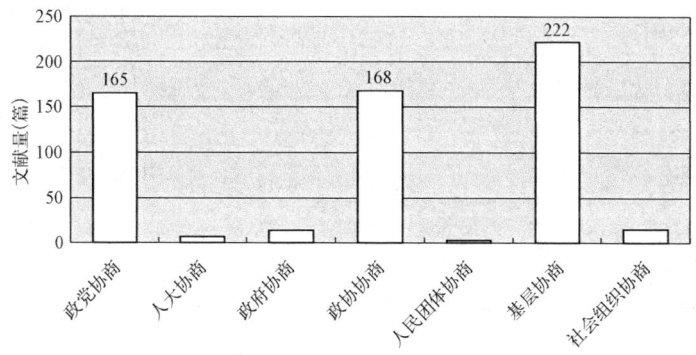

图3-8 学术期刊中收录的关于七大协商渠道的相关文献量分布(2015年1月—2017年12月)

说明:2018年5月4日在中国学术文献网络出版总库中检索,文献来源为期刊库,检索位置为文章篇名,检索词分别为政党协商、政协商、基层协商、人大协商、政府协商、人民团体协商和社会组织协商。

[①] 参见何包钢:《协商民主:理论、方法和实践》,北京:中国社会科学出版社,2008年;陈朋:《国家与社会合力互动下的乡村协商民主实践:温岭案例分析》,上海:上海人民出版社,2012年。期刊文章数量庞大,兹不一一列举。

三、基于中国自身经验提出的重要概念

（一）国家治理

2013年十八届三中全会提出，推进国家治理体系和治理能力现代化是全面深化改革的总目标，自此，国家治理问题受到学界广泛关注，相关学术文章呈井喷式增长（参见图3-9）。

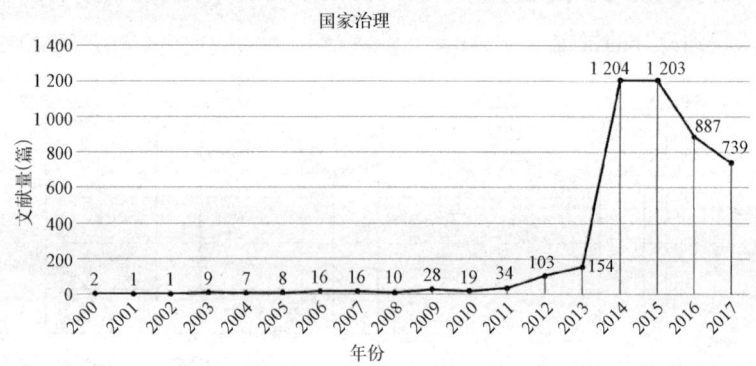

图3-9 "国家治理"概念在CNKI中的文献量分布（2000—2017年）

当前对"国家治理"概念较为一致的观点是，将其理解为"在现代国家的政治框架之内的治国理政"①。燕继荣将这一过程类比为汽车驾驶：在社会互动中产生并表达政治诉求的各种社会角色或机构是国家治理的动力系统，维护国家秩序和安全的暴力系统、处理国家日常事务的文官系统和具有裁决与惩罚的国家法治系统则共同组成了其制动系统。国家治理水平的高低就体现在是否实现了"动力系统"和"制动系统"的适度平衡。②

---

① 汪仕凯：《国家治理的民主之道》，《探索》2017年第2期。
② 参见燕继荣：《依法治国与国家治理现代化》，《中国井冈山干部学院学报》2015年第1期。

学界关于国家治理研究的核心议题是我国国家治理的独特性。部分学者将我国国家治理的独特性归因于其马克思主义国家理论逻辑基础。王浦劬在对比的视角下阐释了中国当代国家治理的基本含义:不同于中国传统国家治理的统治者"治国理政"内涵,也不同于西方国家治理的弱化政府权威、主张多中心社会自我治理的价值取向,我国现代国家治理是"在中国特色社会主义道路的既定方向上,在中国特色社会主义理论的话语语境和话语体系中,在中国特色社会主义制度的完善和发展的改革意义上,中国共产党领导人民科学、民主、依法和有效地治国理政"①。

部分学者认为我国国家治理的独特之处在于其治理对象的独特性。唐皇凤认为我国的国家治理关键特点是其治理对象是一个巨型社会,即我国国家治理属于大国治理。而我国国家治理的现实基础则包括:共产党的领导,单一制的中央集权体制,治理对象的巨型性、贫困性、非匀质性、断裂性。面对这种现实基础,我国国家治理"是一个充满危机与不断有效缓解危机的动态过程",需要"在构建推进现代化的有效资源积累结构的基础上逐步实现国家治理资源的富足,同时在社会成长与国家治理之间构建良性的和谐互动关系,通过有效的国家治理促进社会的成长与成熟"②。

还有一部分学者则从各治理主体之间的关系解读我国国家治理的独特性。何艳玲认为,对国家治理体系的研究不仅要关注各种制度塑造出的国家治理结构,同时也要关注制度间按制度形成的内部关

---

① 王浦劬:《国家治理、政府治理和社会治理的基本含义及其相互关系辨析》,《社会学评论》2014 年第 3 期。
② 唐皇凤:《大国治理:中国国家治理的现实基础与主要困境》,《中共浙江省委党校学报》2005 年第 6 期。

系。国家治理实践中需要理顺"政府与市场、中央与地方、城市与农村、经济与社会以及政府与公民和社会组织"的关系;分开不同治理主体的边界,保留国家权力在治理结构中的轴心地位,延迟并缓冲关系理顺过程。①

(二)贤能政治

中国关于"贤能政治"的讨论最早可以追溯到春秋战国百家争鸣时期,儒家最为系统地阐述了"贤能政治"思想。《礼记》开篇就提出了"选贤举能"的为政思想:"大道之行也,天下为公,选贤与能,讲信修睦。"这也是"贤能政治"能在中国得到广泛讨论的文化基础。

近年来,"贤能政治"一词被加拿大籍学者贝淡宁重新提出,他将其定义为:"设计一种政治制度,挑选能力超过平均水平的政治领袖做知情的、道德上站得住脚的政治决断。"②这一政治设计有两个关键要素:一个是选出来的政治领袖要具有超凡的才德;二是设计用来选拔这种领袖的机制。如今在西方世界,民主选举的呼声不断高涨,"贤能政治"早已黯然失色,但在中国,贝淡宁认为,复兴并重新解释"贤能政治"一词十分必要。在贝淡宁重新提出"贤能政治"前后,学界关于"贤能政治"的讨论也逐步增多(参见图3-10)。与贝淡宁观点类似,范瑞平也认为,如今西方政治已经深陷困境,中国若想避免走入这种困境,就不应该照抄照搬西方政治文化的基本原则及其政治制度,而是应当重新审视中国的儒教信念,设法建立我们自己的"贤能政治",认真探索一条"中庸性推广"儒

---

① 参见何艳玲:《理顺关系与国家治理结构的塑造》,《中国社会科学》2018年第2期。
② 贝淡宁:《贤能政治是个好东西》,《当代世界》2012年第8期;贝淡宁:《贤能政治:为什么尚贤制比选举民主制更适合中国》,吴万伟译,北京:中信出版集团,2016年。

家价值的文明宪政之路。①

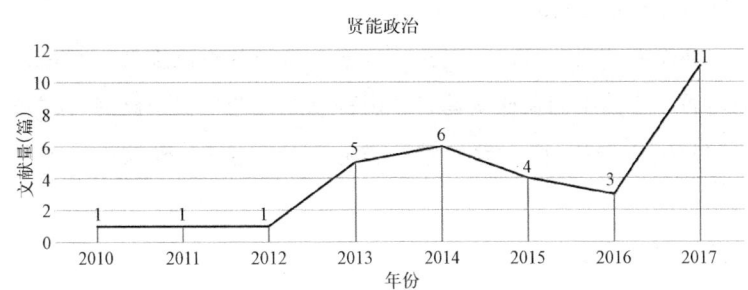

图3-10 "贤能政治"概念在CNKI中的文献量分布(2010—2017年)

也有学者反对"贤能政治"的设计。刘京希指出:"贤能政治在制度设计上潜含着极大的不确定性、非持续性甚至高风险性。"②这种制度设计本质就是人治,既与民主法治相抵牾,也不利于构建良好的现代政治生态。

针对这一问题,有的学者提出了"新贤能政治"一词,并试图将贤能政治与民主政治有机地结合起来。唐皇凤认为:"新贤能政治就是在现代民主政治的基干和框架下,嫁接传统贤能政治的有益成分,建立程序规范、过程透明的干部选拔制度,使得选贤任能的过程具有更强的可测度性与客观性、公开性与公正性,选拔的过程与结果更容易接受人民的监督以及法律制度的规约。"③

但是这种结合是否成功或者可欲,仍是如今学者们争论的重点。张文波认为这种结合是不可欲的,他指出:"贤能政治不仅固化了官本位体制,且缺乏可操作性与可持续性,并以其'实质正义'观念背离民主程

---

① 参见范瑞平:《走向儒教贤能政治:在现代西方政治陷入困境之际》,《原道》2013年第2期。
② 刘京希:《构建现代政治生态必须祛魅贤能政治》,《探索与争鸣》2015年第8期。
③ 唐皇凤、赵吉:《为新贤能政治正名与辩护》,《探索与争鸣》2016年第8期。

序。"①只有坚持以权力制约为目标的法治原则和协商民主程序,才能摆脱贤能政治的诱惑并走出人治的窠臼。

总体来看,"贤能政治"有利有弊,践行这一政治制度要求严格的法治为后盾。当前中国在探索具有中国特色的社会主义道路时,对"贤能政治"和"民主选举"两种路径都要持有审慎的态度,确保正义天平不倾斜。

(三) 执政能力

"执政能力"概念是在1989年东欧剧变的背景下提出来的。苏联的解体强烈地冲击了当时的中国,使中国共产党人强烈地意识到加强党的执政能力的重要性。但这一概念真正引起学界的广泛关注则是在党的十六大以后(参见图3-11)。

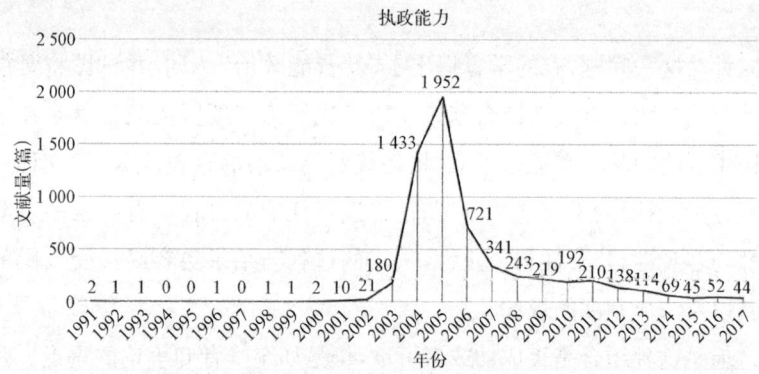

图3-11 "执政能力"概念在CNKI中的文献量分布(1991—2017年)

其实早在中华人民共和国成立前夕,毛泽东就做了共产党要从革命党到执政党的重要指示。后来的历届国家领导人继续不断地完善和丰

---

① 张文波:《贤能政治的诱惑及其不可欲——兼与唐皇凤、赵吉先生商榷》,《探索与争鸣》2017年第2期。

富"执政能力"这一重要政治词汇。党的十六大明确提出了"加强党的执政能力"的命题。中共十六届四中全会首次将"执政能力"概括为:"党提出和运用正确的理论、路线、方针、政策和策略,领导制定和实施宪法和法律,采取科学的领导制度和领导方式,动员和组织人民依法管理国家和社会事务、经济和文化事业,有效治党治国治军,建设社会主义现代化国家的本领。"

十六大要求把党的执政能力建设的理论成果推进到实践领域,这就需要将党的执政能力建设与实践相结合。苟欣文和刘开寿特别强调了基层党组织的执政能力建设,认为党的基层干部在实践层面有广阔的空间。①桑玉成提出了衡量党的执政能力的四个主要评价指标:执政党所执掌政权的合法性与支持度、执政党执政之法律与制度的稳定性与有效性、治理社会的高效率与低成本、社会秩序与风尚的维系程度。②

面对新媒体和网络舆论的影响日益增强,吴克明指出加强党的执政能力建设必须直面网络文化,同时具备运用网络文化资源主导网络文化舆论和应对网络意识形态挑战的能力。③张晨从新媒体的背景思考党的执政能力建设,指出执政党必须增强引导新媒体舆论的本领。④程婧则以微博为具体的研究载体,提出微博问政是目前党的执政能力建设的新课题。⑤

十八届三中全会以来,学者们又从国家治理的视角切入,探析如何

---

① 参见苟欣文、刘开寿:《论党的执政能力建设及其在基层的实践》,《探索》2003 年第 2 期。
② 参见桑玉成:《关于党的执政能力及其评价指标体系的研究》,《学习与探索》2004 年第 3 期。
③ 参见吴克明:《网络文化视角下党的执政能力建设》,《当代世界与社会主义》2009 年第 1 期。
④ 参见张晨:《新媒体背景下党的执政能力建设思考》,《唯实》2009 年第 12 期。
⑤ 参见程婧:《微博问政:执政能力建设的新课题》,《理论与改革》2011 年第 5 期。

提升党的执政能力。王可园和齐卫平指出在国家治理现代化进程中,党的执政能力面临四方面的挑战,即全球化、民主化、社会转型和党自身的挑战。①黄建军认为,中国共产党作为国家治理的主体,必须遵从执政规律,调整执政方式,顺应经济社会发展形势做出全面的转换和调适,通过对自身的执政理念、组织机构、制度建设等进行深刻变革,最终实现国家治理现代化。②

如今,执政能力已经成为衡量一个政党是否具备充足的领导能力的重要指标,学界对执政能力也有了更加全面和深刻的认识。可以说加强党的执政能力建设、提高党的执政水平,是深化党和国家机构改革的必然要求。

(四) 服务型政府

"服务型政府"概念由"服务行政"推演而来。20世纪末,我国经济体制由计划经济转向市场经济,在计划经济下的管制型政府模式不能适应市场经济体制。1990年代中后期,中国理论界引入"服务行政"概念。张康之较为详尽地阐述了"服务行政模式"的内涵,程倩将其总结为公正的行政、为人民服务的行政、能力本位的行政、社会本位的行政、超越了民主和集权的行政以及自律和道德的行政。③随着行政管理体制改革的深入,学术界在"服务行政"的基础上进一步发展出"服务型政府"的概念。2000年,张康之最早提出了"服务型政府"概念,指出服务型政府而非统治型政府或者管理型政府是限制政府规模的根本解决之道。④2008

---

① 王可园、齐卫平:《国家治理现代化视角下党的执政能力提升研究》,《理论与改革》2014年第5期。
② 黄建军:《国家治理现代化视阈下党的执政能力建设论略》,《求实》2017年第7期。
③ 参见程倩:《"服务行政":从概念到模式——考察当代中国"服务行政"理论的源头》,《南京社会科学》2005年第5期。
④ 参见张康之:《限制政府规模的理念》,《行政论坛》2000年第4期。

年前后,学界相关讨论热度达到高峰(参见图 3-12)。服务型政府是对政府角色的重新定位,政府从统治型政府下的统治工具和管理型政府下的管理主体角色转换成为公众服务的角色,它将政治中心地位让于社会民众,以社会为本位,扩大了社会自治的范围。

图 3-12 "服务型政府"概念在 CNKI 中的文献量分布(2001—2017 年)

自"服务型政府"概念提出以来,国内学者从四大视角对其展开探讨:

第一,政府与公民关系的视角。服务型政府被理解为"在公民本位、社会本位理念指导下,在整个社会民主秩序的框架下,通过法定程序,按照公民意志组建起来的以为公民服务为宗旨并承担着服务责任的政府"[①]。该视角将服务型政府与管制型政府进行对比,将服务型政府建设理解为由官本位向民本位、由政府本位向社会本位、由权力本位向权利本位的转换。

第二,政府职能历史演进的视角。将服务型政府放在从统治型政府到管理型政府再到服务型政府的政府职能演进的大历史中。在这种视

---

① 刘熙瑞:《服务型政府——经济全球化背景下中国政府改革的目标选择》,《中国行政管理》2002 年第 7 期。

角下,服务型政府被理解为"以服务价值为理念,以公共服务为主要内容的政府"①,它是对管理主义政府和现代官僚制的借鉴与超越。

第三,政治职能结构角度视角。服务型政府意味着政府职能从经济职能向公共服务职能的转换。②"其关键是明确政府的职能定位,合理界定政府管理经济的范围,切实把政府工作重点转变到提供基本公共产品和有效的公共服务上来。"③但辛传海也指出,政府角色的服务型转向要提防与市场逻辑中的"顾客服务理念"相混淆以造成的政治不平等加剧和公民责任、公民参与消减。④

第四,政府工作方式转变的视角。服务型政府通过具体的行政决策方式调整和行政改革实践,提升行政服务的廉洁高效性。⑤

还有学者将上述角度综合起来,认为"服务型政府是指在民主、法治的框架下,以为人民服务为宗旨,在全面履行政府职能中贯彻服务理念,突出公共服务职能,承担服务责任的政府"⑥。

(五) 增量民主

"增量民主"是由俞可平提出并倡导的概念,其定义是"在中国目前特定的条件下,以现实的政治手段达到理想之政治目标的一种政治选择,其重点在于确保民主进程中的帕累托最优,其目标是通过一系列的

---

① 李传军:《管理主义的终结——服务型政府兴起的历史与逻辑》,北京:中国人民大学出版社,2007年,第255页。
② 参见迟福林:《适时推进公共服务型政府建设》,《经济研究参考》2003年第71期。
③ 束锦、肖觐:《全面推进服务型政府建设——基于矫正政府失灵视角的探讨》,《甘肃社会科学》2005年第3期。
④ 参见辛传海:《公共服务:是"顾客主权"还是"公民主权"》,《云南行政学院学报》2004年第2期。
⑤ 参见尹戈、陈先芳、姬书莹:《建设廉洁、高效的服务型政府》,《中国行政管理》2003年第3期。
⑥ 高小平、王立平主编:《服务型政府导论》,北京:人民出版社,2009年,第47页。

制度创新来持续地推进中国的民主进程，最终实现善治的政治理想"①。他指出，中国政治改革是增量、渐进性的，改革首要目标是发扬民主。因而，"增量政治改革，首先体现为增量民主"。增量民主首先必须具备充足的政治经济基础，其次要在原有基础上实现新的突破和增长，且这种突破和增长是渐进的、缓慢的，最后需要"在不损害人民群众原有政治利益的前提下最大限度地增加政治利益"②。因而，所谓增量民主，即在原有政治改革、民主建设"存量"基础上，实现民主建设渐进、缓慢的突破和增长，增加公民的政治权益。③近年来，"增量民主"概念在CNKI中的文献量分布情况详见图3-13。

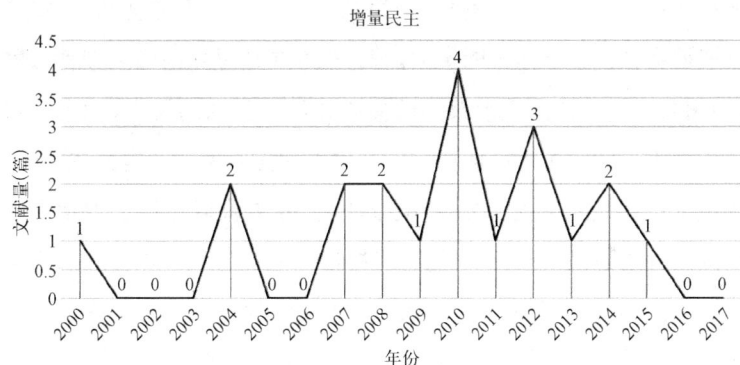

图3-13 "增量民主"概念在CNKI中的文献量分布（2000—2017年）

当我们谈论"增量民主"时，需要将其与"渐进民主"区分开来。虽然

---

① 俞可平：《增量民主与政治改革》，2012年6月12日，http://www.aisixiang.com/data/54256.html，2018年9月29日。
② 贾建芳：《转轨中的中国政治走向：善治与增量民主——访俞可平研究员》，《科学社会主义》2004年第1期。
③ 参见俞可平：《增量民主："三轮两票"制镇长选举的政治学意义》，《马克思主义与现实》2000年第3期。

两者都主张政治改革的渐进性,但前者更强调民主的效益,后者则强调民主的过程:从程序上来说,前者较后者有更明确的程序性策略;从方式上来说,前者"强调'以点带面'的制度创新,试图通过政府创新所新增的政治利益,来确保改革过程中的'帕累托最优'",而后者则缺少"面"的突破。①

关于增量民主的实现路径,俞可平指出:第一,要强化民主的程序。程序民主决定实质民主,因此在现实政治中,"宪法和法律的条文固然重要,但同样重要的是对这些条文内容的动态控制以及实现这些条文的实际程序",以确保法律中保障公民权利的条款真正实现。第二,把公民社会的存在视为民主政治的前提,公民社会是民主政治的基础,民主政治的发展需要公民社会的不断扩大。第三,强调通过党内民主带动人民民主,中国共产党是我国政治权力的核心,"没有党内的民主,就意味着没有核心权力层的民主",因此推动民主化进程需要推动党内民主,并通过党内民主带动人民民主。第四,推崇法治,并主张通过依法治党带动依法治国。法治是民主政治的前提条件,法治的实现程度在很大意义上代表了民主的实现程度,而以党内民主带动人民民主的逻辑也决定了必须要通过依法治党带动依法治国。一方面党领导人民制定法律,另一方面党本身必须遵守宪法和法律的规定行动。第五,认为民主化进程是由基层民主向高层民主推进的过程,"基层民主直接关系到广大群众的切身政治权利,是全部民主政治的基础",需要优先发展基层民主并逐步向上推进高层民主,在该过程中要充分发挥政府的积极作用,肯定政府在民主建设中的重要作用。第六,强调以动态稳定取代静态稳定,在改革和

---

① 俞可平:《增量民主与政治改革》,2012年6月12日,http://www.aisixiang.com/data/54256.html,2018年9月29日。

维持社会安定之间通过"以疏为主"的现代稳定取代"以堵为主"的传统稳定,"通过持续不断的调整来维持新的平衡"。①

四、与其他学科共享但有政治学学科特色的概念

(一)中国模式

早期研究中国模式的学者多是从改革开放以来中国经济逆世界趋势而迅速增长的角度分析中国模式,实质是"中国经济增长模式"。卢荻在2000年发表的《浅说"中国模式"》一文中即提出,20世纪八九十年代在世界经济萧条时期,奉行自己独特现代化与改革开放政策的中国却呈现出经济快速且持续发展的态势,这种具有中国特色的改革模式被称为"中国模式"。②后来,"中国模式"一词的内涵日益丰富,被理解为"中国作为一个发展中国家在全球化背景下实现社会现代化的一种战略选择,它是中国在改革开放过程中逐渐发展起来的一整套应对全球化挑战的发展战略和治理模式"③。2004年5月,美国《时代》杂志前任编辑乔舒亚·库珀·雷默提出"北京共识"概念,在比照"华盛顿共识"的基础上,对中国二十多年的经济改革(转型)成就及其经验作了全面理性的思考与分析,可以看作是对"中国经验"和"中国模式"的概括。他认为中国发展的道路可以成为发展中国家可资借鉴的模式。④雷默的论文发表后,立即引起了世界各国学者的广泛关注,并引发了学界关于"中国模式"的

---

① 参见俞可平:《增量民主与政治改革》,2012年6月12日,http://www.aisixiang.com/data/54256.html,2018年9月29日;俞可平:《增量民主与善治》,北京:社会科学文献出版社,2005年,第130—145页。
② 参见卢荻:《浅说"中国模式"》,《读书》2000年第6期。
③ 俞可平:《关于"中国模式"的思考》,《红旗文稿》2005年第19期。
④ 邹东涛:《"北京共识"与中国独特的发展道路》,《中国金融》2006年第6期。

讨论，相关讨论在 2008 年前后急速升温（参见图 3-14）。

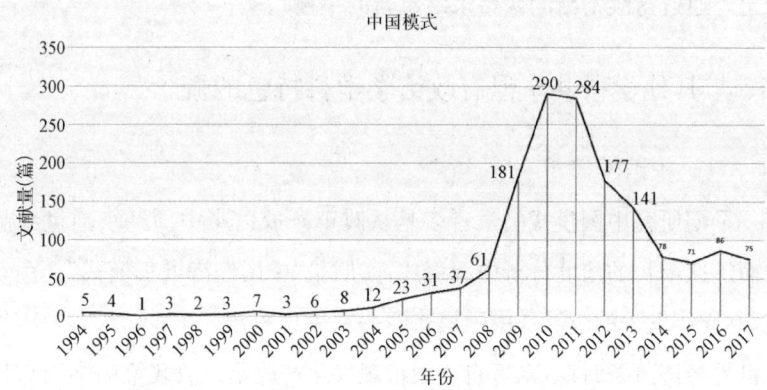

图 3-14 "中国模式"概念在 CNKI 中的文献量分布（1994—2017 年）

对于是否存在"中国模式"的问题，国内学界之间仍存在争议。部分学者认为"模式"一词含有示范、样本之意。但一方面中国发展尚未定型，经济上的崛起没有经历危机的考验，也没有文明、价值上的崛起；另一方面中国也无向外输出发展样本、模式之意。因而我们应以"中国经验""中国道路"等归纳中国发展特征，慎提"中国模式"。①另一部分学者则指出，虽然中国发展尚未定型且仍存在问题，但研究中国模式不是要对中国的发展歌功颂德、自我标榜，而是通过总结我国发展的独特道路为自身体制改革总结经验教训，因而依然有研究"中国模式"概念的必要。秦晖即指出，"中国模式"是一个比较出来的概念，所谓"中国模式"可以被认为是在与各国的对比视角下其他国家具有而我国没有，以及我国独有的那些特征。②只要我们尽可能详实精确地且有解释力地归纳出

---

① 参见赵启正：《中国无意输出"模式"》，施雪华：《提"中国模式"为时尚早》，《学习时报》2009 年 12 月 7 日，第 3 版；许纪霖：《慎提中国模式》，《社会观察》2010 年第 12 期。
② 参见秦晖：《有没有"中国模式"?》，《中国市场》2010 年第 24 期。

中国有异于其他国家之处，那么"中国模式"这一概念就可以成立。因此，俞可平指出："重要的不是争论'中国模式'的概念或名称，而是深入探究中国模式的要素、特征，分析这一模式的得失之道，尤其是记住我们从这种发展模式中应当吸取哪些教训。"①

那么"中国模式"具有哪些要素、特征呢？俞可平认为"中国模式"的要素包括：实行以公有制为主体的混合所有制，坚持"共产党领导、多党合作"的政治体制，坚持马克思主义的意识形态主导，贯彻党指挥枪的原则，发展政府引导的公民社会，处理好改革、发展与稳定的关系，坚持市场导向的经济改革的同时佐以强有力的政府调控，增进绝大多数人的整体利益。此外，坚持中国模式需要协调发展战略，积极应对全球化的挑战和机遇，处理好"自主性"和"普适性"的关系。②张维为归纳出中国模式的8个特点："实事求是""民生为大""稳定优先""渐进改革""顺序差异""混合经济""对外开放""是一个比较中性、开明、强势的政府"。③

同时，有学者认为，通过列举基本特征来界定"中国模式"可能使这一概念在泛化的特征描述中失去了它的本质内涵，因此还需要在总体上对"中国模式"的内涵和外延做出界定："所谓的中国模式，就是中国共产党自改革开放以来，围绕建设中国特色社会主义这一主题，领导中国人民所找到的适合中国国情的发展道路、发展经验和发展理论的有机统一。"④

应该说，国内学界对于"中国模式"概念的界定还在探讨之中，尚未

---

① 俞可平：《我对中国模式充满着期待》，《社会科学报》2009年12月24日，第1版。
② 参见俞可平：《"中国模式"的要素与期待》，《决策与信息》2010年第2期。
③ 参见张维为：《一个奇迹的剖析：中国模式及其意义》，《红旗文稿》2011年第6期。
④ 肖铁肩、欧永宁：《"中国模式"之辨——基于马克思主义中国化视角的思考》，《理论与革命》2011年第1期。

完全定型,依然存在一些疑问和争议,但在需要通过"中国模式"内的道路探索和制度创新使"中国模式"更加完善方面存在普遍共识。

(二)法治国家

自1949年以来,由于法治被视为为资产阶级服务的统治工具,因而对建设社会主义法治国家一直持否定态度。但法律的缺失和被践踏,造成了"文化大革命"等后果,法律在国家运行中的价值引起人们的反思。1979年,学术界针对"法治与人治"的问题展开广泛讨论,并开始认可法治对于我国社会主义建设的重要性。学术界关于"法治国家"的讨论有两个高峰:第一个高峰是1998年前后。1997年党的十五大报告提出要"进一步扩大社会主义民主,健全社会主义法制,依法治国,建设社会主义法治国家",由此引发学术界对法治国家的广泛讨论。第二个高峰是2015年前后。2014年十八届四中全会,第一次将"全面依法治国"作为中央全会的主题,带来了法治国家研究的新高潮(参见图3-15)。

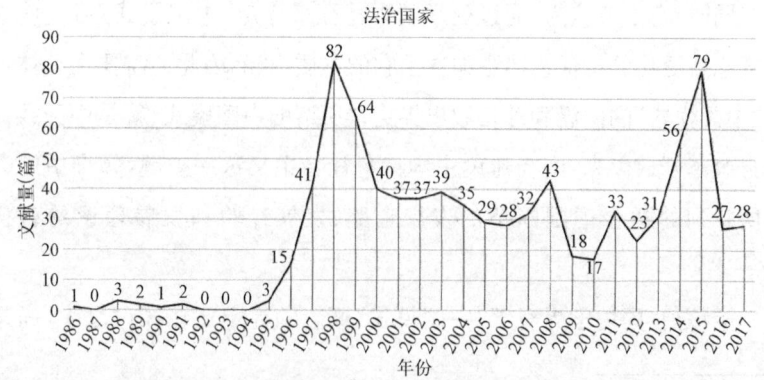

图3-15 "法治国家"概念在CNKI中的文献量发布(1986—2017年)

法学界和政治学界在讨论法治国家问题时侧重点有所差别。在法学界,李步云在十五大之前就提出了"法治国家"的五个标准:完备的法律体系;法治的民主基础;法律至高无上的权威;完善的司法体制和程序;先进的现代法律文化。①孙笑侠则从法学史的角度追溯了法治国家作为一种国家类型的历史演变,及其政治社会基础的构建。②在政治学界,任剑涛将法治国家概念置于中国改革的宏观背景之中,指出建设法治国家是中国政治转轨的需要。③虞崇胜突显了法治国家概念的政治学意义:"发展了对社会主义国家的理论认识;找到了发展社会主义民主政治的有效途径;明确了党在法治国家中的地位和作用;指明了新世纪中国政治文明建设的方向;接通了法学与政治学的内在联系。"④胡伟则强调社会主义法治国家是依法治国和以德治国的统一。⑤

对于"法治国家"概念的定位,学界的研究经历了从动态目标到社会状态,再到理想状态与行为模式结合的理论转变。邢才将"法治国家"理解为一项动态目标,并将其与作为静态机制的"法制国家"相区分:前者体现社会公正,后者则反映立法者意志;前者要求法律符合自然法,后者则只要求法律应符合立法程序。⑥赵文洁认为"法治国家"是一种社会状态,"法治国家是依靠公平正义之法来治理国家与管理社会,从而使权力与权利得到合理配置的社会状态"⑦。王勇则认为"法治国家"不仅是一种状态,更是一种行为模式。国家公共权力的行为模式符合法律的要求,公共权力在法律框架下运行。⑧

---

① 参见李步云:《实行依法治国,建设社会主义法治国家》,《中国法学》1996第2期。
② 参见孙笑侠:《法治国家及其政治构造》,《法学研究》1998年第1期。
③ 参见任剑涛:《建设法治国家是中国政治转轨的需要》,《炎黄春秋》2014年第12期。
④ 参见虞崇胜:《论法治国家的政治学意义》,《政治与法律》2001年第4期。
⑤ 参见胡伟:《社会主义法治国家是依法治国和以德治国的统一》,《毛泽东邓小平理论研究》2001年第3期。
⑥ 参见邢才:《"法治国家"探析》,《唯实》1998年第7期。
⑦ 赵文洁:《法治国家的涵义探讨》,《闽西职业技术学院学报》2017年第2期。
⑧ 参见王勇:《法治国家的内涵与社会治理创新》,《中共浙江省委党校学报》2014年第3期。

国内学界关于"法治国家"的研究议题主要集中在如下几个方面：第一，宪法在法治国家建设中的根本性价值，宪法至上是法治国家的关键。[①]第二，法治与人治的关系。法治"把法律奉为最高权威"，而人治则"确认掌权者个人或少数人的意志具有高于法律之上的权威"，虽然法治并不完全排除人的因素，人治中也可存在法律，但两者本质上是不能共存的。[②]第三，法治与民主的关系。民主是法治的基础，法治是民主的保障。[③]第四，我国建设社会主义法治国家与一般意义上的法治国家概念的区别。我国的具体国情与建成社会主义的总目标都决定了我国法治国家建设需要走适合我国国情的法治之路。[④]

（三）政治生态

政治生态理论于20世纪70—80年代在西方学界形成并发展。受西方政治生态理论影响，在80年代后期，中国学者开始研究政治生态理论。1989年王沪宁的《行政生态分析》是国内第一部关于"政治生态"的著述，提出借用生态系统的相关理论来研究行政系统的问题。[⑤]刘京希1997年发表的《生态政治新论》则重新界定"政治生态"的内涵和外延，将生态政治理解为以政治生态化为中心的理论，且分为政治体系"内生态"和政治体系"外生态"，既要关注政治体系内部的生态，又要关注政治

---

① 参见吴家麟：《宪法至上是建设法治国家之关键》，《法商研究（中南政法学院学报）》1998年第3期；汪习根：《论宪法对构造法治国家的价值》，《政治与法律》1999年第6期。
② 参见郭润生、杨建华：《论社会主义法治国家的标准》，《山西大学学报》（哲学社会科学版）1996年第2期。
③ 参见蒋德海：《试析法治国家的民主内涵》，《学术界》2017年第10期。
④ 参见朱太康：《法治国家：中国特色社会主义的政治目标》，《扬州大学学报》（人文社会科学版）2000年第2期；张震：《"社会主义法治国家"的名与实——以现行宪法文本为分析路径》，《北方法学》2014年第5期；宋俭、朱妍：《论建设社会主义法治国家的核心和关键》，《云南社会科学》2017年第1期。
⑤ 参见王沪宁：《行政生态分析》，上海：复旦大学出版社，1989年。

体系与外部社会、自然环境之间动态平衡的生态。①新世纪以来对政治生态问题的研究一直不温不火。直到 2014 年习近平多次强调政治生态问题后,学术界对该问题的研究出现了新一波的高潮,产出了丰富的学术论文(参见图 3-16)。同时政治生态问题也衍生出了诸多研究路径,如政党政治生态研究、制度政治生态研究、政府政治生态研究、基层政治生态研究、政治文化生态研究、互联网政治生态研究等。②

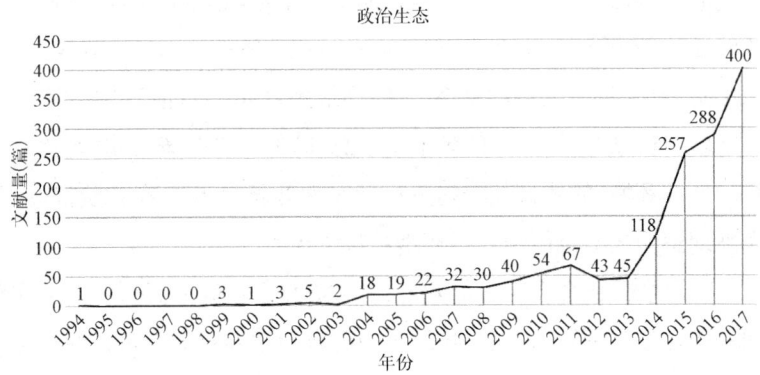

图 3-16 "政治生态"概念在 CNKI 中的文献量分布(1994—2017 年)

国内学界对政治生态理论的解读经历了从偏重政治与环境的互动向偏重政治环境本身的转向。早期将政治生态作为自然生态系统的一部分来理解,无法摆脱生态学概念来研究政治生态。而现在则更倾向于将政治生态作为一个独立系统,一般而言,将其理解为"整个社会的政治环境、政治风气"③。也有学者将这个转变理解为"生态政治化—政治生

---

① 参见刘京希:《生态政治新论》,《政治学研究》1997 年第 4 期。
② 参见张学娟、曹景文:《国内政治生态的优化与困境:一个研究综述》,《求实》2017 年第 1 期。
③ 张学娟、曹景文:《国内政治生态的优化与困境:一个研究综述》,《求实》2017 年第 1 期。

态化—生态学与政治学融合的趋势演进"①。总体而言,政治生态研究经历四个发展阶段:第一阶段是由自然生态危机引发了政治层面的诉求,政治生态理论被理解为以政治方式解决自然生态环境问题,并将自然生态系统和人类社会系统视为相互影响的有机整体;第二阶段挖掘马克思主义中的生态思想并与中国特色社会主义建设相结合;第三阶段则转向以解决政治系统问题为中心的政治生态学,将自然科学领域中生态学研究的方法延展到社会科学领域,如王沪宁等以生态学方法研究政治系统问题;第四阶段是十八大以来,面对日益严重的政治腐败现象,提出正风反腐、重构政治生态的任务。②如燕继荣就指出目前我国讨论政治生态问题定位在"一个国家的政治生活总和"的广义范畴而非"政治系统运行的外部环境"的狭义范畴内更有针对性和解释力。③在此阶段,政治生态被理解为政治总体的发展环境和从政环境。

"政治生态"概念在中国的发展,一方面显示出政治概念与政治实践之间的密切互动;另一方面也显示出中国政治学界对源自西方的政治概念进行改造的努力。如果我们将中西方关于政治生态的研究做一个比较就会发现,西方学界关于政治生态的研究更侧重于以政治方式解决自然生态环境问题,④而中国学界关于政治生态的研究从一开始就倾向于以生态学方法研究政治系统自身的问题。

(四) 社会治理

社会治理是治理理论的重要组成部分,20世纪90年代末国内学术

---

① 李斌雄、张银霞、兰洁:《重构当代中国政治生态的政治生态学智慧吸纳——基于近30年来中国学术界对政治生态学的理论探索》,《广州大学学报》(社会科学版)2016年第6期。
② 李斌雄、张银霞、兰洁:《重构当代中国政治生态的政治生态学智慧吸纳——基于近30年来中国学术界对政治生态学的理论探索》,《广州大学学报》(社会科学版)2016年第6期。
③ 参见燕继荣:《政治生态是怎么被污染的》,《探索与争鸣》2015年第11期。
④ 蔡华杰:《国外政治生态学研究述评》,《国外社会科学》2017年第6期。

界逐渐开展了治理理论和实践的研究。党的十八大以后,这一概念成为整个社会科学领域最重要的概念之一(参见图 3‑17)。

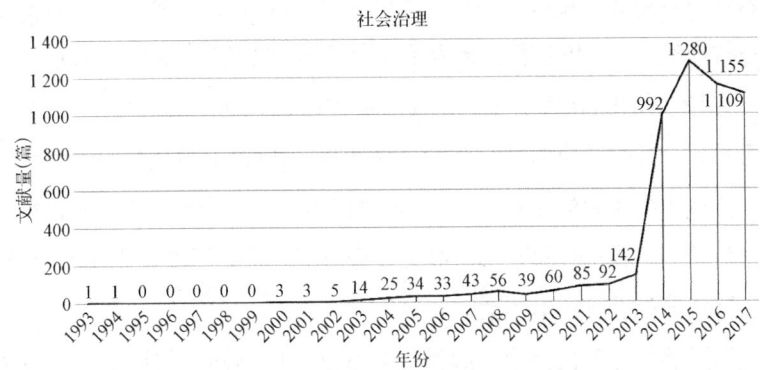

图 3‑17 "社会治理"概念在 CNKI 中的文献量分布(1993—2017 年)

学术界对"社会治理"这一概念的讨论经历了一个从简单引进到内化创新的过程。20 世纪 90 年代末,"社会治理"还是作为一个纯粹西方的概念得到学界的关注。传统意义上国家是治理主体,而西方社会在政府财政危机、经济全球化和公共民主的影响下,公共服务经历了大规模的转型,此时的社会治理蕴含了有限政府、法治政府、公众参与、民主、社会公正等理念。[①]21 世纪初学界很快意识到,社会治理作为一种西方国家在现有政治制度的基本框架内、在政府部分职能和公共服务输出市场化以后所采取的一种社会管理范式,对政府在公共管理中的地位构成了挑战。[②]党的十八大报告指出,我国的社会治理是在"党委领导、政府负责、社会协同、公众参与、法治保障"的总体格局下运行的中国特色社会主义社会管理。在这一背景下,学界开始重新解读社会治理。俞可平认

---

① 参见孙晓莉:《西方国家政府社会治理的理念及其启示》,《社会科学研究》2005 年第 2 期。
② 参见肖文涛:《社会治理创新:面临挑战与政策选择》,《中国行政管理》2007 年第 10 期。

为社会治理创新对于推进国家治理体系和治理能力现代化,对于中国政治的发展具有重要意义。①江必新提出:社会治理创新是党在治国理政理念升华后对社会建设提出的基本要求,是确保社会既充满活力又和谐有序的必然要求,也是实现国家治理体系和治理能力现代化的重要环节。②张康之指出,在社会主义市场经济体制建立起来之后,我们需要探讨建立起与其相适应的社会体制,而我们今天所提出的社会治理创新就是一种对社会体制的新探索。③王浦劬认为,在我国社会治理是指在执政党领导下,由政府组织主导,吸纳社会组织等多方面治理主体参与,对社会公共事务进行的治理活动。④

不同学科对于社会治理的讨论侧重点有所不同。与社会学界更关注基层社会治理的微观机制不同,政治学界在讨论社会治理问题时的核心议题是如何在党的领导下创新社会治理。在一个多元化的社会,政府无法完全肩负社会治理职责,但如果放权给其他非政府组织有可能存在危及政府地位的风险,如何协调这两者之间的张力成为学者们共同探讨的议题。张康之提出,首先,政府必须在服务型政府的建设过程中寻找自己的位置。其次,政府还要与外部多元化的社会治理主体进行合作,一道去开展社会治理活动。⑤范如国认为加强和创新社会治理,需要分析社会系统的复杂网络结构及其特征,建立社会治理的协同创新机制和

---

① 参见俞可平:《推进国家治理体系和治理能力现代化》,《前线》2014年第1期。
② 参见江必新、李沫:《论社会治理创新》,《新疆师范大学学报》(哲学社会科学版)2014第2期。
③ 参见张康之:《论主体多元化条件下的社会治理》,《中国人民大学学报》2014年第2期。
④ 参见王浦劬:《国家治理、政府治理和社会治理的含义及其相互关系》,《国家行政学院学报》2014年第3期。
⑤ 参见张康之:《论主体多元化条件下的社会治理》,《中国人民大学学报》2014年第2期。

制度安排,展开协同社会治理。① 王浦劬从中国国情出发,明确指出治理的领导力量是中国共产党、治理的根本出发点是人民的根本利益、治理遵循依法治国的基本方略。②

(五) 公民社会

国内学界对公民社会问题的研究始于 20 世纪 80 年代末 90 年代初。1988 年,在《从"群众社会"走向"公民社会"》一文中,刘志光、王素莉较早提出我国迈向现代化需要与之匹配的公民社会的观点。③ 在 1990 年代,"公民社会"(civil society)一般被译为"市民社会"。当前也存在两种译法交叉使用的现象,"市民社会"偏向于经济生活层面,"公民社会"则偏向于政治权利层面。2000 年前后,国内学界对相关问题的讨论逐渐升温(参见图 3-18)。

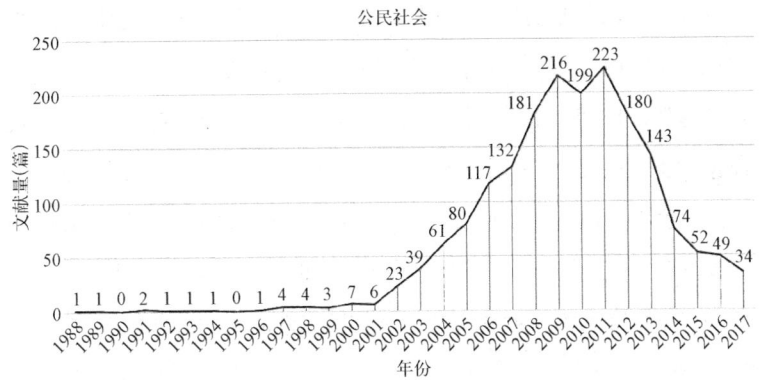

图 3-18 "公民社会"概念在 CNKI 中的文献量分布(1988—2017 年)

---

① 参见范如国:《复杂网络结构范型下的社会治理协同创新》,《中国社会科学》2014 年第 4 期。
② 参见王浦劬:《国家治理、政府治理和社会治理的含义及其相互关系》,《国家行政学院学报》2014 年第 3 期。
③ 参见刘志光、王素莉:《从"群众社会"走向"公民社会"》,《政治学研究》1988 年第 5 期。

当前国内学界对公民社会概念的研究主要分为三个角度：

第一类观点将公民社会概念与社会组织相联系。这种观点将公民社会理解为社会组织作为公民自发性结社形式得到合法性和资源支持，从而得以充分发展的社会状态。对于持该种观点的学者而言，对公民社会的研究即相当于对社会组织所进行的研究。①而在2008年编写的《中国公民社会发展蓝皮书》中，则把社会组织视为公民社会中有组织的部分，认为在社会组织之外，还存在公民社会的无组织部分，即在市场经济条件下所生长出来的纯粹私人领域。②即便如此，俞可平仍将社会组织理解为公民社会的基础和主体。③

第二类观点是将公民社会放在与其他分析范畴相对立的语境中进行研究，在此，又分为"公民社会—政治国家"的两分法界定方式和"公民社会—政府—市场"的三分法界定方式。在两分法中，公民社会被理解为相对于政治国家而言的"以市场经济为基础，以契约文化为中轴，以尊重和保护公民的基本权利为主旨的社会自主领域"④。这一面向旨在以公民自主联合、治理的方式避免政治国家对私人领域的不当干预。⑤而三分法则是将公民社会作为政府、市场之外的"第三部门"来理解，"把公民社会当作是国家或政府系统，以及市场或企业系统之外的所有民间组织或民间关系的总和。它是官方政治领域和市场经济领域之外的民间公共领域"⑥。

---

① 参见王名：《走向公民社会——我国社会组织发展的历史及趋势》，《吉林大学社会科学学报》2009年第3期。
② 见李景鹏为高丙中、袁瑞军主编《中国公民社会发展蓝皮书》（北京：北京大学出版社，2008年）所作的序。
③ 参见俞可平：《中国公民社会：概念、分类与制度环境》，《中国社会科学》2006年第1期。
④ 伍俊斌：《公民社会基础理论研究》，北京：人民出版社，2010年，第166页。
⑤ 参见邓正来：《国家与社会——中国市民社会研究》，成都：四川人民出版社，1997年。
⑥ 俞可平：《中国公民社会：概念、分类与制度环境》，《中国社会科学》2006年第1期。

第三类观点是将公民社会作为公民之独立主体地位得到承认与辩护的社会,"公民社会就是'公民'作为社会主体的社会"。公民作为社会人,有别于"私民";公民作为社会主体,在法律意义上强调社会成员权利义务的平等性,有别于强调政治性的"人民"概念。而公民身份的本质体现在与"臣民"的对比之中,公民作为与臣民所代表的依附性人格、人身不自由和政治不平等的对立面。[①]这种具有独立人格的公民通过自愿原则形成的公共领域就具有了不受国家任意干涉的相对独立性。

五、重要概念的更替与政治学学科的发展

(一)重要概念更替的三个结构性特征

通过以上分析,我们可以观察到四十年来政治学学科中的重要概念的变迁表现出三个形式性特征:

第一,从文献数量上来看,不同概念之间差别很大。据笔者 CNKI 检索的结果,文章标题中含有这些重要概念的文章,单年的文献量超过 1000 篇的有三个概念:执政能力(1952 篇)、社会治理(1280 篇)和国家治理(1204 篇)。500—1000 篇之间的有两个概念:协商民主(842 篇)和服务型政府(554 篇)。300—500 篇之间的有三个概念:党内民主(435 篇)、合法性(421 篇)和政治生态(400 篇)。其余的概念单年文献量均未超过 300 篇(参见图 3-19)。

第二,从关注度的峰值分布情况来观察,这十七个概念可以分为四种类型。

第一种类型是双峰型或多峰型,如"政治体制""法治国家""执政党""政府创新"这四个概念,周期性地成为政治学关注的重心,其成为学者

[①] 曾盛聪:《中国现代化与公民社会发展》,《重庆社会科学》2005 年第 1 期。

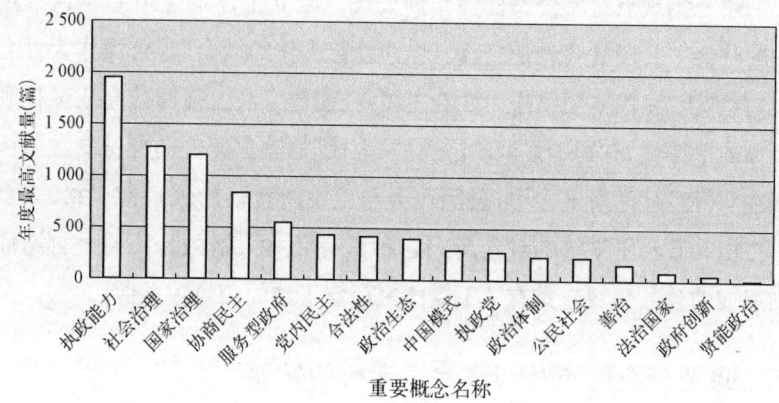

图 3-19 政治学重要概念在 CNKI 中的年度最高文献量分布

关注焦点的时间节点基本和党的历次全国代表大会的时间节点吻合。例如,关于"政治体制"研究的六个峰值点分别为 1988 年、1994 年、1998 年、2003 年、2008 年、2013 年;关于"法治国家"研究的四个峰值点分别为 1998 年、2003 年、2008 年和 2015 年,它们都是在党代会后的第一年或第二年。这一现象表明,政治学学科的重要概念和政治实践之间存在着密切的互动关系。但是,和"国家治理""社会治理"等文献量极高的概念不同,这四个概念的年度文献量并不是很高,单年最高文献量均在 300 篇以下(参见图 3-20)。这说明这四个概念所指向的问题是中国政治中需要逐步解决的、带有根本性的问题,因此才引起学界的持续关注,每到重要的时间节点就会成为学界讨论的话题。

第二种类型是单峰型,如"中国模式""服务型政府""执政能力""公民社会""协商民主""党内民主""国家治理"七个概念。这些概念单年的文献量在一段时间内集中爆发,又迅速衰落,表现出明显的阶段性特征。有关"执政能力"的单年文献量从 2003 年的 180 篇猛涨到 2005 年的 1952 篇之后,迅速回落到 2007 年的 341 篇,到 2017 年只有 44 篇;有关"国家治理"的

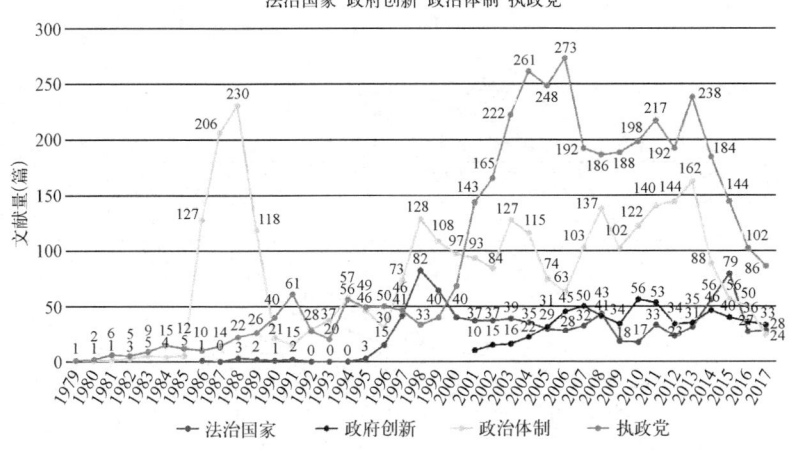

图 3-20 研究热度呈双峰型或多峰型的政治概念

单年文献量从 2013 年的 154 篇猛涨到 2014 年的 1204 篇之后,迅速回落到 2017 年的 739 篇;有关"协商民主"的单年文献量在 2015 年达到 842 篇的峰值后有关迅速跌落到 2017 年的 380 篇。其中,"中国模式""执政能力""国家治理"和"协商民主"四个概念文献量爆发的周期相对较短,基本只维持三年左右即急剧下滑。据笔者观察,这一现象主要是由于一些研究者的投机所致。"公民社会""党内民主"和"服务型政府"三个概念则维持了较长时间的研究热度(6—10 年)(参见图 3-21)。

第三种类型是一路上扬型,主要有两个概念:"合法性"和"善治"。"合法性"概念自 20 世纪 90 年代中期以来受到学界的持续关注,尤其是最近十多年来,单年的文献量一直维持在 400 篇以上。"善治"在新世纪以来也一直是学界持续关注的焦点之一。(参见图 3-22)这两个概念的一路上扬也说明这两个问题是中国政治需要解决但一直没有解决好的问题。

第四种类型是异峰突起型,主要是十八大以来出现的两个概念:"社会治理"和"政治生态"。它们都是在十八大以后突然成为研究的热点,

图 3-21 研究热度呈单峰型的政治概念

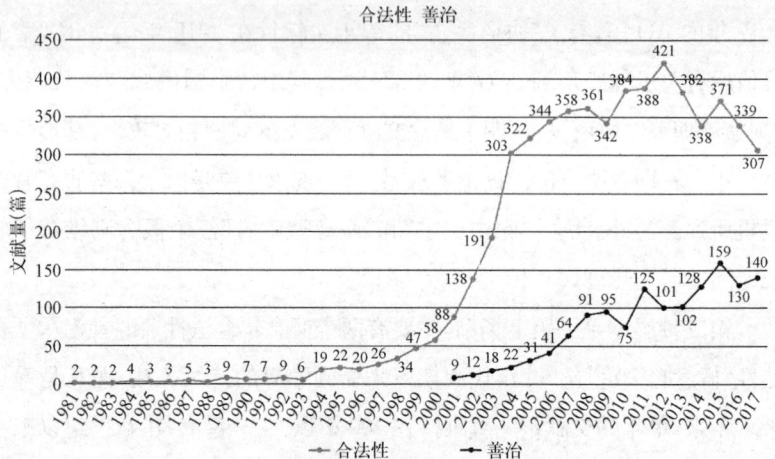

图 3-22 研究热度一路上扬型的政治概念

但与同样是十八大以来成为研究热点的"国家治理"和"协商民主"不同，学界对这两个概念的关注度一直保持在高位运行：2014 年至今，"社会治理"的单年文献量一直在 1000 篇以上;"政治生态"的单年文献量则从 2012 年的 43 篇一路上涨到 2017 年的 400 篇(参见图 3‐23)。

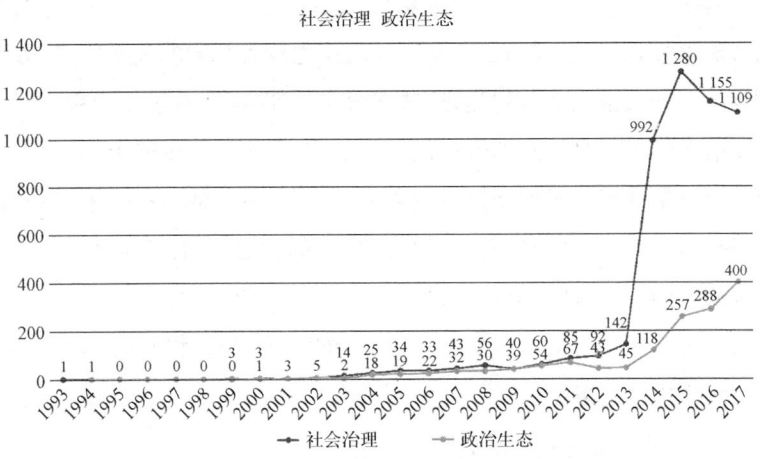

图 3‐23 研究热度异峰突起型的政治概念

第三,从时间维度上观察,2002—2012 年这十年重要概念出现的密集度最高。在我们考察的十七个概念中,20 世纪 80 年代产生并得到持续关注的只有"政治体制"这一个概念。90 年代也只有"法治国家"这一个概念。但是,在 2002—2012 年间,出现了十个重要概念。究其原因,部分可以从政治实践角度的角度得到解释,因为这十年正处在新一轮改革之后的矛盾爆发期,各种社会矛盾经过一段时间的积累开始凸显,并对政治改革提出了新的要求。在这种背景下,十六大前后合法性问题成为学界关注的重心(相关文献从 2001 年的 88 篇上升到 2004 年的 303 篇)。为了回应合法性的挑战,需要在各个层面做出相应的调整,于是,在党的建议层面,"执政党""执政能力""党内民主"等概念随之而起。在政府层面,"服务型政府"概念出现了;在社会层面,公民社会概念持续升温。但是,这种思路无法解释为什么在 80 年代重要概念的数量为什么那么少,因为 20 世纪 80 年代同样面临类似的问题,而且那时候思想非常活跃。这就需要从政治学学科本身来寻找原因了。80 年代,政治学学科刚刚恢复,基本处于一种如饥似渴的学习阶段,概念构建和阐释的能力还不强,尽管也提出了一些在当时产生较大影响的政治概念,如"党政分开""新权威主义",但是,这些概念在 1989 年左右昙花一现之后,随着政治学学科本身受到的重挫而基本销声匿迹了。①在整个 90 年代,政治学学科都处于缓慢的恢复过程之中,也不具备较强的概念生产和概念阐释能力。新世纪以来,政治学得到较快的发展,这使得它有能力回应现实的问题,并从理论上对之进行阐释。可以说,2002—2012 年重要概念的密集出现是政治实践的迫切需求和政治学学科相对成熟这两个条件共同作用的结果。

(二) 重要概念变迁的启示

那么,从政治概念建构的角度来讲,我们从以上的经验观察中能得到那些启示呢? 笔者认为,有以下三个方面的问题需要引起重视:

首先,政治概念的生产要平衡学术自主性和政治实践之间的张力。由于中国政治学学科发展的特殊处境,它深受政治实践的影响。这不仅表现在政治对于学科所具有的生杀予夺的权力(如 1952 年院系调整时取消政治学学科),也体现在现实政治对政治学学科重要概念和研究主题的巨大影响上。事实上,本文所列举的十七个重要概念中有三分之二都不是由学术界的同仁首先提出来的,而是由我们党提出来的。即使是由学术界同仁首先提出来的概念(如"协商民主"),有相当一部分研究成

---

① "党政分开"在 1987—1989 年曾经是一个非常热门的话题,但在此后的三十年中,该概念的年度文献量从来没有超过 5 篇。"新权威主义"的文献发表基本集中在 1989 年,在整个 1990 年代只有 4 篇文章,新世纪以来有零星讨论。基于以上原因,我们没有将这些概念纳入重要概念之列。

果也是出于实务部门的政策研究室。①这使得四十年来中国政治学的重要概念无论是在概念本身的遴选上,还是在概念内涵的阐释上都深受政治实践的影响。从这个意义上讲,这些重要概念的内涵之厘定不全然是出于政治学界的努力,而是政界和学界共谋的结果。

从另一个方面来讲,学术界的努力也会对政治实践本身产生重大的影响。学术研究的成果可以通过各种方式影响政治实践,甚至变成国家的政策和法律。在本章所考察的十七个概念中,"党内民主""协商民主""善治""政府创新""法治国家""社会治理"等概念就是如此。它们首先由学术界提出,然后逐渐为政界所接受,并进入党和国家的正式文件。有的还转化为具体的政策,成为政治实践的一部分。

值得注意的是,在学术与政治的互动中,学术研究明显处于弱势地位,政治对学术的影响明显大于学术对政治的影响。从学科发展的角度来讲,这一态势有两个不利影响:其一,政治对学术的宰制作用非常明显。从重要概念的角度来观察,文献量较大的概念都是由政界提出来的,而不是由学术界提出来的纯学术概念。我们可以做一个比较,我们考察的概念中有几个纯学术概念,如"贤能政治"和"增量民主"。它们是基于中国经验提出的两个非常有学术生命力的解释性概念,但是,相关文献量都很小,每年的文献量都是以个位数计。与之类似,《理解中国政治:关键词的方法》中收录的另外两个具有国际影响力的纯学术概念"压力型体制""依法抗争"也遭遇了类似的命运:"压力型体制",在标题中进行检索,从1997年至今只有46篇文章;"依法抗争",在标题中进行检索,从2004年至今只有5篇文章。和每年差不多2000篇的文献量比较

---

① 谈火生:《协商民主》,景跃进、张小劲、余逊达主编:《理解中国政治——关键词的方法》,北京:中国社会科学出版社,2012年。

起来,不得不让人感叹,政治对学术的宰制力量太强大,政治学的学科自主性仍有待加强。其二,它强化了学术的投机化倾向。兹举一例,"协商民主"的单年文献量从 2013 年之前的每年 140 篇左右,两年之内飙升到每年 800 多篇,但随后又迅速跌落到 300 多篇。这样大起大落的原因就在于政治所带来的学术投机行为。当"协商民主"在 2012 年的年底被写入党的十八大报告后,大量以前不研究协商民主的人都涌入这个领域,从而导致文献量的剧增。但这些投机型的学者并没有相关的学术积累,也缺乏持续的研究兴趣,所以他们很快又退出这一领域,转而追逐其他的热点。有人做过统计,就协商民主这一主题发表了 5 篇以上论文的作者仅十余人。

尽管在其他学科可能也存在类似情况,但政治学学科的表现尤为突出。从学科发展的角度来讲,应该有意识地强化学科自身的自主性,与现实政治保持适当距离,通过深入探索学科重要概念、重要命题和重大理论的内在理路,推动学科的发展;通过规范学术发表机制和完善学术评价体系,杜绝投机型学术研究,引导学者关注学科重大问题和基础性研究,从而不断夯实政治学的学科基础。

其次,政治概念的生产要平衡政治学学科和相关学科之间的张力。具体言之,要加强同相关学科之间的交流和互动,一方面要注重从其他学科汲取营养,另一方面也要有意识地向其他学科渗透,提高政治学学科的影响力。

就前一个方面而言,我们可以以"社会治理"概念为例来加以说明。"社会治理"概念首先诞生于社会学,然后被引入政治学。从前面的统计中可以看到,关于这一概念的文献从 2013 年的 142 篇陡增到 2014 年的 992 篇。但政治学界对于这个源自社会学的概念热情不高,文献量经过 2014—2015 年的短暂爬升之后,迅速回落。与之形成对照的是,相关研究的文献量在社会学和法学领域仍保持着向上攀升的势头(参见图3-24)。

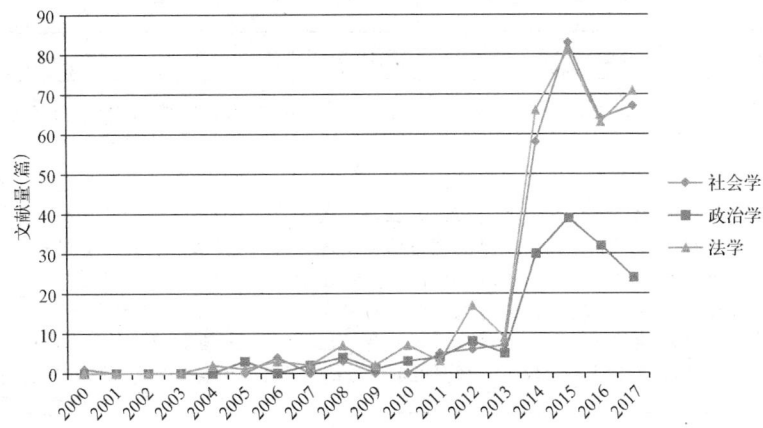

图3-24 "社会治理"概念分学科文献量分布图(2000—2017年)

从CNKI中引用率排名前20的文献来看,社会学界所生产的关于"社会治理"的文献大多为社会学界的知名学者所撰写。其中,郑杭生2篇、李强3篇、王思斌3篇、向德平2篇。排名前5的文献分别为:李强1篇、王思斌2篇和向德平2篇。相比较而言,在政治学界情况大不相同,在撰写者中,知名学者很少,且文献篇幅都很短。[1]这说明"社会治理"作为政治学的一个重要概念在政治学界尚未引起足够的重视。

从议题的分布来看,政治学界关于"社会治理"的讨论确实呈现出与社会学界和法学界不同的学科特点,政治学界更关注政治学的核心议题——如党的领导、政府改革、民主、法治与社会治理之间的关系(参见表3-1),这与社会学界聚焦于社会转型、社会自治、社会工作或法学界

---

[1] 参见齐卫平:《论党的领导与多元社会治理结构》,《探索与争鸣》2012年第12期;房宁:《国外社会治理经验值得借鉴》,《红旗文稿》2015年第2期。

聚焦于法治化、宪法实施、司法等议题形成了鲜明对比。

表 3-1　社会学、政治学、法学"社会治理"相关文章的
议题分布（CNKI 中引用率排名前 20 的文章）

	社会学	政治学	法学
共同议题	社会治理的内涵和类型、社会治理创新、基层社会治理、群众路线、多元化社会治理		
具有学科特点的议题	社会工作与社会治理、社会组织与社会治理、社区自治与社会治理、公共服务与社会治理、网络社会与社会治理、社会转型与社会治理	法治与社会治理、民主与社会治理、协商民主与社会治理、党的领导与社会治理、政府与社会治理、跨部门合作与社会治理、	社会治理的法治化、宪法实施与社会治理、通过司法的社会治理、弹性政府与风险社会治理、大数据时代的社会治理、社会治理与网络表达自由

　　就政治学对其他学科的影响而言，可以说中国政治学在过去四十年里对其他学科所做的贡献并不多。以"协商民主"概念为例，这是一个源自政治学，然后扩散到其他学科的概念。从这一概念在政治学内部的扩散情况来看，它首先产生于政治学中的政治哲学分支，然后扩散到政治科学之中，从规范研究逐渐扩展到经验研究。①从这一概念从政治学向其他学科扩散的情况来看，它首先扩散到与之关系密切的法学和公共管理，然后扩散到相对疏远的社会学。②但是，从其影响程度上来讲，"协商民主"概念对于社会学影响很小，但对于法学则影响较大。在社会学界关于"协商民主"的文章中，除了王春光与政治学界的何包钢合作过一篇

---

① 这一过程在西方协商民主的研究中表现比较明显，2000 年是一个转折点。但是，在中国这一点表现不明显。中国基本上一开始就是规范研究和经验研究同时开展，而且经验研究一直占据主导地位，相反，规范研究比较薄弱。
② 从协商民主研究在国外的发展情况来看，它还扩展到了心理学，而且影响不小。但在中国我们没有看到类似的情况，在 CNKI 中检索，没有一篇来自心理学界的文章。

影响很大的论文外,基本看不到知名学者加入讨论。但在法学界,我们看到有罗豪才、马一德等知名学者的身影。比较有意思的一个现象是,"协商民主"概念影响最大的学科是马克思主义。从CNKI检索的结果来看,文献量最大的是来自马克思主义学院的作者,无论是总量还是各年的文献量都超过了政治学界自身(参见图3-25)。这可能与其庞大的研究队伍有关,也可能与政治学自身发育不充分有关。因为在中国很多大学中,政治学尚未独立出来,有的寄生于马克思主义学院,有的寄生于公共管理学院,因此在统计时存在一定的误差。

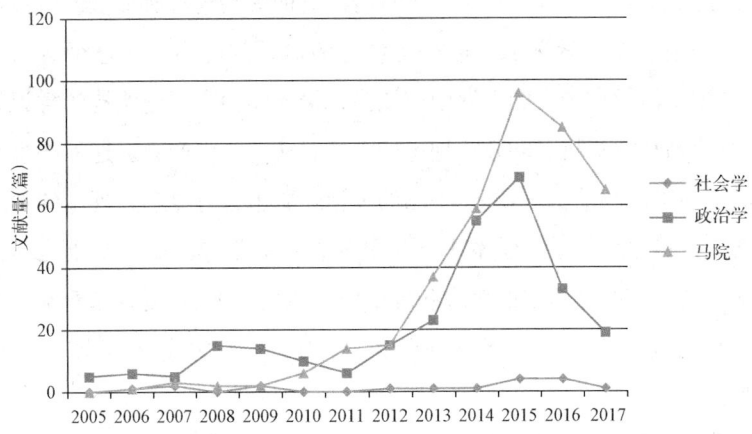

图3-25 "协商民主"概念分学科文献量分布图(2005—2017年)

由是言之,中国政治学在过去四十年里,更多的还是从其他学科,尤其是社会学,汲取营养。在未来,政治学还须不断提高自身的概念和理论建构能力,与社会学、法学、历史学、中共党史等相关学科进行积极合作,开展对话。

最后,政治概念的生产要平衡中国经验和国际化之间的张力。一般来讲,政治概念和政治理论是在总结政治经验的基础上提出的解释。一方面,中国的政治经验非常丰富,尤其是近代以来的政治发展经验和近四十年来的改革开放经验极其独特,可以说是独一无二的政治实验室,为中国政治学在政治概念和政治理论的提炼与构建提供了无比丰富的素材。但是,令人尴尬的另一面是,中国政治学的绝大部分概念和理论均来源于西方,是基于西方经验提炼而成的,当我们试图将其运用于本土的经验时常常是枘圆凿方。可以说,在中国政治学四十年的发展历程中,就政治概念而言,我们基本上是一个消费者,而非生产者,我们主要是在消费西方学界所生产的概念。这既使得我们在研究时常常陷入隔靴搔痒的尴尬之中,又辜负了中国自身丰富的政治经验所提供的宝贵机会,并失去了与国际学术界进行有价值的对话的能力。从这个意义上讲,中国政治学在未来的发展中应该强化概念建构和理论建构的意识和能力,逐渐从政治概念和政治理论的消费者转变为生产者。这就要求我们深入中国的政治实践,基于中国的政治经验来进行概念和理论的建构工作。这可以说是政治学本土化中更为重要的工作。因为本土化不仅意味着消化和改造西方的概念和理论使之适用于本土,更意味着基于本土经验创造属于自己的概念和理论,并对国际学术界做出知识上的贡献。

从目前被国际学界广泛接受的一些基于中国经验提炼出来的概念来看,它们一般具备两个特征:一是基于本土特定的政治经验,是既有的理论所无法解释的;二是与国际学界既有的理论接轨,是在既有的理论脉络中展开的。例如,李连江和欧博文提出的"依法抗争"(rightful resistance)概念就是基于中国大量的群体性事件这一社会事实提出的一个解释性概念。群体性事件中被地方官员视为"刁民"的人懂政策、懂法律,一旦官员做的事不符合法律,他们就集体到上级政府去告状。这一现象用既有的理论——如斯科特基于东南亚经验提出的"日常抵抗"

(everyday resistance)解释不了。李连江提出的"依法抗争"概念既很好地描述了这一事实:即抗争者能够运用官方的法律、政策和其他官方批准的价值来反对不遵守法律的政治经济精英,它在某种程度上是一种被批准的反抗。与此同时,它又与既有的理论构成了一个连续谱,弥补了塔罗、蒂利等学者所开创的"抗争性政治"理论的不足。[①]因此,扎根于本土政治经验并与国际理论接轨来进行概念创新可能是推进中国政治学蓬勃发展的重要一环。在此基础上,中国政治学界应该加强与国际学术界和相关学科之间的学术对话。这既是中国政治学发展的内在需求,也是国际学术界的内在需求。因为中国作为一个复兴的大国,其走向复兴的历程和发展趋势也是国际学术界非常希望了解并加以剖析的。可以说,中国自身的发展为中国政治学的发展提供了一个难得的机遇,它不仅为我们提供了丰富的土壤,而且为中国政治学走向世界搭建了舞台。

[①] 相关辨析可以参考吴长青:《从"策略"到"伦理":对"依法抗争"的批评性讨论》,《社会》2010年第2期。

第四章　中国政治学的重点领域

张长东　李佳璐

一个学科的发展，包含外延的拓展和内涵的深化，而具体体现则是研究领域、研究话题的拓展、变迁与深化。改革开放以来，我国政治学从恢复、重建到发展，也经历了一个研究领域拓展与深化的过程。从20世纪80年代强调阶级分析、政治改革研究、政府职能转换，到90年代开始倡导公民社会、强调政治参与，到21世纪之初提倡治理与善治，我国政治学研究的重点领域随着改革的深化、政治社会的发展，随着学科与西方的接轨、学术自觉性的提高，也在随之发生变化。此外，如俞可平教授总结的那样，我国政治学研究经历了"从理论译介到本土研究、从意识形态到政治科学、从规范研究到经验研究、从定性分析到定量分析、从单一学科到交叉学科、从政治制度到政治行为、从阶级统治到国家治理"[①]的变化，这些变化也具体体现在各个研究领域中。

政治学的研究覆盖范围很广，从行为主体而言，宏观而言包含政党、国家、社会、市场，微观而言包括社会组织、企业、个体。个体可以进一步

---

① 参见本书第一章。

分为领导人、普通官员、普通民众，等等。国家（以及政党）机构包含一定的制度设计，又可以被进一步拆解，如其纵向权力结构（央地关系）、横向权力关系（政治监督）、同级政府之间的关系等等。而行为主体的行动，如党和国家的改革、民众的参与（包括网络问政），本身即是我们研究这些行为主体的切入点，既受制度设计影响，也会改变制度设计。行为和制度设计一起，影响到政治体的具体绩效：社会稳定、经济发展、公共服务、官员腐败等等。这些领域有很多交叉重合的地方，界限并非十分明显。政治学研究领域广泛，但各个领域的重要性、发展程度和研究力度、深度各不相同，所以分为一般研究领域和重点研究领域。

　　本章认为，所谓的重点领域，需要具备如下特征：第一，话题具有现实和理论的双重重要性。一方面反映和解释刚发生和正在发生的政治变化，且某种意义上对未来的发展变化做一定的前瞻或提出政策建议；另一方面能够和重要的理论传统对话，乃至新创一个研究议题，成为政治学科发展新的生长点。第二，为政治学界所广泛关注，并吸引众多学者进入该研究领域，发表和出版了高质量的研究成果。第三，研究前沿和国际接轨，并有本土经验支撑的实证研究产生，尝试概念和理论创新并取得一定成果。第四，回应、反思重大现实政治问题，相关观点和成果受到决策部门重视，对政府决策产生了重要影响。

　　根据以上标准，本文主要选择以下几个重要领域，简要介绍各个领域的发展简史、重要议题和争论（参见表 4-1）。当然这并不意味这些领域涵盖了政治学研究的所有重要领域，本书其他章节提出的一些重要领域和话题，也值得研究者深入研究。一些重要领域，国内政治学学者尚未能做出实质性理论贡献，也未纳入。

表 4-1 中国政治学研究的十个重点领域

视角	重点领域
理论	治理与善治
行为主体	政党、公民社会
制度设计	央地关系、政治监督
观政治行为	政治体制改革、网络政治
客观政治绩效	政治稳定、公共服务、腐败

下文将根据九个重点领域①逐个展开简要介绍,侧重其发展简史、重要议题和争论,由于本书其他章节也涉及本文的一些重要领域并有很好的讨论,本文将不重复论述,而是标注出相关内容。最后将做简短总结和讨论。

一、政治体制改革

改革开放四十年,经济发展成果举世瞩目,其背后则是包括政治体制改革在内的各项体制改革。针对这一重大问题,政治学界从 20 世纪 80 年代开始即展开了广泛深入的研究。90 年代初苏东剧变,也引发了学界对政治体制改革的进一步反思,并从比较的视角研究社会主义政治体制改革。进入 21 世纪,学界提出了国家治理概念,随后十八届三中全会将国家治理体系和治理能力现代化列为改革的目标之一。某种意义上,可以说中国政治学的重建是和研究政治体制改革是密不可分的。

中国的政治改革不是许多西方学者理解的政治体制改革——三权

---

① 腐败和政治监督一方面是两个不同的领域,各有各的原因和结果;另一方面二者也是高度相关的两个问题领域,有效的政治监督能够有效降低腐败的发生。限于篇幅,本章将二者合并为一个领域集中讨论。

分立、竞争性选举等,这种改革不涉及基本政治框架的变动,而是一种以国家治理为重点内容的改革。政治体制改革有广义和狭义之分。从广义的定义来看,政治改革涉及多元政治主体的政治活动变迁。具体而言,政治改革的主体包括:政党、立法机关、行政机关、司法机关和利益团体。政治改革的范畴包括:政治制度变迁、政治行为变迁、政治文化变迁。①从研究领域上看,广义的政治改革涉及央地关系变化、党政关系调整及党内改革、民主选举、政治参与、政务公开、干部选拔、权力监督、立法改革、司法改革、决策改革等多个领域。②邓小平同志关于政治体制改革的一些讲话以及各届党代会关于政治体制改革的表述,基于对我国政治体制的问题深入分析,对学界也产生了深远影响。狭义的政治体制改革研究主要集中在机构改革。研究领域分为:政府机构职能改革、干部体制改革、决策机制改革三个方面。政府机构改革是指以政府治理或政府管理体制为重点内容的改革。改革内容包括:政府机构设置改革、政府职能从管制向服务转变、政府的责任机制的确立和完善,政府事务透明度提升。③干部体制改革包含:干部选举、任职、升迁、绩效评估、教育培训等多项制度举措。决策机制则是指权力机关进行决策制定和决策执行的过程。④

从影响因素上和改革动力看,过去四十年中影响中国政治变革的主要变量是:社会经济的变化、政治发展的逻辑、新型政治文化的形成和全球化的冲击。首先,社会经济变化是影响中国政治变化的深刻根源。其次,政治发展的内在逻辑在相当程度上决定着政治变革的方向和效果。

---

① 参见俞可平:《增量政治改革与社会主义政治文明建设》,《公共管理学报》2004年第1期。
② 参见俞可平:《论政府创新的若干基本问题》,《文史哲》2005年第4期。
③ 参见俞可平:《中国政治发展三十年》,《河北学刊》2008年第5期。
④ 参见杨建平:《从决策体制入手推进政府改革》,《政治学研究》2000年第4期。

再次,政治意识形态变迁引导着中国政治发展的方向。最后,意识形态和政治价值的变化直接影响着中国政治的发展进程。①李景鹏认为政治改革的动力来自两个方面:一个方面是经济发展的客观要求,另一方面是人们对政治存在所感受的不满程度。但在中国,都需要通过政党和国家来推动,政治体制改革从本质上说是一种博弈,即要求改革的力量与旧体制之间的博弈。政治改革的进度反映了改革力量与旧体制力量之间的均衡。②

从改革路径来看,我国的政治改革是渐进的、持续的、动态平衡的增量政治改革。改革过程是一个通过试点试错积累经验循序渐进地、分阶段地、由局部到整体逐步展开的过程。改革进程是先易后难、先外围后中心、先微观后宏观的不断取得突破性进展的不可逆的进程。③从基本意义上看,渐进式增量政治改革包含五个方面:第一,正在或者将要进行的政治改革和民主建设,必须具有充分的经济和政治基础,必须与既定的社会经济体制和经济发展水平相一致。第二,这种改革和民主建设必须在原有的基础上有新的突破,形成一种新的增长,对"存在"在性质上有所突破。第三,这种改革在发展过程上是渐进的和缓慢的,它是一种突破但非突变。第四,增量民主的实质是在不损害人民群众原有政治利益的前提下,最大限度地增加政治利益。第五,根据增量民主或增量政治改革的思路,深化党内民主和基层民主应成为我国政治体制改革的重

---

① 参见俞可平:《中华人民共和国六十年政治发展的逻辑》,《马克思主义与现实》2010 年第 1 期。
② 参见李景鹏:《政治体制改革为什么会滞后》,《国家行政学院学报》2002 年第 3 期。
③ 参见郑永年:《政治改革与中国国家建设》,《战略与管理》2001 第 2 期;徐湘林:《以政治稳定为基础的中国渐进政治改革》,《战略与管理》2000 年第 5 期;何增科:《渐进政治改革与民主的转型(上)》,《北京行政学院学报》2004 年第 3 期。

要突破口。①

大部分学者都认同渐进式改革的必要性，但对其原因则意见不同。其中，一派学者认为，中国渐进的政治改革是一个不断进行政策选择的过程，而进行选择的主体是具有自身目的、具有判断能力的，并拥有决策权威的人或由这种人所组成的核心团体。在有限的已知条件下，改革的推动者对改革后果缺乏了解。因此，改革者必须根据其现实目标作出的一种理性的、稳妥的决策，并保持随时调整既定决策的余地。②另一派学者则认为，中国式的"摸着石头过河"的渐进式改革并没有明确的方向和目标。每一项具体政策试错都是对社会现实状况和危机的应激性反应。这一派学者认为，虽然政策决策缺乏明确的目的，但是在长期国家与社会互动的过程中，改革者逐渐积累经验，建立了一套成熟的危机应对机制，保证了政治体系和政治制度的动态平衡。③

下文就政治改革的四个主要领域：政治体制改革、政府机构职能改革、干部体制改革、决策体制改革的研究进展进行概述。

（一）政治体制改革

政治体制改革是我国政治改革的核心。从改革主体上看，中国政治体制改革的核心是中国共产党。一方面，中共在权力结构中的主导地位

---

① 参见俞可平：《积极实行增量政治改革，加快建设社会主义政治文明》，《理论动态》第1595期（2003年）；俞可平：《增量政治改革与社会主义政治文明建设》，《公共管理学报》2004年第1期。

② 参见徐湘林：《"摸着石头过河"与中国渐进政治改革的政策选择》，《天津社会科学》2002年第3期。

③ 参见康晓光：《中国特殊论——对中国大陆25年改革经验的反思》，《战略与管理》2003年第4期；康晓光：《中国为什么成功——对中国大陆25年改革经验的反思》，《中国改革》2003年第10期。

决定使得其成为政治体制改革的中坚力量。另一方面,当代中国的政治特性决定政治体制改革需要走政党为主导的政治动员模式。①从改革方向上看,政治体制改革体现出民主化、制度化和规范化的特点。改革开放以来,我国在民主选举、民主决策、民主管理、民主监督、依法治国、政治透明等方面取得重大成就。②权力分配由一元化向多元化转变,权力配置方式不断优化,并且逐渐形成国家与公民社会协同治理的有序治理格局。

(二) 政府机构职能改革

政府职能改革是近年来我国政治改革的重点领域。从改革目标上看,政府职能改革要求建立责权统一、分工明确、运转协调的公共行政体制,从而建设公共服务型政府、责任政府、法治政府、廉洁政府和节约型政府。就改革路径上看,政府机构职能改革包括两方面:在经济事务管理上从直接管理向市场调节和宏观调控转变,在社会事务上从管制向服务转变,建立服务型政府的目标。具体表现有:行政审批手续和项目大量简化、官员问责制普遍实行、政务公开和政府透明度提升、政策咨询和评估制度逐渐完善。③

(三) 干部体制改革

干部体制改革是长期以来我国政治改革的重要组成部分。中共从革命党转向执政党之后,民主执政、依法执政和科学执政成为其治国理政的基本方略,干部培训体制改革有利于党的提高执政能力,贯彻其治

---

① 参见王邦佐:《中国政治体制改革的成就和发展路径》,《政治学研究》2003年第2期。
② 参见俞可平:《改革开放30年政府创新的若干经验教训》,《理论参考》2008第12期;周光辉、殷冬水:《政治民主化:当代中国的实践和经验——改革开放三十年中国民主化的进展、影响及经验》,《天津社会科学》2010年第1期。
③ 参见俞可平:《中华人民共和国六十年政治发展的逻辑》,《马克思主义与现实》2010年第1期。

国理政方略。具体而言,干部管理体制涉及以下五个方面:干部提名、干部选举、干部升迁、干部绩效考核和干部监督。徐湘林指出,传统的党管干部体制有以下三类缺陷:首先,选任范围小、一把手权力过大,容易形成下级对上级个人依附性。其次,选任过程缺乏民主性和科学性。最后,选任方式上指标化严重,缺乏灵活性。①基于上述弊端,近年来,中共对干部任用制度开始了一系列改革。首先,加强干部任用和干部考察的民主性。干部任用必须经过民主推荐,考察时广泛听取各方面意见。干部任免要自觉接受群众监督。其次,完善对干部的激励机制。采用公开选拔、竞争上岗、任前公示、试用期制度,实行差额推荐和差额选举。最后,完善干部教育体系,提高干部素质,增强干部的道德感和使命感。②

(四)决策体制改革

决策体制改革是政治体制改革的突破口。从改革目标上看,决策体制改革主要依靠集体决策的方式,利用现代化的技术手段,从而实现决策的民主化和科学化。从改革内容上看,首先要明确权力归属,实现决策权力在横向和纵向上的合理分配。在横向上,需要逐渐实现政府向市场放权,政府向社会放权。在纵向上,需要完善中央向地方分权的管理机制。其次,要规范决策权力运行规则,实现决策过程的制度化和程序化。从目标提出、方案构建、项目招标、专家评估,到最后的项目落地,必须依循一套完备的决策程序,为决策民主化和科学化提供制度保障。最后,要完善决策监督机制。强化决策过程前、中、后,以及决策执行期间的多元主体监督,形成一套有机的民主决策体制。

---

① 参见徐湘林:《以政治稳定为基础的中国渐进政治改革》,《战略与管理》2000第5期。
② 参见俞可平:《中共的干部教育与国家治理》,《中共浙江省委党校学报》2014年第3期;徐湘林:《党管干部体制下的基层民主试改革》,《浙江学刊》2004年第1期。

二、政党研究

"很难想象,当代国家的政治并非政党政治。"艾伦·韦尔在其《政党与政党制度》一书中开宗明义地提出了这一观点。而政党政治对于包括中国在内的发展中国家尤其重要,对于中国这个实行共产党领导下的多党合作政治制度、共产党扮演了核心领导作用的国家而言,尤其如此。因此政党研究成为中国政治学研究的重点研究领域,也是情理之中。本节从政党理论、从革命党到执政党转型、党政关系这三个议题展开。

(一) 政党理论

政党理论是西方比较政治学的重要研究议题之一,出版了大量著作并积累了丰富的理论。解放前,我国就已经翻译、发表了不少相关研究,20 世纪 50 年代也翻译出版了少量苏联关于政党理论的著作。改革开放前夕,以复旦大学为主,翻译介绍了西方主要国家政党的一些著作,但偏重知识性而理论性较弱。[①]改革开放以来,一方面,对西方政党理论的译介越来越多且日益多元化,既包括对马克思、列宁政党理论的进一步挖掘,也包括对比较政治学中政党理论的译介。其中,杨德山主编的"当代西方政党研究译丛"和林勋健主编的"西方政党政治译丛"收纳了诸如萨托利的《政党与政党体制》、韦尔《政党与政党体制》等名著,系统介绍了西方政党研究的理论体系和前沿争论,和其他单独翻译或者列入其他

[①] 参见林勋健:《西方政党政治译丛·总序》,让·布隆代尔、毛里齐奥·科塔主编:《政党政府的性质》,北京:北京大学出版社,2006 年。

丛书中的政党理论①书籍一道，对于提高我国学者的政党理论研究水平起了较大促进作用。国内一些学者也出版众多教材与专著，系统整理政党理论或者分国别研究介绍各国的政党发展。

在翻译、介绍西方理论和现状的同时，一些学者，如王长江、金安平、周淑真、陈明明等等，从历史的视角和比较的视角分析了我国的政党制度。如陈明明试图用"政党—国家"或"党国体制"概念概括我国的政治体制，认为其具有三重面相：动员型政治、整合型政治和全控型政治。而且，"政党—国家政治的典型结构是党国同构、党国一体。党国同构指政党与国家的制度逻辑是相同的，政党与国家的行为规则是相接的，政党与国家的利益偏好是相通的"②。王长江则主编了"政党政治与中国问题书系"，从2014年开始每年出版《执政党建设年度报告》，收录政党研究的最新研究论文。此外，国际环境的变化也对国内研究政党理论带来新的契机。尤其是苏东解体带来的冲击，使得很多国内学者认真思考苏联和东欧各国共产党为何会失去民心突然垮台，为前车之鉴。在此基础上，提出了"从革命党到执政党转型"等理论思考和探索（详见下文）。也有学者进而研究俄罗斯等前共产主义国家在政治转型后政党发展的轨迹。有学者则借鉴东亚和新加坡的政党和政治发展经验，分析思考中国的政治发展途径。③最近几年，也出版了几篇梳理介绍"竞争性威权主义

---

① 如列入"东方编译所译丛"的阿伦·李帕特：《选举制度与政党制度：1945—1990年27个国家的实证研究》，谢岳译，上海：上海人民出版社，2008年；斋藤淳：《政治分肥：自民党长期政权的政治经济学》，杨帆、张帆译，上海：上海人民出版社，2017年；等等。政党研究的奠基性作品，谢茨施耐德的《政党政府》，米歇尔斯的《寡头统治铁律》等则由天津人民出版社于2016年、2006年翻译出版。
② 陈明明：《作为一种政治形态的政党——国家及其对中国国家建设的意义》，《江苏社会科学》2015年第2期。
③ 参见李路曲：《政党政治与政治发展》，北京：中央编译出版社，2016年。

体制政党"的论文,批判性介绍了比较政治学研究中关于发展中国家政党研究的最新理论进展。①

(二) 从革命党到执政党的转型

"我们党已经从一个领导人民为夺取全国政权而奋斗的党,成为一个领导人民掌握着全国政权并长期执政的党;已经从一个在受到外部封锁的状态下领导国家建设的党,成为在全面改革开放条件下领导国家建设的党。"江泽民同志2002年在党的十六大上做的报告,一方面反映了我国在改革开放二十多年后政治经济形势的变化及其对党的领导提出的新挑战,另一方面也掀起了政治学学界对这一话题的研究热潮。关于从革命党到执政党转型的研究,部分学者从马克思经典理论和党和国家领导人的著作出发,进行阐释。也有学者则从政治学基本概念和理论出发。

从"革命"到"执政"的转型,包括两个维度:从革命党到执政党的转型、从局部(革命根据地)执政到全局执政。这意味着中国共产党领导的大规模的社会动员和阶级斗争的终结,破坏让位于建设,对决让位于妥协。转型的主要挑战来自于地位转变和角色转变的关系,有学者认为二者之间存在一个落差,尤其是改革开放之前长期以阶级斗争为纲,就是未能完成从革命党到执政党的角色转变,而是将革命党的很多思想、制度、体制和机制直接运用到了执政时期,造成了一些严重的负面后果。概括而言,"角色转变"包括两个方面:"一是与执政地位转变相应,实现思想理论的转变;二是与执政地位相适应,实现制度、体制和机制的转

---

① 参见张长东、刘茹、樊旭阳:《威权主义韧性视角下的政党研究》,肖滨主编:《中国政治学年度评论(2016)》,北京:商务印书馆,2017年,第107—123页;曾庆捷:《霸权型政党体制的起源模式及其政治后果》,《复旦学报》2018年第1期。

变。"①思想理论方面，主要指以阶级斗争为纲的左的思想。对"以人为本"的强调，也体现了这一转型的思想维度。此外，"执政"的规范与党的政治动员型和政策主导型的行动逻辑存有冲突。"执政"要求党以宪法和法律的名义调控国家与社会关系，同时本身也受制于宪法和法律，但对于党来说，它在革命年代与旧国家、旧法律、旧法统相抗衡的"割据"传统，夺取政权后实行社会主义改造与工业化动员的政治需求，都使其对法律、法制和法治持有一种批判性的保留态度。制度方面，王贵秀借用邓小平关于权力过分集中是改革开放前体制的主要问题展开了论述，认为革命党时期的三种过度集权被沿用到执政时期，一是在横向关系上即各种组织的关系上，"一切权力"（即党、政、企、事、群等各种组织的权力）统统都集中于党委，"党委过分集权"。二是在纵向关系上，基层和下级组织的权力层层往上集中而导致"中央过分集权"。三是在个人和组织的关系上，党组织的权力往往集中于领导者个人（书记）手里而形成"领导者个人高度集权"②。也有学者从"科学执政、民主执政、依法执政"等维度论述体制机制的转型，即科学执政是依据党政二者不同的组织特性划分党政职能：党管政治（决策），政府管行政（执行），并确立党和政府的权力清单。民主执政指的是发挥和加强党内民主和人民民主建设。依法执政一方面强调党需要在宪法和法律的框架内运行，另一方面强调党通过将自身意志转变为法律来落实。③

与转型相关的，还有"执政党建设""执政能力建设"和党内民主④等

---

① 王贵秀：《从革命党到执政党——中国共产党政治成长中的地位转变与角色转换》，《中共中央党校学报》2008年第4期。
② 王贵秀：《政治体制改革是一场新的伟大革命》，《新华文摘》1998年第6期。
③ 参见朱新山：《从革命理论到执政理论——从革命党到执政党转型的理论基础分析》，《长春大学学报》（社会科学版）2015年第1期。
④ 本书第八章中国政治第二节第二部分系统讨论了党内民主问题，此处不再重复讨论。

重要问题的研究。

（三）党政关系①

关于建国后我国的党政关系的研究，学者有持两阶段、三阶段、四阶段论的。两阶段论：及十三大以前并延续到整个20世纪80年代的"以党代政"和"党政不分"，并认为80年代的"党政分开"的理论和实践都没有实质性进展；第二个阶段是90年代开始到现在的重点关注党和人大的关系的阶段。②三阶段论：改革开放前的"党政不分""以党代政"，80年代短暂的"党政分开"的改革尝试，和80年代末开始的"以党统政"。四阶段论：如陈红太进一步将改革开放前阶段拆分为两个阶段，认为反右之前存在一个寓党于政的阶段。③

"党政分开"作为一个大胆的尝试，得到了学界的重点关注。关于20世纪80年代的"党政分开"的努力所取得的成就，研究者持不同意见。有学者认为"党政分开"的改革取得了一定的成绩：如宪法和党章中明确规定党的领导是政治领导、思想领导和组织领导；确定并实行了经过法定程序把党对国家重大事务的主张变成国家意志的领导方式；明确了多党合作的要求、基本方针和主要内容、形式；确立了党委领导下的行政首长负责制；实行了党管干部的制度；实行了监督党员领导干部和党的各级领导机关的纪律检查制度等；党和立法机关、司法机关的关系也

---

① 本书第八章中国政治第二节讨论了"党政分开""领导体制改革"和"干部体制改革"，此处不再详细讨论，仅做简要论述。也可参见王长江主编：《党政关系研究》，北京：中共中央党校出版社，2015年。
② 参见朱联平：《党政关系问题研究述评》，《岭南学刊》2006年第1期。
③ 参见陈红太：《从党政关系的历史变迁看中国政治体制变革的阶段特征》，《浙江学刊》2003年第6期。

更加明确。①

党的十三大还决定,为了适应党的领导方式和活动方式的转变,必须调整党的组织形式和工作机构。由于"政府各部门现有的党组各自向批准它成立的党组负责,不利于政府工作的统一和效能",因而"要逐步撤销"。②但在十四大后又因为撤销党组"不仅没有理顺党政关系,而且许多工作难以开展"③,而重新恢复了党组。"党政分开"的改革尝试因为出现了各种政治经济社会问题而在20世纪80年代末中止了。党的领导人开始反思"党政分开",并于党的十四大后逐渐确定了"以党统政"的思路,十九大更是强调党的全面领导。

三、公民社会④

改革开放以来我国社会组织的大量产生和发展,促使国内外学者展开了大量研究,并围绕社会组织的政治社会意义展开了激辩。20世纪90年代起,陆续出现了一些公民社会译介文章,译介对象以苏联文献为主。与此同时,邓正来在《中国社会科学季刊》从第1期开始连续发表关于公民社会、社会团体、社会中间层的研究的文章⑤,并在第4期组织了

---

① 参见徐双敏:《关于理顺党政关系问题的再思考》,《社会科学动态》1999年第7期;庞松、韩钢:《党和国家领导体制的历史考察与改革展望》,《中国社会科学》1987年第6期。
② 《中国共产党第十三次全国代表大会文件汇编》,第38页,转引自孙淑萍:《党组及其作用的历史考察》,《长白学刊》2000年第6期。
③ 孙淑萍:《党组及其作用的历史考察》,《长白学刊》2000年第6期。
④ 此节内容较多参考了纪莺莺:《当代中国的社会组织:理论视角与经验研究》,《社会学研究》2013年第5期。
⑤ 邓正来、景跃进:《建构中国的市民社会》,《中国社会科学季刊》总第1期,1992年;邓正来:《市民社会与国家——学理上的分野与两种架构》,《中国社会科学季刊》总第4期,1993年。之后邓正来将一些文章收录成集,收入邓正来、J.C.亚历山大主编:《国家与市民社会:一种社会理论的研究路径》,北京:中央编译出版社,1998年。

主题研讨"市民社会与中国"。成为推动市民社会这一概念和理论在中国政治学、社会学发展的重要刊物，其旨趣主要在于应用舶来理论分析改革时期的国家与社会关系，致力于澄清理论源泉以及辨析其对于当代中国社会的适用性；其焦点实际是在国家与社会高度一体化的格局被打破、国家权力逐渐撤退之后如何再造社会。以市民社会与国家的二分为视角，强调市场经济乃是市民社会赖以生存的基础，在某种程度上为新生社会空间的扩张做辩护。具体地说，"中国的市民社会乃是社会成员按照契约性的规则，以自愿和自治为基础进行经济活动、社会活动的私域，以及进行议政参政活动的非官方公域"。在大陆学界，方朝晖1994年的文章较早地梳理了市民社会的两个学术传统。① 1997年以后国内学术界开始陆续发表公民社会的文章。总体而言，20世纪90年代的相关研究，以对公民社会理论的译介梳理为主，也有一些结合中国行政改革、社会组织发展而展开的初步实证研究。② 浙江人民出版社在1999年出版了"第三部门研究丛书"，包含《规制与发展》（苏力等著）、《动员与参与》（孙立平等著）、《自律与他律》（周志忍、陈庆云主编）、《事业共同体》（郭于华等著），对学界产生了重要影响。

进入21世纪，公民社会理论开始得到充分发展，以中央编译局的一些学者为代表，开始发表多篇公民社会相关文章，也编辑出版了多本专著，如俞可平③、何增科④，主要围绕各种类型的社会组织及其政治社会

---

① 方朝晖：《市民社会的两个传统及其在现代的汇合》，《中国社会科学》1994年第5期。
② 如李景鹏：《中国现阶段社会团体状况分析》，《唯实》1999年第Z1期。
③ 参见俞可平等：《中国公民社会的兴起与治理的变迁》，北京：社会科学文献出版社，2002年。
④ 参见何增科：《公民社会与民主治理》，北京：中央编译出版社，2007年。

意义展开。①在 2006 年一篇影响深远的文章中,俞可平对公民社会、第三部门、制度环境、民间组织、非政府组织、非营利组织、中介组织、群众团体、社会团体、人民团体等概念做了比较和辨析,并分别从学术研究和行政管理两个角度对中国民间组织的分类提出了自己的建议。俞可平着重分析了中国公民社会现存制度环境的主要特征,认为中国公民社会制度环境的特征典型地体现为宏观鼓励与微观约束、分级登记与双重管理、双重管理与多头管理、政府法规与党的政策、制度剩余与制度匮乏、现实空间与制度空间的共存。②王名在一系列文章和著作中强调第三部门、非政府公共部门、NGO 等相关概念及其在中国的发展。③高丙中、袁瑞军主编《中国公民社会发展蓝皮书》,则在各个视角的研究基础上,提出 2008 年汶川地震是中国公民社会发展元年的说法。④

受苏东剧变影响,研究者们一开始强调自下而上的公民社会对民主化的影响,但很快意识到强大国家的存在使得这一民主化模式在中国行不通,所以将争论更多地转向了多元主义和法团主义的争论。一些研究者则认为政府和社会组织的关系更多呈现法团主义形态,社会组织尤其是官办社团,反映了国家在改革进程中试图继续掌控社会的努力。顾昕和王旭梳理了中国社会团体监管框架的特征,指出政策与法律规定表现出法团主义的特征,如强势的国家控制、单一垄断的功能区分、层级结构

---

① 郁建兴与周俊将国内公民社会研究的发展分为两段,以 90 年代到世纪之交为第一阶段,这一阶段学界基本完成了对于公民社会概念、理论及适用性的评估;世纪之交至今的第二阶段则转入范例研究时期,涌现了大量针对个案(尤其是 NGO)的经验研究。
② 参见俞可平:《中国公民社会:概念、分类与制度环境》,《中国社会科学》2006 年第 1 期。
③ 参见王名、刘国翰、何健宇:《中国社团改革》,北京:社会科学文献出版社,2001 年;王名、贾西津:《中国 NGO 的发展分析》,《管理世界》2002 年第 8 期;王名主编:《中国非政府公共部门》,北京:清华大学出版社,2004 年。
④ 参见高丙中、袁瑞军主编:《中国公民社会发展蓝皮书》,北京:北京大学出版社,2008 年。

和有限数量等。①张钟汝等考虑到实际互动中的特征提出修正概念,"庇护性国家法团主义"指政府组织与政府之间的利益联盟关系,非政府组织仰赖政府提供权力与资源;"层级性国家法团主义"则指出,通过半官方中介机构的沟通,非政府组织实际上成为政府非正式的下层序列。见仁见智,各执一词。②

研究者们逐渐意识到公民社会理论的国家社会二分法存在的严重缺陷,开始探索新的理论路径。米格代尔的"社会中的国家"理论从根本上突破了国家社会二分法预设,对国内学界产生了一定影响,一些学者开始将国家和社会拆分,影响具体行为者之间复杂的互动关系乃至其具体演变。与此同时,许多国内学者的"本土化"努力也取得了一定的成绩。如张紧跟指出,海外 NGO 研究也从针对国家与社会关系的"结构论争"转向了"行动分析",转而关注中观与微观层面上个体组织的行动策略。③康晓光、韩恒则结合我国政府的具体实践和策略提出了"分类控制"概念。④一些学者重新审视社会组织的自主性问题,一部分研究认为,在过去的近四十年中,中国社会团体自主性在波动中不断加强,对社团自主性的衡量标准趋于多样化。有学者提到,虽然政府在名义上对社团还维持着多方面的管控,但社团实质的自主性却逐渐增强。因此,区别"名义"自主性与"实质"自主性的发展阶段和背后动因是十分必要的。结合结构性视角和能动性视角,王诗宗和宋程成区分了社会团体独立性

---

① 参见顾昕、王旭:《从国家主义到法团主义——中国市场转型过程中国家与专业团体关系的演变》,《社会学研究》2005 年第 2 期。
② 参见吴建平:《理解法团主义——兼论其在中国国家与社会关系研究中的适用性》,《社会学研究》2012 年第 1 期。
③ 参见张紧跟:《从结构论争到行动分析:海外中国 NGO 研究述评》,《社会》2012 年第 3 期。
④ 参见康晓光、韩恒:《分类控制:当前中国大陆国家与社会关系研究》,《社会学研究》2005 年第 6 期。

("组织在生存、发展的基本条件方面——尤其是在所谓的合法性层面——主要依靠自身资源")和自主性("组织可以按照自己的目标来行事,其目标设定及自身运作过程中的决策方式都是自行确定的")两个概念,认为中国社会团体的现状是"依附性自主":结构上缺乏足够的独立性但行为上却享有较高自主性。①

一些研究者认为与其探讨公民社会的存在与否及其是否会推动中国的民主化,或者讨论多元主义还是法团主义模式,不如讨论社会组织是否使得政策制定变得更具回应性这一中观层次的问题。中国的政策制定过程已经从封闭的官僚决策模式演变为政府主导但更为开放的决策模式,表现出一定程度的多元主义特征,允许包括社会团体在内的社会力量的参与。②郁建兴和沈永东提出政府与社会团体的关系是"调适性合作","一方面,政府的有限治理能力遭遇挑战,促使政府主动调适自我角色,与社会团体合作推进经济发展与公共服务供给等;另一方面,社会团体为了获取国家赋予的合法性与行政资源,实现自主发展,采取策略性行动推动与政府合作"③。

正如对社会组织是否提高了政府回应性的讨论所揭示的,社会组织被认为是协同治理的重要组成部分,而公民社会的研究也和治理、善治的研究紧密结合,我们将在"治理与善治"一节具体介绍。

---

① 参见王诗宗、宋程成:《独立抑或自主:中国社会组织特征问题重思》,《中国社会科学》2013年第5期。
② 参见 Zhang Changdong, "Nongovernmental Organizations' Policy Advocacy and Government Responsiveness in China," *Nonprofit and Voluntary Sector Quarterly*, vol. 47, no. 4(2018)。
③ 郁建兴、沈永东:《调适性合作:十八大以来中国政府与社会团体关系的策略性变革》,《政治学研究》2017年第3期。

四、央地关系

国家内部的权力划分和配置分为横向和纵向两个维度,央地关系集中体现在后者。也就是前文提到邓小平关于改革开放前权力过分集中的三个方面中的第二个方面:在纵向关系上,基层和下级组织的权力层层往上集中而导致"中央过分集权"。改革开放以来,央地关系经过了很大变动,从高度集权到高度分权,再到适度集权,但制度化水平一直不高。周雪光认为存在一个"一统体制与有效治理"的深刻矛盾:要提供有效公共服务需要给地方放权,但放权本身会给地方政府滥用权力的空间。①为此政府需要以多种机制应对。

从宪法上看,我国是一个单一制国家,各级地方政府都是中央政府的派出机构,其权力源自中央政府的授权。但从实际情况而言,我国地域辽阔,地区差异性极大,必须实行适度的分权。从建国以来的历史看,央地关系一直存在"一收就死、一放就乱"问题,经常处于在"收""放"间钟摆式动态调整的状态中。但我们不能将央地关系过分简单化,中央政府有多种手段干预地方,各种正式制度如人事调整、资源配置、政策调整,非正式的制度和"惯例"如政治动员、巡视等,都有助于强化中央权威。一般认为,央地关系存在四个维度:政治分(集)权、行政分权、经济财政分权、司法分权。不同时期,各个维度的集权程度并不一致,构成了多样化的组合。譬如,经过多年的改革开放,以收权与放权、激活与僵化的循环怪圈已经不能很好概括当前的央地关系调整特点。通过比较历史分析法,李振发现,怪圈论最初是用来形容改革开放前央地之间以国

---

① 参见周雪光:《中国国家治理的制度逻辑:一个组织学研究》,北京:生活·读书·新知三联书店,2017年,第10页。

有企业管理权为核心的相关权力的收放循环的现象;而当下的中央与地方、国家与社会关系调整的特征是所调整权力的内容是多样的,且收权与放权是同时并举的。所以,循环怪圈已经不能概括上述新特征了,而用选择性分(集)权模式来概括更为恰当。选择性分(集)权的过程是央地之间、国家与社会之间权力边界渐进清晰的过程。此模式具有一定的不确定性,但它也是中国政体灵活性和适应性的体现。[1]围绕四个维度,以及不同维度的组合,政治学界乃至法学界、财政学界都对央地关系展开了富有成果的研究。下面就政治集权、财政分权和行政分权展开论述。

(一) 政治集权

作为一个单一制国家,中国实行政治集权,而干部人事权被认为是政治集权的主要手段。有学者提出中国的央地关系是一种"上下分治":中央政府的职责在于人事领域的"治官",而地方政府的职责在于具体事务领域的"治民",这一治理体制能够分散中央的执政风险并调节其集权力度,确保了中国政体的长期稳固。[2]"文革"期间,干部人事管理体制被削弱乃至架空。改革开放以来,为充分调动地方积极性,改变了高度集权的模式,实行了"下管一级"的干部管理体制。该体制主要包含几个重要内容:党管干部,培训,干部考核基础上的奖惩、晋升等。同时通过一系列的改革,发展和完善了干部管理体制。许多研究者认为基于政绩考核的干部管理体制是理解中国政治的重要切入点,并提出了"压力型体制""锦标赛体制""行政发包制"等理论。

中央编译局的研究组在基层调研的时候发现地方政府运作机制是

---

[1] 参见李振、鲁宇:《中国的选择性分(集)权模式——以部门垂直管理化和行政审批权限改革为案例的研究》,《公共管理学报》2015年第3期。
[2] 参见曹正汉:《中国上下分治的治理体制及其稳定机制》,《社会学研究》2011年第1期。

一种"压力型体制":"一级政治组织(县、乡)为了实现经济赶超,完成上级下达的各项指标而采取的数量化任务分解的管理方式和物质化的评价体系。"[1]杨雪冬进而提出了"压力型体制"包含三要素结构:数量化的任务分解机制;各部门共同参与的问题解决机制;物质化的多层次评价体系,对应物质和精神的奖惩措施。[2]有研究者认为"压力型体制"和官僚制体制运行存在很多差异,需要改革。[3]

"锦标赛体制"认为干部考核体制和地方分权引发了地方政府间的发展竞赛,掌控着人事晋升权的中央政府在这场比赛中是地方绩效的裁判员,而各级地方政府既是其下级单位的裁判员,又是参与竞赛的运动员。[4]从干部晋升和"锦标赛体制"的预设出发,中外学界发表了大量基于定量分析的实证研究来分析何种因素是干部晋升的决定性因素。官员晋升的锦标赛机制理论认为在我国的集权型政治体制之下,上级官员主要依据经济增长来考核和提拔下级官员,因此下级官员有着很强烈的动力来发展经济以求能够获得政治上的升迁。[5]

(二)财政分权:从"分灶吃饭"到分税制改革

与政治集权相比,改革开放初期的各种的承包制形式经济和财政分权力度很大。"分灶吃饭"很形象地描述了这一事权财权同时下放的分权模式。这一方面赋予了地方政府发展地方经济的积极性,大力兴办乡

---

[1] 荣敬本等:《从压力型体制向民主合作体制的转变》,北京:中央编译出版社,1998年,第28页;荣敬本:《"压力型体制"研究的回顾》,《经济社会体制比较》2013年第6期。
[2] 参见杨雪冬:《压力型体制:一个概念的简明史》,《社会科学》2012年第11期。
[3] 参见尹新蚕、王常启:《继承与变体——"官僚制"与"压力型体制"的对比分析》,《学理论》2015年第24期。
[4] 参见周飞舟:《锦标赛体制》,《社会学研究》2009年第3期。
[5] 参见周黎安:《中国地方官员的晋升锦标赛模式研究》,《经济研究》2007年第7期。

镇企业,使其成为"发展型地方政府"。①另一方面,却带来了政企不分、"诸侯经济"和"两个比重下降"②等问题。一些研究者,如王绍光和胡鞍钢认为两个比重的下降严重影响了国家能力和中央政府权威,呼吁重新集权。③1994年中央政府实行的分税制改革,集中财权,扭转了两个比重下降的局面,强化了中央宏观调控能力和政治权威。

与此同时,分税制留给地方政府过多的事权和过少的财权,在20世纪90年代和21世纪初,主要依赖农业作为税收来源的中部地区的地方基层政府往往对农民巧取豪夺,征收名目繁多、负担很重的税费,造成了大量的社会冲突。④在中央政府取消了农业税后,财力不足的地方政府又转而开始通过土地财政来获得财政收入。⑤同时也导致了公共服务提供不足的问题(本章第五节将专门讨论)。

分税制是否是经济增长的制度基础在经济学界引起了重要讨论。市场维护型联邦主义就其含义而言,指的是通过地方政府和中央(联邦)政府的分权以及地方政府间的竞争,能够有效制约中央和地方政府的权力,从而国家能可信地承诺维护市场,而不因为自身利益(官员利益)干预市场乃至掠夺市场创造的财富。除了维护市场、促进经济增长之外,财政联邦制也被认为能带来其他好处:更好地提供公共物品、使得政府

---

① 该话题引发了政治经济学的激烈讨论,一个综述参见张汉:《"地方发展型政府"抑或"地方企业家型政府"?——对中国地方政企关系与地方政府行为模式的研究述评》,《公共行政评论》2014年第3期。
② 两个比重指税收占GDP的比重和中央政府收入占全国政府收入的比重。
③ 参见王绍光、胡鞍钢:《中国国家能力报告》,沈阳:辽宁人民出版社,1993年。但也有学者认为该研究存在概念和实证方面的不严谨之处,如忽略预算外收入、强调基础性权力而忽视专制性权力等。
④ 参见 Tomas Bernstein and Lü Xiaobo, *Taxation without Representation in Contemporary Rural China*, Cambridge: Cambridge University Press, 2003.
⑤ 参见程睿娴、李妍:《国内土地财政研究述评》,《经济问题探索》2011年第2期。

更接近民众(从而更具回应性),等等。①

政治学对经济和财政分权的研究兴趣主要集中在其对经济发展,尤其是地方政府在经济发展中的作用、事权财权匹配及其对公共物品提供的关注上。而这些研究又往往是和政治集权中的干部考核结合在一起的,如果缺乏干部考核体制的激励,财政分权并不一定带来地方经济的发展。经济与财政分权可能会带来一个负面效应:地方政府追求经济增长的短期行为可能以可持续发展为代价。这些代价可能是地方政府借债、环境保护等。第三代财政联邦制理论认为,如果中央政府无法提供"地方政府债务中央不兜底"的可信承诺,那么,地方政府会倾向于过度借债——其背后的逻辑就是公地悲剧。

(三) 行政分权

西方学者提出了"碎片化威权主义"理论,认为虽然名义上中央高度集权,但体制内的决策权和资源却分散在不同层级(块块)和职能(条条)的政府部门中,形成条块分割,使得很多决策都需要在条块之间进行讨价还价。地方政府也获得了相对于中央的讨价还价权力。②由于碎片化威权主义理论提出的背景是分税制之前中央财力不足,在分税制改革多年后,有学者以"行政发包制"来形容中国的政府结构和权力运作模式,提出(拥有强大财力的)中央政府实质上是一个发包者,将经济发展、公共服务、社会治安等事权逐级下发给地方政府这一代理方,并通过经济

---

① 参见 Gabriella Montinola, Qian Yingyi and Barry Weingast, "Federalism, Chinese Style: The Political Basis for Economic Success in China," *World Politics*, vol. 48, no. 1(October 1995)。
② 参见 Kenneth G. Lieberthal and Michel Oksenberg, *Policy Making in China*, Princeton: Princeton University Press, 1988; Kenneth G. Lieberthal and David M. Lampton, *Bureaucracy, Politics, and Decision Making in Post-Mao China*, Berkeley: University of California Press, 1992, pp. 1-30。

激励和人事控制的手段确保中央的权威性和地方的有效治理。①

正如周雪光指出的"一统体制与有效治理"悖论所言,行政分权的直接后果就是公共政策执行偏差。吴开明从政策执行控制的视角出发,指出当前政策执行存在控制缺位、控制不当、控制虚化的问题,原因在于政策目标群体在控制中的作用和地位被严重轻视,国家监督主体功能弱。②以环境政策执行为例,多位学者指向了激励制度的不完善。冉冉在针对地方环境治理失败的原因的研究中发现,"压力型"的政治激励模式,反而更多会引起逃避责任和操纵数据。干部教育培养环节在道德激励上重视经济发展,党纪的激励与惩戒不足,仅以压力型政治激励难以维持政策的长期发展。③指标考核制度往往会导致地方官员操纵和扭曲真实的环境信息,又缺乏公民参与的矫正,重大的治理问题以及社会问题往往得不到有效的处理。量化管理和目标责任制等管理方式事实上是削弱了而非加强了国家的能力。环境政策可能导致中央政府与地方政府的目标出现偏差,地方政府为保利益,会利用信息不对称,在博弈中达成中央政府宽松监督、地方政府变通执行的消极均衡。

"压力型体制"下,常规治理机制往往无法有效完成重点任务,因此"压力型体制"往往伴随着运动式治理:"由占有一定的政治权力的政治主体如:政党、国家、政府或其他统治集团凭借手中掌握政治权力、行政执法职能发动的维护社会稳定和应有的秩序,通过政治动员自上而下地调动本阶级、集团及其他社会成员的积极性和创造性,对某些突发性事

---

① 参见周黎安:《行政发包制》,《社会》2014年第6期。
② 参见贺东航、孔繁斌:《公共政策执行的中国经验》,《中国社会科学》2011年第5期;吴开明:《政策执行偏差防治路径探析——基于政策执行控制的视角》,《中国行政管理》2009年第1期。
③ 参见冉冉:《道德激励、纪律惩戒与地方环境政策的执行困境》,《经济社会体制比较》2015年第2期。

件或国内重大的久拖不决的社会疑难问题进行专项治理的一种暴风骤雨式的有组织、有目的、规模较大的群众参与的重点治理过程,它是运动式治理主体为实现特定目标的一种治理工具。"①运动式治理悖论存在"决策经验主义"和"结果不确定性"两大基本内涵,具有四个基本特征:领导小组行使的政治权力凌驾于政府行政权力之上且常常混合不分;政治主体权力扩张与政治基体需求自主之间存在不同的运行轨迹;多部门协同联动工作机制需要通过长时间的磨合才能产生整体共赢的效果;以数据展示行动的有效性和常态化并不意味着一种可持续的常态治理机制的建立,反而破坏地方政府的日常运作。②

行政分权也给实验式治理提供了很大的空间,政策试验过程主要通过三种形式来进行:试验性法规(为政策试行而制定的暂行法规)、试点(特定政策领域内地示范和试点项目)和试验区(被赋予充分自由裁量权的地方辖区)。国内许多学者对地方政府创新的研究,某种意义上和实验式治理相关,但却发现了很多地方政府创新并不能被推广到全国层面,甚至在本地也存在人亡政息的风险。

司法分权方面政治学界的研究相对较少,主要是法学学者的研究领域,本章存而不论。

在一篇综述性文章中,王志浩归纳了四类央地关系的流行理论解释:一类聚焦在中央集权架构的弹性运作层面,强调"收权—放权"的自适应调整,有助于应对大国治理的阶段性难题;一类聚焦在"政治集权—经济放权"的制度安排层面,强调央地之间存在财政联邦主义元素;一类聚焦在地方政府的竞争激励层面,强调地方围绕各类出政绩的锦标赛激

---

① 冯志峰:《中国运动式治理的定义及其特征》,《中共银川市委党校学报》2007 年第 2 期。
② 参见刘开君:《运动式治理的历史、现状与转型:一个研究综述》,《山西农业大学学报》(社会科学版)2017 年第 3 期;赵树凯:《乡镇治理与政府制度化》,北京:商务印书馆,2010 年。

烈角逐,是解释主政官员行动选择的重要变量;一类聚焦在"分散烧锅炉"的地方创新层面,强调"摸着石头过河"的实验主义治理,是改革得以累进的宝贵经验。①

五、公共服务

政府的主要任务之一是提供公共服务。改革开放之初,面对社会事业严重破坏、公共服务严重短缺的社会现实,国家开始恢复和建立相关制度,整顿和重建公共服务体系。中共十一届三中全会以来,我国公共服务体系经历了初步调整、急剧变革、重构三个阶段。十六届三中全会以来,建设"服务型政府"就一直成为政府改革实践和社会关注的热点问题。②学界也围绕这些情况展开了研究,本节围绕公共服务的内涵、供给、发展趋势三个方面的研究展开概述。

(一)公共服务的内涵

学界主要从两个角度对公共服务进行解读。一方面侧重于公民权利的视角,认为公共服务是政府与社会为了保障公民基本权利的实现,提供的有效的制度保障和社会支持。③从权利保障的角度出发,公共服务可分为公共安全服务、公众发展服务、基本环境服务以及底线生存服务等等。④另一方面侧重于公民需求这一视角,认为公共服务具备三个特征:首先是时空性,由空间需求的差异造成;其次是公共物品性,主要针对公民迫切广泛的需求而言;最后是政治性,公共服务基本都有政治

---

① 参见王志浩:《理解中国央地关系的流行理论及其缺陷》,《江苏社会科学》2016年第4期。
② 参见姜晓萍主编:《建设服务型政府与完善地方公共服务体系》,北京:中央编译出版社,2015年。
③ 参见唐钧:《"公共服务均等化"保障6种基本权利》,《时事报告》2006年第6期。
④ 参见陈海威:《中国基本公共服务体系研究》,《科学社会主义》2007年第3期。

文明的烙印。①公共服务主要是指由公法人授权的政府和非政府组织以及有关工商企业在纯粹公共物品、混合性公共物品以及私人物品的生产和提供中所承担的职责。②

(二) 公共服务供给问题

虽然近年来取得了长足进步,但公共服务供给存在总量不足、结构失衡等问题。公共服务供给不足是相对于需求而言的,公共服务需求的快速增长给公共服务供给带来了巨大压力。中国公共服务大部分由政府提供,公共服务供给资金主要来源于政府预算,市场投资较少。政府单一供给模式以及财政投入不足,严重影响了公共服务的数量和质量。③

从整体上看,中国公共服务供给存在结构性失衡,首先,区域间发展失衡。由于我国特殊的国情,东、中、西部地区发展不平衡,东部地区公共服务水平整体高于中西部地区。以教育为例,从教育资源、经费投入、设施条件等指标来看,东、中、西部地区差异明显。④由于经济发达地区财力相对雄厚,提供公共服务的能力也就高,从而造成公共服务水平存在区域性差距。⑤其次是城乡间发展失衡。城乡分离的二元结构使城乡无论在人均收入还是在公共服务水平方面都存在巨大差距,农村公共服务严重短缺。城乡之间的发展不平衡,除了经济不均衡导致的城乡收入

---

① 参见秦上人、郁建兴:《论基本公共服务的标准化》,《中国行政管理》2015 年第 4 期。
② 参见马庆钰:《关于"公共服务"的解读》,《中国行政管理》2005 年第 2 期。
③ 参见丁远:《论地方政府公共服务供给能力的制度完善》,《成都行政学院学报》2011 年第 6 期。
④ 参见马慧珍:《我国基本公共服务空间差异格局与质量特征分析》,硕士学位论文,辽宁大学,2011 年。
⑤ 参见郁建兴:《中国的公共服务体系:发展历程、社会政策与体制机制》,《学术月刊》2011 年第 3 期。

差距拉大之外,农村公共服务的严重短缺也是重要原因。①

(三) 公共物品供给不足的原因

公共物品供给不足、不均衡的原因主要在于经济发展水平不高、财政能力不足和不均衡。尤其是分税制改革之后,地方政府的财力严重不足,因此倾向于不提供、少提供或选择性提供公共服务。此处以农村公共物品提供为例简单介绍。周飞舟认为影响乡村公共品供给的最主要因素还是在于资金问题:受税费改革的影响,基层政府的收入大幅度缩小,加之历史积累的乡村债务,目前乡村的财政状况已不堪重负。虽然上级政府会对基层政府进行转移支付,但由于制度的不完善,转移支付并不能解决乡村的财政问题和公共品供给问题,"遥控指挥"只能导致乡村公共品的重复建设和资源浪费。此外,周飞舟指出目前的乡村财政已从"吃饭财政"变为了"讨饭财政",乡镇政府在获得上级补贴时,首先是填补"空转"的资金,其次是发放工资,最后是维持公务开销,根本没有多余的资金用于乡村公共品供给。②

但也有学者强调制度激励,如赵树凯则认为目前虽然大部分乡镇有一定的负债情况,但乡镇政府完全有能力和资金去发展乡村公共建设,乡镇政府处于有能力、却不愿投入的状况——其原因在于受以经济指标为主的政府绩效考核制度。乡镇政府所有的财力、精力、人力,都用来迎合上级政府,而不是服务普通人民。因此,他强调必须纠正制度的缺陷,致力于发展基层民主和基层自治,将基层政府的工作重点转移到公共服

---

① 参见吴根平:《我国城乡一体化发展中基本公共服务均等化的困境与出路》,《农业现代化研究》2014年第1期;姜晓萍、田昭等:《基本公共服务均等化:知识图谱与研究热点述评》,北京:中国人民大学出版社,2016年。
② 参见周飞舟:《以利为利:财政关系与地方政府行为》,上海:上海三联书店,2012年。

务上来。①

总而言之,周飞舟认为在乡村公共品的供给问题上,基层政府是"有心无力",而赵树凯则认为政府是"有力无心"。但政府制度之外的因素也影响农村公共物品提供,王曙光等通过定量研究发现了村民的参与对农村公共品供给具有不可替代的作用,且村民的参与程度主要受村庄的流动性、封闭性、合作化水平以及社区信任等要素的影响。因此,作者指出未来的乡村治理可以着力于通过提升农户的政治参与、通过强化农村各类互助合作组织、通过农村社区公共活动空间的拓展、并通过乡村各类微观主体的良性互动从而增强社区信任,提升农民的社会资本,从而改善乡村治理和公共品供给情况。②

(四)公共服务发展趋势

针对公共服务供给不足问题,研究者多认为出路在于公共服务市场化和均等化。目前的公共资源配置和公共服务供给基本上还是由政府承担,尤其是在广大的农村,政府还是农村公共服务的主体,承担农村公共服务供给的责任。因此,公共服务市场化对应着政府职能的转变,政府应该放弃主导一切垄断服务的旧观念,意识到政府和市场是合作互补的关系。政府应该在工作过程中引入市场化模式,提高公共服务的效果就是很重要的一点。③然而,在实践过程中,公共服务市场化也存在一些问题。盲目进行市场化,采用一刀切的形式把本应由政府控制的公共服务全部推向市场,没有梳理区分好政府和市场的责任,结果只能适得

---

① 参见赵树凯:《乡镇治理与政府制度化》,北京:商务印书馆,2010年。
② 参见李冰冰、王曙光:《社会资本、乡村公共品供给与乡村治理——基于10省17村农户调查》,《经济科学》2013年第3期。
③ 参见沈荣华:《公共服务市场化反思》,《苏州大学学报》(哲学社会科学版)2016年第1期;王苏玲:《公共服务市场化》,《经济视野》2014年第5期。

其反。①

市场化改革的历史成就是解决了私人产品短缺这一短板，随之而来的是公共需求缺口过大与经济快速发展带来的不协调问题。②近年来，学者们从公共服务均等化的视角也进行了大量研究。从三个方面解读公共服务均等化，首先是居民享有的机会均等，其次是居民享有的结果大致均等，最后是均等化过程中要尊重成员的自主选择权。③

制度碎片化及官员考核确实等都是政府本位倾向下公共服务供给出现问题的重要原因。政府失灵必然导致政府在公共服务提供过程中出现越位缺位的现象。④我国"单中心"的政府治理结构限制了公共服务的供给空间。此外，我国非政府组织发育程度较低，信息不透明不公开不对称以及公共服务供给过程中监督渠道的缺失，使得公民参与不足。这些都导致公共服务效果不理想。⑤

公共服务的研究涉及很多领域，也受到种种社会条件的限制。从依赖政府到注重非政府组织，从重视供给者到重视受益者，公共服务的研究也不断趋向深化。⑥公共服务市场化和公共服务均等化是推进公共服

---

① 参见岳磊：《我国公共服务市场化改革现状及对策分析》，《市场论坛》2015 年第 5 期。
② 参见迟福林、方栓喜：《公共产品短缺时代的政府转型》，《上海大学学报》（社会科学版）2011 年第 4 期。
③ 参见常修泽：《中国现阶段基本公共服务均等化研究》，《中共天津市委党校学报》2007 年第 2 期；郭小聪、代凯：《国内近五年基本公共服务均等化研究：综述与评估》，《中国人民大学学报》2013 年第 1 期。
④ 参见杨弘、胡永保：《实现基本公共服务均等化的民主维度——以政府角色和地位为视角》，《吉林大学社会科学学报》2012 年第 4 期；孙荣、薛泽林：《政府购买公共服务多元供给主体培育机制探析》，《江苏行政学院学报》2016 年第 2 期。
⑤ 参见曹静晖：《基本公共服务均等化的制度障碍及实现路径》，《华中科技大学学报》（社会科学版）2011 年第 1 期；张开云、张兴杰、李倩：《地方政府公共服务供给能力：影响因素与实现路径》，《中国行政管理》2010 年第 1 期。
⑥ 参见薛晓东、邢浩然：《公共服务研究综述》，《电子科技大学学报》（社会科学版）2017 年第 3 期。

务的新形式新机制,而我国的现实条件状况与理想状态之间仍然保持一定的距离,这方面也亟待包括政治学学者的更多的研究。

六、政治稳定

政治稳定是政治发展的一个基本目标,在社会变革过程中维持社会稳定是一个很大的挑战,这一点对于改革和快速发展的中国而言也是如此。国内学界对政治稳定展开了很多研究,并很大程度上受亨廷顿《变革社会中的政治秩序》一书的深远影响。从概念界定上看,政治稳定指一国政治系统的连续性和有序性,它包括稳定的政权体系、合理的权力结构和有序的政治过程等三个不同层次。[1]狭义而言,政治稳定主要指:国家主权稳定、政权稳定、政府稳定、基本政策稳定、政治生活秩序稳定和社会政治心理稳定六个方面。[2]广义而言,政治稳定不仅包括政治系统内部平衡,还应体现为政治系统内外协调,政治体系得到社会广泛认同,从而能合理分配社会资源,实现国家社会的长治久安。

从类型学的角度看,学者对政治稳定的具体模式进行了详细划分。就政体而言,可以分为专制型政治稳定和民主型政治稳定;从国家与社会关系的角度出发,可以分为社会主导型政治稳定和政府主导型政治稳定;就政治系统与外部环境的关系看,可以细分为开放型政治稳定和封闭型政治稳定;从政治参与的实现方式来看,可以分为柔性政治稳定和刚性政治稳定;从政治发展规律来看,可以分为质变型政治稳定和量变型政治稳定;从政治发展的实现机制看,可以分为静态政治稳定和动态

---

[1] 参见邓伟志主编:《变革社会中的政治稳定》,上海:上海人民出版社,1997年。
[2] 参见吴志成:《关于政治稳定理论的几个问题》,《湖北大学学报》(哲学社会科学版)1997年第1期;张体魄:《我国政治稳定研究综述》,《云南社会科学》2004年第5期。

政治稳定。①在诸多模式中,静态稳定与动态稳定辩证关系的研究成果最为丰硕。②

一些学者认为,静态稳定与动态稳定相互对立。静态稳定以秩序性和继承性为核心。秩序性强调没有暴力冲突、政治压力和体系解体。继承性强调政治体制机制没有发生关键要素的改变,没有出现政治停滞和社会动荡等问题。与之相比,动态稳定则是以发展为核心,强调多元政治主体共同参与、平衡发展。随着经济社会生活的不断演进,政治系统为了应对社会环境变化的压力,不断调整政治结构,革新与经济社会发展不相适应的体制机制,进而实现社会有序发展。虽然在改革过程中会不可避免地产生不稳定因素,但是从长远来看,妥善解决政治争议和争端有益于实现政治系统的动态平衡,保障政治社会生活的平稳有序发展。③

另一些学者则指出,静态稳定和动态稳定对立统一。在现代化进程中,静态稳定与动态稳定相互促进,相辅相成。施雪华指出,现代的政治稳定是一种动态发展的政治稳定,同时也是一种"双向联动"的政治稳定。④聂运麟认为,就发展历程而言,政治稳定的实现大致要经过三个阶段,即政策性稳定、制度性稳定和价值稳定。随着现代化进程的不断推进,公民社会逐渐成熟,政治稳定将逐渐由短期的政策性稳定,向中长期

---

① 参见唐昊:《政治稳定的类型研究》,《学术论坛》2004年第3期。
② 参见王诗堂:《当代中国社会政治稳定状态中的静态与动态》,《湖南社会科学》2011年第5期;常桂祥:《政治稳定:静态与动态的分析》,《青海社会科学》1997年第1期;邵明阳:《动态稳定:涵义、特点、权力结构与建设途径》,《理论与改革》2008年第1期。
③ 参见施雪华:《发展的"政治稳定":涵义、分析变量和调节机制》,《社会科学战线》1993年第5期。
④ 施雪华:《政治现代化比较研究》,武汉:武汉大学出版社,2006年。

的制度性稳定，以及成熟期的价值稳定转化。①

就影响政治稳定的因素而言，可分为国内因素和国际因素。其中，国内因素包括：经济上，收入差距扩大和分配不公、社会保障制度不健全、城乡差距加大、社会资源无法得到高效配置；政治上，权责关系不明、民主法治机制不健全、政策制定和执行失误、政治参与受到限制、公权力腐败、政府公信力降低；文化和宗教层面，族群冲突不断，政治认同和信任危机加深，进而引发一系列道德失范问题，加剧社会矛盾。②就国际层面而言，随着全球经济一体化和多极化的趋势加深，一国的政治经济变化往往会对其他国家产生连带性影响。全球贸易争端、国际金融系统稳定、地区性暴力冲突和社会动乱、国际恐怖主义和极端宗教势力渗透等因素都可能对我国国内的政治稳定产生影响。③

就议题领域而言，早期的研究多关注静态稳定的实现机制。什么样的政治制度设计可以降低政治越轨的风险？学者们试图回答这一问题。这一研究思路与西方学界 20 世纪 70 年代末兴起的政治抗争研究密切相关。学者多将政治稳定和政治抗争视为对立的两面。他们指出，突发性的政治抗争为政治体系的稳定带来潜在风险。而政治抗争规模和范围的进一步扩大则可能导致政治系统的崩塌。因此，政治治理的一项重要任务就是及时监测政治抗争和群体性事件，控制其发展态势，防患于未然。就中国政治领域而言，代表理论包括：王浦劬、于建嵘对于信访制度的研究，于建嵘对于农村群体性突发事件的研究，唐皇凤对于中国式

---

① 参见聂运麟：《政治参与与政治稳定》，《华中师范大学学报》(人文社会科学版) 2000 年第 1 期；胡联合、胡鞍钢：《科学的社会政治稳定观》，《政治学研究》2004 年第 4 期。
② 参见黄新华：《政治发展中影响政治稳定的因素探析》，《政治学研究》2006 年第 2 期；马建中：《论现阶段影响我国政治稳定的社会心理问题》，《政治学研究》2003 年第 2 期。
③ 参见黄高晓：《经济全球化对中国政治稳定的影响与对策思考》，《南京政治学院学报》2002 年第 5 期；孙景峰：《经济全球化与中国政治稳定》，《学术界》2003 年第 3 期。

维稳的研究,以及近年来兴起的网络政治研究。①这些研究也引发我们对刚性维稳体制的反思与讨论。

七、腐败与监督

改革开放以来,随着经济转轨的深化,腐败频发,政治腐败问题也逐渐引起学界关注。从早期对于腐败概念的规范性研究,到如今对于政治腐败类型和影响的实证性分析(代表性人物有何增科、陈国权等)。学界对于政治腐败的研究历程大体可分为三个阶段:

第一阶段,探讨政治转型与政治腐败之间的关联。从研究方式上看,这一阶段的研究以腐败概念界定的规范性研究和腐败具体表现的描述性研究为主。相关著作多从宏观层面分析中国产生政治腐败的结构性因素及政治文化特点。代表人物有李景鹏、王沪宁。

第二阶段,探究腐败产生的制度性成因。第二阶段的研究运用经济学的寻租理论、委托代理理论,政治心理学的相对剥夺理论,分析政治腐败缘何常态化。从研究取向上看,第二阶段的研究实现了从宏观的理论建构向中层理论的转变。此外,学者们基于已有的分析框架,对腐败治理建言献策。具体而言,其政策建议包括:完善个体激励机制、改革体制内权力分配与监督机制、增加体制外民主监督渠道,从而构建现代国家廉政制度体系。

---

① 相关研究成果参见:王浦劬、龚宏龄:《行政信访影响公共政策的作用机制分析》,《中国行政管理》2012年第7期;于建嵘:《当前农民维权活动的一个解释框架》,《社会学研究》2004年第2期;于建嵘:《当前我国群体性事件的主要类型及其基本特征》,《中国政法大学学报》2009年第6期;于建嵘:《对信访制度改革争论的反思》,《中国党政干部论坛》2005年第5期;唐皇凤:《"中国式"维稳:困境与超越》,《武汉大学学报》(哲学社会科学版)2012年第5期。

第三阶段,探究各类腐败行为背后的因果机制。第三阶段的研究弱化了对于腐败成因的讨论,着力探究政治腐败对于政治社会生态的影响(比如,腐败如何影响民众的政府信任度和对政府绩效的评估)。除此之外,第三阶段的研究手段和方式也有所革新。通过话语分析、文本分析等量化手段,政治腐败的测量方式得以更精细化。

此外,研究国别政治的学者尝试从个案出发,通过研究美国、新加坡、韩国、香港等国家和地区的腐败治理和廉政建设,向中国当下的政治腐败改革提出具体化建议,比如,公婷对香港反腐文化的研究、周琪对于美国早期政治腐败的研究、何家弘对美国反腐败法律制度的研究。①

基于上述分类,下文对中国腐败研究进行概述。

(一)政治转型与政治腐败

作为一种综合性的社会政治现象,早期的政治腐败研究试图从概念上对其进行剖析。从含义上看,学者大多采用约瑟夫·奈(Joseph S. Nye)的定义,将政治腐败界定为"政治公务人员以其制度之便获取私人利益,以致国家的政治生活发生病态化的变化"②。从类型上看,何增科通过 8 个维度:腐败行为主体的性质和数量、行为主体的层次分布、行为的多发领域或部门、行为的动机、行为的制度性成因、交易双方得利情况、行为后果、人们对腐败行为的宽容程度,进一步将中国转型期的政治腐败分为 22 个小类别。③基于这一分析思路,后来的学者又从法理学、法

---

① 参见公婷、王世茹:《腐败"零容忍"的政治文化——以香港为例》,《复旦公共行政评论》2012 年第 2 期;周琪:《美国的政治腐败和反腐败》,《美国研究》2004 年第 3 期;何家弘:《美国反腐败法律制度》,《外国法译评》1998 年第 4 期。
② 俞可平:《政治腐败概念探微》,《社会科学》1991 年第 2 期。
③ 参见何增科:《中国转型期政治腐败的类型、程度和发展演变趋势》,《北京行政学院学报》2000 年第 2 期。

经济学的角度对政治腐败的分类再度细。①

除了界定政治腐败的概念外,第一阶段的研究多侧重于探究政治转型与政治腐败之间的相关性。李景鹏指出,随着经济体制改革与政治社会转型的深化,中国社会利益结构从整体化转变为原子化。政治环境的放松和个体利益分配不均为公职人员以权谋私提供契机。②除了个体政治腐败之外,王沪宁还对行业性、机构性的群体腐败进行了研究。他指出,新旧体制转换的分配失衡、各级权力机构之间的失衡和基层公共权力运作的失衡导致不同社会群体利益分配不均,产生相对剥夺感,从而为政治腐败提供内向化的滋生土壤。③

(二)腐败的制度性成因及腐败治理

20世纪90年代末期的国有企业改革使得涉及国有资产滥用的经济类犯罪迅速进入公众的视野,这给腐败治理研究增加了现实紧迫性。而近年来纪检系统和司法系统的资料公开则为实证研究提供了便利。

就理论层面而言,新制度经济学的盛行为政治学者提供了新的研究思路和方法。基于交易费用理论、产权理论,参与腐败交易的各方利益团体可转化为追求利益最大化的有限理性行为者。由于现行制度在激励机制、机会结构和约束机制方面存在缺陷,公职人员通过腐败谋取私利,从而导致腐败蔓延和固化。具体而言,激励机制的缺陷体现为:公职人员个体工资收入偏低;不同地区、部门、行业单位内部福利分配盛行平

---

① 参见蔡陈聪:《腐败定义及其类型》,《中国青年政治学院学报》2001年第2期。
② 参见李景鹏:《社会变迁与政治腐败》,《江苏行政学院学报》2001年第2期。
③ 参见王沪宁:《论中国产生政治腐败现象的特殊条件》,《上海社会科学院学术季刊》1989年第3期。

均主义;财政提成和预算预留缺口的制度安排助长以权谋私。①此外,学者还依靠成本收益分析、委托代理、合谋理论,对于寻租活动下的交易性腐败(贿赂)和非交易型腐败(贪污、挪用等)进行了细致分析。②另一方面,政治心理学学者也尝试运用相对剥夺理论探究腐败背后的社会心理机制。③在研究方法上,这一阶段的研究多依赖于逻辑思辨分析、个案阐释和博弈论。

基于对腐败产生机制的不同理解,学者们提出了多条反腐败治理思路。总体而言,这一阶段的政策建议从运动式治理(如思想政治教育、定期严打)转变为制度化改革。具体来看,以制度激励为关注重点的学者多从改革个体激励机制、完善中央和地方、不同部门之间的财权事权分配的角度提出反腐治理建议。④而关注现代化和政治转型的学者则多侧重于完善民主的监督机制,培育良好的公民社会。⑤除此之外,不少学者从现代国家廉政体系建设的角度入手,强调应融合体系内和体系外的政

---

① 参见何增科:《中国转型期腐败和反腐败问题研究(上篇)》,《经济社会体制比较》2003年第1期;何增科:《中国转型期腐败和反腐败问题研究(下篇)》,《经济社会体制比较》2003年第2期。
② 参见倪星、陈珊珊:《经济结构、制度安排与地区腐败——基于副省级城市2000—2010年的数据分析》,《中山大学学报》(社会科学版)2013年第6期;贺卫、戚成芝、李政军:《试论寻租与腐败》,《上海交通大学学报》(哲学社会科学版)2003年第4期。
③ 参见罗桂芬:《腐败行为与"相对剥夺感"——官员腐败的社会心理机制透视》,《中国行政管理》1997年第5期;胡伟:《腐败的文化透视——理论假说及对中国问题的探析》,《浙江社会科学》2006年第3期。
④ 参见倪星:《论寻租腐败》,《政治学研究》1997年第4期;何增科:《反腐新路:转型期中国腐败问题研究》,北京:中央编译出版社,2002年。
⑤ 参见展江:《舆论监督的反腐败功能》,《中国青年政治学报》2007年第2期;陈国权:《论民主的监督机理及对腐败的遏制作用》,《国家行政学院学报》2004年第1期。

治资源,提高政府工作透明度和民众参与度。①

(三)腐败研究的新进展

随着多样化的定量研究工具的引入,腐败研究出现了新的转向。就理论建构而言,腐败研究更加强调探寻其背后的具体因果机制。就研究议题来看,第三阶段的研究通过将政治腐败细化为贪污、挪用、行贿、受贿、国有资产滥用等子分类,探索不同类腐败对公职人员不同的激励路径。就研究数据和测量方式而言,文本分析和自然语言处理等技术的应用大大丰富了实证性研究的数据来源。原有的对于腐败的分析主要依靠主观测量和客观测量两种方式。主观测量依赖于专家和民众对于腐败情况的主观感知,而客观测量则依赖于反腐机关查处的腐败案件。②由于测量对象的差异,主观测量法和客观测量法得到的数据无法直接进行相互印证。也就是说,学者很难运用实证手段解释反腐机关查处的腐败记录与专家、民众的主观认知的关联性。近年来,大数据分析将司法裁判文书、新闻报道、社交媒体词频等数据引入腐败研究中,为探究主观客观之间的转化机制建立了新的纽带。

除此之外,政治文化研究学者也运用实验法和问卷法研究政治腐败对于政治社会生态的影响,如政府反腐力度是通过什么路径影响公众的清廉感知,③政治腐败和经济绩效如何对转型期社会政治信任产生影

---

① 参见过勇:《中国国家廉政体系研究》,北京:中国方正出版社,2007年;何增科:《中国目前廉政制度体系总体状况及其有效性评估》,《学习与实践》2009年第5期;何增科:《反腐新路:转型期中国腐败问题研究》,北京:中央编译出版社,2002年。
② 参见何增科:《中国转型期腐败和反腐败问题研究(上篇)》,《经济社会体制比较》2003年第1期。
③ 参见李辉、孟天广:《腐败经历与腐败感知:基于调查实验与直接问的双重检验》,《社会》2017年第6期。

响。①这类研究通过将政治腐败转化为"自变量",扩宽了政治腐败研究的议题领域,为后来者的研究提供了新的可能性。

(四)政治监督

"绝对的权力导致绝对的腐败",腐败的产生和蔓延和政治监督制度的不完善也有直接的关系。作为一个社会主义民主国家,中国不实行西方的三权分立、相互制衡的制度,但也设有各种监督机制,这方面的研究也非常多,但可能限于资料的不可获得及敏感性,总体偏于描述性和规范性研究而较少实证研究。②何增科认为中国的监督包括:纪检监督、监察监督、审计监督、司法监督、人大及其常委会监督、民主党派监督、人民政协监督、新闻媒体监督、公民监督、网民监督、社会组织监督等11大类政治监督主体。而且中国在政治监督方面出现了一系列重要的制度变迁,其中包括:政治监督主体日益多样化,政治监督体系基本形成;政治监督内容日益丰富,逐步向纵深拓展;政治监督法规体系日益完备,监督依据和标准趋于清晰;政治监督方式传统和现代并重,技术监督和制度监督并举;政治监督对象逐步实现全覆盖。③

党内监督是中国共产党的一个制度优势,通过在各级党委设立纪律检查委员会并在各单位部门派驻纪检组的方式,实行党内监督。④巡视制度也是一种重要的监督制度,巡视制度是指中央和省、自治区、直辖市党委,通过建立专门巡视机构,按照有关规定对下级党组织领导班子及

---

① 参见韩冬临、杨端程、陆屹洲:《经济绩效、政治腐败与政治信任:台湾公众政治信任变迁研究(2001—2014)》,《上海交通大学学报》(哲学社会科学版)2018年第4期。
② 参见陈国权:《政治监督论》,上海:学林出版社,2000年;莫吉武:《当代中国政治监督体制研究》,北京:中国社会科学出版社,2002年。
③ 参见何增科:《政治监督》,俞可平主编:《中国的治理变迁(1978—2018)》,北京:社会科学文献出版社,2018年。
④ 参见张建明:《党内监督机制研究》,北京:光明日报出版社,2008年。

其成员进行监督的制度。巡视制度是党内监督的重要形式,也是党内监督体系的一个重要组成部分。①尤其是十八大以来,中央巡视组通过全覆盖巡视,有力地加强了反腐败斗争和党风建设。②

除了党内监督,人大监督③、参政党监督④、司法监督⑤、审计监督⑥等也是我国监督体系的重要组成部分,但多数不是政治学者所做的研究,此处略去不详论。也有研究者强调体制外的监督,如舆论监督和公民监督。⑦陈国权认为:依法治国的要义在于调解国家与社会之间的矛盾,遏制国家权力的专横和腐败,从而维护社会的民主自由和正当利益。依法治国是社会对国家的诉求,它的实现程度取决于国家力量与社会力量的某种均衡,其实现的基本途径是通过有效的政治监督机制对国家权力进行监督。而政治监督的实质是权力的较量,没有高度的民主,社会就缺乏足够的力量来制衡国家权力。政治监督的有效性还建立在健全和完善的法制体系之上,依法办事并不一定就是依法治国,但依法治国必然要求依法办事。⑧

---

① 参见郑传坤、黄清吉:《健全党内监督与完善巡视制度》,《政治学研究》2009年第5期;牟广东、唐晓清:《论巡视制度在党内监督体系中的地位和作用》,《理论探讨》2010年第3期。
② 参见董世明:《十八大以来党对巡视制度的探索》,《江汉论坛》2016年第1期。
③ 参见李凤军:《论人大的监督权》,北京:中国政法大学出版社,2015年;秦前红、孙莹、黄明涛:《地方人大监督权》,北京:法律出版社,2013年。
④ 参见张惠康主编:《参政党民主监督功能研究》,北京:中共中央党校出版社,2011年。
⑤ 参见司法公正权威与司法监督的关系课题组:《司法监督制度研究》,北京:法律出版社,2015年。
⑥ 参见刘家义:《国家治理现代化进程中的国家审计:制度保障与实践逻辑》,《中国社会科学》2015年第9期;崔云、朱荣:《政府审计监督与腐败治理》,《财经科学》2015年第6期。
⑦ 参见展江、张金玺等:《新闻舆论监督与全球政治文明:一种公民社会的进程》,北京:社会科学文献出版社,2007年。
⑧ 参见陈国权:《论政治监督与依法治国的实现》,《天津社会科学》2000年第5期。

关于我国的政治监督体制,一些政治学者认为虽然起了一定作用,但还存在一些问题,如陈国权认为,政治监督机构内在动力不足,个人的政治良心和敬业精神不能保证制度的有效性;政治监督机构职责分工不明、相互配合不够。①这也是腐败频发的重要原因。

八、网络政治

1950年以来的信息技术革命和互联网的普及改变了公众政治模式,进而影响到政治权力分配,也为民众参与政治、监督政府提供了平台。现实政治的急剧变革使得网络政治研究应运而生且快速发展。就我国而言,从1999年开始,我国发起"政府上网工程"。同时,当时网络普及率有限,网络政治研究主题多围绕电子政府内部建设展开讨论,如政府信息共享管理、信息安全保障等问题。②2004年以来,随着政府职能从管制型向服务型转变,以及伴随而来的互联网的普及,网络政治研究开始关注政治参与、政治治理、政治监督、政治传播等议题。③

从基本定义上看,网络政治是指互联网上客观存在的、与社会政治生活密切相关的关于政治权力、政治意识、政治体系、政治行为、政治管理、政治参与、政治发展等内容的政治现象。④从参与主体上看,网络政治的行为主体包括个体网民、网络社群和网络政府。⑤三者利用信息技术手段实现多元政治互动,重塑公共部门、私人部门及公民社会之间的

---

① 参见陈国权:《论我国政治监督体系的整合优化》,《社会主义研究》1999年第3期。
② 参见陈潭、罗晓俊:《中国网络政治研究:进程与争鸣》,《政治学研究》2011年第4期。
③ 参见孙萍、黄春莹:《国内外网络政治参与研究述评》,《中州学刊》2013年第10期。
④ 参见李斌:《网络政治学导论》,北京:中国社会科学出版社,2006年。
⑤ 参见陈潭、罗晓俊:《中国网络政治研究:进程与争鸣》,《政治学研究》2011年第4期。

沟通渠道和交往方式。①从核心议题上看,网络政治研究主要围绕着以下五个问题:政治制度变革、政治参与模式、政府治理与绩效改革、政治文化与政治稳定。下文将对这五类议题进行概述。

就互联网对政治制度的影响而言,学者们的争论集中于网络政治与直接民主之间的关系。一部分学者认为,网络政治可以提供代议制民主之外的一种制度路径,使得直接民主成为可能。②近年来,电子民主技术的推广使得公民投票创制权的实行成为可能。乐观者认为,互联网技术带来的投票门槛的降低可以显著提升公民直接参与政治管理的意愿,进而实现自上而下的体制改革。但是,也有学者提出,互联网的普及可能无助于推进政治变革,还会带来政治无序。③互联网的发展导致网络权力呈现出扁平化和分散化的特征。④相比于传统的政治动员,网络上的意见领袖缺乏政治动员所需的物质资源和组织能力,动员延续时间短暂,难以直接转化为变革的力量。尽管如此,也有学者指出,网络政治虽然有别于传统政治参与,与直接民主仍存在距离,信息技术的发展仍然蕴藏着渐进式制度变迁的可能性。⑤

就政治参与而言,网络政治同样是一把"双刃剑"。一方面,网络政

---

① 国内网络政治学的一部分研究受下文影响:G. King, J. Pan and M. E. Roberts, "How Censorship in China Allows Government Criticism but Silences Collective Expression," *American Political Science Review*, vol. 107, no. 2(May 2013);季程远、王衡、顾昕:《中国网民的政治价值观与网络抗争行为的限度》,《社会》2016年第5期;王金水:《网络政治参与与政治稳定机制研究》,《政治学研究》2012年第4期。
② 参见朱德米:《网络政治学:虚拟和真实》,《国外社会科学》2001年第1期;唐杰:《试论网络政治学》,《人大研究》2002年第10期。
③ 参见化建琼:《当代中国公民网络政治参与的主体及形式》,《哈尔滨市委党校学报》2009年第1期。
④ 参见刘文富:《网络政治:网络社会与国家治理》,北京:商务印书馆,2002年。
⑤ 参见孟天广、李锋:《网络空间的政治互动:公民诉求与政府回应性——基于全国性网络问政平台的大数据分析》,《清华大学学报》(哲学社会科学版)2015年第3期。

治对于公民参与有显著的动员(拓展)效应。①互联网的普及为政治参与提供了信息渠道、公共领域和集体行动的平台。②具体而言,首先,互联网的蓬勃发展构建了新的公共活动场域,激活了传统媒体政治传播作用,有利于公民社会的培育。其次,网络政治为政府、政党、民众三者提供了即时性的沟通平台,有利于推进协商民主。③最后,互联网拓展了民主监督的主体、领域和方式,有利于完善民主监督机制。但是,从另一个角度看,网络议题的多元化分散了公众对于特定领域的关注度。信息的庞杂使得公众难以消化海量的专业化信息,从而降低民众政治参与热情,有损于原有的民主政治架构。

就政府治理与绩效改革而言,其研究重点多落在电子政务和网络治理体系上。近年来,信息通讯技术在政府内部治理中的大规模运用,提高了信息收集处理能力,减少了条块化分割导致的信息不对称,避免了上传下达过程中由于传递链条过长而导致的信息损耗,从而提高了行政效率。此外,电子政务系统的运用丰富了绩效评估的技术手段,规范了政府内部激励约束机制,完善不同层级政府之间的委托代理关系。④

就政治文化和政治稳定而言,一方面,政治传播的手段的革新推进了基于社群联结的现代社会文化的发展。信息沟通的去中心化使得城乡融合、男女平权、族群平等、社会群体多元化等后物质主义思想得以广

---

① 参见孟天广、季程远:《重访数字民主:互联网介入与网络政治参与——基于列举实验的发现》,《清华大学学报》(哲学社会科学版)2016年第4期。
② 参见 Zheng Yongnian and Wu Guoguang, "Information Technology, Public Space, and Collective Action in China," *Comparative Political Studies*, vol. 38, no. 5(June 2005)。
③ 参见陈旭玲、刘京:《网络政治:信息化进程中的"公共领域"衍生态》,《兰州学刊》2007年第1期。
④ 参见郭旭、张焕金:《论网络政治视阈下当代中国的政府治理》,《黑龙江省社会主义学院学报》2007年第4期。

泛传播。另一方面，网络政治的去中心化也为政治稳定、个人信息安全和舆情监控提出了新的挑战。

从发展历程来看，网络政治仍是一个新兴领域。该领域研究多以实证研究，特别是个案研究为主。研究范式多借用传播学和社会学理论，不同理论之间张力不足。近年来，青年学者利用定量分析和话语研究等分析技术，通过对于互联网舆情的观测，探索跨学科的研究路径，为新的理论建构提供了丰富的实证研究手段和资源。

九、治理与善治

20世纪80年代政治学恢复重建初期，政治学界强调马克思主义理论中的阶级斗争和阶级统治，但也有学者强调政治中超越阶级斗争的管理性的一面。[①]治理概念和理论的引进和使用于分析中国政治，则代表了学界对中国政治的新的分析视角。而近十年学界提出国家治理这一超越政体划分、强调治理绩效的概念，并在十八届三中全会决定中被列为社会主义建设与改革的重要目标之一，引发了一轮国家治理研究热潮，反映了国内学界结合本国经济社会政治发展，结合国际理论前沿进行自主理论创新的成就。

"治理"（governance）一词最早见于1989年世界银行对于非洲"治理危机"（crisis in governance）的描述。此后，这一概念被广泛地运用到政治发展的研究中，用于描述后殖民地和发展中国家的政治状况。[②]该概念的提出背后有着明确的理论指向和现实关切。就理论指向而言，治理概念的提出意在破除社会科学长期存在的二分法（比如市场与计划、

---

① 参见李景鹏主编：《政治管理学概论》，北京：高等教育出版社，1991年。
② 参见俞可平：《善治理论：一种新的政治分析框架》，《重庆社科文汇》2002年第4期。

公共部门与私人部门、政治国家与公民社会、民族国家与国家社会),将不同的行动主体、方式、对象和取向融入一个完整的分析框架中,从而为当代民主实践提供新的理论支撑。①治理理论强调不同主体之间的多向互动。俞可平提出,治理理念应该是多中心、自主的、分工合作互为补充的治理结构。原有的严密的集权式行政管理体制的失效和公民社会的兴起,促使政府逐渐从统治走向善治。就治理路径而言,国家治理涉及中国根本政治制度人民代表大会制度的一系列改革。其次是政府体制和行政体制改革。再次是强调基层民主建设,拓宽民主参与和监督渠道,提高政府透明度。②就现实关切而言,治理概念的提出是为了应对市场失效和国家失效而导致的资源浪费。研究发现,仅运用市场手段和国家指令都无法达到资源配置的帕累托最优。③因此,学者开始探索上下互动的管理过程,通过合作、协商、伙伴关系、确立认同和共同的目标等方式实施对公共事务的管理,从而为后发展国家提供一条切实可行的发展路径。

治理包括多种类型:多层次治理、互动治理、元治理、智性治理、善治等。④其中,善治的影响范围最广,理论体系也最为完善。通过对比"治理"和"善治"的基本内涵,不难发现,治理强调政治管理的过程,而善治则关注政治管理的结果。治理研究的核心为政治权威的规范基础、处理政治事务的方式和对公共资源的管理。相比之下,善治试图回答如何通过建立公司部门的合作伙伴关系,实现社会公共利益的最大化。相比于

---

① 参见俞可平:《中国治理变迁30年(1978—2008)》,《吉林大学社会科学学报》2008年第3期。
② 参见俞可平、王颖:《公民社会的兴起与政府善治》,《中国改革》2001年第6期。
③ 参见俞可平:《治理和善治引论》,《马克思主义与现实》1999年第5期。
④ 参见臧雷振:《治理类型的多样性演化与比较——求索国家治理逻辑》,《公共管理学报》2011年第4期。

治理,善治背后有着明确的价值取向的支撑。从基本要素来看,善治包含六项内容:合法性、透明性、责任心、法治、回应、有效。①随着中国治理结构的深刻变革的展开,何增科认为,除了上述的六项基本内容之外,善治还包括:参与、稳定、廉洁、公正与包容性。②十八届三中全会以来,国家强调推进治理体系和治理能力的现代化。从治理主体上看,我国逐步从一元治理向多元治理转变,各级党组织、各级政府、各类企事业单位和民间组织为主体的多元治理格局开始形成。从治理过程上看,20世纪80年代开始的三类分权改革(中央向地方分权、政府向企业分权、国家向社会分权),使得政治系统重新焕发活力。从治理方式上看,我国逐渐实现从人治到法治的转换,构建起完整的社会主义法律体系。从治理取向上看,我国完成从管制向服务的转变,并明确提出建立服务政府。③从治理机制上看,我国从党内民主向社会民主推进,特别是基层民主和民主监督,从而建立起一整套民主和科学的现代化治理机制。

2010年前后,学界有人提出国家治理这一名词,徐湘林、何增科等学者从政治系统的角度理解国家治理。他们指出,国家治理是现代化整体性变迁进程的一个重点组成部分。王浦劬指出,应该从马克思主义国家化的角度理解我国国家治理的特殊性。在价值取向、治理方式和治理目标上,我国的国家治理与西方的治理理论及其主张存在差异。④

徐湘林将国家治理归纳为六个相互依存的部分,即核心价值体系、

---

① 参见俞可平:《治理和善治引论》,《马克思主义与现实》1999年第5期。
② 参见何增科:《治理、善治与中国政治发展》,《中共福建省委党校学报》2002年第3期。
③ 参见燕继荣:《服务型政府的研究路向——近十年来国内服务型政府研究综述》,《学海》2009年第1期。
④ 参见王浦劬:《国家治理,政府治理和社会治理的基本含义及其相互关系辨析》,《社会学评论》2014年第2期;王浦劬、李风华:《中国治理模式导言》,《湖南师范大学社会科学学报》2005年第5期。

权威决策体系、行政执行系统、经济发展体系、社会保证体系和政治互动机制。①何增科认为,国家治理体系是一个以目标体系为导向,以制度体系为支撑,以价值体系为基础的结构性功能系统。②李景鹏将国家治理现代化视为第五个现代化,③国家治理理论围绕着三个基本问题展开:谁治理?如何治理?治理结果如何?这三个基本问题可以概括为治理的三大要素,即治理主体、治理机制和治理工具。这三个要素最后的目的就是改善治理效果,治理效果取决于这三个要素。从治理主体的角度看,应当拥有一支高素质的官员队伍;从治理体制看,应当建立和健全一整套民主和科学的现代化治理机制;最后,从治理效果看,应当有一整套治理现代化的指标体系。④

国家治理包含政府治理、市场治理和社会治理三个重要的次级体系。政府治理在国家治理体系中居于核心地位。政府治理的主体是以合法的强制性力量为后盾的行政机关。治理目标是通过动员资源、约束行为、提供公共服务来增进公共利益和社会福祉。主要研究领域包括:政府治理模式、政府治理结构、政府治理机制、政府治理工具、政府治理能力、政府治理评估。⑤随着近年来政府作用和职能的调整,政府治理的

---

① 参见徐湘林:《转型危机与国家治理:中国的经验》,《经济社会体制比较》2010年第5期;徐湘林:《社会转型与国家治理——中国政治体制改革取向及其政策选择》,《政治学研究》2015年第1期。
② 参见何增科:《国家和社会的协同治理——以地方政府创新为视角》,《经济社会体制比较》2013年第5期;何增科:《理解国家治理及其现代化》,《马克思主义与现实》2014年第1期。
③ 参见李景鹏:《关于推进国家治理体系和治理能力现代化——"四个现代化"之后的第五个"现代化"》,《天津社会科学》2014年第2期。
④ 参见俞可平主编:《治理和善治》,北京:社会科学文献出版社,2000年,转引自孙子怡:《"国家治理"概念的文献综述》,《改革与开放》2015年第7期。
⑤ 参见何增科:《政府治理现代化与政府治理改革》,《行政科学论坛》2014年第2期。

内容也发生了改变。就现阶段来看，其重点内容包括：生态平衡、社会公正、公共服务、社会和谐、官员廉洁、政府创新、党内民主和基层民主。①

社会治理关注的核心问题是国家与社会关系。社会治理的主体是多元化的社会组织和公民团体。其主要依靠志愿机制和自治自律来动员资源、提供社会服务以及约束社会成员和社会组织行为以增进社会利益。②从我国社会治理的发展历程上来看，大体分为以下三个阶段：国家全面管控社会、国家与社会初步分化、国家与社会协同治理。在国家向社会放权的过程中，国家退出留下的真空逐渐由社会组织进行填补，进而向"小政府，大社会"的社会管理体制转变。③就具体领域而言，包括：利益协调体制、社会保障体制、弱势群体保护体制、流动人口管理体制、民间组织管理体制、基层社会管理体制、社会服务体制、社会工作体制、社会治安体制、社会应急管理体制等十类。④社会治理一直以来作为学界关注重点，理论研究成果丰硕。代表性成果有俞可平对于公民社会的研究，燕继荣对社会协同治理的研究⑤；杨光斌、孙柏瑛等对于公民参与的研究。⑥

市场治理主要依靠价格机制和竞争机制来调节供需关系，引导企业

---

① 参见俞可平：《中国治理变迁30年（1978—2008）》，《吉林大学社会科学学报》2008年第3期。
② 参见何增科：《政府治理现代化与政府治理改革》，《行政科学论坛》2014年第2期。
③ 参见姚华平：《我国社会管理体制改革30年》，《社会主义研究》2009年第6期。
④ 参见何增科：《深化十大社会管理体制改革的具体构想》，《北京行政学院学报》2010年第2期。
⑤ 参见燕继荣：《协同治理：社会管理创新之道——基于国家与社会关系的理论思考》，《中国行政管理》2013年第2期；燕继荣：《社区治理与社会资本投资——中国社区治理创新的理论解释》，《天津社会科学》2010年第3期。
⑥ 参见包国宪、霍春龙：《中国政府治理研究的回顾与展望》，《南京社会科学》2011年第9期。

在实现利润最大化过程中提供商品和服务来增进社会利益。①随着市场和国家对于资源配置的失效逐渐凸显,重新定位政府与市场关系成为公共治理改革的主要诉求。②从微观层面来看,市场治理包括建立现代企业制度、完善现代市场体系和契约制度。从宏观来看,市场治理的目标是逐渐让市场在资源配置中起决定性作用,保障基础经济自由,完善产权保护,为多元化的市场主体提供法治、稳定、有序的竞争环境。毛寿龙等学者认为,应改革旧有的官僚体制,通过引入竞争机制、放松管制,将新公共管理要素整合进市场为导向的政府目标重塑。③

从农村城市的区分角度,我们可以把国家治理分为乡村治理和城市治理。乡村治理与城市治理作为治理理论的新兴领域,涌现出一批以个案分析为基础的实证主义研究,如徐勇及其领衔的华中师范大学中国农村研究院在乡村治理研究上取得的系列成果。

而全球治理作为国家治理和善治在国际层面的推进,探讨了全球化对于民族国家的领土、主权、公民认同所构成的挑战,从而拓展了治理与善治理论的内涵和外延。④

就研究方法上看,治理与善治方面的研究以规范性研究为主,兼有以个案和比较案例为基础的实证研究。而农村治理、城市治理等方面的研究中实证研究的比例则越来越高。近年来,量化研究手段的革新使得治理与善治的评价体系更为精细,大样本研究成果丰硕。实证研究的推进将有助于该领域研究理论的革新,进一步丰富和完善现代化治理体系

---

① 参见何增科:《政府治理现代化与政府治理改革》,《行政科学论坛》2014年第2期。
② 参见何翔舟、金潇:《公共治理理论的发展及其中国定位》,《学术月刊》2014第8期。
③ 参见毛寿龙、李梅、梅幽泓:《西方政府的治道变革》,北京:中国人民大学出版社,1998年,第14—59页;李泉:《治理理论与中国政治改革的思想建构》,《复旦学报》(社会科学版)2014年第2期。
④ 参见俞可平:《全球治理引论》,《马克思主义与现实》2002年第1期。

理论的系统化。

结束语:重点领域和学科发展

通过对改革开放以来中国政治学研究上述九个重点领域的梳理,我们可以得出这样三点明确的结论。

首先,政治学研究的重点领域是政治学科发展的支柱,对支撑政治学的发展起着关键的作用。一方面,这些重点领域是中国政治学研究的前沿阵地,吸引了众多优秀政治学者的关注,集中了政治学的主要研究力量,产生了大量的研究成果,其中相当一部分研究成果代表了中国政治学研究的最高水平和最新发展。另一方面,由于这些重点领域既为党和国家所重视,也为社会各界所关注,容易得到政府和社会的有力支持,在人力、物力和财力上给予充分的保证,从而使这些重点领域的研究具有更加便利的外部条件。由于在主客观两个方面均具有突出的优势,这些重点领域对高质量中国政治学研究成果的产生起到了孵化器的作用,有力地推动了中国政治学的进步与发展。

其次,中国政治学的重点领域与现实政治之间有着最为直接的紧密联系,所有重点领域的形成无不反映着现实政治的需要。与其他社会科学相比,政治学具有更为强烈的现实性和实用性,在上述重点领域中获得充分的证明。诸如政治体制改革、公民社会建设、国家治理现代化、反腐败与廉政建设、政府公共服务、社会政治稳定和网络政治等,都是中国政府面临的紧迫政治问题。无论决策者在这些问题持何种态度,是积极地推进还是竭力地阻止,这些政治问题的解决都离不开对这些重大现实问题的深入研究,也都需要从政治学者的研究成果中寻找各自所需的理论依据。从这个意义上完全可以说,从根本上,正是现实政治的需求促成了这些重点领域的形成,从而强有力地推动中国政治学的发展。

最后,重点领域的研究成果不仅引领着中国政治学的发展,也在相当程度上影响着中国现实政治的进步与发展。虽然现实政治的需要催生了上述这些中国政治学的重点研究领域,然而这些重点领域的研究成果反过来又对党和政府的决策产生了重要影响。改革开放以来,一方面,仍有众多的研究成果只是简单地对现实政治和政府决策进行解释、论证和辩护,但另一方面,越来越多的政治学者开始自觉地承担起推动社会政治进步的责任,对现实政治问题进行独立的客观分析,开展建设性的批评,提出中肯的评价和建议,起到了科学资政的作用。在建设社会主义法治国家、推行领导干部任期制、以制度遏制腐败特权、推进国家治理现代化、倡导地方政府创新、弘扬社会主义政治文明等重大政治实践中,我们都可以看到中国政治学者的努力与贡献。

第五章 中国政治学的研究方法

韩冬临 释启鹏

研究方法是研究中发现和解决问题、揭示事物内在规律、提出新的理论观点的工具和手段。改革开放四十年来,中国政治学研究方法实现了"从无到有"的飞跃,在不断借鉴、学习和反思中取得了长足进步。总体而言,政治学的研究方法存在两个层面的方法:第一层面指政治学的研究取向,即"态度、理解和实践的组合,界定了政治学研究的某种方式"①。在具体的分析中,包括了历史唯物主义、新制度主义、理性选择、行为主义、政治文化、政治精英等一系列分析的框架。第二层面专门指具体的研究技术,包括定量研究、定性的实地访谈、形式模型和博弈论,以及实验方法等具体的方法。②当然,研究取向和具体的研究技术之间存在密切的关系,并且各种研究取向之间的划分也不是绝对的,其边界往往随着学科的发展而不断模糊,甚至是相互借鉴和结合。

---

① David Marsh and Gerry Stoker, eds., *Theories and Methods in Political Science*, 2nd edition, London: Palgrave Macmillan, 2002, Chapter 1.
② 参见景跃进、王国勤:《西方政治学研究取向与中国政治学方法论的发展》,郭苏建主编:《政治学与中国政治研究:学科发展现状评析》,上海:上海人民出版社,2016年。

从研究方法的自身而言,并没有政治学独有的研究方法。因此,政治学研究方法的变迁,事实上与整个中国社会科学研究方法的变迁具有高度的一致性。在本章的分析中,研究取向,例如新制度主义、理性选择等视角,都是最初从社会科学其他领域,例如经济学,引入政治学领域,并且在政治学的议题中得以不断地应用和发展。同样的,在各种具体的研究方法中,都与社会科学的其他学科,例如社会学、心理学、经济学等多个学科,存在着交叉和重复。这些学科的研究方法的发展,也影响着政治学研究方法的发展。

因此,本章分为四个部分对改革开放四十年中国政治学的研究方法展开评述。第一部分是整体上中国政治学研究方法发展过程的描述,特别是关注研究方法的引入,学科建设,以及方法论课程和教学的发展。第二部分则分析研究取向,特别是从单一的研究取向变为多元的研究取向。第三部分则是分析各种具体研究方法的发展及其应用。最后一部分是小结,主要是对改革开放四十年来政治学研究方法挑战和趋势的分析。

一、中国政治学研究方法的发展历程

改革开放四十年以来,我国政治学经历了从"取经"到"本土化"的过程。[①]在改革开放初期,政治学研究并没有明确的方法论意识,该领域在课程设置与学科建设等方面也都是空白,所有的研究方法都是围绕马克思主义展开的。然而,单纯的历史唯物主义视角无法满足日益发展的中国现实,学科发展的迫切需求使国内学者不得不引入现代政治学研究方法。以学习外来优秀成果为开端,中国政治学研究方法经历了从翻译、

---

① 王绍光:《中国政治学三十年:从取经到本土化》,《中国社会科学》2010 年第 6 期。

引介再到自主应用的艰辛历程。因为中国政治学缺乏方法论传统,因此整体而言,如今学者们所使用的绝大多数研究方法都是西方"舶来品"。回顾四十年来的发展,专业书籍的翻译与引介体现了学科发展的重要指向,立足于此,中国政治学研究方法大致经历了两个阶段。

1979年至1999年可以看作第一个阶段。这一时期马克思主义政治学是整个政治学学科的主流,历史唯物主义的认识论与历史分析、阶级分析的方法论占据主导地位。在对外学习层面,随着改革开放的开启,我国对西方政治学的引进、翻译和介绍工作进入了全新发展阶段。阿尔蒙德的《比较政治学:体系、过程和政策》、罗伯特·达尔的《现代政治分析》、塞缪尔·亨廷顿的《变化社会中的政治秩序》、戴维·伊斯顿的《政治生活的系统分析》等一系列著作得到翻译出版。这些经典著作不仅在很长一段时间影响了中国政治学的话语体系与研究议题,同时对国内学者的分析范式与方法取向的形成发挥了重要作用。但总体而言,研究方法在这一时期并未受到足够重视,虽然也有诸如贝蒂·H.齐斯克的《政治学研究方法举隅》等著作零星出版,但国内对研究方法的学习与应用相对滞后,甚至可以说政治学研究方法是政治学各分支学科中发展最为缓慢的一个。

2000年至今是中国政治学研究方法的第二个阶段,这一时期,研究方法在各个层面都实现了突飞猛进的发展。仅从方法的引介与译书工作为例,从数量来看,夏夫利的《政治科学研究方法》、范埃弗拉的《政治学研究方法指南》、皮尔斯的《政治学研究方法:实践指南》、齐斯克的《政治学研究方法举隅》、约翰逊和雷诺兹的《政治科学研究方法》等一系列海外经典教材相继面世,许多出版社也成规模的引介了许多教材与应用指南,它们包括但不限于"万卷方法"丛书、"海外政治学研究方法丛书"以及"格致方法·定量研究系列"丛书等等,这些著作立足某一特定的社会科学研究方法,为各个领域的学者提供了方法论支撑。而从内容而言,以《社会科学中的研究设计》为代表的经典方法论研究传入中国,这表明研究者对研究方法的关注已经不再满足于笼统的介绍,学界从关注方法的应用已经扩展到关注方法论的自身逻辑及不同方法间的争论,相关研究还包括芭芭拉·格迪斯的《范式与沙堡:比较政治中的理论构建与研究设计》、加里·戈茨的《概念界定:关于测量、个案和理论的探讨》、约翰·吉尔林的《案例研究:原理与实践》、加里·格尔茨与詹姆斯·马奥尼的《两种传承:社会科学中的定性与定量研究》以及伯努瓦·里豪克斯与查尔斯·拉金的《QCA设计原理与应用:超越定性与定量研究的新方法》等等。

　　进入21世纪的近十年来,政治学研究方法在国内的新发展不仅体现在对经典文献与重要教材的翻译与引介,学科设置的不断合理、专业人才的不断涌现、共同体建设的不断完善同样为该领域的持续繁荣提供了强劲推力。在师资发展与课程设置方面,经过一段时间的本土学习与人才引进,国内主要高校已经逐步改变了我国政治学在研究方法上存在的师资队伍匮乏、课程设置不合理、方法论教学相对滞后的局面。如今大部分高校均已开设了"政治学研究方法"或类似的方法论课程,并成为本硕博各阶段的必修课或学科基础课。有的高校更是将其细分为"定量方法""定性方法""统计学基础""博弈论"等课程,进一步充实了方法论教学的不同侧面。课程设置不断合理,专业教师素质不断提升,方法论教材的不断丰富,这些都为教学和培养奠定了必要基础。国内学者也着手编纂相关的教材,如李瑛的《现代政治学计量方法》、张铭与严强主编的《政治学方法论》、王德育的《政治学定量分析入门》、胡宗山的《政治学方法》等等,这极大方便了广大学子对研究方法的认知与应用。

　　在共同体建设方面,围绕政治学研究方法的学术交流活动不断增多。自1982年中国政治学会在复旦大学举办全国第一期政治学讲习班以来,我国立足政治学研究方法——或者是更广义上的社会科学研究方法的培训班或讲习班日益壮大,包括清华大学国际关系研究院自2003年至今已经举办了16届的"国际关系研究方法讲习班",杜克大学分别与中国人民大学、复旦大学、吉林大学、上海财经大学等不同高校在暑期举办"政治学研究方法讲习班",以及近年来兴起的北京大学社会科学研究方法暑期班、上海交通大学暑期社会科学方法论培训班、西安交通大学实证社会科学研究方法暑期班、上海大学与香港科技大学联合举办的应用社会科学研究方法研修班等等。除此之外,关于研究方法的研讨会、研讨班也不断地出现。例如,清华大学主办的政治学与国际关系学术共同体会议上也逐渐出现如"政治学方法论的发展与应用:定量研究方法""国际关系定量研究""比较历史分析的应用与反思""争论中的定性比较分析""社会网络分析"等专题讨论。参加这些讲习班或学术会议为政治科学研究方法的普及起到了积极的推动作用。

总体来看,经过改革开放四十年的发展,政治学研究方法在中国经历了从无到有的飞跃。尤其是近十年来,政治学研究方法领域更是展现了丰富的成就。在接下来的部分,本文将主要立足国内研究成果,就四十年来中国政治学研究中所采用的主要的研究取向和具体的研究方法进行回顾与总结。

二、研究取向的变迁

在改革开放之初,政治学研究采用的分析框架只能依靠历史唯物主义的视角进行分析,随着政治学不同的研究框架的引入,整个政治学研究的研究取向都得到了发展,并且日益多样化。因此本部分的研究将分别以历史唯物主义、行为主义、政治系统分析、制度主义、理性选择、政治文化、政治精英这些研究取向为例,分析其在改革开放过程中的引入和发展。

(一)历史唯物主义

改革开放初期,政治学研究包括"社会中的各种政治关系,各种政治思想以及与阶级、专政、国家、政党有关的各种政治理论及其在社会发展中的作用,各种不同类型国家的政治制度,古今中外政治思想史和政治制度史当代"①。这一时期政治学研究的对象主要是传统马克思主义政治学的"五论",即阶级论、国家论、政府论、政党论、革命论。②这决定了其研究大多采用历史唯物主义的视角进行分析,即整体主义的世界观,并且采用阶级分析和经济分析两个途径进行分析。然而,阶级分析视角在改革开放以来的几十年间经历了从式微到复兴的过程。改革开放以后,随着中国共产党中心任务的转移,经过大规模的思想解放运动,阶级斗争的理论逐渐淡化并退出了执政党的主流话语体系。因此,阶级分析的视角一度边缘化。但是,随着进入21世纪以后各种群体性事件、劳资矛盾等社会冲突问题的显现,以及社会不平等凸显,阶级分析的视角又得以回归。③

同样,历史唯物主义中经济分析的方法也面临了挑战,生产力与生产关系的分析也在改革开放过程中逐渐淡化。但是,历史唯物主义在强调历史和结构两个维度上得到了深化。同时,也有将历史唯物主义的视角与其他的研究视角相结合进行研究。例如,有学者从方法论属性、结构性关系、历史观、个人作用、制度变迁动力以及方式等方面

---

① 张友渔:《中国政治学的兴起——代发刊词》,《政治学研究》1985年第1期。
② 参见邓初民:《新政治学大纲》,北京:商务印书馆,2011年。
③ 参见刘剑:《阶级分析在中国的式微与回归》,《开放时代》2012年第9期。

入手,历史制度主义与历史唯物主义在研究范式上具有可比性并具有命题的可转换性,这从一个侧面展现了历史唯物主义在西方社会科学中的生命力。①

图 5-1 显示的中国知网全文数据库中,以"历史唯物主义"为主题的论文发表数目。如果从期刊论文的数值来看,采用"历史唯物主义"为主题的论文在 20 世纪 80 年代有了明显的提升,进入 2008 年以后,数量更有了明显的上升,并且在高位浮动。

图 5-1 "历史唯物主义"主题期刊论文发表量(1979—2017 年)
数据来源:CNKI

(二) 行为主义

中国政治学在恢复之际,美国政治学研究已经开始了行为主义革命,甚至走到了后行为主义阶段。因此,对行为主义的引介与批判在中

---

① 参见杨光斌、高卫民:《历史唯物主义与历史制度主义:范式比较》,《马克思主义与现实》2011 年第 2 期。

国政治学界是同时进行的。①即使如此,行为主义在中国的发展仍然产生了巨大的作用,远远超过了作为研究取向的范围。这一特点行为主义分析取向的自身特点有关,一方面,行为主义和历史唯物主义同属于西方科学主义的传统,认为社会科学研究存在规律,并且可以被认识。因此,两者之间存在共同性。从这一点而言,行为主义的前提假设更容易被中国学者接受。更重要的是,行为主义的研究离不开科学化的研究方法,特别是定量研究的方法。因此,围绕行为主义的讨论必然需要对西方社会科学研究方法的学习与引入,这进而推动了具体研究方法与操作技术在中国政治学的发展。

对行为主义的引入首先是对行为主义经典著作的翻译,例如,1989 年《公民文化:五个国家的政治态度和民主制》翻译出版,2001 年《使民主运转起来——现代意大利的公民传统》翻译出版,这些专著的翻译有助于国内学者更好的理解行为主义的分析框架,从而展开具体的研究。在引进行为主义著作的同时,也有学者对行为主义方法论进行一系列的研究。例如,陈明明分析了行为主义革命与政治发展的关系;②叶娟丽的《行为主义方法论研究》一书,以及其撰写的一系列的论文,对行为主义方法论的兴衰、行为主义政治学的方法论进行了较为深入的研究。③

---

① 如章亚航:《行为主义与西方国际政治学》,《政治研究》1984 年第 1 期;王沪宁:《西方政治学行为主义学派述评》,《复旦学报》(社会科学版)1985 年第 2 期;俞可平:《试从政治行为主义的得失谈我国政治学研究的方向》,《政治学研究》1986 年第 3 期;韩冬雪:《行为主义政治学方法论剖析》,《政治学研究》1987 年第 1 期;等等。
② 参见陈明明:《行为主义革命与政治发展研究的缘起》,《复旦学报》(社会科学版)1999 年第 4 期。
③ 参见叶娟丽:《实证方法在政治学研究中的限度——以行为主义政治学为例》,《华中科技大学学报》(社会科学版)2006 年第 5 期;叶娟丽:《政治学研究方法的悖论——兼论行为主义政治学的启示及教训》,《武汉大学学报》(哲学社会科学版)2004 年第 5 期。

从中国知网的期刊论文发表看,"行为主义"的文献主要在1980—1997年之间有起伏,但是变化不大,1998年以后有了明显的提升,特别是到了2010年达到了高峰,之后则处于下降的趋势中。整体而言,行为主义的分析框架在改革开放以后得到了明显的增加(见图5-2)。

图5-2 "行为主义"主题期刊论文发表量(1979—2018年)
数据来源:CNKI

(三) 政治系统分析

以政治系统分析为代表的结构—功能主义曾在美国政治学研究中占据主导地位,改革开放以后,系统分析的研究取向也得到了引入。其中包括翻译和引入西方政治系统分析的著作,也包括采用系统分析的框架对中国政治展开分析。例如对政治系统分析著作的引进,包括戴维·伊斯顿《政治系统:政治学现状研究》一书的翻译,以及一系列对政治系统理论的介绍,例如对政治系统理论的评述[1]、引介[2]和对政

---

[1] 参见杨龙:《政治系统分析略评》,《天津师范大学学报》(社会科学版)1989年第5期。
[2] 参见王浦劬:《一般政治系统理论基本特点刍议》,《科学决策》2010年第8期。

策的分析①。此外,也有研究采用政治系统理论对国家的审计进行分析②,与政治信任的关系③,政治系统的内在稳定性④进行了一系列的研究。

如果从中国知网的期刊论文发表数量来看,"政治系统"的文献发表量并不多,在2001年之前有起伏,但是变化不大,发表的总体数量也不高。在2001年以后有了明显的提升,特别是到了2012年达到了高峰,之后则处于高位中。整体而言,政治系统理论的分析框架在改革开放以后发展,特别是在2001年以后有了明显的增加(见图5-3)。

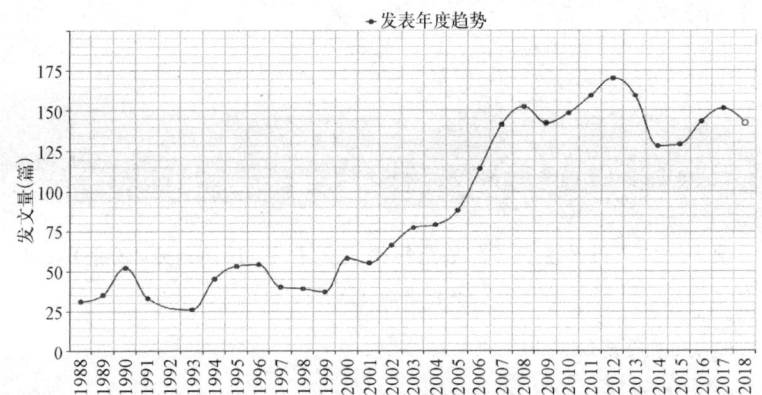

图5-3 "政治系统"主题期刊论文发表量(1988—2018年)
数据来源:CNKI

---

① 参见徐湘林:《从政治发展理论到政策过程理论——中国政治改革研究的中层理论建构探讨》,《中国社会科学》2004年第3期。
② 参见郑石桥、马新智、张庆杰:《政治模式和国家审计:一个政治系统理论架构》,《经济社会体制比较》2012年第6期。
③ 参见何君安、梁忠民:《论社会资本与政治系统的关系》,《政治学研究》2006年第3期。
④ 参见储建国:《政治能量的动态均衡与政治系统的稳定性》,《武汉大学学报》(哲学社会科学版)2001年第3期。

(四) 制度主义

新制度主义在改革开放中被引入中国,并且得到国内学界的广泛应用,甚至有学者发现,新制度主义是国内社会科学研究中少有的没有受到明显抵制的理论。[1]相较于政治学的新制度主义传统,新制度主义经济学更早地进入人们视野。[2]制度主义经济学理论不仅契合了改革开放的需要,同时已经超越经济学的边界,对包括政治学在内的其他社会科学产生了深远影响。

直到进入21世纪之后,新制度主义政治学才开始兴起[3],新制度主义政治学的作品被陆续翻译出版[4],许多学者选择以新制度主义政治学作为研究对象。[5]从现代西方政治学方法论范式变迁的角度来看,新制度主义政治学表现出鲜明的批判色彩,但在具体的理论建树方面,新制度主义内部并未达成一致。[6]一般认为,新制度主义包括理性选择制度主义、社会学制度主义和历史制度主义。近年来,话语制度主义[7]、建构制度主义[8]等流派也逐渐受到学界的关注。在新制度主义的诸多流派

---

[1] 参见杨龙:《新制度主义在中国的局限性分析》,《学习与探索》2005年第6期。
[2] 参见傅殷才:《当代资产阶级经济学中的"新制度学派"》,《世界经济》1980年第9期。
[3] 参见朱德米:《新制度主义政治学的兴起》,《复旦学报》(社会科学版)2001年第3期。
[4] 参见何俊志、任军锋、朱德米编译:《新制度主义政治学译文精选》,天津:天津人民出版社,2007年。
[5] 参见马雪松:《政治世界的制度逻辑——新制度主义政治学理论研究》,北京:光明日报出版社,2013年。
[6] 参见高春芽:《方法论范式变迁视野中的新制度主义政治学》,《政治学研究》2010年第5期。
[7] 参见肖晞:《政治学中新制度主义的新流派:话语性制度主义》,《华中师范大学学报》(人文社会科学版)2010年第2期。
[8] 参见马雪松:《观念、话语、修辞:政治科学中建构制度主义的三重取向》,《湖北社会科学》2017年第6期。

中,与政治学传统渊源深厚的历史制度主义受到了高度重视。①

同样,制度主义最初也从翻译开始。上海三联书店出版了布罗姆利的《经济利益与经济制度——公共政策的理论基础》和由毛寿龙主持翻译的"制度分析与公共政策译丛"等译著。毛寿龙发表的《制度创新与政府功能》一文,从微观和宏观上对制度的功能、制度创新的动因以及政府在制度创新中的功能角色进行了新政治经济学的分析。②

历史制度主义在"制度回归"的学科背景下,以"路径依赖"等分析工具确立其研究范式,有利于研究中国传统或者当代政治问题,并为现实中的困境和问题提供多元化的思考成果和解决方案。③其中制度变迁是历史制度主义者关注的重点,在此视域下,许多学者提供了中国制度变迁的理论依据。有学者从制度变迁的动力来源、权力运行与激励机制、持续时间与剧烈程度,以及变迁路径是否契合行动者的意图四个层面审视政治制度变迁,从内部性和外部性、强制性制度变迁与诱致性社会发展、全局性和渐进性、合意目标与不确定因素四组关系分析当下中国政治制度变迁的价值理念、目标指向和现实途径。④有学者使用"黏性生成—黏性稀释"的研究框架分析当代中国农地制度历经土地改革、合作化运动、人民公社化和家庭承包经营等发展阶段的发展。⑤有学者通过铁道部制度的产生、延续与变革的历程,说明这

---

① 参见刘圣中:《历史制度主义:制度变迁的比较历史研究》,上海:上海人民出版社,2010年。
② 参见毛寿龙:《制度创新与政府功能》,《浙江学刊》1995年第5期。
③ 参见张晒:《历史制度主义:从"制度回归"到"路径依赖"——兼论在中国政治学研究中的适用性》,《理论月刊》2014年第3期。
④ 参见马雪松、张贤明:《政治制度变迁方式的规范分析与现实思考》,《政治学研究》2016年第2期。
⑤ 参见王敬尧、魏来:《当代中国农地制度的存续与变迁》,《中国社会科学》2016年第2期。

一制度变迁过程基本是一个由关键行为者发起和主导的、自上而下的、强制性的外生性制度变迁,这与经济领域中哈耶克式的自发秩序的演进有着极大的不同。①有学者认为社会经济发展、民主政治进步以及制度本身在内调整推动着信访制度六十余年的改革与挑战,而由于路径依赖而导致的"人治"现象,信访机构的"职能安排"以及对信访问题的"归口管理"是该制度急需通过创新来解决的问题。②有学者认为行政审批制度的发展受到其自身所处制度矩阵的制约,而制度与制度制定及执行者之行为的互动模式是行政审批制度变迁的动力。③有者强调制度变迁的轨迹和方向取决于参与其中的多重制度逻辑及其相互作用。④这些学术创新为中国政治学的本土化发展提供了强劲动力。

在此基础上,学者得以进一步分析国外政治发展的内在逻辑。例如,有课题组通过大量的实地调研和比较研究,发现和揭示了亚洲工业化时代政治发展及民主政治生成的内在动力与机制,初步揭示出后发国家和地区政治发展的一般规律。⑤有学者从民粹主义诉求公平的主体、公平的具体内涵以及达到公平的途径三要素入手,分别对 19 世纪俄国的民粹派思想家与当代俄罗斯政治领袖普京思想中的核心内容进行研

---

① 参见马得勇、张志原:《观念、权力与制度变迁:铁道部体制的社会演化论分析》,《政治学研究》2015 年第 5 期。
② 参见陈丰:《信访制度变迁:从路径依赖到路径创新》,《江海学刊》2010 年第 2 期。
③ 参见吕普生:《中国行政审批制度的结构与历史变迁——基于历史制度主义的分析范式》,《公共管理学报》2007 年第 1 期。
④ 参见周雪光、艾云:《多重逻辑下的制度变迁:一个分析框架》,《中国社会科学》2010 年第 4 期。
⑤ 参见房宁等:《自由、威权、多元——东亚政治发展研究报告》,北京:社会科学文献出版社,2011 年。

究,并对二者之间的异同进行比较。①

从知网的期刊论文发表数量看,以"制度主义"为主题词的期刊论文在改革开放以后的数量不断上升,2003年之后上升的幅度更为明显,在2014年出现了高峰,显示制度主义的分析框架对政治学研究具有深远的影响(见图5-4)。

图5-4 "制度主义"主题期刊论文发表量(1982—2018年)
数据来源:CNKI

(五)理性选择

理性选择理论在改革开放之后也得到了引入,并且得到了广泛的采用。然而,理性选择是现代经济学的分析方法和技术的产物,因此与经济学存在密切的关系。从另一个视角看,广义上的理性选择理论包括经济学中的公共选择学派、新政治经济学、公共经济学等流派;狭义的理性选择理论主要集中在政治科学领域。

对理性选择文献的翻译,包括唐斯的《民主的经济理论》、奥尔森的

---

① 参见费海汀:《俄罗斯民粹主义的历史比较》,《国际政治科学》2017年第4期。

《集体行动的逻辑》、奥斯特罗姆的《公共事物的治理之道》和《制度分析与发展的反思——问题与抉择》等一系列经典著作。此外,也有学者对理性选择的理论进行了梳理,例如邢瑞磊对理性选择的理论进行了回顾[1],程同顺和张国军分析了理性选择理论的困境[2],李路曲则分析了理性选择方法的演进。[3]

对"理性选择"文献的分析显示,有关理性选择的期刊论文发表量在1989年以后有了稳步的上升,在2000年以后上升趋势愈发明显,分别在2006年和2010年出现了2个高峰,此后又有所下降(见图5-5)。

图5-5 "理性选择"主题论文发表量(1989—2018年)

数据来源:CNKI

---

[1] 邢瑞磊:《理解理性选择理论:历史、发展与论争》,《武汉大学学报》(哲学社会科学版)2015年第3期。

[2] 程同顺、张国军:《理性选择理论的困境:纠结的理性与不确定性》,《理论与现代化》2012年第2期。

[3] 李路曲:《经验理性及其分析方法的演进》,《政治学研究》2010年第6期。

（六）政治文化分析

政治文化既是研究的议题，又是研究框架。改革开放以后，政治学界对政治文化的研究日益浓厚，产生了一系列研究成果。根据统计，自20世纪80年代以来，国内学界关于政治文化的专著、译著有百余种，而政治文化的论文则超过了2539篇。[①]当然，政治文化的论文数量众多，主要是其内涵丰富：在政治文化的框架下，既包括了思想史的研究，也包含了对中国传统的政治文化的分析，还包含了采用实证方法的政治文化研究。因此，在政治文化的框架下，包含了政治科学、政治哲学等一系列的研究成果。

对政治文化的实证研究涉及青年、农民、公务员、少数民族、中产阶层等各个群体，研究的议题包括公众的民主价值观[②]、政治效能感[③]、政治信任[④]、腐败感知与反腐败满意度[⑤]、政府满意度[⑥]等诸多议题。从成果的形式来看，既包括了期刊论文的发表，也包含了大量政治文化的专著出版。

对"政治文化"相关文献的分析显示，有关政治文化的期刊论文发表

---

① 参见肖唐镖、余泓波：《近30年来中国的政治文化研究：回顾与展望》，《政治学研究》2015年第4期。
② 参见韩冬临：《经济发展与民主价值观——现代化理论在中国的实证研究》，《中国人民大学学报》2011年第4期。
③ 参见李蓉蓉：《影响农民政治效能感的多因素分析》，《当代世界与社会主义》2014年第2期。
④ 参见张小劲、陈波、苏毓淞：《差序政治信任的城乡比较——基于2015年中国城乡社会治理调查数据的实证研究》，《湘潭大学学报》（哲学社会科学版）2017年第6期。
⑤ 参见倪星、孙宗锋：《政府反腐败力度与公众清廉感知：差异及解释——基于G省的实证分析》，《政治学研究》2015年第1期。
⑥ 参见郭凤林、沈明明：《公共产品类型、绩效与政府满意度差异》，《天津大学学报》（社会科学版）2014年第6期；裴志军、陶思佳：《谁会给政府"差评"：社会资本和生活满意度对政府评价的影响——基于中国农村社会调查的数据研究》，《中国行政管理》2018年第1期。

量在 1996 年以后有了稳步的上升,在 2000 年以后上升趋势愈发明显,分别在 2012 年出现了高峰,此后又有所下降(见图 5-6)。

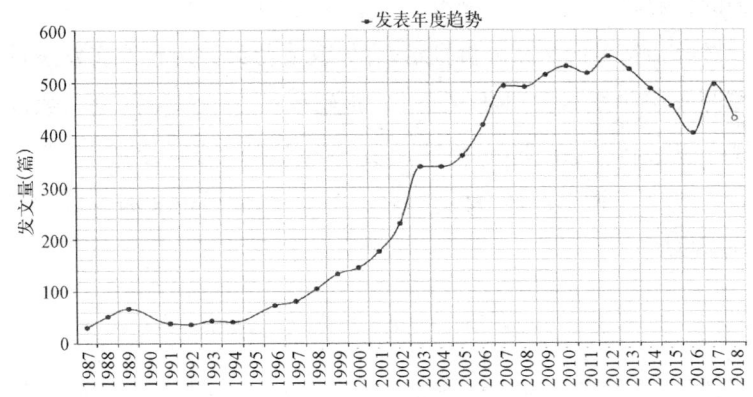

图 5-6 "政治文化"主题论文发表量(1987—2018 年)

数据来源:CNKI

(七) 政治精英分析

改革开放以后,政治精英理论开始在国内传播,面对现实中的种种弊端,有学者开始推崇精英政治,并认为这是中国未来政治发展的出路。[1]因此,学者们对精英政治的从理论到现实政治都展开了一系列的研究。其中理论的探讨包括对精英理论的评述[2],对精英统治政治合法性的讨论,对精英和精英政治的界定[3],也有著作介绍和分析现有的精

---

[1] 匡凯平:《中国精英政治研究:一个基于 CNKI 文献的综述》,《中南大学学报》(社会科学版)2011 年第 5 期。
[2] 俞可平:《对民主政治的幻灭——政治精英主义述评》,《天津社会科学》1990 年第 1 期。
[3] 参见高永久、柳建文:《民族政治精英论》,《南开学报》(哲学社会科学版)2008 年第 5 期。

英政治理论①。现实的研究往往既关注政治精英的结构、来源和流动性②,也讨论政治精英的影响,例如精英在决策、村民自治③、经济发展等方面的影响。

对政治精英的文献分析显示,有关政治精英的期刊论文发表量在改革开放初期并不多,即使到了20世纪90年代,每年的论文数量在10篇左右。但是在2000年以后有了稳步的上升,分别在2013和2017年出现了两个高峰,每年超过了150篇,此后论文的数量又有所下降(见图5-7)。

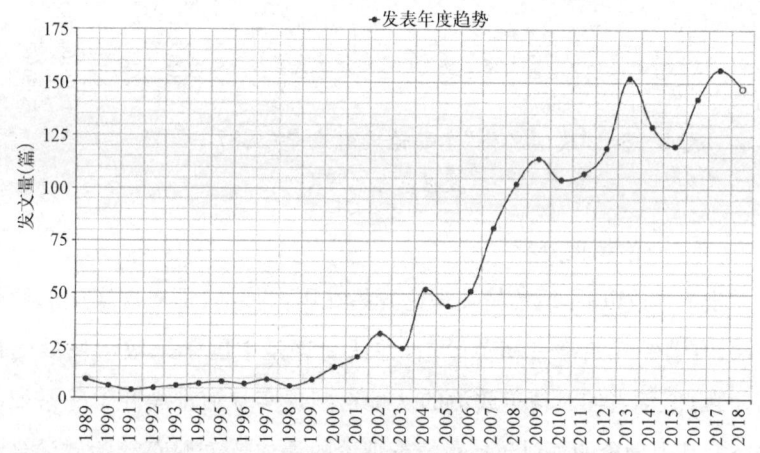

图 5-7 "政治精英"主题论文发表量(1989—2018 年)
数据来源:CNKI

---

① 参见王焱:《民主政治视野下的精英治理:西方精英主义政治理论研究》,北京:中国法制出版社,2014年。
② 参见金太军:《村级治理中的精英分析》,《齐鲁学刊》2002年第5期。
③ 参见郎友兴:《政治精英与中国的村民自治:经验与意义》,《浙江社会科学》2006年第6期。

本部分的分析关注于历史唯物主义、制度主义、行为主义、政治系统分析、理性选择、政治文化、政治精英这些分析取向。如果从论文发表的数量看,有关历史唯物主义的论文毫无疑问的占了最大的比例,其次为政治文化和理性选择。当然,在改革开放以来中国政治学研究还存在其他不同的取向,它们还包括国家—社会分析、治理研究、政治传播分析、后现代主义、女性主义等不同的视角,由于篇幅的关系,本部分不一一进行分析。

三、研究方法的发展

在分析研究取向的基础上,本部分的研究关注于具体研究方法的发展,包括定量研究、定性的实地研究、历史方法、形式模型和博弈论、实验方法等研究方法。

(一)定量研究

改革开放四十年来,中国政治学的定量研究实现了从无到有的飞跃。其实早在20世纪80年代中期,就有学者强调了定量分析方法[①],但总体来说,定量研究在八九十年代处于引入的阶段,并没有得到广泛的应用。但近十年尤其是近五年以来,政治学的定量研究已经如雨后春笋般发展起来,特别是在政治态度与行为,政府治理等一系列领域得到了长足的发展。

在政治态度与行为的研究中,研究者一般采用社会调查的方式搜集数据,然后用统计方法进行分析。在公民政治参与领域,采用统计方法

---

① 参见孙嘉明:《政治学研究中的定量分析方法》,《政治学研究》1986年第6期。

进行分析也有大量的研究。①除了回归分析,也有学者采用结构方程模型分析方法对公务员政治参与的态度进行研究。②

在政府治理领域,定量工具的发展为评估政府治理绩效、促进国家治理体系和治理能力现代化的提高发挥了积极作用。有学者运用均值法、Borda 法、Copeland 法、模糊 Borda 法进行组合评价,认为 2014 年我国社会治理绩效整体水平较低,且东中西三大区域省际间差异明显,因此应该大力推进区域发展战略、重塑精细化治理思维、科学把握社会治理绩效特征、精确划分区域等级,推动社会治理精细化转型。③也有研究将政府治理与官员晋升相结合,分析绩效对官员晋升的影响,并且取得了一系列成果。④因此,从整体而言,无论是微观层面的个体政治态度与参与,还是宏观层面政府治理的议题,定量方法都得到了广泛的应用。

(二) 定性的实地研究

实地研究是社会科学定性分析中的一项基本方法,它在中国的兴起与政治学的发展趋势与研究转向有着密切的联系。改革开放之初,学者热切的拥抱"民主""自由""政治体制改革"等宏大的话语,但对中国政治

---

① 参见胡溢轩:《"形式"抑或"实质":中国基层政治参与的实证分析》,《探索》2017 年第 3 期;张云武、杨宇麟:《城市居民的政治参与及其影响因素的实证研究》,《内蒙古大学学报》(哲学社会科学版)2009 年第 4 期;陈鹏、臧雷振:《媒介与中国农民政治参与行为的关系研究——基于全国代表性数据的实证分析》,《公共管理学报》2015 年第 3 期。

② 参见王浦劬、李锋:《试析公务员对于公民政治参与的态度——基于六个地级市问卷结果的结构方程模型分析》,《政治学研究》2016 年第 1 期。

③ 参见南锐:《精细化视角下省域社会治理绩效的组合评价——基于 29 个省域的实证研究》,《北京交通大学学报》(社会科学版)2017 年第 4 期。

④ 参见马亮:《官员晋升激励与政府绩效目标设置——中国省级面板数据的实证研究》,《公共管理学报》2013 年第 2 期;冯芸、吴冲锋:《中国官员晋升中的经济因素重要吗?》,《管理科学学报》2013 年第 11 期;王贤彬、张莉、徐现祥:《辖区经济增长绩效与省长省委书记晋升》,《经济社会体制比较》2011 年第 1 期;刘佳、吴建南、马亮:《地方政府官员晋升与土地财政——基于中国地市级面板数据的实证分析》,《公共管理学院》2012 年第 2 期。

的微观研究十分薄弱。因此有学者认为20世纪80年代学术研究主要集中于国家上层,而对于社会基层问题缺乏应有的关注。①

推动实地研究进入政治学研究的推力来自于现实政治的发展。改革开放以后,农村地区的村民自治实践有了巨大的发展,吸引了一些学者的研究目光。其中,较早开展的有辛秋水对安徽某村"组合竞选制"实验长达十年的观察,而大规模实践则当属华中师范大学的政治学研究者,他们自20世纪90年代起开的农村研究实现了中国政治学关注点"从上而下"的转型,基层政治从此成为中国政治学的一个重要研究议题。②由于效果显著,许多高校的政治学研究也纷纷资助老师与学生定期开展实地调研,除了华中师范大学的"百村观察"项目,中国人民大学的"千人百村"社会调研活动等项目也已形成常态化机制。与此同时,随着我国城镇化进程的加快,推进社区治理、搜索城市发展以及反思城市化进程中产生的诸多问题也成为许多政治学研究者的关注议题。例如,有学者通过对农民工子女的细致分析发现,农民工子女的身份认同对其的政治态度与行为模式有着至关重要的影响。③而北京大学中国国情研究中心、清华大学数据治理中心等机构开展的调研活动,则实现了前治方法与实地研究的有效结合。

在实地研究中,定性访谈法是中国政治学实地研究中使用最多的方法。受到费孝通《江村经济》的影响,许多学者以单个或若干个村庄为研

---

① 参见徐勇:《重心下沉:90年代学术新趋向》,《徐勇自选集》,武汉:华中理工大学出版社,1999年,第327—328页。
② 参见徐勇、邓大才:《政治学研究:从殿堂到田野——实证方法进入中国政治学研究的历程》,邓正来、郝雨凡主编:《中国人文社会科学三十年:回顾与前瞻》,上海:复旦大学出版社,2008年。
③ 熊易寒:《城市化的孩子:农民工子女的身份生产与政治社会化》,上海:上海人民出版社,2010年。

究对象,通过深度访谈和调查问卷的形式,进行精致、科学的分析。例如,有学者以农户的收入—支出压力为线索,以农户的社会化和市场化为核心,深度分析了湖村农户的经济生活状态,并认为农民是理性的,目前的农民从改革开放前的生存最大化已经转向货币收入最大化。①

有学者将中西两种实地传统加以区分,认为前者是以"问题为导向",而后者是以"理论为导向"。改革开放后,第一代中国农村实证政治学研究学者大多秉持了传统的调研方法,以问题为导向,以国家满足需求为目的。传统调查研究具有现实性、资政性和问题性等特点,但是存在科学性规范不足的问题,"有政治研究,但没有政治学研究","有政治实证研究,但没有政治学实证研究"。②

到了20世纪90年代末21世纪初,有些学者开始注重学习西方成熟的实地研究方法,借鉴规范的、科学的知识生产机制和理论建构方法,比较典型的是要从"野性思维"转向"知识生产",建立"知识扩大再生产的机制",在争论和竞争中,两种方法论传统相互渗透、相互借鉴、融合发展。③在这种趋势下,有学者尝试将传统调查研究方法与西方人类学的田野调查方法以及历史学的文本收集、口述史、历史叙事结合起来,通过对"中国农民协会第一村"三个多月的调查,运用西方人类学、历史学的叙事和理论建构方法为"民主寻根";④有学者试图融合中国调查传统与西方田野经验,以四川东部的双村为个案,从内至外、以微观见宏观、以

---

① 参见邓大才:《湖村经济》,北京:中国社会科学出版社,2006年。
② 邓大才:《近30年来中国农村政治研究的实证方法运用》,《中国农村观察》2011年第6期。
③ 参见徐勇:《构建知识扩大再生产的机制》,邓正来主编:《中国书评》(第四辑),桂林:广西师范大学出版社,2006年。
④ 参见于建嵘:《岳村政治》,北京:商务印书馆,2001年。

个体见群体的方法,考察了国家对乡村社会的塑造过程;①有学者以农村"两委"关系入手进行研究,在梳理"两委"关系历史脉络的基础上,分析了"两委"矛盾的生成,提出了解决"两委"矛盾的三种实践模式,并从党政关系、国家与社会关系和宏观意义三个角度对"两委"关系进行剖析;②有学者以四个乡村案例,展示了初遇民主时的村庄政治状况和村民参与的实态,分析了精英动员、派性参与和家族竞争等现象的村庄社会关联基础及其对乡村民主进程的复杂影响,并提出了村民的政治参与是"关联性参与"的新论断;③有学者通过对农民工子女的实证研究发现,农民工子女的身份认同对他们的政治态度与行为模式有着至关重要的影响,并揭示了农民工子女政治社会化的深层机制,从而补充和修正了政治社会化的一般理论。④

整体而言,定性的实地研究在政治学的多个领域得到了广泛的应用,特别是适合于关注过程、机制等研究相关的议题。

(三) 形式模型与博弈论

博弈论源于应用数学领域,如今已经被广泛应用于社会科学的各个领域。有学者总结认为,"政治学者运用博弈分析范式的理论预设、分析方法和数理模型进行的博弈分析政治学研究经过了试探期、成型期和常规科学发展期三个发展阶段",并且在一系列理论议题上取得了大量有价值的研究成果。⑤

---

① 吴毅:《村治变迁中的权威与秩序》,北京:中国社会科学出版社,2002年。
② 景跃进:《当代中国农村"两委关系"的微观解析与宏观透视》,北京:中央文献出版社,2004年。
③ 仝志辉:《选举事件与村庄政治:村庄社会关联中的村民选举参与》,北京:中国社会科学出版社,2004年。
④ 熊易寒:《城市化的孩子》,上海:上海人民出版社,2010年。
⑤ 严俊:《博弈分析政治学研究探要》,《社会科学研究》2013年第4期。

许多立足博弈论视角的学者力图解释政府与公众的行为的动因。有学者认为,在博弈中"如果各自从自己的利益出发,就会陷入'囚徒困境',要整合府际关系,使府际之间的博弈走出'囚徒困境',就必须树立府际双赢意识,意识到博弈的长期性,建立相互信任关系,构建奖惩、监督机制"。①有学者对"上有政策下有对策"这一中国政治中长期存在的普遍现象进行了分析,认为这种现象的本质上是"相关政策主体之间基于利益得失的考虑而进行的一种博弈过程",而根治这种非合作博弈的不良影响则需从"干部管理、绩效考核、行政监督、财政管理、责任追究及信息反馈等方面"完善制度建设。②有学者从纵横两个截面解剖政府间复杂的博弈关系,提出政府间关系的"十字型博弈"框架,并结合西方"府际管理"的理念,提出我国"府际治理"的理念。③有学者从信息传播和利益博弈协同演化的视角,解构了环境污染群体性突发事件的演化规律,结合渤海溢油事件和青海宜化事件分析了"地方政府采取不同的利益调整策略与信息传播策略的协同演化关系"。研究表明:"在协商谈判的权利博弈结构下,周边群众高估赔偿值将导致抗议行动的长期化,地方政府和污染企业信息匮乏将延缓事态妥善处置的过程"④。有学者利用完全信息动态博弈和不完全信息动态博弈理论,以政府和民众作为博弈参与者分析了目前审计结果公告方面存在的问题,发现在大部分均衡状态下,"不公告是政府的最优选择",然而这一策略最终的后果必然是"引发

---

① 闫建、陈建先:《博弈论视角下的府际关系》,《理论探索》2010 年第 2 期。
② 丁煌、定明捷:《"上有政策、下有对策"——案例分析与博弈启示》,《武汉大学学报》(哲学社会科学版)2004 年第 6 期。
③ 刘祖云:《政府间关系:合作博弈与府际治理》,《学海》2007 年第 1 期。
④ 刘德海:《环境污染群体性突发事件的协同演化机制——基于信息传播和权利博弈的视角》,《公共管理学报》2013 年第 4 期。

政府不公告、民众不支持的次优均衡,社会效率终将受到更大的损失"①。有学者区分了"常规模式"与"动员模式"两种基于委托方的策略选择以及"正式谈判""非正式谈判"和"准退出"的基于代理方的应对策略,进而认为"在委托方采纳动员模式的条件下'准退出'是代理方的最佳应对策略,而在'常规模式'下代理方的应对策略选择有着更大空间",并以环境政策实施为例验证了政府内部上下级部门间谈判的一个分析模型。②

不同于历史制度主义视角下的制度变迁研究立足宏观视野并强调"时间性",许多博弈论学者也对制度变迁提供了微观视角。例如,对区域经济管理的研究认为,"区域公共管理实质上是政府治理方式上的制度变迁","始终贯穿着不同利益主体的博弈,从而最终形成新的制度——相关因素充分博弈后的契约格局"。这些博弈关系主要包括治理理念的博弈、中央政府与地方政府的博弈、地方政府之间的博弈。③有学者通过构建"中央政府、地方政府、农民集体、农民四方动态进化博弈模型",分析新中国成立后农村土地制度历史变迁中各利益主体博弈进化关系特征及约束条件。④有学者从对户籍改革的利益关系调整的视角讨论"户籍改革的阻力或难点、策略选择,现行的地方性户籍改革试验的特

---

① 参见陈尘肇、孟卫东、朱如意:《国家审计结果公告制度的博弈分析》,《审计研究》2009年第3期。
② 参见周雪光、练宏:《政府内部上下级部门间谈判的一个分析模型——以环境政策实施为例》,《中国社会科学》2011年第5期。
③ 参见金太军:《从行政区行政到区域公共管理——政府治理形态嬗变的博弈分析》,《中国社会科学》2007年第6期。
④ 参见韩德军、朱道林:《中国农村土地制度历史变迁的进化博弈论解释》,《中国土地科学》2013年第7期。

征以及进一步推进户籍改革的动力机制等问题"①。

（四）历史方法

中国政治学研究长期以来秉持着历史主义的品格，中国在"铸史"方面的成就取得了巨大的成果。历史地看待问题是马克思主义政治学的优秀品质，对历史与时间的关注既是研究的取向，又是具体的研究方法。

政治史是政治学研究的重要依托。有学者认为，政治史研究吸纳了"政治学与历史学两大学科的学理资源"，又经历了"新兴社会科学研究方法的动员"，对于理解和解释当代中国社会政治发展具有广阔的前景。②有学者提出，政治史的发展方向是政治社会史，其内涵是将"上层政治"、"下层政治"和宏观政治和微观政治结合起来，"全面地分析历史上的政治现象，同时立足社会各个领域的相互关系从事政治史研究"③。然而，历史学分支学科的政治史与政治学关注的政治史，尽管有相同的研究对象（历史上的政治现象），两者存在着研究角度及方法的差异："历史学是从历史发展演变的视角看历史上的政治，关注政治演变的过程及其影响"；而政治学视野中的政治史则关注于"历史上的政治现象，不太关注于政治演变的情况，旨在从政治现象中发现政治运行的规律和原理"。④

采用历史研究法对中国的政治展开研究是政治学研究中的一种重要思路，但其中包含了两种不同的研究路径。一种是采用西方政治学理

---

① 参见赵德余：《城市户籍制度改革中的利益关系调整及其渐进式特征——博弈论的视角》，《经济社会体制比较》2009 年第 5 期。
② 参见陈明明：《当代中国政治史研究的学科视野与问题意识》，《浙江社会科学》2017 年第 9 期。
③ 参见杨玉生：《政治、政治学与历史研究》，《世界历史》1988 年第 4 期。
④ 参见左玉河：《互鉴共赢：历史学与各专门学科的交叉渗透》，《史学理论研究》2016 年第 3 期。

论进行分析,另一种则基于中国政治发展的独特逻辑进行了新的分析。两种不同的路径都有研究成果产生。就前一种路径而言,有学者对中国在1912年中华民国的构建和1949年中华人民共和国的构建中单一制选择的研究分析。①有学者从比较政党体制的视野分析了近百年来的中国经历的政党—国家关系模式。②有学者根据国民党的两次政治转型认为基础型能力的提高"有利于政治行为者适应民主转型,进而可以巩固统治权力"③。而对后一种路径而言,有学者通过对中国历史尤其是乡村史的细致分析,提出了"祖赋人权"这一不同于西方的在政治概念,中国延续性对中国道路、中国奇迹予以了新的审视。④

除了传统的历史分析的方法,更进一步的研究是基于比较历史分析的方法展开研究。不同于传统的比较研究法,比较历史分析所采取的是一种"结构化的聚焦式比较",具有更为规范的研究设计和更鲜明的方法论特性。"比较历史分析"的范畴,既包括历史制度主义的比较政治研究,同时包括了一部分的比较历史社会学与比较政治经济学的作品,它们都属于广义上的历史社会科学。采用比较历史分析的往往关注宏大

---

① 参见王续添:《现代中国两次民族国家构建中单一制选择之比较——兼论现代中国国家基本制度建设(上)》,《中共党史研究》2013年第8期;王续添:《现代中国两次民族国家构建中单一制选择之比较——兼论现代中国国家基本制度建设(下)》,《中共党史研究》2013年第9期。
② 参见郭定平:《当代中国政治发展问题研究——当代中国政党与国家关系模式的重构:比较的视野》,《社会科学研究》2009年第1期。
③ 参见胡鹏:《基础型能力与民主转型——国民党两次政治转型机遇的比较研究》,《复旦政治学评论》2015年第1期。
④ 参见徐勇:《祖赋人权:源于血缘理性的本体建构原则》,《中国社会科学》2018年第1期;徐勇:《历史延续性视角下的中国道路》,《中国社会科学》2016年第7期;徐勇:《农民理性的扩张:"中国奇迹"的创造主体分析——对既有理论的挑战及新的分析进路的提出》,《中国社会科学》2010年第1期。

的议题,例如"第三波"民主化浪潮下的民主崩溃①,政党政治对民主巩固的消极影响②,精英在民主转型中的作用等研究③。而在论文方面,有研究关注于"建立共和(法治)""发展经济""实现民主"这三件国家发展中重大事件的不同排列顺序对国家形态和现代化道路的影响④,还有诸如产业政策在国家不同发展阶段的作用⑤、石油的族群地理与族群冲突的关系⑥、现代化的不同路径⑦等一系列研究。

(五) 实验方法

实验研究方法也是最近在社会科学领域兴起的研究方法之一。自然科学研究中的实验方法引入社会科学,既为中国实践中早已存在的"实验理念"进一步提炼成更具规范性的实验性操作方法带来机遇,也为社会科学因果机制探索提供了新的方法论工具。⑧对实验方法的研究包括对实验方法的介绍和评述。例如,实验方法在探究因果关系的效应(方向)与机制(过程)两个维度均具有独特优势,其发展反映了政治科学对因果关系探究和经验理论创新的优先价值导向,对探究中国政治过

---

① 参见包刚升:《民主崩溃的政治学》,北京:商务印书馆,2014年。
② 参见叶麒麟:《社会分裂、弱政党与民主巩固》,北京:中央编译出版社,2014年。
③ 参见唐睿:《体制性吸纳与东亚国家政治转型》,北京:中央编译出版社,2014年。
④ 参见杨光斌:《早发达国家的政治发展次序问题》,《学海》2010年第2期。
⑤ 参见陈玮、耿曙:《发展型国家的兴与衰:国家能力、产业政策与发展阶段》,《经济社会体制比较》2017年第2期。
⑥ 参见熊易寒、唐世平:《石油的族群地理分布与族群冲突升级》,《世界经济与政治》2015年第10期。
⑦ 参见叶成城、唐世平:《第一波现代化:一个"因素+机制"的新解释》,《开放时代》2015年第1期;叶成城、唐世平:《第一波半现代化之"帝国的黄昏"——法国与西班牙的改革之殇》,《世界经济与政治》2016年第3期;叶成城:《第一波半现代化之"帝国的胎动"——18世纪普鲁士和奥地利的崛起之路》,《世界经济与政治》2017年第5期。
⑧ 参见臧雷振:《社会科学研究中实验方法的应用与反思——以政治学科为例》,《中国人民大学学报》2016年第5期。

程、行为、制度等现象中所蕴含之"因果性"提供了中国路径。①田野实验结合了田野研究和实验研究两种科学研究传统,在社会科学的一系列研究中得到了广泛应用。②在实验设计还是实验实施过程,研究者都需要尽量保障控制,对于可能"失控"的问题,研究者在事后分析数据时需格外谨慎。③

在实际的研究中,有研究用情景锚定法测量了政治效能感,并探讨了该方法的优势和不足。④也有列举实验法测量了激进政治行为,发现传统测量方法明显低估了激进政治行为的水平,从而导致对激进政治行为之原因的有偏分析,提出互联网介入塑造政治参与的假说。⑤关于中国政治的实地实验议题主要包含政府行为和公民政治态度和行为两个方面。在政府行为方面,陈济东、潘婕和徐轶青通过在中国的一项田野实验证明自上而下的监督机制和自下而上的社会压力,如市民集体行动的威胁,都将促使地方政府具有更强的回应性。⑥而格雷戈·迪斯特尔霍斯特和侯越则证实了组内偏见对公务人员行为的影响,并且表明制度种族主义和选举政治并不是导致官员行为具有组内偏见的必然因素。⑦

---

① 参见孟天广:《从因果效应到因果机制:实验政治学的中国路径》,《探索》2017年第5期。
② 参见韩冬临:《田野实验:概念、方法与政治学研究》,《国外社会科学》2018年第1期。
③ 参见余莎、游宇:《不操纵无因果:实验政治学几个核心的方法论问题》,《甘肃行政学院学报》2017年第2期。
④ 参见刘小青:《降低评价尺度偏差:一项政治效能感测量的实验》,《甘肃行政学院学报》2012年第3期。
⑤ 参见孟天广、季程远:《重访数字民主:互联网介入与网络政治参与——基于列举实验的发现》,《清华大学学报》(哲学社会科学版)2016年第4期。
⑥ 参见 Chen Jidong, Jennifer Pan and Xu Yiqing, "Sources of Authoritarian Responsiveness: A Field Experiment in China," *American Journal of Political Science*, vol. 60, no. 2(April 2016)。
⑦ 参见 Greg Distelhorst and Hou Yue, "Ingroup Bias in Official Behavior: A National Field Experiment in China," *Quarterly Journal of Political Science*, vol. 9, no. 2(June 2014)。

而在公民政治态度和行为方面的研究则集中于中国农村地区,学者们有的如赫伯特·L.史密斯对"计划生育新技术"等国家社会卫生政策的实施状况进行了实验①,有的则关注配偶政治面貌对家庭决策的影响。②总体而言,现有采用实验研究的成果并不多,还有大量的发展空间。

四、挑战与展望

(一) 研究方法的发展与不足

毫无疑问,经过四十年的发展,政治学研究方法在中国已经取得了巨大的进步,研究方法的不断丰富促进了学科逐渐朝着规范化的方向迈进。然而,目前国内大部分涉及研究方法的论文、著作以引介、评述为多,真正研究方法的成果并不多。国内不乏大量的综述性文章,并且推动了新知识的传播,但如果仅仅停留在学术搬运和介绍的层面,这对知识创新并无太大作用。况且,方法论本身的意义就在于应用。与此同时,国内目前对社会科学研究方法的研究还十分欠缺,这导致国社会科学方法论的原创性程度较低。有学者统计了2006年至2009年"无法判断研究方法论文的比例",虽然从38.7%下降到33.33%,但是总体比例依旧较大,这反映出中国政治学研究缺乏学术规范和自觉。③即使进入了21世纪,许多研究根本没有一个明确的研究问题,没有文献评估,没

---

① 参见 H. L. Smith, "Introducing New Contraceptives in Rural China: A Field Experiment," *The Annals of the American Academy of Political and Social Science*, vol. 599, no. 1(May 2005)。
② 参见 F. Carlsson, P. Martinsson, Qin Ping, M. Sutter, "The Influence of Spouses on Household Decision Making under Risk: An Experiment in Rural China," *Experimental Economics*, vol. 16, no. 3(September 2013)。
③ 参见王浦劬主编:《中国政治学学术发展回顾与规划:2006—2015》,天津:天津人民出版社,2011年。

有深入地研究因果机制,没有构建出具有说服力的力量,更没有进行理论检验,或者理论观点没有经验事实支撑。①

更进一步讲,中国政治学对研究方法的理解和使用仍然有较大的提升空间。一方面,科学研究方法要求进行审慎严谨的研究设计,并且需要实现实证研究要求的"可复制"。②然而很多研究并没有达到这一要求。即便是在案例研究中,也需要严格的方法论培训和实践,绝非许多人想象的那么随意。③另一方面,也存在研究方法的滥用,例如通过数据倒推出"故事",有的裁剪数据,漠视或忽视事件背景,让数据服务于故事;有的通过各种数据或方法,得出各种似是而非的结论。④因此,从整体来看,政治学研究方法的仍然需要不断地提升。

(二)研究方法的争议

定性和定量两种研究方法的争议在整个社会科学的研究中一直存在,在改革开放中,两种方法都引入了中国,其争议一直伴随着方法的引入与发展。在现实层面,"中国政治学恢复和发展的特殊历史背景和知识背景,决定了定性研究和规范研究的压倒性地位"⑤。因此,定性的研究占了实证研究的大部分比例。例如,有学者对国内369篇政治学博士论文分析,发现总体而言定量研究的数量较少,"定性研究中的比较研究、个案研究、历史社会学、文本分析、实地研究等方法日趋突出;规范研

---

① 参见马骏:《中国公共行政学的反思:面对问题的勇气》,《中山大学学报》(社会科学版)2006年第6期。
② 参见魏姝、严强:《知易行难:"十一五"期间政治学研究方法的进展与反思》,《江海学刊》2011年第2期。
③ 参见李辉、熊易寒、唐世平:《中国的比较政治学研究:缺憾和可能的突破》,《经济社会体制比较》2013年第1期。
④ 参见蔡永顺:《政治学与中国研究》,《学海》2018年第1期。
⑤ 俞可平:《中国政治学的进程——一个评论性的观察》,《学术月刊》2007年第11期。

究与实证研究趋于平衡,殿堂到田野之争使得研究重心逐渐下沉"。①也有学者通过对 1021 篇《政治学研究》中的文章进行分析,发现采用定性研究方法的文章占据了绝大多数。在定性研究方法中,采用文献法对所关注的问题进行研究的最多,占定性研究方法总数的 94.82%,占抽样论文总数的 84.33%。②这些数据表明,定量研究虽然在近几年取得了长足进展,但总体来看依旧是少数。

在定性与定量的争论之中,有学者意识试图对两种传统进行结合,因此混合方法和定性比较分析两种方法在近几年也受到重视。在国内,已经有学者对混合分析在政治社会学和比较政治学等领域的应用给予了关注和引介,③并且将其应用于具体的研究。例如有学者发现,与西方社会抗争模式完全类似,当下我国社会的群体抗争动员结构实际上均以人际关系网络为其支配性基础,其中由临时性关系行动者参与的群体性事件往往注重对外动员;而由熟悉的人际关系群体发动和参与群体性事件,则既有对内动员也有对外动员。④有学者使用嵌套分析这种混合研究法,通过对 91 个第三波民主国家定量定性混合分析,认为从制度设计上来看,将政治权力在以政党为代表的社会多元群体之间的共享是巩固和稳定新近转型民主国家的关键因素。⑤

---

① 参见桑玉成、周光俊:《从政治学博士论文看我国政治学研究之取向》,《政治学研究》2016年第 4 期。
② 参见张平、丁超凡:《中国政治学研究的发展态势与评价——基于〈政治学研究〉(2000—2015 年)的文献计量分析》,《北京行政学院学报》2017 年第 6 期。
③ 参见臧雷振:《政治社会学中的混合研究方法》,《国外社会科学》2016 年第 4 期;张春满:《比较政治学中的混合分析方法》,《学术月刊》2017 年第 9 期。
④ 参见肖唐镖:《人际网络如何影响社会抗争动员——基于混合方法的研究》,《理论探索》2017 年第 2 期。
⑤ 参见祁玲玲:《制度设计与民主发展——基于 91 个第三波民主国家的定量定性混合分析》,北京:中国社会科学出版社,2017 年。

然而，即便是混合方法也只是就同一个议题分别使用了两种方法，定量与定性两种逻辑之间的隔阂依旧存在。作为一种试图超越定性定量之争的研究路径，定性比较分析自20世纪80年代就已经创建且取得了丰硕的成果，但该方法真正引入中国也是21世纪之后的事情。定性比较分析在政治学的应用已经从单纯的学术引介①，开始转向实证研究。学者对诸如分离主义②、政权崩溃③、民主与腐败④、苏东国家的民主转型⑤等当今世界政治中的重大事件予以了关注，也有许多学者对腐败⑥、拆迁抗争⑦、社会治理创新⑧以及邻避运动⑨提供了多重因果的解释。

(三) 科技革命与研究方法变革

伴随着信息化的发展，数据科学，特别是大数据正在引发整个社会

---

① 如何俊志：《比较政治分析中的模糊集方法》，《社会科学》2013年第5期；刘丰：《定性比较分析与国际关系研究》，《世界经济政治》2015年第1期；李蔚、何海兵：《定性比较分析方法的研究逻辑及其应用》，《上海行政学院学报》2015年第5期；郝诗楠：《质性比较分析方法及其在政治学研究中的应用》，《国外理论动态》2016年第5期；等等。

② 参见郝诗楠、高奇琦：《分离主义的成与败：一项基于质性比较分析的研究》，《世界经济与政治》2016年第6期。

③ 参见释启鹏、韩冬临：《当代社会运动中的政权崩溃——"颜色革命"与"阿拉伯之春"的定性比较分析》，《国际政治科学》2017年第1期。

④ 参见毛益民、陈国权：《民主反腐的情境适配：一项跨国比较研究》，《经济社会体制比较》2018年第2期。

⑤ 参见唐睿、唐世平：《历史遗产与原苏东国家的民主转型——基于26个国家的模糊集与多值QCA的双重检验》，《世界经济与政治》2013年第2期。

⑥ 参见王程韡：《腐败的社会文化根源：基于模糊集的定性比较分析》，《社会科学》2013年第10期。

⑦ 参见黄荣贵、郑雯、桂勇：《多渠道强干预、框架与抗争结果——对40个拆迁抗争案例的模糊集定性比较分析》，《社会学研究》2015年第5期。

⑧ 参见李利文、方勇：《内生性资源、叠加式外推与社会治理创新强度——对91个典型案例的模糊集定性比较分析》，《上海交通大学学报》（哲学社会科学版）2017年第4期。

⑨ 参见马奔、李继朋：《我国邻避效应的解读：基于定性比较分析法的研究》，《上海行政学院学报》2015年第5期；高新宇、秦华：《"中国式"邻避运动结果的影响因素研究——对22个邻避案例的多值集定性比较分析》，《河海大学学报》（哲学社会科学版）2017年第4期。

科学研究方法的变革,并且成为政治科学研究的新趋势。①从数据科学的角度看,大数据具有常见的5V特征,即容量大(Volume)、类型多(Variety)、时效性高(Velocity)、准确性高(Veracity)、价值高(Value)。即这类数据超越了普通定量研究数据量,从而产生了新的大数据分析技术,包括相关的人工智能、社会计算、网络分析等一系列与信息科学发展密切相关的研究。

大数据的兴起为当代政治学研究方法的发展提供了新的工具。大数据在社会科学研究领域的应用使社会科学研究正在经历从定性研究、定量研究、仿真研究向大数据研究的第四研究范式转型,突破了传统社会科学研究目标弱化、学科学派对立、有限数据质量和统计偏误等的局限性,重建了社会科学预测的可能性。②例如,随着人工智能的发展,计算机能够从海量数据中学习到相关的规律和逻辑,然后利用学习来的规律来进行预测。因此,政治学研究关注的抗争、冲突、战争等一些未知的风险都可以通过海量数据的分析展开预测,从而实现未雨绸缪。③因此,对国家治理而言,大数据推动了政府治理能力的提升。④对公众而言,大数据技术使得结构化参与、半结构化参与和非机构化参与成为可能,并使之有效,民主参与的充分性得以体现。⑤

然而,现有的政治学中采用大数据方法进行的研究并不多。现有的

---

① 参见孟天广、郭凤林:《大数据政治学:新信息时代的政治现象及其探析路径》,《国外理论动态》2015年第1期。
② 参见米加宁、章昌平、李大宇、林涛:《第四研究范式:大数据驱动的社会科学研究转型》,《学海》2018年第2期。
③ 参见杨阳、林鸿飞、杨亮、任巨伟:《大数据时代的计算政治学研究》,《中文信息学报》2017年第3期。
④ 参见孟天广、张小劲:《大数据驱动与政府治理能力提升——理论框架与模式创新》,《北京航空航天大学学报》(社会科学版)2018年第1期。
⑤ 参见徐圣龙:《大数据与民主实践的新范式》,《探索》2018年第1期。

大数据分析主要是基于舆情的大数据分析,包括分析政府的回应性①、微博的网络结构②,以及意识形态的区分③等议题。当然,大数据的分析也存在缺陷。从本质上说,大数据的分析往往缺少一些进行因果分析的关键变量,因此数据分析以相关性为主,对因果关系的识别不足。大数据也可能导致数据崇拜,且政治数据的开放性与透明度不足也会影响数据信度与效度,不利于政治学者对中国政治现象的准确把握,因此大数据时代的中国政治学发展既要强化学科建设和基础理论研究,更要从国家层面将政治大数据上升为国家战略,实现中国政治发展与政治学学科发展之间的良性互动。④

最后,如果从更宽阔的背景中,我们不难看出,进入21世纪,中国政治学发生了一些重要的变化,以定量方法等一系列科学方法为主导的政治科学,对已有的政治学学科发展模式发起了挑战——但这种挑战并未构成"范式更替",而是形成了整全性知识体系与专门性知识体系。这两种政治学知识体系之间激烈的交锋,其结果可能是中国政治学进一步的两极分化。⑤国内外围绕政治科学研究方法展开的争论从未停歇,但正反两方面的经验同样表明,仅仅陷入这些争论之中无益于研究方法以及

---

① 参见孟天广、李锋:《网络空间的政治互动:公民诉求与政府回应性——基于全国性网络问政平台的大数据分析》,《清华大学学报》(哲学社会科学版)2015年第3期;韩冬临、吴亚博:《中国互联网舆情热点与地方政府回应——基于〈中国社会舆情年度报告〉(2009—2013)的分析》,《公共行政评论》2018年第2期。
② 参见黄荣贵、桂勇、孙小逸:《微博空间组织间网络结构及其形成机制 以环保NGO为例》,《社会》2014年第3期。
③ 参见桂勇、黄荣贵、丁昳:《网络左翼的三重面相:基于个案观察和大数据的探索性研究》,《社会》2018年第3期。
④ 参见唐皇凤、谢德胜:《大数据时代中国政治学的机遇与挑战》,《新疆师范大学学报》(哲学社会科学版)2016年第1期。
⑤ 参见陈周旺:《中国政治学的知识交锋及其出路》,《政治学研究》2017年第5期。

研究本身的进步,问题意识永远先于研究方法。在人们的具体研究实践中,从来就不存在纯而又纯的方法和技术。①因此,政治学研究需要寻求方法的多元与包容。一方面,作为社会科学的政治学研究必须处置相比自然科学而言更为复杂的变量及变量关系,且被内在的三重张力所牵制,即因果解释与意义阐释、科学性与价值性以及普遍性与特殊性,因此虽然社会科学虽然也有数据、模型和公式等"硬"的方面,但社会科学在本质上是门"软科学"。②另一方面,不少学者强调政治学研究过程中"科学与人文的契合"③"人文精神与科学精神的通融"④"当定性研究变得不那么科学时,也许它才更能展示自己的魅力"⑤。由此不难看出,虽然规范与实证之间、人文与科学之间、定量与定性之间的张力依旧存在,但多元、规范与包容是方法论发展的必要要求。在"身份意识"与"问题意识"的指引下,中国政治学研究方法一定能在新时代取得更加长足的进步。

---

① 参见任剑涛:《试论政治学的规范研究与实证研究的关系》,《政治学研究》2008年第3期。
② 参见景跃进:《中国政治学的方法论反思——问题意识与本土关怀》,《浙江社会科学》2017年第7期。
③ 秦亚青:《第三种文化:国际关系研究中科学与人文的契合》,《世界经济与政治》2004年第1期。
④ 孙关宏、蒋一澄:《中国政治学发展的走向:人文精神与科学精神的融通》,《同济大学学报》(社会科学版)2005年第6期。
⑤ 朱天飚:《定性研究:从实证到解析》,《公共管理评论》2017年第3期。

第六章 中国的政治文化研究

费海汀

本章将主要从中国传统政治文化研究、中外政治文化比较研究、当代中国政治文化研究三方面对近四十年来中国政治文化研究的特点进行分析。在分析过程中,本文将会侧重于中国政治文化研究的议题设置和关键概念,梳理四十年来学界在这一领域提出的重要问题及相应的重要理论和重要观点。在中国传统政治文化部分,本章将主要叙述王权、宗法伦常、经学教化、士大夫与官僚、民众与政治问题;在中外政治文化比较部分,本章将主要梳理全球化与政治文化、重点国家(美、俄)政治文化、重点区域(日韩、欧洲)政治文化问题;在当代中国政治文化部分,将主要讨论当代中国政治文化及转型路径、主要政治亚文化类型(农村、农民与农民工,少数民族与边疆地区,中产阶层,青年学生,互联网政治亚文化)、政治文化重点领域(政治信任、政治效能)问题。同时,本章也将会对改革开放以来中国政治文化研究的背景、概括与基本理论进行分析,以求呈现出四十年来本领域发展的整体图景。

一、政治文化研究的缘起

当代政治文化研究建立在20世纪50年代阿尔蒙德所建立的"政治文化"分析方法基础之上,经由80年代英格尔哈特(Ronald Inglehart)等一众学者的推动开始复兴。政治文化研究本质上是行为主义政治学衍生出的一种理论框架。但这一理论在被中国学者接受之后,在地位、内容、功能、议题方面都发生了显著的变化,开始分析更广泛也更细致的问题,同时触发了更宏大、更深入的思考,也因此成为了当代中国政治学研究的重要组成部分。

从历史背景看,80年代的中国政治与文化正处于一个集中转型期。中国传统政治与文化密不可分,但经历百余年的现代化进程之后,二者都已经出现了根本上的改变,因而必须重新对二者的关系进行反思和定位。从当代背景看,中国的政治文化研究始于改革开放之后,同时有着反思文化大革命、抵御外来思潮冲击、重新确立民族和国家认同的三方面要求。从学科背景看,中国的政治文化研究结合了中国传统政治思想研究、苏联文化学研究与西方政治文化研究三方面的理论资源。这就决定了中国的文化研究必然需要探讨政治的问题,中国的政治文化研究也必然与许多基本的政治学问题相互映射、相互观照。这意味着,中国的政治文化研究虽然主要借鉴西方,但将会与其在规模、层次与研究目标上有着不小的差异。这同时也证明了政治文化研究在中国政治学中的特殊地位。

20世纪80年代在中国得到普遍接受和使用的政治文化研究方法,无可否认,是承接自阿尔蒙德(Gabriel A. Almond)与维巴(Sidney Verba)在50—60年代创立,60—70年代由派伊(Lucian W. Pye)等人接续,80年代由英格尔哈特等人复兴的政治文化分析框架。

对于中国的政治文化研究,从 20 世纪 80 年代的译介情况看来,影响最大的还是阿尔蒙德与维巴、阿尔蒙德与鲍威尔、派伊等人 60 年代政治文化研究初创时期的理论。[1]在首次提出并采用现代政治文化研究方法的阿尔蒙德看来,政治文化是政治体系所在的心理背景或主观取向,它能决定人的政治活动,并使政治制度、政治过程和政策产生不同的效果。[2]因此他和维巴将政治文化定义为个人对政治系统和政府输出活动的认知,即"政治体系的心理方面"或"个人的政治态度",包括个人对各个不同层次政治体系的认知、评价和情感。[3]根据政治文化与民主政治之间不同的互动关系,阿尔蒙德与维巴将政治文化总体分为地域、依附、公民(又译为村民、臣民、公民或蒙昧、服从、参与)三类。[4]

因此在这一时期影响中国政治文化研究的主要观点是将政治文化理解为个人层面上对政治的态度,或许多个人倾向共同构成的政治体系

---

[1] 在最早介绍政治文化理论方法的著作(例如王沪宁:《比较政治分析》,上海:人民出版社 1987 年版,第 336 页)中,主要引用为下述作品(Lucian W. Pye and Sidney Verba, eds., *Political Culture and Political Development*, Princeton: Princeton University Press, 1965; Gabriel A. Almond and G. Bingham Powell, *Comparative Politics: A Developmental Approach*, Boston: Little, Brown, 1966). 同时还有中国作者与苏联作者的相关作品(李泽厚:《中国古代思想史论》,北京:人民出版社,1985 年;余英时:《从价值系统看中国传统文化》,《理论信息报》1986 年 3 月 24 日,第 3 版;尼·米·凯泽罗夫:《社会主义社会的政治文化》,《政治学参考资料》1989 年第 2 期; Stephen L. White, *Political Culture and Soviet Politics*, London: The Macmillan Press, 1979). 同时,最早的译著(阿尔蒙德、维伯:《公民文化:五个国家的政治态度和民主制》,徐湘林等译,北京:华夏出版社,1989 年;阿尔蒙德、维巴:《公民文化:五国的政治态度和民主》,马殿军、阎华江、郑孝华、黄素娟译,杭州:浙江人民出版社,1989 年)也主要为上述作者的作品。

[2] 参见 Gabriel A. Almond, "Comparative Political Systems," *The Journal of Politics*, vol. 18, no. 3(August 1956).

[3] 参见 Gabriel A. Almond and Sidney Verba, *The Civic Culture: Political Attitudes and Democracy in Five Nations*, Princeton: Princeton University Press, 1963, pp. 79 – 80.

[4] 参见 Gabriel A. Almond and Sidney Verba, *The Civic Culture: Political Attitude and Democracy in Five Nations*, pp. 123 – 125.

的主观方面。总体而言,是从个人的角度反观政治制度与政治程序的运作。但是,中国的政治文化研究并非阿尔蒙德或英格尔哈特政治文化分析方法的简单移植。从学科渊源上来看,至少融合了阿尔蒙德政治文化分析、中国传统政治思想与苏联文化学三方面的内容。这就决定了中国的政治文化研究在议题设置和关键概念方面都与西方的研究范式存在差异。

在中国的历史上,特别是从秦始皇"君道合一"和汉代"独尊儒术"以来,统治者就确立了儒家学说的官方地位。这使中国古代的政治统治与统治者具有系统、全面、深厚、细致的理论支撑,同时又使儒家学说具有了权威地位和广泛传播的可能。伴随着中国古代"泛政治化"的社会生活状态,儒家学说不仅在国家层面决定国家政治生活的政统与治统,同时也深入日常生活,成为了百姓的道德准则与行为规范。政治与思想紧密缠绕,思想借文化蔓延生长。因此就中国传统来说,政治与文化可谓相辅相成。一方面,政治保持了对文化的绝对控制和统摄;另一方面,文化也弥补了中国古代政治统治和控制能力的不足。这就决定了在中国古代,文化问题并不只是个人层面上的态度情感或道德修养,而是涵盖整个国家政治体系与政治生活的问题。

苏联对文化问题的认知恰好契合了这一历史传统与认知。苏联同样是一个"泛政治化"的政治体系,因此对文化问题的探讨必须首先确认其政治态度与政治含义。同时,由于苏联意识形态的绝对性,思想对文化也始终保持了主导和指向的地位。在苏联时期,文化问题同样不被认为是单纯的传统、习惯、情感、态度或心理感受,如尼·米·凯泽罗夫的定义,它被认为是政治生活的主观方面,或人类活动的精神产物。[1]苏联

---

[1] 参见杨光斌主编:《政治学导论》,北京:中国人民大学出版社,2000年,第62—63页。

学界对政治文化有三种基本定义:其一,政治文化是政治知识与精神财富、政治活动的原则方式、政治历史经验和政治传统以及政治机构;其二,政治文化是公民所掌握的关于政治实质的知识,以及他们实践政治知识的能力;其三,政治文化是人的本质力量、知识、信念在社会政治活动中实现的过程。[①]无论哪一种定义,其基本内容都将政治文化理解为以意识形态为核心,以政治知识为主要内容,以政治活动(以及政治制度与政治机构)为具体体现的全部内容。

虽然中国追求政治现代化的历史趋势决定了中国政治文化研究的研究预设与西方是一致的,都是为了探求政治发展与政治文化之间的关系,但中国政治学的学术源流却决定了中国的政治文化研究不完全是模仿了西方从个人(或近年来从社会)观照国家的研究视角,同时还有相当部分,甚至是主要部分为从国家观照个人与社会的研究视角。因此,中国政治文化研究在议题设置方面是与西方存在差异的。如果西方学界的核心议题是"何种政治文化有利于政治现代化",那么中国学者的追问则是:国家应该确立什么样的政治思想,通过怎样的文化政策,塑造何种政治文化以推动政治现代化。但是,核心议题的差异并不意味着中、西的政治文化研究就存在不可逾越的鸿沟。一方面,随着中国的现代化进程,政治与文化已经出现一定程度的分离,同时社会结构也发生了根本性的变化。重新考察个人或群体的政治态度与政治倾向对于认识中国的政治文化的重要性正在日益增强。另一方面,西方学界从个人和社会层面的观照能与中国学者在"如何改变、塑造、重构中国的政治文化以推动中国政治现代化"的问题上相遇。同时,也不应认为中国政治文化研

[①] 参见陈杰:《苏联理论界关于"政治文化"和"社会主义政治文化"的若干观点简介》,《社会主义研究》1987年第6期。

究相较于西方政治文化研究就是落后或封闭的,这只是双方学界所处的历史环境与历史任务有所区别。

二、政治文化的基本概念

在中国的学术界,最早的争论就是围绕政治文化的基本定义。王乐理将中国学者对政治文化的不同理解概括为"政治制度、政治思想与政治心理""政治思想与政治心理""政治心理"三种类型;[1]马庆钰则将其概括为"政治理论、政治制度、政治心理""政治理论、政治心理、政治价值""政治体系的心理方面""心理和行为的综合"四种。[2]其关键分歧在于如何处理"个人""社会"和"国家"的关系、"心理"和"行为"的关系、"主观活动"和"客观产物"的关系。

随着时间的推移,我国学者在政治文化研究方面也达成了一些基本的共识。其一,不应轻易将制度、机构与程序包含进政治文化研究当中,因为这就意味着政治文化将涵盖政治学研究的全部内容,从而失去了政治文化理论框架的特点与分析能力。其二,既不应该单纯关注个人的政治心理、情感与态度,也不应该将政治文化局限于国家层面的政治思想。相反,一方面应该从社会和社会群体层面整体考察民众的偏好与倾向,不同的亚文化类型都在不断变化,个人的心理也在很大程度上受到其所属的亚文化群体影响;另一方面应该认识到,政治思想与政治思想的作用机制和作用效果之间是存在一定距离的,应该分别予以分析,而非单纯进行思想内部的逻辑辨析。其三,政治文化的发展并非总是呈现出臣民—公民的单向逻辑,不同国家和地区的文化特性对其发展路径有不同

---

[1] 王乐理:《政治文化导论》,北京:中国人民大学出版社,2000年,第38页。
[2] 马庆钰:《近50年来政治文化研究的回顾》,《北京行政学院学报》2002年第6期。

的影响,它既可能在向上发展的同时向下回归,同时也可能在发展过程中衍生出其他的形式。西方并不具有统一的政治文化模式,也并非移植西方政治文化模式就能维护政治稳定、促进政治发展,因此应该超越西方本位来思考中国的政治文化问题。

简而言之,我国学者目前在政治文化研究领域,比较广泛接受"政治文化即是政治体系主观方面"的中间定义,其中具体包括政治行为与政治心理、政治价值、政治思想等研究主题。戚珩对此作了一个比较形象的比喻,即将政治文化比喻为一个球体,其中政治意识形态处于球体核心、政治心理属于球体外壳,政治价值则居于二者之间。[①]但随着政治文化研究的发展与深入,近年来,强调政治文化作为"心理与行为的综合"的作品日益增多。

总体上,中国的政治文化研究,大致可分为中国传统政治文化研究、中外政治文化比较研究、当代中国政治文化研究三大领域。除主题之外,三大领域研究者所使用的方法也存在显著的区别。在中国传统政治文化研究与中外政治文化比较研究领域,主要采用历史文献研究方法,始终保持了思想史的研究传统。而在当代中国政治文化研究领域则是多种方法并用(历史描述、定性访谈、定量分析、博弈论研究与实验设计等),大量学习并采用政治学研究的前沿方法,其中定量、实验等方法的发展十分迅速。

出现这一区别主要是由于两方面的原因。从研究力量的方面看来,王乐理曾指出,中国的政治文化研究力量最初是由两部分人员构成。一部分分属政治学和历史学界,在文化热的影响下着重探讨中国古代政治思想、制度、近代政治思潮和中西文化冲突问题;另一部分则主要是翻

---

① 参见戚珩:《政治文化结构剖析》,《政治学研究》1988年第4期。

译、介绍、讲授西方政治理论的学者及研究人员。①因此两部分人员各自倾向于采用自己熟悉的方法展开研究。而从研究本身的方面看，刘泽华、葛荃和刘刚认为，这一区别主要源自于不同领域研究对象的差异性——由于政治文化的主体已经消失，因此依据材料分析方法更加重要。②对于中国传统政治文化研究来说，研究者与研究主体存在时间上的距离；而对于中外政治文化比较研究来说，研究者与研究主体则存在空间上的区隔。这两方面的特点会使得研究者难以获取并开发出更多的研究材料以适用多种研究方法。

但是，存在困难与区别并不意味着三大领域之间只能固守边界、独立发展。实际上，刘泽华、葛荃和刘刚早在20世纪80年代末就已指出中国传统政治文化研究必须借鉴现代政治文化的研究主题，且必须采用多学科综合性方法。这一判断时至今日仍然具有很强的现实意义。对未来中国传统政治文化研究来说，他们认为价值系统、政治社会化过程和中国的政治一体化问题三方面的研究必不可少。简而言之，即是在中国的历史上存在怎样的价值系统，不同的价值系统之间如何变迁，这样的价值系统如何推广传播到整个社会，又如何与政治系统本身融为一体。因此他们也强调需要采取多学科方法对传统政治文化进行整体研究（将中国传统政治文化视为一个有限的系统）、分层研究（各个阶层和利益集团的价值取向与行为模式）、个案研究（典型人物和历史节点的政治学分析）、过程研究（考察政治文化形成和发展的过程）和比较研究（将中国文化放在世界范围内进行比较）。③不难发现，中国传统政治文化的研究者早已对行为主义、政治系统等分析框架表现出了浓厚的兴趣。并

---

① 参见王乐理：《政治文化导论》，第38页。
② 参见刘泽华、葛荃、刘刚：《中国传统政治文化导论》，《天津社会科学》1989年第2期。
③ 参见刘泽华、葛荃、刘刚：《中国传统政治文化导论》，《天津社会科学》1989年第2期。

且，虽然传统政治文化研究的材料在总体上是有限的，但一方面由于中国历史演变的长时性，另一方面由于中国历史记述的详细性，研究者是完全有可能在局部获取丰富的材料，从而以此为起点推论某一时间断面上中国的政治文化全貌。金观涛、刘青峰等学者已经就此做出了有益的尝试。①可以想见，未来在中国传统政治文化研究领域会有对不同历史节点、不同文化符号形式、不同群体文化特质采取更精细、更规范、更有创见方法的研究作品问世。

对于中外政治文化比较研究来说，这一论断同样具有启发性。中外政治文化比较研究具有两方面的特点。一方面，这一领域的学者既有着对西方政治文化发展的兴趣，也有着对外来政治文化冲击的忧虑。另一方面，这一领域学者对国别和议题的选择多是基于对中国政治文化的观照和问题。这就使得中外政治文化研究常常是一种"参照系"式的研究思路。但值得注意的是，这一思路常常会使研究者秉持特定的预设立场，导致作品出现先入为主的偏差。因此，中外政治文化比较的研究者同样需要加强在整体、分层、比较等方面的思考。具体而言，其一，从对外国政治文化的整体概括上还需更具系统性，对系统内在结构、对外关系、国家权威、民族关系、社会生活、个人思维方式等方面进行综合性的研究，避免维度和标准选择的随意性。其二，在考察外国政治文化现代化过程时，应更加详细地分析不同群体（知识分子、城市工人、农民、政治精英等）在此过程中的态度及其转变，避免宏大而笼统的论述。其三，在比较中外政治文化特征时，应进一步拓展视野，扩大比较的时间与空间选择，可以比较各个国家不同时期民主化过程中的政治文化变迁，也可

---

① 参见金观涛、刘青峰：《中国现代思想的起源：超稳定结构与中国政治文化的演变》，北京：法律出版社，2011年。本书作者另有《兴盛与危机：论中国社会超稳定结构》和《开放中的变迁：再论中国社会超稳定结构》两部著作，本书是此系列第三部。

以比较同一时期数个同时开始民主化国家的政治文化不同进展与形态，避免局限于进行"中国＋特定国家"的整体比较模式。同时，由于时代的发展，许多国外的民意调查和访谈数据都比从前更易获得，这就要求研究者更进一步地提高自己的研究能力以适应材料的增长。

　　对于当代中国政治文化研究来说，前沿方法的介绍与适用一直是推动研究发展的重要动力。早在20世纪80—90年代，闵琦的社会心理分析①、张明澍的"政治人"分析②、沙莲香的历史量表③都为政治文化研究方法的不断创新打下了很好的基础。在当代中国政治文化总体概况研究中，历史方法得到了大量的运用；在农村农民与边疆地区研究中，许多学者倾向于采取定性访谈的研究方法；在对农民工、青年学生、中产阶级或特定政治文化现象的研究中，实验方法和博弈论方法开始逐渐得到应用；而在对政治价值观、政治社会化、政治效能、政治信任、政治认同等问题的研究中则大量地采用了定量分析、民意调查的研究方法。但是，研究方法的蓬勃发展尚未在当代中国政治文化的现代化方向，也就是"怎么办"的问题上取得非常理想的成果。一方面，许多作品对中国传统政治文化现代影响的描述尚显笼统模糊，既未能借鉴中国传统政治文化研究的整体理论建构，也未能对中国政治文化从传统到现代转型的结合部分（即近现代中国政治文化）进行详细分析；另一方面，许多作品对中国政治文化转型的路径设计依然局限在阿尔蒙德"臣民—公民""依附—参与"的抽象论断之内。对不同政治亚文化群体和政治文化整体如何转

---

① 参见闵琦：《中国政治文化——民主政治难产的社会心理因素》，昆明：云南人民出版社，1989年。
② 参见张明澍：《中国"政治人"：中国公民政治素质调查报告》，北京：中国社会科学出版社，1994年。
③ 参见沙莲香主编：《中国民族性》，北京：中国人民大学出版社，1989年。

变,对国家政策如何引导、社会群体如何构建行为规范、个人与家庭如何完善社会化过程、建立现代政治价值观和思维方式等问题语焉不详。这就要求本领域的研究者一方面要更多借鉴传统政治文化的研究成果,追溯当前许多文化现象的历史根源,另一方面要更积极地进行中层理论的建构,特别是转型时期的独特政治文化现象与政治文化转型的路径设计。实际上,中国学者在这一领域有着得天独厚的优势。

三、中国传统政治文化研究

作为文化问题的焦点,在20世纪80年代的"文化热"与政治文化研究兴起的时刻,关于中国传统文化的固有观念就迅速遭到了质疑与挑战。学者们纷纷开始就中国传统文化的性质定义、作用机制、转型路径等问题展开讨论,同时也始终在尝试对中国传统文化进行总体性的理论建构。从时间尺度上看,80年代中国传统政治文化研究的争论主要围绕政治文化总体理论框架的建立,以及王权属性问题。90年代,中国传统政治文化的研究者不再对传统文化进行全面批判。研究也随即开始出现纵向和横向上的区分。纵向上开始对不同朝代进行具体研究;横向上开始区分价值、思想与其具体的作用机制。对中国古代不同群体的政治文化评价开始出现多种声音,逐渐趋向客观。到2010年,中国传统政治文化研究中的价值判断开始减少,论述更加客观理性;研究重点进一步集中到一些专门的议题,如民众参与态度、公共情感、宽容理念、政治认同、合法性思维等;但与此同时,关于关键问题的争论和分歧也进一步增多。总体看来,中国传统政治文化可以分为王权、宗法伦常、经学教化、士大夫与官僚、民众与政治五个方面。

(一)王权问题

王权问题是中国传统政治文化研究中的核心问题。王权问题研究的关键在于,在中国历史上,王权是否是绝对的、不受制约的,中国是否可能在王权的基础上逐渐过渡到现代政治或发展出自己的现代政治形态。

1987年,刘泽华与葛荃进一步将中国传统政治文化总结为一条主线和多个层次。一条主线是王权主义,其他层次均为王权主义的从属、派生、支流或补充。同时,他们将中国传统政治文化理解为一个以王权主义为核心的刚柔结构。"刚"是就王权主义的绝对性而言,"柔"则是指王权主义结构的内在调节机制。①

从君与道的关系角度看,一个比较普遍的看法是,自战国时期韩非子对老子之"道"进行改造后,使得道法合流,实际上使君道两分变为君道同体,最终上升为君高于道。而秦始皇统一中国后,则彻底扭转了春秋战国从崇"天"向崇"道"的发展趋势,用"道"来为自己的合法性进行论证,因而发展出了一系列的"圣王"理论,使政统与道统归并为一。简而言之,中国传统的政治文化模式从上古三代的宗教信仰,到春秋战国的君天同极、主阳臣阴、君道同体,演变为西汉时代政治信仰与政治理性高度融合,观念上树立天的至尊地位,并且将天与人紧密地联系起来,将天的权威与君主结为一体。②

从君与民的关系角度看,中国传统政治文化实际上是在绝对维护君权的前提之下相对重视民的作用。刘泽华等人将其总结为王权主义刚柔结构中"柔"的调节机制,具体体现为天谴说、从道说、圣人尊师说、社

---

① 参见刘泽华、葛荃:《王权主义的刚柔结构与政治意识——中国传统政治文化特点分析》,《论中国传统政治文化》,长春:吉林大学出版社,1987年,第27—43页。
② 参见葛荃:《传统中国的政治合法性思维析论——兼及恩宠政治文化性格》,《文史哲》2009年第6期。

稷尚公说与纳谏说等学说。①俞可平则将中国传统政治文化概括为"民本君主"。他认为,民本主义与民主主义有着本质区别。民本主义实际上是与君主主义是对立统一的,根据对"君"与"民"侧重的不同,传统政治文化可以划分为"尊主安国""惠民安国""尊君爱民"三种思想流派。②

从君与政的关系角度看,由于君主权力的绝对性,所以中国传统文化在政治运行机制方面不重视制度,而是让一切政治生活都派生于君主本身,具体体现为重人治不重法治、重治术不重制度。皇帝制度的存在及其职能的实现,需要社会成员的普遍认同。因此中国历史上存在一系列的符号、话语、仪式与观念以维系这一基本原则。具体说来,则包括不断楷模化、圣化的帝王尊号制度;常年不变,帝王赖以维系国家与社会、中央与地方、华夏与四夷、王权与士民的巡狩制度;延续千年,强调自己对治统、道统的继承,建构自己的国家认同的庙祭制度;等等。

(二)宗法伦常问题

中国传统政治文化研究中的宗法伦常问题,实际上是政治与道德的关系问题。中国古代除了正式的政治制度之外,还存在着一套完整的伦理纲常体系,同样起着维护社会秩序的作用,甚至在某些情况下取代了一部分政治制度的功能。这种现象是为专制王权所默许甚至于鼓励的,它也是与中国国家最高所有权支配下的土地私有制度基础上的小农经济形式相适应的。一方面,宗法伦常从理论上使得君主集天、地、君、亲、师权力于一体,使社会形成了严格的人伦等级制度,让伦理超出家庭范围成为了全国的政治规范;另一方面,宗法伦常又通过家庭、氏族、门阀对个人进行规训,从实践上深刻影响了中国传统的政治价值、政治心理

---

① 参见刘泽华、葛荃:《王权主义的刚柔结构与政治意识——中国传统政治文化特点分析》,《论中国传统政治文化》,第27—43页。
② 参见俞可平:《中国传统政治文化论要》,《孔子研究》1989年第2期。

与行为倾向。因此在对中国传统政治文化进行研究时,许多学者选择了宗法伦常作为突破口,分析伦理道德如何、又在何种程度上塑造了政治规范与政治文化。

从宗法伦常本身的角度看,宗法关系源自于中国封建社会的小农经济和血缘,它确认了"以君为师""以吏为师"的权力对认识的最高裁决权。伦常不仅作为人行为的最高准则,也是重要的统治工具。也有学者认为,宗法族制的社会构造使得中国传统文化呈现出近依附型的形态,具体表现为家长本位、自律本位、权力本位与均平本位的政治文化,[1]具体体现为中国社会的"潜规则",包括血缘、乡缘、学缘、业缘四个方面。实际上,无论朝代更迭,"三纲五常"作为基本伦理关系和基本道德准则始终没有发生变化,都被提升到天理与人性的高度,构成了适用于一切行为的准则与规范。

从政治与道德的角度看,宗法纲常衍生而来的礼法代替法治维持了中国传统社会的社会秩序,从思想上强调人性本善、强调道德、贬低法治。"性善论"与"性恶论"殊途同归,以道德与政治的互渗为手段,为权力的绝对化提供了理论支撑。[2]也有学者认为,这种传统仁政的情感逻辑,基于同情的治世之道,将中国传统政治文化塑造为一个"情本体"的文化,在实践上则体现为营造上下和谐的公共情感,以礼乐治国即是要求为政者以恻隐之心实行统治。[3]

---

[1] 参见马庆钰:《中国传统政治文化的发展逻辑》,《政治学研究》1998年第2期。同样参见马庆钰:《中国政治文化论纲》,《理论学刊》2002年第6期;马庆钰:《告别西西弗斯:中国政治文化分析与展望》,北京:中国社会科学出版社,2002年,第470页。
[2] 参见伍俊斌:《中国传统政治文化分析》,《社会科学论坛》2011年第4期。
[3] 参见成伯清:《从同情到尊敬——中国政治文化与公共情感的变迁》,《探索与争鸣》2011年第9期。

(三) 经学教化问题

中国传统政治文化中的经学教化问题,实际上是政治思想与政治社会化问题。学者们研究发现,之所以宗法伦常能与制度紧密相连,甚至于取代一部分政治制度,在很大程度上有赖于中国古代受到官方确立的完整、丰富、细致的思想理论体系与高效、全面、深入的社会化机制。一方面,自"独尊儒术"之后,后世知识精英都采取"注经"的方式建构自己的理论体系;另一方面,这样的思想和理论又在"教化"理念的基础上经由官学和私塾等多种机制深入民众心理。因此关于经学教化问题的研究大致分为两类:一是研究儒学和诸子百家思想在不同朝代的变化与传承;二是研究官方确立的思想理论深入社会心理的作用机制。

首先,儒家学说在自身不断发展的过程中,为中国传统政治文化制定了政治理想、价值理念与行为规范,经学方法的思维特征是理解中国传统政治文化的一条主线。具体而言,有学者将中国传统文化直接归纳为以儒家思想为核心的封建政治文化,包括以君主为出发点的单向辐射型政治意识形态,"天、君、国、家合为一体的政治认识,以'忠''孝'为核心的伦理至上的政治评价模式,丧失主体性的政治依附情感,'小康''大同'的千年政治理想,名教精神的政治思维内核"[1]。

其次,儒家学说也通过不断调整自己的论述来弥合与现实政治间的冲突与差异。例如在唐朝,今文经学、谶纬、方士传统共同构筑了一个"太平天子"与"千年天子"的政治神话,[2]使不同的帝王能顺利嵌入"五德终始"的总体神话体系。而宋代的知识精英则从五运、谶纬、封禅、国

---

[1] 金太军:《论中国传统政治文化的政治社会化机制》,《政治学研究》1999年第2期。
[2] 参见孙英刚:《"太平天子"与"千年太子":6—7世纪政治文化史的一种研究》,《复旦学报》(社会科学版)2010年第6期。

玺等政治学说和仪式方面对传统政治文化进行了全面的清算。①这使得中国传统政治文化中的"奉天承运"政治神话开始向"居天下之正"的政治伦理转变。可见,虽然中国传统政治中"独尊儒术"的模式使得一种特定的政治理论、政治思想与政治实践、政治制度结合地过于紧密,以致难有多元的反思与争论。但从另一方面来说,正是由于这种紧密的结合,使得政治理论与思想的任何变化都可能对政治生活产生深刻影响。

同时,儒家学说也通过一套有效的教化机制弥补了政治统治的不足,完成了政治社会化功能。它使得家庭、学校都具有了社会化效应,并且确立了内圣外王作为政治社会化的最高阶段。一部分学者将这一教化机制批评为"愚民哲学",其目标是为了对社会一般成员进行精神和思想控制以达成理想的顺民社会。②另一部分学者则主张应该客观评价教化机制,将其内容与实际作用方式区分开来。③也有学者指出,儒家不但把教化理解为政治的根本目的,也把教化理解为产生政治的原因和政治权力的根据。④

（四）士大夫与官僚问题

士大夫与官僚居于中国古代权力结构的中间层次。一方面,士大夫的政治权力与政治地位源自并从属于王权;另一方面,官僚又是政治权力的直接执行者和具象化代表。士大夫与官僚问题的关键在于,士大夫与官僚群体是否具有制约王权的能力和意愿。这一争论具体体现为数

---

① 参见刘浦江:《"五德终始"说之终结——兼论宋代以降传统政治文化的嬗变》,《中国社会科学》2006年第2期。
② 参见葛荃、鲁锦寰:《论王权主义是一种极权主义——对中国传统政治文化的一种解读》,《山东大学学报》(哲学社会科学版)2006年第4期。
③ 参见金太军:《论中国传统政治文化的政治社会化机制》,《政治学研究》1999年第2期。
④ 参见张汝伦:《从教化到启蒙——近代中国政治文化的起源》,《复旦学报》(社会科学版)2009年第2期。

个议题,例如君主与士大夫之间的关系是依附从属还是"共治天下";士大夫的政治理想是指向维护"王权"还是"民本";士大夫的社会人格体现为"主"还是"奴";士大夫群体的政治文化主流是"为民请命"还是"权力崇拜";官僚群体的政治行为更多体现为"兼济天下"还是"独善其身";士大夫与官僚之间、知识精英与政治精英群体并不完全重合,那么"乐师"文化与"史官"文化间又存在何种关系。

首先是总体上作为政治理想的清官期盼问题。一个比较普遍的共识是,清官期盼从属于王权政治,它只是在绝对维护王权原则之下对民众心理进行的相对调节。由于人治和王权主义的发展,中国传统社会一方面摒弃了有效的法律规范和任何形式的公开竞争与批评,另一方面,帝王官僚独占了利益表达和利益凝聚权,这才使得失去政治权利的人民不得不盼望清官的出现。①

其次是士大夫本身的理想问题。士大夫的政治理想始终存在君父与百姓的两极,一方面追求兼济天下;另一方面又实际上独善其身。争论的焦点在于对宋代士大夫政治理想与政治文化传统的认识。一部分学者认为,虽然宋儒对传统政治文化进行了抨击和抵制,但同时又表现了对某些传统政治文化观念的认同与接受。②另一部分学者则认为,宋代士大夫凭借对"祖宗之法"的强调,实际上完成了对汉唐以来政治文化的解构,并在此基础上建立了自己独特的政治理想与话语体系。③

最后是官僚团体与官本位文化问题。有学者指出,中国传统政治文

---

① 参见朱仁显:《人治、王权、礼治、清官期盼——论中国传统政治文化的基本特点》,《东南学术》1996年第4期。
② 参见王荣科:《王安石变法中的政治文化》,《北京大学学报》(哲学社会科学版)2000年第S1期。
③ 参见陈苏镇主编:《中国古代政治文化研究》,北京:北京大学出版社,2009年,第404页。

化中的君子小人两分逐渐养成了官贵民贱的社会价值观,同时逐渐形成了小民无权过问政治、否认人民政治参与权的政治生活形态。①同时,官本位文化之所以从属于王权,是因为官僚的财富、荣誉、特权、理想都必须通过依附王权来实现。具体而言,官本位体现为垄断公共政治权力、依附包容官僚政体、泛化权威崇拜、暴露国家政治的封闭和腐朽。②

(五)民众与政治问题

民众的政治行为、政治生活状态及其相应的政治文化同样是中国传统政治文化研究中一个争论不休的议题。这实际上是一个关于政治控制、政治参与和政治反抗三者间相互关系问题。争论的关键在于,在专制王权严密的政治控制之下,民众是否具有政治权利?是否具有政治生活的权利或可能性?他们除了以非常态政治反抗的方式,是否还可能以常态的方式实现政治参与?这样的政治生活状态又塑造了民众怎样的政治文化?

从民众的参与意识角度,有学者将中国传统政治中的参与意识归纳为非参与、无主体性参与、有限主体参与和特殊参与四种,③由于中国传统政治文化中"民本君主"的理论结构塑造了民众弱化的政治自主、参与和反抗意识,强烈的服从民族和国家意识,使得中国传统社会具有了极大的政治容忍性和政治认同感。④但另一部分学者认为,应该给予传统文化更积极的评价。一方面,中国封建社会专制政治高度集权的性质决定了它从制度上不可能包容政治参与扩大化,但另一方面,民本思想也

---

① 参见郑敬高:《从三个层面看中国传统政治文化的特质》,《政治学研究》1989年第4期。
② 参见李向国、吴永:《从"官本位"政治文化的本质特征看中国传统政治文化的缺陷及其现代转换》,《理论导刊》2006年第5期。
③ 刘泽华、葛荃:《王权主义的刚柔结构与政治意识——中国传统政治文化特点分析》,《论中国传统政治文化》,第27—43页。
④ 俞可平:《中国传统政治文化论要》,《孔子研究》1989年第2期。

为扩大民众的政治参与提供了理论的可能性。①同时也有学者将中国社会总结为一个蜂巢状结构社会,这种结构直到 1978 年后才在所有制结构的改变和人口流动的加速中开始松动。与此同时,民众政治参与开始常态化,民众政治参与的积极性不断提高,民众政治参与的方式不断增多,民众政治参与的群体性开始显现。②

从民众的政治态度角度,有学者指出,它主要体现为平均主义,即社会下层成员对于特权的极端不满和对抗心理。③但同时有学者指出,这种政治态度是双重性的:它表现为个体农民对皇权极端崇拜的同时又极力疏远。④有学者指出,即使是在根据仁政理想建立的社会秩序中,所能追求的也只是个别的正义和公平,缺乏对普遍原则下公平正义的期待。中国传统政治文化中民众的政治理想只注重如何做一个好人,而不是如何塑造一个好的制度。⑤

四、中外政治文化比较研究

改革开放以后,国际交往日益频繁,我国一方面受到西方文化浪潮的冲击,一方面也对国际社会充满了兴趣。这就决定了我国此时既要抵御外来文化的过度入侵,又要主动了解、研究国外文化。首先,随着世界各国的全球化程度日益加深,在这个过程中,一个国家的国际行为如何

---

① 万斌、张燕:《中国传统政治文化视角下的政治参与》,《南京社会科学》2011 年第 4 期。
② 王绍光:《政治文化与社会结构对政治参与的影响》,《清华大学学报》(哲学社会科学版) 2008 年第 4 期。
③ 刘泽华、葛荃:《王权主义的刚柔结构与政治意识——中国传统政治文化特点分析》,《论中国传统政治文化》,第 27—43 页。
④ 参见徐勇:《中国农民传统政治文化的双重性分析》,《天津社会科学》1994 年第 3 期。
⑤ 参见成伯清:《从同情到尊敬——中国政治文化与公共情感的变迁》,《探索与争鸣》2011 年 9 月。

被动地受到国内文化的影响,又应该如何主动利用自己的文化拓展国际活动空间就成为了问题的关键。因此反思政治文化与全球化、反思西方文化等议题逐渐开始吸引学者们的注意。其次,一方面出于了解国际社会的客观需求,另一方面出于对我国自身文化转型的主观观照,学界开始越来越多地采取政治文化研究方法对世界各国进行区域国别的分析考察,研究政治文化与政治制度、政治文化与政治转型、政治文化与外交政策在具体国家和地区的相互关系。

从时间尺度上看,20世纪80年代中外政治文化比较研究主要体现为中西政治文化的总体比较研究,作品中对西方的态度总体偏向友好温和。90年代以后,特别是在20世纪90年代末21世纪初,由于国际国内局势的变化,文化冲击与文化主权问题成为这方面研究的热点,有学者开始专门对西方文化进行历史与流派的整体概括,以求客观全面展示西方政治文化的脉络、特征、核心观念,并分门别类对重点国家和重点区域展开研究。这一时期关于政治转型和对外政策的研究开始大量涌现。关于转型问题的作品开始增多。2010年以后,对文化冲击和全球化威胁的紧张感开始回落,学者们开始更多地反思特殊主义与普遍主义、全球化与本土化之间的关系问题。学界对于西方文化核心观念的争论与批判也逐渐降温,学者们开始尝试解读中西交流过程中对西方文化的误判与误读,开始注重寻求与世界的共同价值。

第一是全球化中的政治文化问题。我国学界对全球化与政治文化问题的反思大致是从两个方面展开:全球化与政治文化以及中西政治文化比较。全球化与政治文化方面的主要问题是反思文化全球化背景下我国应如何应对;中西政治文化比较方面的核心问题则是从理论上分析中西政治文化存在怎样的差异,以及我们应该在何种程度上学习与接受外来文化。

首先,政治文化的全球化是国际秩序中的新兴领域,它主要表现为强势国家的文化霸权、文化扩张与弱势国家的文化反思、文化抗争。20世纪90年代初,我国学者对此表现出了极强的关切。王沪宁指出,冷战之后,国际关系的基本要素发生变化,文化的地位逐日上升,逐渐被看作国家权力的构成属性,政治文化在国际社会的传播具体体现为文化扩张主义和对文化主权的维护。①90年代末,学界开始注重研判全球化对我国政治文化的冲击与挑战。2002年,中国政治学会的年会讨论了经济全球化与中国政治发展战略问题。与会学者提出,在全球文化发展和西方国家的文化攻势下,中国政治文化一方面要坚持自己的独立性,一方面要兼顾经济全球化的挑战和中国政治发展的实践,建设一种内接中国政治文化、外接经济全球化要求的先进政治文化。这不是中西政治文化的抗衡,而是对二者的双重超越。同年,中共中央党校举办了主题为"全球化与中国政治文化发展"的讨论会,与会者的共同认识是,当前全球化的政治文化维度表现为强者主导文化霸权攻势,弱势国家则利用极端民族主义进行抗争。因此,我们应该对政治文化的绝对性与相对性、普适性与多样性问题保持足够的关注。

(一)是政治文化全球化与政治文化的特征问题。俞可平将改革开放以来中国的文化转型概括为现代化与全球化的双重变奏。他指出,在中国的现代化进程中,中西之争、传统现代之争、中体西用之争正在日益淡化,核心议题正在逐渐转变为全球化与本土化、全球性与民族性、国家认同与民族认同等问题。②但也有学者认为,全球化一定会伴随着西方

---

① 参见王沪宁:《作为国家实力的文化:软权力》,《复旦学报》(社会科学版)1993年第3期;王沪宁:《文化扩张与文化主权:对主权观念的挑战》,《复旦学报》(社会科学版)1994年第3期。
② 参见俞可平:《现代化和全球化双重变奏下的中国文化发展逻辑》,《学术月刊》2006年第4期。

政治文化的扩张,其基本模式是以经济全球化为主要途径、以政治社会化为特征、以普世主义理论为指导推行西方自由民主价值观。①

(二)政治文化全球化对我国的影响主要体现在西方文化带来的冲击。西方政治文化的本质特征究竟如何?很多学者将西方政治文化理解为公民文化。但具体而言,有的学者倾向于对其进行分析性的理解,将其概括为理性主义、公民文化、自由至上、法律至上四种传统;②有的学者则倾向于总体理解,将外来文化整体概括为一种被"全球化所塑造的"公民文化,这是一种标志着人由自在自发的自然状态走向自由自觉的主体状态的文化观念。③

(三)为积极迎接挑战,主动调整自身政治文化,促进我国政治文化的现代转型,许多学者对中西政治文化的差异和分歧进行了比较。一部分学者从政治秩序的来源进行比较,认为中国是一种伦理型的政治文化,而西方是一种法理型的政治文化;④一部分学者则从政治参与的角度进行理解,强调中西政治文化传统的根本区别在于民本思想与民主思想;⑤也有学者从政治理想的角度将中西政治文化的核心差异归纳为礼和正义的区别。⑥近年来,有学者则认为自由、法治、民主的政治理想、政

---

① 参见佟德志、苟轶:《文化全球化与国际政治社会化——以新自由主义为个案分析西方政治文明扩张的模式》,《中共天津市委党校学报》2006年第2期。
② 参见马振超、郑维东:《西方政治文化的特征分析》,《华北水利水电学院学报》(社会科学版)2001年第4期。
③ 参见袁祖社:《现代"公民文化"对传统"臣民文化"的扬弃与超越》,《齐鲁学刊》2003年第3期。
④ 参见朱汉民:《伦理型政治和法理型政治——中西政治文化比较研究》,《河北学刊》1989年第1期。
⑤ 参见陈炳辉:《从民本与民主思想的比较看中西政治文化传统的区别》,《厦门大学学报》(哲学社会科学版)1989年第2期。
⑥ 参见范明生:《中西政治文化的核心范畴:礼和正义》,《上海社会科学院学术季刊》1999年第2期。

治秩序、政治参与观念并非西方独有,而是不同区域和国家政治人格的基础,而近代以来中西政治文化之争,实质上是中国人基于特殊主义的理由对现代性政治采取拒斥的态度。①

第二是美国、俄罗斯的政治文化问题。我国对美国的研究主要集中在政治文化对外交政策的影响、政治文化传统及当代政治文化等方面。我国对俄罗斯的研究,除分析它的政治文化传统和当前政治文化对外交政策的影响之外,更重要的一个主题是从政治文化角度反思俄罗斯的转型过程。

首先是对美国的政治文化研究。一部分学者尝试从政治文化与外交政策角度进行探讨。有学者认为美国政治文化主要包括新教理念、自由主义、民族主义和实用主义等内容,它们对美国外交思想史上的汉密尔顿、杰斐逊、杰克逊和威尔逊主义四种流派都产生了基础性影响作用。②有学者则认为以意识形态和宗教信仰为基本内容的价值观和在此基础上形成的政治文化构成了美国对外政策中的恒定因素。③

一部分学者侧重于从政治哲学角度对美国的政治文化进行整体概括。例如有学者指出美国政治文化的核心思想是由经典自由主义和实用功利主义组成的自由主义思想。④有学者则指出有一对基本冲突贯穿整个美国政治文化,即普遍平等、个体本位的自由主义原则和白人新教精英主义的实践政治原则。⑤

---

① 参见任剑涛:《特殊主义、普遍主义与现代性政治的认同——在中西政治文化之间的言说》,《江海学刊》2007年第1期。
② 参见张宏志、郑易平:《析美国对外政策的政治文化基础》,《世界经济与政治论坛》2014年第6期。
③ 参见潘小松:《美国对华关系的文化因素》,《国际论坛》2001年第1期。
④ 参见潘志兴、王恩铭:《政治文化、社会精英与美国外交政策》,《国际观察》1999年第4期。
⑤ 参见唐士其:《美国政治文化的二元结构及其影响》,《美国研究》2008年第2期。

另一部分学者则倾向于从政治史角度对政治文化的形成过程展开探讨。例如有学者认为美国政治文化的变迁实质上是建立在美国化基础上的渗透与统驭、整合与对美国本土文化的再造。①有学者则指出,美国的政治文化由建国初期强调公共利益的"精英统治"向强调个人利益的自由主义逐步转型。②

对于当代美国政治文化,学者们之间的理解则存在差异。一部分人认为,当前美国的政治文化逐渐从传统的共识建构型向极端对抗型转变。③另一部分人则认为,美国每一次的政治变革实际上都是为了弥合政治理想和制度间的差异。但每次变革都没有触动核心价值观。这使得稳定的美国政治文化成为美国政治制度能保持稳定的重要因素。④

其次是对苏联、俄罗斯的政治文化研究。从苏联政治文化的角度,学界主要专注于政治文化对苏联解体的影响。有的学者专注于分析苏联后期主流文化与非主流文化的对抗。⑤也有学者致力于研究从勃列日涅夫时期开始的、持反体制态度的政治文化如何逐步解构了苏联合法性的政治文化基础。⑥

从政治文化与文化主权角度,我国学界虽然常常将俄罗斯、东欧

---

① 参见孙兰英:《大众传播与当代美国政治文化的全球扩张》,《郑州大学学报》(哲学社会科学版)2006年第4期。
② 参见董瑜:《商业公司的建立与美国建国初期政治文化的转型》,《中国社会科学》2015年第6期。
③ 参见潘亚玲:《美国政治文化的当代转型》,《美国研究》2017年第3期。
④ 参见牛霞飞、郑易平:《美国政治文化的特点及其对政治制度稳定性的影响》,《世界经济与政治论坛》2016年第5期。
⑤ 参见张建华:《政治文化背景下苏联知识分子的公共空间与政治表达》,《福建师范大学学报》(哲学社会科学版)2010年第5期。
⑥ 参见王鹏:《戈尔巴乔夫时期反体制性公共领域的形成与苏联政治文化转型》,《当代世界社会主义问题》2011年第1期。

或原社会主义国家作为一个整体区域进行研究,但更令学者们感兴趣的则是各个国家之间的文化特性与文化差异,而不是地区或意识形态带来的文化共性。有的学者探讨苏联与东欧关系并指出,双方既有相同或相近的政治文化,如斯拉夫文化、基督教—东正教文化、社会主义文化等,又有宗教、民族等政治文化分歧。①有学者探讨俄罗斯与欧洲整体,也有学者对与俄罗斯关系密切或复杂的具体国家(如波兰)进行研究。②

从政治文化与政治转型的角度,我国学者始终对俄罗斯是否能建设起保证转轨顺利进行的政治文化环境保持了关注。同时,苏联解体三十年来,我国学者在不断尝试对俄罗斯的政治文化发展历程进行总结与概括。例如2001年华东师范大学、中央编译局、中共上海建设党校联合举办了"俄罗斯社会转型问题学术研讨会",会议认为十年来俄罗斯政治文化的转型基本是不成功的。十年过去,市民文化并没有成为社会主流文化,反而流传千年的平均主义、集体主义、国家主义、大国主义仍然具有广泛的社会基础。③

一个比较普遍的研究基础是将当代俄罗斯政治文化总结为自由主义与权威主义的对撞或双重约束。关于俄罗斯政治文化的整体现状,一部分学者认为,由于在转型时期对政治文化的消极态度、失范行为及无序状态导致它呈现出向下回归的趋势。这其中既有向传统的回归,也有

---

① 参见李兴:《论冷战时期苏联东欧关系中的政治文化因素》,《北大史学》1998年第1期。
② 前者研究参见焦阳、曹阳:《政治文化视阈下的俄罗斯与欧洲关系》,《东北亚论坛》2009年第6期。后者研究参见刘祖熙:《俄罗斯政治文化与波兰政治文化比较研究》,《史学集刊》2014年第1期。
③ 参见黄军甫:《俄罗斯社会转型问题学术研讨会综述》,《当代世界与社会主义》2001年第4期。

在传统与现代之间的异化。①另一部分学者则认为,转型以来俄罗斯政治文化实际上从政治认知、政治情感、政治人格、政治意识等方面都能观察到本质上的变化。②也有学者主张全面评价当代俄罗斯政治文化,认为俄罗斯虽然通过对历史、国家、权威的强调重构并统一了内部认同,但过分强调垂直权力体系和与西方的区别却使得俄罗斯的国家认同从内容和结构上不断失调。③

第三,对日韩、欧洲等重点区域的研究问题。对日本的政治文化研究主要探讨日本的传统文化及其现代变异,对韩国的政治文化研究则注重分析韩国传统文化对其民主转型的影响。对英国的政治文化研究侧重于英国政治的渐进发展和过渡问题。对法国的政治文化研究比较关注法国大革命问题。对德国的政治文化研究关注的更多是战后德国政治教育对政治文化的影响问题。

在日本政治文化研究中,学者们普遍关注一个核心问题:近代日本的政治文化为何会呈现出内向与外向、和平与战争、儒家大同与帝国主义的双重特征?一部分学者认为在其传统文化中本就存在尊皇、公武、幕府、武士道等矛盾性。④另一部分学者则认为其矛盾性主要是来自于儒家政治文化在日本广泛传播后与许多新元素的叠加,并在近

---

① 参见高宏久、袁胜育:《新与旧的角力——略论转型时期俄罗斯政治文化》,《国际观察》2004年第5期;郭小丽:《王权的图腾——试析俄罗斯政治文化传统》,《俄罗斯东欧中亚研究》2006年第6期;祖雪晴:《当代俄罗斯政治文化的演变》,《俄罗斯中亚东欧研究》2011年第4期。
② 参见邱芝:《俄罗斯政治文化变迁:历程、表现与动力》,《理论界》2014年第1期。
③ 参见刘莹:《俄罗斯国家认同的构建及其对中国的启示》,《北京大学学报》(哲学社会科学版)2016年第3期。
④ 参见宋益民:《论日本传统政治文化的特点》,《日本学刊》1991年第5期;赵宝煦:《"和为贵"、"中庸之道"与"武士道"精神——关于日本政治文化的思考》,《北京大学学报》(哲学社会科学版)1999年第4期。

代被用以为现实政治服务。①对于当代日本政治文化,学者们则普遍指出了它的派阀特征、右倾倾向,以及由此产生的外交政策的两面性和暧昧性。②

在韩国政治文化研究中,学者们主要关注类似韩国这样有着深厚儒教传统的国家如何能成功推动政治转型,以及为何此类国家的政治现代化常常面临许多潜在的阻碍。有学者指出,类似韩国的儒教国家之所以难以自发现代化,主要是因为儒家教义已经不断被权力重塑和改造,造成了政治文化和政治制度的高度融合,因此无法为社会发展提供制度空间。③

在英国政治文化研究中,学者们普遍关注英国为何能以和平、渐进的方式逐步推动政治发展。有学者指出,恰恰是传统文化中的父权主义使得英国率先完成了从封建主义向资本主义的过渡任务。④也有学者认为,英国政治文化的独特模式主要是在传统特征与现代因素的共同作用下形成的,因此呈现出两大特点:源自贵族文化的顺从型政治态度,与理性精神和实用主义相结合产生的渐进主义行为方式。⑤

在法国政治文化研究中,核心问题是法国大革命期间的政治文化与革命对政治文化的影响。有学者论证到,法国的专制主义传统根深蒂固,"彻底决裂"的期望美好但不现实,这只造就了一种内战式的政治风格。⑥也有学者认为18世纪中期以后,法国的政治思想氛围已悄然转变,

---

① 参见郭定平:《论日本儒家政治文化的发展和变异》,《江苏社会科学》2016年第3期。
② 参见苑崇利:《试析日本政治文化的思想根源》,《外交学院学报》2003年第2期;魏福明、朱菊生:《二战后日本政治文化思潮的变迁》,《学海》2009年第1期。
③ 参见张建伟:《传统儒教国家迈向现代国家的转型困境——以韩国近代政治文化变迁为视角》,《东疆学刊》2013年第2期。
④ 参见向荣:《16、17世纪英国政治文化中的父权主义》,《史学月刊》2001年第1期。
⑤ 参见康晓:《英国民主制度的主要特点及其文化成因探析》,《经济与社会发展》2007年第10期。
⑥ 参见高毅:《法兰西风格:大革命的政治文化》,杭州:浙江人民出版社,1991年,第342页。

立足于社会之中的公共舆论取代绝对主义王权,成为新的政治权威,并成为后来法国历史以那样激烈方式发生的重要因素之一。①

在德国政治文化研究中,我国最为关注的问题则是战后德国所建构的取得显著成就的政治教育体系。学者们普遍认为,从联邦德国建立之初到 20 世纪 70 年代,公民文化的塑造是联邦德国民主制度的成功标志和根本因素之一。学者们认为,战后德国的政治教育从理念转变、目标更新、内容主题转换、体系重建发展等方面深入完成了对德国政治文化从纳粹权威到民主政治的艰巨改造。②

五、当代中国政治文化研究

当代中国的政治文化研究是伴随着 20 世纪 80 年代的"文化热"开始的。80 年代中期以后,在思想解放的背景下,文化研究逐渐升温,各个领域的学者都开始思考中国文化的自我定位问题。有学者甚至认为,这一时期的"文化热"在精神上承继了五四运动科学与民主的光荣传统。③90 年代中期,"三农"问题的潜在威胁开始日益突出,"三农"问题的概念得到官方和媒体的广泛运用,"三农"问题重新成为我国政治文化研究的热点。同时,随着改革开放的发展,城乡经济差距加大,沿海地区与内陆地区的差距也在加大,这就使得许多少数民族地区的政治经济社会生活落后情况日益显著,这也受到学者们的关注。到 90 年代末,随着中

---

① 参见洪庆明:《试析 18 世纪法国"公众舆论"的演生与政治文化的转变》,《史林》2010 年第 4 期。
② 参见孙东方、傅安洲:《二战后德国政治教育在政治文化变迁中的作用分析》,《比较教育研究》2007 年第 1 期;傅安洲、阮一帆:《战后德国政治教育价值取向的转换及其启示》,《高等教育研究》2013 年第 7 期。
③ 参见王乐理:《政治文化导论》,第 34 页。

国加入WTO的讨论日益热烈,学界也开始反思全球化与政治文化之间的关系问题,以研判全球化对我国文化主权的冲击。2000年以后,由于中国经济迅速发展,大量农民涌入城市,但农民的政治权利和政治参与仍被固化于农村,这就使"民工潮"引发了大量社会问题,于是农村、农民政治文化研究又增添了农民工的议题。同时,第一批改革开放以后出生的青少年步入成年行列,"80后"群体呈现出了许多独特的政治文化特征,这使得政治教育、政治价值观、政治社会化等题目的研究受到关注。之后,在2000年代中后期,网络与智能手机开始普及,学者们又开始关注互联网所带来的全新政治文化形态。

　　无论中国传统政治文化研究还是中外政治文化比较研究,其指向都是当代中国的政治文化现代化进程,其目的都是为理解当代中国的政治文化提供参照系,为推动当代中国的政治文化现代化提供理论和方法。这一特征同样也反映在当代中国政治文化研究之中,具体表现为两个主要研究方向:其一,当代中国政治文化的具体内容研究;其二,当代中国政治文化转型路径研究。这两个不同的方向也体现在政治文化研究的方法选择方面,前者更注重规范方法,后者则更倾向于选择实证方法。前者更注重对象差异,更多选择围绕具体的亚文化类型展开研究;后者则更注重主题划分,更多从政治文化的某个具体领域出发论述中国政治文化的现状和前景。因此也大致可以将当代中国政治文化研究分为三个重要部分:整体政治文化与现代化路径研究;主要政治亚文化类型研究;政治文化重点领域研究。

　　第一个问题是当代中国政治文化与政治文化现代化路径研究。关于这个问题,学者们一方面不断致力于从整体上概括描述当代中国政治文化,为其提供一个全面的图景;另一方面则致力于为当代中国政治文化的转型寻找宏观的转型路径。

首先,当代中国政治文化形态概述。学者们普遍的共识是,当代中国政治文化由三部分构成:以集体主义、现代民主、参政意识和法制观念为核心的社会主义政治文化占主导地位,但封建主义和资本主义政治文化同样存在,且对社会主义政治文化构成了一定的冲击。[1]学者们认为,改革开放以来,在政治文化的许多领域,我国已经确立了新的观念、新的思维和新的模式,政治认知倾向于全面与深刻,政治态度倾向于理性和客观,政治情感倾向于独立与温和,政治信仰呈现一元主导与多元并存的局面。[2]但学者们同样也指出,当代中国政治文化的成分依然复杂,从传统政治文化向现代政治文化的转型依然需要一个长期的过程。[3]

其次,当代中国政治文化转型路径。早在20世纪80年代,学者们就已经对政治文化转型和重构的必要性达成了普遍的共识。但关于传统政治文化转型的目标、困难、方向、路径等各方面则存在争议。比较具有代表性的观点是,总体而言,当代中国政治文化的发展取决于认真反思历时性结构,积极改造共时性结构,切实铸造价值核心,让文化中轴的政治文化向制度中轴的政治文化转变。[4]具体而言,参与型政治文化是转型的基本目标[5],缺乏社会生长机制将会是政治文化转型的主要困难[6],未来中国的政治文化转型要对马克思主义进行再认识、同时扬弃

---

[1] 参见俞可平:《当代中国政治文化的基本格局与主要特征》,《学术研究》1989年第2期;金太军、李善岳:《论当代中国政治文化的现代化》,《人文杂志》1998年第6期;刘学军:《论当前我国社会变革中的政治文化》,《科学社会主义》1999年第3期。
[2] 参见孙西克:《政治文化与政策选择》,《政治学研究》1988年第4期;熊光清:《当代中国政治文化变迁与政治发展》,《太平洋学报》2011年第12期。
[3] 参见虞崇胜、李艳丽:《当代中国政治文化的多元性分析》,《学习论坛》2004年第11期。
[4] 参见王沪宁:《转变中的中国政治文化结构》,《复旦学报》(社会科学版)1988年第3期。
[5] 参见孙正甲:《参与型政治文化民主性质论析》,《吉林大学社会科学学报》1996年第2期。同时参见孙正甲:《政治文化学概论》,哈尔滨:黑龙江人民出版社,1996年,第303页。
[6] 参见徐勇:《市民社会:现代政治文化的原生点》,《天津社会科学》1993年第4期。

西方政治文化。①具体的路径则应该是在已经成功构建的政策文化基础上,构建稳定而明确的体系文化和均衡的过程文化,理性面对不同的传统并从中寻求支持。②

第二个问题是主要政治亚文化类型研究。中国的政治现代化进程已历时百年,路程坎坷。百年以来,中国的政治社会结构都发生了翻天覆地的变化。许多原有的社会群体分化、消失,同时新兴的社会群体不断出现。这就导致中国的政治亚文化结构也出现了根本性的改变。广阔版图和悠久历史带来的丰富的政治亚文化结构与现代化进程中不断新增、消失、变异的政治亚文化状况相叠加,造成了当代中国政治亚文化的高度复杂性。因此想要全面了解当代中国政治文化,除了对其进行整体和动态的考察,还必须对具体的亚文化类型进行分析评估。

首先是农村、农民和农民工政治文化。由于中国的现代化进程最先是由聚集在城市中的政治精英和知识精英启动的,因此广大的基层农村农民就成为了传统政治文化最完整的承载者。因此农村、农民以及后来的农民工政治亚文化长期是政治文化研究者所关注的题目。王沪宁指出,中国的现代化应该是整个社会均衡的现代化,因此中国社会发展的关键在于乡村的现代化。我国一方面要创造宏观社会条件来促进家族文化消解,一方面则要调控其机制以充分利用其潜能。③学者们研究发现,随着农民工大量进入城市,这一群体相应的政治亚文化模式实际上也在发生变化,且并未沿着传统—现代的单向路线推进,而是呈现出公

---

① 参见金太军:《近现代中国传统政治文化变革的历史反思》,《江汉论坛》2000年第1期。
② 参见王丽萍:《政治发展进程中的中国政治文化构建——兼论改革开放三十年中国政治文化》,《北京大学学报》(哲学社会科学版)2009年第1期。
③ 参见王沪宁:《当代中国村落家族文化》,上海:上海人民出版社,1991年;王沪宁:《中国的村落家族文化:状况与前景》,《上海社会科学院学术季刊》1991年第1期。

民文化、臣民文化和暴民文化三种亚文化形态。①同时,对农民与农民工这一亚文化群体政治文化转型和发展影响最大的是制度供给的不足与城乡二元分割的固有模式。②这就导致这一群体的政治身份与政治生活出现错位,从而导致出现了一系列不健康、甚至会对社会秩序产生影响的政治文化现象。③

其次是少数民族与边疆地区政治文化。中国在地理上的广阔性与复杂性造就了各个地区及生活在各个地区民族之间文化传统的巨大差异。且由于各个地区的区位优势不同,其经济发展速度不同,相应的政治现代化进展也有所差异。因此许多少数民族和边疆地区的政治文化问题现代化就吸引了学者们的关注。学界首先提出,在少数民族政治文化研究中,很难用政治思想研究予以代替。不能认为没有系统政治思想的少数民族就没有或不能进行政治文化研究。④因而学者们也积极对云南、西北、湘鄂黔等少数民族聚居区或边疆地区的政治文化进行了研究。⑤研究的重点主要是关注当前相对落后地区政治文化的成因,少数民族传统文化的特征,亚文化群体的文化传统与现代政治文化的矛盾,

---

① 参见徐增阳:《"民工潮"的政治社会学分析》,《政治学研究》2004年第1期。
② 参见郭正林:《家族的集体主义:乡村社会的政治文化认同》,《社会主义研究》2002年第6期;韦林珍、钟海:《农民工政治文化的嬗变与和谐社会构建》,《西安交通大学学报》(社会科学版)2007年第3期;戴玉琴:《村民自治视域中的新农村政治文化模式构建》,《扬州大学学报》(人文社会科学版)2007年第3期。
③ 参见田先红:《当前农村谋利型上访凸显的原因及对策分析——基于湖北省江华市桥镇的调查研究》,《华中科技大学学报》(社会科学版)2010年第6期。
④ 参见周平:《少数民族政治文化论》,《云南社会科学》1994年第5期。
⑤ 参见周平:《论云南少数民族政治文化》,《思想战线》1995年第5期;经纬、刘绍兰:《边疆少数民族地区的政治文化和政治稳定》,《云南民族学院学报》(哲学社会科学版)1999年第4期;丁志刚、韩作珍:《我国西北少数民族现代化进程中的政治文化转型》,《西北师大学报》(社会科学版)2003年第6期;李乐为:《少数民族地区政治文化建设的现状及路径选择——以湘鄂渝黔边为例》,《湖南社会科学》2010年第4期。

中国传统政治文化中民族政策的价值取向以及政治文化现代化与民族国家治理之间存在互动关系等。

中产阶层政治文化与政治态度研究是一个比较新的议题。根据现代西方政治学的基本假设,中产阶级无论从政治认知倾向、政治价值观念、政治文化态度等方面都是且应当成为政治现代化的重要助力。但在实际研究过程中学者们却发现,中国的中产阶级与理论预设具有一定的共性,具有较强的社会批判意识和较强的民主意识。①但与此同时,中国的中产阶级也存在政治态度取决于自身和"体制"关系的特点,相对西方更取决于国家引导、普遍反对非制度化的集体行动等特点。②总体而言,学界认为中国的中产阶级政治心理健康理性,是社会的重要稳定力量,它适应并将有助于中国渐进式民主的发展道路。③

由于当代中国国家对现代化进程的重要作用,国家权力的执行者即公务员群体的行政文化也吸引了学者们的注意。中国早在20世纪80年代就已出现了对行政文化的研究,④经过数十年的发展,行政文化研究已经创造了相当丰富的成果。⑤行政文化研究在高校、各级党校与行政学院广泛开展,已经建立了专门的中国行政体制改革研究会行政文化

---

① 参见张翼:《当前中国中产阶层的政治态度》,《中国社会科学》2008年第2期。
② 参见胡联合:《政治学最高法则下的中产阶层"稳定器"构建战略——兼与张翼先生商榷》,《社会科学》2009年第1期;孙龙:《当前城市中产阶层的政治态度——基于北京业主群体的调查与分析》,《江苏行政学院学报》2010年第6期;齐杏发:《当前中国中产阶层政治态度的实证研究》,《社会科学》2010年第8期。
③ 参见李春玲:《寻求变革还是安于现状:中产阶级社会政治态度测量》,《社会》2011年第2期。
④ 参见王沪宁、竺乾威主编:《行政学导论》,上海:上海三联书店,1988年。
⑤ 由于在当代中国规范公务员态度、价值、行为对全面提高治理能力和治理水平的重要意义,中国的行政文化研究已发展为一个相对独立的研究领域,研究力量强大,研究成果丰硕。本文主要对政治文化研究做总体性的分析,因此仅对行政文化研究的主要议题做简单的概括梳理,不再详述行政文化研究领域的重要观点与重要作品。

委员会,同时例行举办中国行政文化论坛。当前学界大量使用政治文化方法对行政文化进行研究,主要关注的议题包括公务员的社会化过程、行政哲学、行政伦理与行政道德、行政心理,以及与行政文化相关的一系列观念与不同领域的行政文化构建途径。对于行政文化研究领域存在的问题,学者们普遍认为:其一,行政文化研究缺乏基础理论的思考与建设,大量研究都是围绕政策与现象的评述;其二,行政文化研究缺乏系统性,缺乏完整的理论框架,大部分研究成果是围绕热点议题展开;其三,行政文化研究边界模糊、概念泛化,常被用于笼统地解释一切行政活动中出现的现象。因此学界认为,中国的行政文化研究应该且正在逐渐向公共管理文化研究方向转型。

青年学生的政治态度、政治价值观及其政治社会化过程同样是政治文化研究中的重要题目。学者们指出,改革开放以来,青年价值观的发展正在逐渐对生活政治生活产生越来越明显的影响。因此许多高校的青年工作者都积极对青年学生的社会化渠道、价值观建构过程、思想政治教育的本质和途径、网络对青年学生政治观念的影响等问题进行了思考。① 同时,也有学者对青年学生与"80后"群体的整体政治价值、政治信念、政治态度进行评估。研究发现,相对于20世纪80年代的青年("60后"),"80后"具有激进的政治态度、积极的参与行为和强烈的社会变革预期。②

---

① 参见程颖:《社会变革对当代青年学生政治社会化的影响》,《现代教育科学》2005年第9期;张红薇:《网络文化对大学生政治价值观的负面影响及构建策略》,《中国青年政治学院学报》2007年第3期;刘波:《青年学生价值观形成的一般过程与内在机制》,《思想教育研究》2010年第2期;宇文利:《论思想政治教育本质:政治价值观的再生产》,《马克思主义与现实》2013年第1期。
② 参见范雷:《80后的政治态度——目前中国人政治态度的代际比较》,《江苏社会科学》2012年第3期。

在互联网时代,政治文化本身的内容、形态、载体都发生了不小的变化,因此许多学者也选择对网络政治文化展开研究。一部分学者强调网络文化的冲击性,他们认为,网络文化以其消费化、世俗性与娱乐性消解了国家意识和政治观念,甚至会造成信仰危机。[①]也有学者认为,网络文化由于其开放性、透明性和去中心化特征,实际上有利于政治主体的平等交往。[②]另一部分学者则主张应该首先客观认识和理解网络文化,它具有政治环境的虚拟性、政治文化的扩散性、同质性、直观外显性和双选择性等特征。[③]还有学者指出,网络文化实际上仍是现实政治在网络空间的延伸和反映,是互联网的存在消除了个体意识上升为集体行动的制约条件,从而催化了网络群体性爆发。[④]

第三个问题是政治文化的重点领域研究。在政治文化的研究学者中,一个比较广泛的共识是中国的政治文化需要从臣属、依附、参与的混合型政治文化逐渐向参与型政治文化转变。但政治参与本身落实到当代中国政治实践的语境中又会枝生出许多领域的议题。例如,要克服中国公民的政治冷漠和政治疏离感,首先必须使其对政府具有一定的信任,因此首先要对其政治信任进行评估。而要吸引公民积极进行政治参与,又必须使其对自己参与的效果存在一定正向的预期,即具有一定的政治效能感,因而还必须客观分析他们在政治效能方面的感知。具体说来,从重点领域方面,当代中国政治文化研究可以细

---

① 参见刘彤、赵学琳:《网络化趋势对我国政治文化的影响》,《东北师大学报》(哲学社会科学版)2002年第1期。
② 参见黄相怀、张兰廷:《互联网思维重构中国政治文化》,《哈尔滨工业大学学报》(社会科学版)2014年第4期。
③ 参见王树亮:《网络政治文化论纲》,《理论与改革》2012年第5期。
④ 参见金太军、李娟:《虚拟与现实的互动:网络政治文化的社会作用机理》,《社会科学研究》2014年第3期。

分为政治信任、政治效能、政治价值观①、政治态度、政治认知、政治情感、政治评价等方面。②

首先是政治信任,当前的政治信任研究主要探讨的议题是政治信任的概念及结构形态、政治信任的群体特征、政治信任的决定因素和政治信任的实际影响。政治信任的结构形态方面,学界基本达成共识,认为当前我国存在"央强地弱"的差序信任格局。③更进一步的研究专注于对这一格局的形成原因、发展趋势与具体表征进行探讨,例如有学者全面考察了1990—2009年间中国政治信任的演变过程并指出,在中国的政治信任结构中,象征性政府的信任度最高,执行性政府的信任度则偏低。④政治信任的群体特征方面,学者们主要采取比较的方式对不同地

---

① 政治价值观研究除了一些整体社会政治价值观调查(参见夏凌翔:《论中国人的政治价值观》,《内蒙古农业大学学报》(社会科学版)2003年第3期;赵波文:《当代中国社会政治价值观调查报告》,《甘肃理论学刊》2009年第6期;赵孟营、熊茜、孙瑜香、王慧红:《现代公民意识的觉醒:北京市公民的政治价值观报告》,《中国特色社会主义研究》2009年第2期;池上新:《市场化、政治价值观与中国居民的政府信任》,《社会》2015年第2期;李路路、钟智锋:《"分化的后权威主义"——转型期中国社会的政治价值观及其变迁分析》,《开放时代》2015年第1期;等等)之外,主要研究对象是大学生、农民,同时还存在一些对中国传统政治价值观的研究。本文相关部分已有叙述,在此不再单列。

② 政治态度的研究主要集中在对特定群体(青年、学生、农民等)和特定议题(环境、改革、政治参与等)领域,与本文政治亚文化类型研究具有相当的重合性,因此不再单列。政治认知、政治情感、政治评价等话题对我国尚属比较新的话题,尚未形成系统、规模化的研究,因此本文重点叙述政治信任、政治效能和政治价值观。

③ 参见闫健:《居于社会与政治之间的信任——兼论当代中国的政治信任》,《南昌大学学报》(人文社会科学版)2008年第1期;沈士光:《论政治信任——改革开放前后比较的视角》,《学习与探索》2010年第2期。

④ 参见孟天广:《转型期的中国政治信任:实证测量与全貌概览》,《华中师范大学学报》(人文社会科学版)2014年第2期;叶敏、彭妍:《"央强地弱"政治信任结构的解析——关于央地关系一个新的阐释框架》,《甘肃行政学院学报》2010年第3期;上官酒瑞:《从人格信任走向制度信任——当代中国政治信任变迁的基本图式》,《学习与探索》2011年第5期。

区之间的政治信任结构。这其中既有不同国家和地区的比较研究①,也有专注于城乡比较、城市比较、政治信任的决定因素方面的研究,学者们发现,政府透明度与政治信任之间存在正相关关系。②研究发现,对于不同的权力机关民众也有着不同的信任度,这与其选举、上访、利益表达等政治行为存在一定关联。③也有学者分析县级政府的政治信任状况后发现,"纯公共产品提供的主观评价对政治信任的影响大于经济增长和民生福利",客观治理绩效起到了决定性作用。④

其次是政治效能感。政治效能研究同样分为群体特征、决定因素、影响和后果三方面,但政治效能的研究相较于政治信任仍有很大的发展空间。从群体特征方面,学界关注的重点同样包括城市居民社区、农民与农民工的政治效能,以及城乡政治效能感之间存在的差距。⑤学者们

---

① 参见马得勇:《政治信任及其起源——对亚洲8个国家和地区的比较研究》,《经济社会体制比较》2007年第5期。
② 参见于文轩:《政府透明度与政治信任:基于2011中国城市服务型政府调查的分析》,《中国行政管理》2013年第2期。
③ 参见胡涤非:《村民政治信任及其对村级选举参与的影响——基于广东省惠州市P村调查的实证研究》,《暨南学报》(哲学社会科学版)2010年第3期;胡荣:《农民上访与政治信任的流失》,《社会学研究》2007年第3期;孙昕、徐志刚、陶然、苏福兵:《政治信任、社会资本和村民选举参与——基于全国代表性样本调查的实证分析》,《社会学研究》2007年第4期;谢秋山、许源源:《"央强地弱"政治信任结构与抗争性利益表达方式——基于城乡二元分割结构的定量分析》,《公共管理学报》2012年第4期;郑建君:《政治信任、社会公正与政治参与的关系——一项基于625名中国被试的实证分析》,《政治学研究》2013年第6期。
④ 参见孟天广、杨明:《转型期中国县级政府的客观治理绩效与政治信任——从"经济增长合法性"到"公共产品合法性"》,《经济社会体制比较》2012年第4期。
⑤ 参见李蓉蓉:《城市居民社区政治效能感与社区自治》,《中国行政管理》2013年第3期;李蓉蓉:《农民政治效能感对政治参与影响的实证研究》,《深圳大学学报》(人文社会科学版)2013年第4期;熊光清:《新生代农民工政治效能感分析——基于五省市的实地调查》,《社会科学研究》2013年第4期;裴志军:《农村和城市居民政治效能感的比较研究》,《政治学研究》2014年第4期。

同样发现,性别、年龄、收入、户籍等因素,与选举、维权等行为都对群体的政治效能存在影响。①从影响后果方面,我国学者主要致力于分析政治效能对政治参与行为的影响。例如政治效能对个体的政治选择、思维过程、动机过程、情绪唤醒的作用机制,政治效能、信任、权威人格等因素对政治参与的影响,政治效能对政治参与的强度、归因方式、行为选择的影响,内外效能感、政治参与和对警察信任之间的关系等。②

六、结论:中国政治文化研究的变与不变

在四十年的发展历程中,中国的政治文化研究始终坚持了一个原则:通过研究政治学,为中国政治的现代化寻找道路与方向。换言之,通过政治文化研究推动并促进中国政治学与中国政治的发展,是政治文化研究者不变的追求。具体而言,它包括三方面的内容。

首先,改革开放以来中国的政治文化研究有着不变的价值追求。政治文化研究因其明确的价值预设和强烈的价值指向而在政治学研究,特别是中国的政治学研究中占有特殊地位。中国政治学中的政治文化研究始于20世纪80年代,既承接了邓小平关于"政治学补课"的重要论断,也延续了"发展精神文明"的总体战略。因此中国的政治文化研究与80年代中期关于"大文化"的讨论和关于政治问题的反思有着天然的亲

---

① 参见熊光清:《中国公民政治效能感的基本特征及影响因素分析——基于五省市的实地调查》,《马克思主义与现实》2014年第2期;胡荣、沈珊:《社会信任、政治参与和公众的政治效能感》,《东南学术》2015年第3期。
② 参见张平、李国青:《论政治效能感的作用机制及其培养》,《东北大学学报》(社会科学版)2004年第1期;王丽萍、方然:《参与还是不参与:中国公民政治参与的社会心理分析——基于一项调查的考察与分析》,《政治学研究》2010年第2期;胡荣:《中国人的政治效能感、政治参与和警察信任》,《社会学研究》2015年第1期;石瑛、董丁戈:《论基于政治效能感的公民政治参与》,《学术交流》2012年第9期。

缘关系,这就使得中国的政治文化研究一开始就主动承载了站在本国立场来使用政治文化概念推动中国政治现代化,为中国选择与探索现代化道路的宏大任务。简而言之,中国的政治文化研究,不仅要探讨"是什么"和"为什么"的问题,而且一开始就具有了寻找"怎么办"答案的明确指向。四十年来,中国政治文化的研究者始终秉承了这一传统,不断通过对政治文化问题的研究服务改革开放,推动改革开放的发展。

其次,改革开放以来中国的政治文化研究有着不变的现实关怀。中国政治的发展决定了中国政治学需要面对的问题,而中国政治学的发展则为中国政治提供了智力支持。在中国政治文化研究的三大领域内,都不难看到中国政治面临的现实问题。从这个角度可以说,中国的政治文化研究者是带着改革开放过程中浮现的种种疑惑向传统溯求根源、向西方寻求借鉴。换言之,对于中国政治及政治文化的发展来说,传统政治文化是根源,现代公民文化是标的,在这其中则存在着巨大的空间、强大的张力与复杂的关系。于是中国的政治文化学者一方面要思考西方何以一步步走到今天,塑成现代的政治文化,另一方面则要思考传统文化何以能维持千年,始终保持了一个稳定的运转状态。中国的政治文化研究者意识到,只有找到这二者在各个具体领域的恰当结合点,才能确保中国政治文化发展的速度与方向。

最后,改革开放以来中国的政治文化研究有着不变的国家视野。由于中国政治学者不变的价值追求和现实关怀,也由于中国政治现代化进程的特殊性,中国的政治文化研究者非常注重从国家的角度审视并带动文化的发展。这里的国家并不仅仅是指中央政府,而是包括国家权力各个层级的代理机构。中国政治文化研究者不仅思考国家整体性的意识形态与价值观建设,同样也关注国家各个领域的政策,常常在国家的农村政策、民族政策、青年政策、网络政策等领域建言献策。他们不仅致力于分析各种如群体性事件、上访问题、警民关系、政治信任等突出的社会现象并提出探索性的解决方案,同样也长期与支部、社区、乡村等基层组织相配合,系统性地完善与发展国家的政治文化结构。换言之,中国政治文化研究四十年的发展不仅体现在理论的进步中,更蕴含于整个国家的文化观念、文化政策、文化系统从宏观到微观的种种变化之中。

在看到中国政治文化研究的发展历程时,既要看到它不变的坚持,也应该要看到它的持续发展。四十年来,中国的政治文化研究呈现出明显的变化轨迹,同样包括三个方面。

其一,中国的政治文化研究从整体理论走向历史节点。20世纪80年代的政治学研究与改革开放的热情紧密相连。因此,无论是政治文化的整体研究思路或是对具体问题的判断都清晰、明确,呈现出相对一致的态度和倾向。研究者们对于中国传统政治文化总体持负面态度,进行了类似"王权主义"的理论建构。对于西方政治文化,研究者们则总体持比较正面的态度,并依据阿尔蒙德的经典定义,将其笼统概括为公民文化。对于当代中国政治文化,研究者们基本持乐观态度,并广泛认为要建设社会主义政治文化以消除封建主义和资本主义政治文化的影响。

到20世纪90年代之后,政治文化研究开始逐渐出现分歧。学者们发现,当代中国的政治文化中有着多种因素同时作用,因此政治文化的建设既不可能迅速摆脱传统文化的影响,不可能全盘照搬西方的政治文化模式。同时,在对传统政治文化与西方政治文化的整体理论建构之下有着许多矛盾和疑难之处,这使得研究者对于直接给出总体的判断日益谨慎。因此,中国的政治文化研究思路开始逐渐从整体理论建构走向具体节点研究。这里的"节点"主要是指纵向的历史节点,如中国不同朝代的政治文化趋势、西方不同国家和地区不同时代的政治文化特征等。中国的政治文化研究者们开始尝试以积累的方式逐渐澄清围绕一些核心问题的争论,以增加政治文化的经验知识,加深对政治文化的理论认识。

其二,中国的政治文化研究从中西两分走向全球认知。20世纪80—90年代,中国的政治文化研究界对于西方和自身政治文化的总体认知出现过两次比较大的波动。改革开放之初,重建政治学学科时,西方的政治学是中国学者主要的参照系和借鉴对象。中国学者大量引介西方政治学经典著作,因此总体对西方的政治文化持友好、温和的态度。90年代以后,随着苏联解体、颜色革命等一系列国际政治事件的发生,警惕外来冲击导致丧失文化主权的情绪开始逐渐上涨。政治文化研究界对待西方的态度也随之开始出现分歧。一部分学者继续坚持应该进一步了解并借鉴西方政治文化的发展历程,另一部分学者则认为西方的政治文化叙事方式伴随着文化输出的政策,过度重视西方政治文化会导致我国政治文化发展失去自主性。这一争论在20世纪90年代末21世纪初达到顶峰。

虽然我国政治学界始终担负着维护政治发展自主性和借鉴先进发展经验的双重任务,但随着中国正式加入WTO,全球化的程度进一步加深,关于开放和保守的争论逐渐平息,学界对于全球化的理解开始从警惕与抵制逐渐趋于理性。这一过程体现在政治文化研究中即是研究者从认知上不再将中国视为区别于西方的另一个世界,而是将自身看作全球政治的一个组成部分。同时,中国学者也不再将自己看作落后于西方而需要模仿学习的国家,不再将西方的政治文化作为唯一的模板,而是开始有选择地主动借鉴其他国家政治发展的经验。值得注意的是,这种借鉴并非全面的探索,而是带着中国关怀、中国议题的重点关注。例如苏联解体问题、俄罗斯政治转型问题、英国渐进式发展问题、法国革命问题、德国政治教育问题等等。总体上,中国的政治文化研究者逐渐转变为促进中国积极融入全球化进程,融入世界政治发展进程,参照世界其他国家政治发展历程、寻求以自己的方式追求全人类共同价值而努力。

其三,中国的政治文化研究从道路探讨转向议题分析。中国的政治文化研究始于改革开放之后重建政治学科的决定,因此研究一开始就是要为改革开放服务,同时研究也就顺理成章聚焦到关于中国现代化道路的探讨上面。在这一时期,关于中国政治文化的转型道路,正像徐勇所指出的那样,一般而言存在三种类型,一种是"新儒家"学说,主张重新肯定和弘扬传统儒家文化的价值;一种是"引进"学说,主张大量引进西方民主文化;一种是"启蒙"学说,主张知识精英的宣传启蒙。[1]这三种倾向,被万斌概括为自由主义、保守主义、民族主义和马克思主义四种思潮,[2]也被马庆钰归纳为文化民族主义的传统派,文化激进主义的西化派和文化保守主义的中间派三种类型。[3]简而言之,三种类型分别主张向传统回归、向西方靠拢和继续坚持并发展中国特色社会主义文化。

20世纪90年代以后,学者们逐渐意识到,中国政治文化建设现实情况的复杂性远远超出既有理论的概括能力。一方面,政治文化并不总是呈现出单向的发展路径,它既可能多种要素共同作用,也可能多种方向或趋势同步进行;另一方面,中国各个社会群体的亚文化不仅本身就存在巨大差异,同时在经济、社会、政治转型的过程中,这种差别还在不断变化,既有缩小鸿沟达成共识的可能,也有分歧加大差异增加的可能,同时还有异化出全新特征的可能。于是中国政治文化的研究者开始运用田野调查、实验设计、定量分析、民意调查等多种方法对一些政治文化建设中的核心议题进行精细化分析。近年来,随着国家对于政治文化的建设日益重视,关于价值观与发展道路等问题也有了主流与共识的看

---

[1] 徐勇:《市民社会:现代政治文化的原生点》,《天津社会科学》1993年第4期。
[2] 万斌:《中国传统政治文化简论》,《浙江大学学报》(人文社会科学版)1994年第1期。
[3] 马庆钰:《中国政治文化论纲》,《理论学刊》2002年第6期。

法。因此中国的政治文化研究者也愈发青睐规范性的议题,如政治信任、政治效能、政治社会化等,不断尝试通过具体的议题分析为改革开放进一步深入提供参考与支持。简言之,中国学者从学习西方的理论假设逐渐转向了学习西方的操作方法以研究中国政治文化的议题,从学习西方的文化模式逐渐转向了借鉴西方的发展模式以推动中国政治文化不断更新。

当然,四十年来的中国政治文化研究也积累和留下了许多的问题,如研究主题庞杂、内容混乱;原创性不足;研究方法科学性不足;等等。① 笔者认为,中国的政治文化研究至少面临如何从理论建构层面、操作方法层面、经验材料层面继续发展,从自己的角度推动政治学界政治文化研究方法进步的挑战。

其一是在理论建构层面,如何发挥自己的优势,在研究预设、议题设置、理论建构方面推动政治文化研究范式发展。曾有学者认为,无论是20世纪50—60年代政治研究理论框架的建立,还是20世纪70—80年代政治文化研究的复兴,西方的政治文化研究在研究预设和议题设置方面并没有取得突破性的进展。② 大量政治文化研究所考察的依然是"何种政治文化有利于民主稳定"这一命题,因而英格尔哈特与帕特南并不可能比阿尔蒙德或维巴走得更远。的确,西方学者以自己为出发点对政治文化与政治现代化之间关系的总结,始终无法摆脱由果到因的推理逻辑。也就是说,西方学界基于自身经验所概括的始终是政治现代化的充分条件。这一点在西方学界本身也已引起了警惕与反思。许多学者指

---

① 参见肖唐镖、余泓波:《近30年来中国的政治文化研究:回顾与展望》,《政治学研究》2015年第4期。
② 参见汪卫华:《从公民文化到价值观变迁:西方政治文化实证研究的经验》,《国际政治研究》2008年第2期。

出,20世纪80年代政治文化复兴的一大特点就是非西方的政治文化研究开始大大增多①,甚至几乎拓展到全球所有国家和地区。

前文已经提到,任何一个国家的政治文化研究,都是以本国为立足点,主动接受、消化进而利用政治文化这一理论工具。改革开放四十年以来,中国经济飞速发展,同时整个东亚地区的政治局势也呈现出稳定发展的局面。这已经吸引力西方学界的注意,改变了其对东亚儒家文明与政治发展之间关系的认识。②实际上,许多发展中国家同样面临政治文化转型的问题。中国学者在研究政治、思想、文化,反思国家与文化转型间互动关系与互动模式的议题上有着天然的理论基础与学术兴趣。这就意味着,中国学者应该在思考文化转型的问题方面承担更大的责任。一方面,不能将视角局限于西方学界提出的理论框架;另一方面,也不应仅仅将视角局限在中国政治文化的研究范围。中国学者应该以中国政治文化研究的经验为基础,主动尝试理论框架的构建,并尝试将抽象提炼过后的关键概念、重要议题、理论工具拓展到全球政治文化的研究范围,探讨如何引导推动政治文化转型以促进政治发展的问题。

其二是在操作方法层面,如何打破学科壁垒、探索前沿方法,为政治文化乃至政治学研究提供新的工具。近年来,由于政治问题中的文化因素日益受到重视,加上社会科学研究方法的交流与共享,许多社会学专家学者也加入了政治文化的研究领域。多元的研究力量造成了中国学界在政治文化研究基本概念上的差异性,但这同时也预示着中国政治文化研究的巨大潜力。当前不仅社会学科之间的方法相似度越来越高,各学科之间的壁垒不断被打破,人文与社会学科之间的边界也在日益模

---

① 参见丛日云、王辉:《西方政治文化理论的复兴及其新趋向》,《政治学研究》2000年第1期。
② 参见郭定平:《论民主转型与政治文化研究的复兴》,《湖北社会科学》2012年第7期。

糊。研究方法对于研究成果正在发挥越来越大的作用与影响力。

对于中国学界来说,来自各个学科的政治文化研究学者之间虽有交流,但仍显相当不够。各个学科主要还是以独立研究为主。许多研究成果还是由于学者自己对其他学科产生研究兴趣并取得了一些成果,才让其他学科对既有的研究成果获得了解。这意味着中国政治文化研究已经有了相当大的存量,只是暂时还散布在各个学科之中。如果能有更多交叉性、综合性的研究成果,势必对政治文化研究水平的提高有着相当的助益。况且,各个学科都需要追求研究方法的更新,单一学科的力量始终有限,如果能进一步促进学科间成果交流与方法借鉴,将会极大推动政治文化研究的发展。实际上,近年来已经有许多学者借助大规模社会调查的数据库进行研究,也有学者开始尝试用大数据方法分析民众的意见表达,这都是相当有益的尝试。

其三是在经验材料层面,如何保持自己的特点,将政治文化与政治学学科内其他主题联系起来,为许多问题提供政治文化角度的解读,也为许多重点问题的解决提供借鉴。如本章开篇所叙述的那样,政治文化研究在政治学研究中有着特殊的意义和地位。政治文化研究虽然源自于行为主义政治学,但正如许多学者所意识到的那样,它并非一个秉持价值中立的研究方向。相反,它有着非常明确的先验价值判断和价值指向。一方面我们可以认为,政治文化研究是一个没有母题的理论工具,只是单纯分析个人和社会对于政治的好恶与倾向,只是一种描述心理过程和心理偏好的工具;另一方面我们也不难发现,当前西方的政治文化研究,具有非常明确的母题,即民主化问题。这就意味着,政治文化研究的视野完全不必局限于一处,而是可以借鉴政治学领域的各种母题,民主化研究、民主巩固研究、民主崩溃研究、政治转型研究等课题都能与政治文化研究结合起来。

对于中国学者来说，政治转型与政治文化就是一个很好的研究领域。一方面，中国正处于政治转型的过程当中，现实中就对这一课题有着强烈而旺盛的需求。另一方面，同时，中国改革开放的四十年，本身就是一个极为丰富的材料库。中国有着广阔的地域、完整的经济体系和多元的社会结构，各个地区、民族、社会群体间的发展速度并不一致，即使在同一群体内部往往也存在不小的差异。这就意味着中国具有极为丰富的亚文化类型。中国学者在这四十年对这些亚文化类型、对许多文化现象和文化变迁的研究过程中积累了丰富的经验，也发现了许多世界政治学未曾遇到也未曾思考的现象和规律。可以期待，如果能将这些经验综合起来，运用最前沿的方法进行理论建构，将能对政治文化研究整体上都做出不可忽视的贡献。

第七章 中国的政治学理论

殷冬水

改革开放四十年来,中国政治学"既是改革进程的内在参与者,也是改革事业的观察者和反思者"[①]。中国政治学见证、参与、推动了改革开放时代中国政治文明建设,也在引进国外政治理论知识体系的基础上寻求学科的自主性,探索构建本土原创性政治理论,"建构自主性中国政治学学科体系和话语体系"[②]。改革开放以来中国政治学政治理论的进步,体现为两个相互关联、相互促进的双向运动,一是与时俱进地引进国外政治理论的思想资源与理论范式,二是基于中国政治实践的历史和政治发展的道路构建本土原创性政治理论。

本章的任务是描述改革开放四十年来中国政治理论领域所做的主要工作,分析政治理论研究取得的主要进展和面临的主要问题,提出政治理论未来研究应坚持的主要方向。

---

① 景跃进、张小劲、余逊达主编:《理解中国政治——关键词的方法》,北京:中国社会科学出版社,2012年,第2页。
② 杨光斌:《作为建制性学科的中国政治学——兼论如何让治理理论起到治理的作用》,《政治学研究》2018年第1期。

要对改革开放四十年来中国政治理论领域的进展做分析,其前提是对政治理论的概念和类型做出阐释。本章将政治理论定义为"系统地反映政府的性质和目的的理论学说,它既涉及对现存政治制度的认识,又涉及有关如何改变这些制度的观点"。政治理论主要包括四种类型,即,作为政治思想史的政治理论、作为概念性说明的政治理论、作为一种形式模式建构的政治理论以及作为政治科学的政治理论。作为政治思想史的政治理论"在这里被看作一种深入分析经典政治思想家本身著述的活动,其目的是要确定这些著述的确切含义并据此再现每本著作的政治观"。作为概念性说明的政治理论被"看作一种澄清进行政治论证时所运用的各种术语之含义的方法"。作为一种形式模式建构的政治理论"把政治理论看作是以理论经济学的方式来构建政治过程的形式模式"。作为政治科学的政治理论,主要任务是"把特定的观察和低层次的经验性概念综合成一种一般的解释框架"[1]。本章所涉及的政治理论,主要包括这四种类型。

一、国外政治理论的译介

(一)翻译国外政治理论的学术经典

中国政治学的恢复重建是从学习国外政治学研究成果起步的,主要工作是"译介资料、培养学生、编写教材、组建机构、出版期刊"[2],主要目的是了解国外政治学的"新发展、新趋势、新学派、新思潮,学习、借鉴新方法"[3]。中国政治学人认识到他们"对国外政治学发展的研究还比较

---

[1] 邓正来主编:《布莱克维尔政治学百科全书》,北京:中国政法大学出版社,1992年,第578页。
[2] 王绍光:《中国政治学三十年:从取经到本土化》,《中国社会科学》2010年第6期。
[3] 王绍光:《中国政治学三十年:从取经到本土化》,《中国社会科学》2010年第6期。

薄弱"①。中国政治学人投入大量精力,致力于国外政治学领域经典著作或论文的翻译工作,比较有代表性的包括商务印书馆出版的"汉译世界学术名著丛书"、四川人民出版社出版的"走向未来丛书"、华夏出版社出版的"现代西方思想文库"丛书、北京生活·读书·新知三联书店出版的"现代西方学术文库"丛书、上海世纪出版集团出版的"世纪人文系列丛书"等等。在译介国外政治理论的经典论文中,创刊于1978年的《国外社会科学》和创刊于1991年的《国外理论动态》做了大量工作。

改革开放以来,中国政治学界国外政治理论经典的翻译,呈现出如下三个特点:一是语言的多元化,既包括英语、法语、德文、俄文、日语经典著作,也包括少量韩文、西班牙文、意大利文经典著作。英文经典成为翻译的主要载体。二是国别的多样化,经典的作者不仅来自美国、英国、法国、德国、意大利、日本等国家,还包括苏联、东欧的原社会主义阵营国家,甚至一些第三世界国家。三是时间的平衡化,不仅近当代政治理论经典被广泛介绍,文艺复兴、启蒙时代乃至古希腊、古罗马的重要政治理论经典都有大量作品翻译出版。

(二)译介国外政治理论前沿

改革开放四十年来,中国政治学人关注国外政治理论发展的学术前沿,以此来拓展政治学的知识领域,丰富政治学的话语体系,服务当代中国政治发展。

早在中国政治学恢复重建初期,"中国政治学会与中国社会科学院政治学研究所,自1980年起陆续编印《政治学参考资料》,介绍国外政治学有关资料。在此基础上,于1984年出版《国外政治学》杂志。1985年中国社会科学院政治学研究所编辑出版《政治学研究》杂志,《国外政治

---

① 王惠岩、王书君:《论当代中国政治学的发展》,《社会科学战线》1996年第2期。

学》被认为是中国政治学者了解国外政治学的一个重要'窗口'"①。改革开放初期,苏联、东欧国家的大量重要政治理论研究成果被译介过来,支撑中国政治学的恢复重建。东亚地区的日本、韩国等以及拉美国家的政治理论研究成果也被吸纳。政治学领域行为主义革命以来的一系列重要政治理论成果被介绍进来,支持中国政治学的发展。中国政治学人关注西方马克思主义政治理论的当代发展,研究自由主义在当代政治实践面临的挑战,探讨公共选择理论的运用价值。无政府主义、民族主义、共和主义、法团主义、极权主义、社群主义、法西斯主义等政治思潮大量被译介。亨廷顿、伊斯顿、阿尔蒙德、达尔、哈耶克、唐斯、诺斯、福山、蒂利、斯考切波、埃文斯、鲁施迈耶等学者的著作被翻译过来,系统而深入的研究得以进行。在译介国外政治理论前沿的过程中,许多译介工作都是在有主题策划的基础上集中的、大规模的系统引进,为国内学者进行系统性的深入研究提供了便利。在这方面,"协商民主译丛""当代西方政治学前沿译丛""民主译丛""政治发展与民主译丛""宪政译丛""西方公民理论书系""财政政治学译丛""政治文化研究译丛""国家理性译丛""政治理论译丛""当代西方政党研究译丛"等,在引进国外政治理论前沿上做出了贡献。

(三)加强国外政治理论前沿问题的跟踪研究

改革开放四十年来,中国政治学人注重对国外政治学理论的前沿进行跟踪研究。一批对国外政治学理论的前沿研究获得国家社会科学基金、教育部人文社会科学基金立项支持。

利用国家社会科学基金项目数据库,进入"立项查询"栏目,学科分类选择"政治学",项目名称输入"前沿""跟踪""追踪",或者"理论研究",

---

① 赵宝煦:《中国政治学百年历程》,《东南学术》2000年第2期。

按照立项时间从早到晚排序,整理出对国外政治学理论前沿研究的项目清单如下:

表7-1 政治理论前沿问题研究国家社会科学基金立项项目表

序号	项目号	项目名称	立项时间
1	96BZZ016	当代西方民主理论追踪研究	1996
2	04BZZ037	公共理论研究	2004
3	04CZZ012	自决理论研究	2004
4	06AZZ001	制度变迁理论研究	2006
5	09CZZ004	当代西方政治思想中的参与式民主理论研究	2009
6	09CZZ006	西方集体行动理论发展跟踪研究	2009
7	10BZZ002	价值多元论与自由主义关系问题之争追踪研究	2010
8	10AZZ003	现代国家建构理论研究	2010
9	10CZZ001	20世纪70年代以来西方政治哲学中的平等理论跟踪研究	2010
10	11BZZ011	西方政治文化研究复兴新成果跟踪研究	2011
11	11AZZ001	比较政治学理论发展跟踪研究	2011
12	11BZZ005	公民意识发展实证调查与跟踪研究	2011
13	11BZZ008	当代西方共识民主理论研究	2011
14	11CZZ006	西方共和主义公共利益理论研究	2011
15	12CZZ006	比较政治学理性选择理论追踪研究	2012
16	13CZZ011	西方政治代表理论研究及其启示	2013
17	13BZZ011	当代西方政治哲学中的自由理论跟踪研究	2013
18	13CZZ021	政治哲学视域中的协商民主理论研究	2013

续表

序号	项目号	项目名称	立项时间
19	14BZZ009	西方现当代机会平等理论跟踪研究	2014
20	14CZZ004	当代西方政治哲学中的全球正义理论跟踪研究	2014
21	14BZZ007	当代西方政治思想中的国家理论跟踪研究	2014
22	15CZZ004	当代西方政治哲学中的代表问题跟踪研究	2015
23	15CZZ003	当代西方政治思想中的政治代表理论跟踪、反思与重构研究	2015
24	15CZZ002	诺斯权利开放秩序理论的批判性跟踪研究	2015
25	16CZZ001	爱国主义理论研究	2016
26	17BZZ083	东亚发展型国家的理论追踪及中国启示研究	2017
27	17BZZ085	当代民主代表理论研究	2017

同样,我们利用教育部人文社会科学基金项目数据库,学科选择"政治学",项目名称输入"前沿""跟踪""追踪",或者"理论研究",可形成如下立项清单:

表7-2 政治理论前沿问题研究教育部人文社会科学基金立项项目表

项目名称	立项时间
当代西方民主理论追踪研究	1996
官僚制理论研究	1996
民主内在冲突的理论研究	1997
现代政府组织理论研究	1999
政治社会化基础理论研究	2001
马克思主义民族政治学基础理论研究	2001

续表

项目名称	立项时间
军备控制的理论研究	2002
自决权的理论研究	2003
转型理论研究	2003
获得性政治义务理论研究	2004
公共理论研究	2004
罗尔斯正义理论研究	2006
协商民主理论研究	2006
民主国家共同体跟踪研究	2006
当代参与式民主理论研究	2007

通过分析如上立项信息可以看出：第一，追踪国外政治学理论的学术前沿是中国政治学人的一项重要学术工作；第二，在全球化时代，中国政治学的发展需要不断拓展视野，吸收国外政治学研究的最新成果；第三，在追踪国外政治学理论的前沿中，中国学者主要关注国家理论、民主理论、代表理论、社会正义与全球正义理论、自由及权利理论、集体行动理论等领域。

（四）注重国外政治理论经典的阐释与研究

改革开放四十年来，中国政治学人不仅注重政治学领域经典著作的翻译工作，而且还注重经典的阐释和经典的通俗化工作。中国政治学人意识到，无论是学术研究，还是人才培养，经典的阐释和经典的通俗化都起着十分重要的作用。这是因为，大多数政治理论经典著作完成于不同于当下的社会历史背景，也回应不了当下政治实践提出的问题。这势必会造成经典著作理解中的时空距离问题。更为重要的是，大多数政治理论经典著作其思想往往是深刻的，同时也是晦涩的。政治生活和政治实践内在的复杂性和矛盾性,使得大多数政治理论经典著作充满复杂性和矛盾性,这造成人们在阅读政治理论经典著作中存在障碍和困难。如何使政治理论经典著作被更多的人所理解,如何使政治理论经典著作的原意和在人类政治观念变革中发挥的重要作用被更多的人所认识,成为中国政治学人要解决的问题。为此,一方面,中国政治学人翻译出版国外学界公认的对政治理论经典著作权威注释的著作,另一方面,中国政治学人在对政治理论经典著作做了大量深入研究的基础上撰写政治理论经典著作的导论性著作。在学术经典的阐释方面,刘小枫主持的"西方思想家:经典与解释"丛书规模甚巨;"当代思潮丛书"(包括《自由主义》[1]《社群主义》[2]《保守主义》[3]《法团主义》[4]《民族主义》[5]等专著)深入浅出地介绍了西方主要政治思潮;李平沤教授的《主权在民 VS"朕即国家":解读卢梭〈社会契约论〉》[6]、何怀宏教授的《公平的正义:解读罗尔斯〈正义论〉》[7]等经典文本的导读文本得以出版,为相关专业的教师和学生提供指引。

(五) 深化国外重要政治理论研究

改革开放四十年来,中国政治学人重视政治学基础理论,加强政治学基础理论研究,在民主理论、法治理论、社会正义理论、政党理论、国家理论、政府理论、公民理论、权力理论、国家—社会关系理论、中央—地方

---

[1] 李强:《自由主义》,北京:中国社会科学出版社,1998年。
[2] 俞可平:《社群主义》,北京:中国社会科学出版社,1998年。
[3] 刘军宁:《保守主义》,北京:中国社会科学出版社,1998年。
[4] 张静:《法团主义》,北京:中国社会科学出版社,1998年。
[5] 徐迅:《民族主义》,北京:中国社会科学出版社,1998年。
[6] 李平沤:《主权在民 VS"朕即国家":解读卢梭〈社会契约论〉》,济南:山东人民出版社,2001年。
[7] 何怀宏:《公平的正义:解读罗尔斯〈正义论〉》,济南:山东人民出版社,2002年。

关系理论、代表理论、政治意识形态理论、政治发展理论等领域进行了研究。

民主是当代中国政治发展的一个重要方向,建设高质量社会主义民主政治是中国现代国家建设的一项重要内容。改革开放以来,中国政治学人研究了民主的概念、民主的价值、民主的缺陷、民主的类型、民主的条件、民主的历史、民主的思想、民主的制度、民主的转型、民主的巩固以及民主质量的测量等问题。[1]这为构建具有中国特色的民主理论与发展中国特色的社会主义民主政治提供了智力支撑。改革开放以来,中国政治学人的民主理论研究取得了重要进展,主要表现在民主理论的思想基础得到扩展、民主的规范理论与经验理论之间的互动在增强、民主理论研究的意识形态色彩在淡化。中国政治学人不仅关注马克思主义的民主理论,而且也关注多元民主、精英民主、参与式民主、协商民主、共识民主、激进民主等;不仅关注民主是什么以及为什么需要民主等民主理论的规范问题,而且也关注民主的实现等经验问题。民主理论研究的专题化以及知识的系统化水平得到较大程度的提升,出版了一些有代表性的学术著作,比如《民主四讲》等书。

除民主之外,法治也是中国政治学人研究的一个重要领域。中国政治学人研究了民主对法治的意义,民主与法治之间的冲突,法治政府的发展等问题,与法学等学科领域的学者展开对话,推动法治项目研究、法治评估、法治培训等领域的交流合作,发掘中国法治建设的本土资源,构建中国法治理论和法治政府建设的指标体系,为建设法治中国提供理论

---

[1] 参考著作如俞可平:《民主与陀螺》,北京:北京大学出版社,2006年;王绍光:《民主四讲》,北京:生活·读书·新知三联书店,2008年;赵鼎新:《民主的限制》,北京:中信出版社,2012年。

支撑。①

随着改革开放事业的推进,社会分化问题成为中国社会高度关注的一个问题。社会正义理论成为中国知识界关注的一个焦点:中国政治学人关注社会正义何以是重要的,可能的？在维护社会公平正义的过程中,政府为何是不可或缺的？一方面,中国政治学人关注社会正义的类型和原则,研究不同正义原则在具体场域中的运用,另一方面,中国政治学人从政治学的角度关注社会正义实现的政治基础,分析社会正义实现中政府的角色、责任以及治理工具。中国政治学人认识到,社会正义难以自发实现,需要政府承担责任。然而,政府要有效地承担起维护社会正义的责任,既需要提升政府的能力,同时也要限制和约束政府权力。②

中国共产党是中国政治的核心变量,中国共产党自身的建设决定着中国的命运和未来。改革开放以来,政党理论的研究始终是中国政治理论研究的一个重要领域。中国政治学人试图通过对政党理论的深入系统研究,为中国共产党的建设和发展提供智力支持。中国政治学人研究了政党的概念、政党的意识形态、政党的功能、政党的类型、政党与国家、政党和社会之间的关系、政党制度与体系、政党发展、政党形象、政党认同等问题。③中国政治学人在政党领域的研究取得了明显进步,主要体现在研究范围的拓展、研究内容的深化以及研究方法的多元化上。政党的比较研究在深化和拓展,政党意识形态等领域的研究不断深入和深化,政党形象的塑造等领域运用了传播学、社会学、符号学等领域的

---

① 参考著作如俞可平主编:《中国学者论民主与法治》,重庆:重庆出版集团,2008年。
② 参考著作如邓正来主编:《转型中国的社会正义问题》,桂林:广西师范大学出版社,2013年;周光辉主编:《社会正义的治理之道》,长春:吉林人民出版社,2012年;吴忠民:《社会公正论》,济南:山东人民出版社,2004年。
③ 参考著作如王长江:《政党政治原理》,北京:中央党校出版社,2009年;王长江:《政党论》,北京:人民出版社,2009年。

知识。

改革开放以来,在中国共产党领导下,中国致力于建设一个现代国家,完成晚清以来未完成的使命。对国家的研究和国家理论的重视是改革开放时代中国政治理论研究的一个重要特色。改革开放初期,中国面临国家重建的艰巨任务,要恢复"文革"期间破坏的国家政权机器,激活国家政权的机能,不断提高国家治理的合法性和有效性。改革开放以来,"国家理论研究是高校政治学学术研究的重点领域"①。在国家理论领域,中国政治学人研究了国家的思想谱系与学术传统、国家的观念、国家的形成、国家的历史、国家的类型、国家的职能、国家能力、国家理性、国家自主性、国家认同、国家形象、国家建设或建构、失败国家等问题。②改革开放以来,中国政治学人国家研究的范围在扩展,不仅注重研究西方发达国家的国家建设,而且研究广大发展中国家的政治发展;不仅研究有效国家,而且研究失败国家或者脆弱国家。中国政治学人国家研究的内容在不断更新,不仅研究传统政治学国家研究的内容,比如国家的定义、国家的类型、国家的功能、国家的消亡等,而且研究现代政治学对国家建构、国家能力、国家自主性、国家理性等问题。中国政治学人国家研究的方法呈现多元化的特点,除了马克思主义外,多元主义、精英主义、自由主义、生态主义、女性主义等,都被广泛运用于国家的研究之中。

改革开放以来,如何建设一个勤政、廉洁、高效的现代政府,始终是当代中国政治发展的一项重要内容。中国政治学人研究了政府的职责与功能、政府的质量与绩效评估、政府信任、府际关系、地方政府创新、政

---

① 王浦劬主编:《中国高校哲学社会科学发展报告(1978—2008):政治学》,桂林:广西师范大学出版社,2008年,第210页。
② 参考著作如吴惕安、俞可平主编:《当代西方国家理论评析》,西安:陕西人民出版社,2009年;王绍光、胡鞍钢:《中国国家能力报告》,沈阳:辽宁人民出版社1993年。

府形象构建与传播、政府能力、政府决策等问题。①对于改革开放时代的中国而言,国家建设是重要的,社会建设同样重要,二者之间形成相互支持的关系。公民社会建设在中国现代国家建设中具有重要位置。中国政治学人研究了公民美德、公民文化、公民身份或公民资格、公民意识与公民教育、公民身份与民族国家建构之间的关系等问题。②作为政治理论的一个核心概念,起着统摄性的作用。中国政治学人做了大量精细的研究工作,研究了权力的概念、权力的类型、权力的价值、权力的属性、权力的测量、权力的异化与限制、政治仪式中权力的再生产等问题。③在权力研究中,中国政治学人注重从政治学之外的社会学、心理学、文化学等领域的研究中吸收思想资源,注重对权力的跨学科研究和对前沿研究成果的吸收运用。

改革开放以来,中国国家与社会关系发生了巨大变化。在国家社会关系理论领域,中国政治学人主要研究极权主义、多元主义、威权主义、统合主义等理论范式,研究国家如何嵌入、动员、整合和改造社会,社会如何重塑国家。中国政治学人对国家与社会关系的分析不断精致化,国家是由不同行动主体和组织构成的多元集合,同样,社会也并不是铁板一块,而是由不同诉求的行动者构成的。在不同领域,国家与社会可能呈现出不同关系。在同一领域中,国家与社会关系在不同时空范围内呈现不同特征。代表理论受到中国政治学人的高度关注。中国政治学人研究了代表的概念与代表理论的历史演变、代表的类型、代表的证成、代

---

① 参考著作如谢庆奎主编的"政府理论研究丛书";乔耀章:《政府理论》,苏州:苏州大学出版社,2003年。
② 参考著作如肖滨、郭忠华等:《现代政治中的公民身份》,上海:上海人民出版社,2010年;郭忠华:《公民身份的核心问题》,北京:中央编译出版社,2016年。
③ 参考著作如周光辉:《论公共权力的合法性》,长春:吉林出版集团有限责任公司,2008年。

表理论与民主理论之间的复杂关系等问题,聚焦于代表理论的当代争论。然而,整体而言,代表理论的研究"起步较晚,或难产生比较有分量的研究成果;从内容上看,截至目前国内学者主要是借鉴、引用国外学者的研究成果,并将其应用于对中国情境的研究,很少有可称为创新性的研究"①。对于改革开放时代的中国而言,意识形态是政治发展的一个重要变量。中国政治学人研究了政治意识形态的概念、结构、功能等问题,研究了自由主义、保守主义、社会主义、民族主义、新权威主义等政治思潮形成的社会历史背景、演化的阶段性特征、产生的社会影响。中国政治学人在政治发展理论领域投入大量精力,研究了政治发展研究兴起的背景、政治发展研究的视角与进路、政治发展的维度与内容、政治发展的动力与条件、政治发展的方式与途径、政治发展质量的测量、政治发展与政治危机(政治衰败)等问题。

回顾改革开放以来中国政治学人对国外政治理论的译介,可以发现存在如下四个特点:一是译介工作始终根植于中国改革开放的政治实践,服务中国改革开放的政治实践。对国外政党理论经典的译介,为中国共产党的建设和发展提供了思想资源;对国家理论与现代国家建构经典的译介,拓展了中国现代国家建设的视野;对政府理论经典的译介,为改革开放时代中国政府的改革创新提供了经验;对全球化理论经典的译介,服务于中国融入全球化的进程。二是译介工作始终服务于中国政治学学科的发展与进步。译介工作为中国政治学学科发展提供了丰富的思想资源、概念体系和话语体系,为中国政治学构建本土原创性的政治理论提供了参照系,为中国政治学吸收人类政治文明成果提供了可能性和现实性。三是译介工作始终服务于中国政治学人才培养工作。译介

---

① 朱中博:《代表理论研究在中国:现状与反思》,《社会科学论坛》2017年第10期。

经典,研究经典,讲授经典,反思经典,贯穿中国政治学人才培养整个过程,在人才培养中起到了训练学科思维、强化学科意识、拓展学科视野的重要作用。四是译介与研究工作呈现差异化发展的局面。一些研究团队注重国家建设理论文献的翻译工作,一些研究团队集中引进民主理论与民主转型的文献,还有一些研究团队注重政府改革与发展经典文献的翻译与传播工作。

虽然改革开放以来中国政治学人对国外政治理论的译介工作取得了巨大成绩,但面向未来,这方面的工作仍有亟待改进的空间:一是应进一步强化译介工作的平衡性。改革开放以来,中国政治学人政治理论译介工作的重心主要集中在基于西方发达国家政治发展经验形成的政治理论经典上,对基于广大发展中国家政治发展经验的理论经典关注不够。二是应要平衡好译介经典与研究经典、反思经典之间的关系,强化对国外政治理论经典的反思,在思想重述和思想重组的基础上追求思想创新。三是应加强经典阐释的译介工作。四是应在译介经典的过程中,在注重经典内容的基础上强调对经典的研究方法和共同特征的研究。经典如何把握时代精神、解决时代问题,经典如何提出原创性的思想、如何超越以往的认知起着解放思想的作用,经典如何转变成大众的行动、推动社会进步,值得深入研究。

二、本土原创性政治理论的构建

(一)构建本土原创性政治理论意识的觉醒

改革开放以来的四十年,既是中国政治学人引进国外政治理论的四十年,也是中国政治学人扎根中国政治实践构建本土政治理论而不断探索的四十年。四十年来,"越来越多的学者已经意识到照搬西方理论方法的内在局限性,并主动反思和创新"①。越来越多的学者认识到中国政治学"面临着双重的任务:理论再思和理论创新。理论再思指对过去的理论观念进行再检查,拨乱反正,正本清源;理论创新指针对社会政治文化生活出现的新现象,创造相应的理论"②。

为了构建本土原创性政治理论,中国政治学人强调在学习和吸收国外政治理论的同时,要反对不加批判地吸收国外的政治理论,警惕"'夜郎自大'和'食洋不化'的现象"③。在学习国外政治理论的过程中,要反思国外政治理论研究的问题是不是中国学者要研究的问题,反思国外政治理论的人性预设是否符合中国的实际情况,反思国外政治理论的概念是否需要重构或转换。在中国政治学人看来,"主张学术自主性和立足中国现实,不是要自我封闭,更不是否认已有的研究成果,而是强调中国政治学要回应中国现代化建设的重大问题,不能从西方理论出发,不应局限于西方理论中固有的概念和观点,更不能不加辨析地将西方政治学学术议题转化为中国的学术议题"④。学习国外政治理论,不仅是中国政治学恢复重建发展的内在要求,也是改革开放的时代要求。然而,在学习和引进国外政治理论的过程中,要"批判的吸收,创造性的思考"⑤。"由于理论体系和理论观点的移植存在着一个历史文化土壤的问题,建立在西方传统文化基础上的现代政治学理论体系,在解释历史文化背景

---

① 杨雪冬:《建构、互通与自主:当代中国政治学的话语体系建设》,《浙江社会科学》2017年第7期。
② 王沪宁:《中国政治学研究的新趋向(1980—1986)》,《政治学研究》1987年第2期。
③ 王邦佐:《政治学的繁荣和发展需要理论创新》,《政治学研究》2001年第1期。
④ 周光辉:《政治学研究要融入强起来的时代洪流》,《人民日报》2017年12月4日,第19版。
⑤ 王绍光:《"接轨"还是"拿来"——政治学本土化的思考》,2007年12月16日,http://www.aisixiang.com/data/17012.html,2018年9月29日。

完全不同的中国社会的政治现象时,其科学是令人怀疑的。"①因而,在大规模引进国外政治理论的过程中,要注意我们所引进的政治理论在学术市场中受到了哪些批评,将这些政治理论纳入"思想市场"之中加以检验,要分析国外政治理论与政治实践之间的关系,看这些理论在何种程度上解决了政治实践面临的问题,或者在解决政治实践面临问题的基础上产生了哪些新的问题,应对这些新问题,需要对已有的政治理论做出什么样的修正调整,了解这些国外政治理论在全球范围内的扩散状态和运用状态,学会在各国政治实践中检验这些理论的解释力。

为了构建本土原创性政治理论,中国政治学人强调政治理论的学术研究要关注中国政治现实,扎根中国的政治实践,"应该立足中国政治实践需要,建立我们自己的政治学体系"②。众所周知,"政治学是一门与社会政治生活紧密关联的学科"③。"政治学的生命在于扎根社会的政治实践活动之中。"④中国政治学恢复重建以来"就有着明确的指导思想和正确的发展方向,从而将理论研究与现实需求有机地结合起来"⑤。中国政治学人意识到,"政治学如果不能回应时代要求,不能对当代中国的发展道路和社会变革作出科学解释,不能为中国的发展提供学术支撑,那么,政治学自身的知识价值和学科地位就无法得到承认,中国发展道路的正当性和合理性也会缺失政治学理论上的阐释,结果很可能是中

---

① 曹沛霖:《以基础理论研究推进政治学的发展》,《天津社会科学》1997 年第 4 期。
② 丘晓:《要给政治学以适当的地位》,《江苏社会科学》1985 年第 3 期。
③ 丛日云:《政治学研究与公民文化建设》,《政治学研究》1999 年第 1 期。
④ 刘德厚:《简论政治学在当代中国的历史任务》,《武汉大学学报》(社会科学版)1986 年第 4 期。
⑤ 王惠岩:《回顾与展望:发展中的中国政治学》,《吉林大学社会科学学报》2005 年第 4 期。

国政治学在实践中失语,在国际上的话语权也会受到削弱"①。

改革开放以来,中国政治学人意识到政治理论与政治实践之间有密不可分的关系。"中国政治学一开始就必须面向中国政治现实。"②政治理论要有所创新,必须根植于中国的政治实践,同时服务于中国的政治实践。改革开放以来,中国社会的各个领域发生了巨大变革,这种变革在人类发展史上具有里程碑的意义。中国政府在各个领域不断推动改革,在施政理念、施政方式以及公共政策上进行了卓有成效的创新。经过四十年的改革,中国实现了政治稳定、经济繁荣和社会和谐,创造了"中国奇迹"。正是改革开放以来丰富的政治实践,为中国政治学人构建本土原创性政治理论提供了实践基础。中国政治学人了学会如何从政治实践的探索中寻求政治理论创新,如何从政治理论创新中服务国家的政治发展。

为了构建本土原创性政治理论,中国政治学人强调政治理论研究要有历史眼光和全球视野,将中国政治发展的经验纳入各国政治发展的比较框架中分析研究。早在改革开放初期,中国政治学人意识到了构建本土原创性政治理论的重要性、紧迫性与现实性,意识到"有分析地引进国外的前沿理论和先进方法,有助于中国政治学研究水平的总体提高,但是,这不是中国政治学的生命力所在。中国政治学的生命应是自己的理论创新"③。要构建本土原创性政治理论,要有历史眼光。对于构建本土原创性政治理论而言,从历史的视角研究中国政治的"变"与"常"与研究当下和现实同等重要。这不仅是因为所有政治都是"时间"中的政治,

---

① 周光辉:《政治学研究要融入强起来的时代洪流》,《人民日报》2017年12月4日,第19版。
② 王惠岩、王书君:《论当代中国政治学的发展》,《社会科学战线》1996年第2期。
③ 林尚立:《政治学与政治发展:中国政治学发展20年》,《政治学研究》1998年第2期。

更是因为中国政治的历史影响着当下中国政治的走向，在很大程度上也左右着中国政治未来的发展方向。构建本土原创性政治理论需要"大历史"观念，离开了这种"大历史"观念，我们就很难理解改革开放四十年中国政治领域的变革的重要价值，也很难理解中国政治领域变革的世界意义。如果中国政治学人无法准确理解改革开放四十年中国政治变革的重要价值及其世界意义，中国政治学人就难以承担起构建本土原创性政治理论的使命。在构建本土原创性政治理论的过程中，纵向的大历史观是重要的，横向的比较同等重要。比较既是为了理解中国政治变革的独特性，也是为了理解中国政治变革的共通性。独特性可以验证已有政治理论的适用性，或者提出新的政治理论；共通性则可以检验基于中国经验所建构政治理论的扩展空间，检验本土原创性理论是否可上升为一般的政治理论。

为了构建本土原创性政治理论，中国政治学人强调学术研究的规范性，不断推动中国政治研究的科学化。这是因为，"政治学研究科学化的问题在当前情境下还远远没有完成"[1]，"基于科学方法的经验研究还没有受到足够的重视，即使在经验研究领域，科学方法也没有得以普遍应用"[2]。"在实证研究中，科学方法的普遍运用也很不足，存在着理论预设不足、长时段跟踪调查研究不够、科学规范不够、理论提升不足、数量分析不够等问题。"[3]这种状况使得"中国政治学仍然是一门'因人而异的'主观性学科"[4]。在中国政治学人看来，"政治学研究内在的学术化

---

[1] 孙关宏、蒋一澄：《中国政治学发展的走向：人文精神与科学精神的融通》，《同济大学学报》（社会科学版）2005年第6期。
[2] 俞可平：《中国政治学的进程——一个评论性的观察》，《学术月刊》2007年第11期。
[3] 王邦佐、邵春霞：《中国政治学学术发展30年》，《探索与争鸣》2008年第12期。
[4] 张国清：《从政治学到政治科学——中国政治学研究的难题与范式转换》，《厦门大学学报》（哲学社会科学版）2004年第5期。

倾向是政治学研究发展的生命力之所在"①。学术研究的规范性是构建本土原创性政治理论必不可少的一个重要环节。作为社会科学研究的一个门类,政治学的研究应该平衡人文性与科学性之间的关系。政治学的研究应以经验现象为基础,以社会事实为前提,要将经验现象的研究纳入政治学的知识谱系与学术传统之中。政治学的研究要有扎实的文献基础和丰富的田野体验,"应当在对系统可靠的第一手资料进行整理分析的基础上提出新的认识"②,要与已有的研究对话,与其他学科研究成果对话,尤其是要与国际学术界相关研究成果对话,客观评价已有研究的贡献,分析已有研究成果的局限,在此基础上提出自己的研究假设,运用科学的方法,收集详实的数据和案例,检验研究假设,最后揭示研究的发现及其意义。

政治学研究的规范性,一是体现为其研究的程序性,研究者要按照社会科学研究的程序来做研究,二是体现为学术成果表达规范性,研究者要按照既定规范来撰写和发表学术研究成果。研究的规范性和科学性对于中国政治学人构建本土原创性政治理论具有重要意义。规范的、科学的研究符合原创性知识生产的规律,"总结前人的经验,尊重前人研究成果,根据学术研究规范,在前人研究的基础上研究新问题"③。与此同时,规范的、科学的研究使得原创性的评价具有了客观性。既有研究文献既是研究的基础,也为我们评价研究者的研究成果提供了参照系,我们可从提出新问题、运用新视角、获取新材料、提出新解释、获得新发现等方面来评价一项研究成果的贡献。更为重要的是,规范的、科学的研究可以在很大程度上降低学术评价的主观性,因为规范的、科学的研

---

① 林尚立:《科学的政治学与政治学的科学化》,《政治学研究》1998年第1期。
② 王邦佐:《政治学的繁荣和发展需要理论创新》,《政治学研究》2001年第1期。
③ 曹沛霖:《新世纪中国政治学的"三个走向"》,《天津社会科学》2001年第2期。

究具有可重复性和可验证性。总之,改革开放以来,科学化是中国政治学发展的一条重要轴线。中国政治学人意识到政治学属于社会科学,应用科学的方法来研究政治现象,揭示政治发展的规律,将政治发展规律概念化、理论化。

为了构建本土原创性政治理论,中国政治学人强调学术研究要突破学科之间的藩篱,展开跨学科研究与合作。构建本土原创性政治理论,不仅要研究中国政治现实,而且要突破学科限制,展开跨学科研究。之所以要展开跨学科研究,这不仅是因为任何学科的问题意识、研究视角、理论资源、经验案例的积累都是有限的,而且也是因为我们研究的社会事实都是极为复杂的,同时也是处于流变之中的。中国政治学人意识到,"要实现对一些重大的现实问题进行整合性研究,就必须超越学科的界限,充分利用其他学科的知识,甚至自然科学的知识和方法,通过与其他学科融合进行跨学科研究,可以从多维度、多层面对研究对象展开分析,有助于更全面呈现事实、解释事实,构建新的理论"[1]。要构建本土原创性政治理论,需要借用其他学科的理论资源、分析工具和研究成果,也需要克服政治学在分析复杂社会中固有的局限。社会现象都是复杂多变的,需要不同学科的学者来合作研究,在合作研究中揭示社会现象复杂性的不同面向,需要不同学科之间相互学习、相互借鉴,形成优势互补的局面。改革开放以来,一方面,中国政治学人吸纳自然科学的研究成果,提升中国政治学研究的科学化水平,另一方面,中国政治学人也从哲学、史学、法学、社会学、经济学等学科的研究中吸收养分,促进学科交叉融合,诞生和发展了政治社会学、政治地理学、政治人类学、政治心理学、政治符号学、政治传播学等交叉学科,为构建本土原创性政治理论提供支撑。

---

[1] 周光辉:《新时代以原创性研究推动中国政治学发展》,《政治学研究》2018年第2期。

（二）构建本土原创性政治理论的实践探索

改革开放的四十年，是中国政治学人构建本土原创性政治理论意识觉醒的四十年，也是中国政治学人为构建本土原创性政治理论进行实践探索的四十年。中国政治学人尝试运用国外政治理论解释中国政治实践，运用中国政治实践的经验检验国外政治理论，修正国外政治理论，甚至提出替代性的政治理论，对中国政治现象概念化，提升政治理论解释中国政治实践的能力。

1. 运用国外政治理论解释中国政治实践

改革开放以来，中国政治学人建构本土原创性政治理论的第一种努力，体现在他们从注重理论的引进到注重理论的运用转变上。任何政治理论的诞生都有其具体的时代环境和独特的政治实践导向。中国政治学人不仅关心如何准确地引进国外政治理论，还思考他们所引进的政治理论能否运用于中国政治实践和分析中国政治变迁。

改革开放以来，中国政治学人不仅对黑格尔、施密特、哈耶克、诺齐克、诺斯等思想家的国家理论进行了广泛的研究，而且用国家理论来研究中国现代国家转型，促进了"国家理论的应用性研究"[1]。早在20世纪80年代，一些学者开始运用国家政权建设理论来研究中国的国家政权建设问题，研究中国现代国家的成长；[2]一些学者运用决策理论来研究中国党和政府的决策过程，分析决策的科学化和民主化问题；[3]一些学者运用精英理论来分析我国干部人事制度的变迁发展，研究改革开放时

---

[1] 王浦劬主编：《中国政治学学术发展回顾与规划(2006—2015)》，天津：天津人民出版社，2011年，第80页。
[2] 参见杨学敏：《我国农村基层人民政权建设的历史经验》，《政治学研究》1986年第1期。
[3] 参见卢林：《民主决策和科学决策是不可兼得的》，《政治学研究》1989年第6期。

代中国政治精英的更替与循环;①一些学者运用民主理论来分析我国社会主义民主发展的基本前提、条件和动力;②一些学者运用权威理论来分析集权、民主与政治现代化之间的关系;③一些学者运用公民理论来分析我国如何从"群众社会"迈向"公民社会";④一些学者运用国家职能理论来分析我国社会主义初级阶段的国家职能;⑤一些学者运用政治参与理论来分析我国不同社会群体政治参与的状态;⑥一些学者运用政治发展理论来解释转型期我国政治发展的困境、问题以及出路。⑦20世纪90年代以来,一些学者运用合法性理论来研究中国共产党的合法性问题,探讨国家治理的合法性与有效性之间错综复杂的关系;⑧一些学者运用国家能力或政府能力理论来对发展中国家的国家能力进行比较;⑨一些学者运用权力理论、寻租理论来研究我国反腐之道;⑩一些学者运用政治发展理论来分析我国政治发展的十大趋势。⑪进入新世纪以来,中国政治学人继续运用国外政治理论来分析中国政治发展的道路和经验。一些学者运用政治责任理论来分析中国建构责任政治的可能性;⑫

---

① 参见甄明达:《从道德主体到多元主体——兼论对干部行为的调控》,《政治学研究》1988年第6期。
② 参见李景鹏:《论社会主义民主发展的基本前提、条件和动力》,《政治学研究》1986年第2期。
③ 参见孙立平:《集权·民主·政治现代化》,《政治学研究》1989年第3期。
④ 参见刘志光、王素莉:《从"群众社会"走向"公民社会"》,《政治学研究》1988年第5期。
⑤ 参见唐代望:《社会主义初级阶段的国家职能》,《政治学研究》1988年第6期。
⑥ 参见包心鉴:《论中国公民的政治参与》,《政治学研究》1989年第4期。
⑦ 参见王燕滨:《中国的现代化与政治发展》,《政治学研究》1986年第4期。
⑧ 参见胡伟:《合法性问题研究:政治学研究的新视角》,《政治学研究》1996年第1期。
⑨ 参见黎静:《发展中国家的国家能力比较》,《政治学研究》1999年第3期。
⑩ 参见王沪宁:《中国抑制腐败的体制选择》,《政治学研究》1995年第1期。
⑪ 参见周光辉:《当代中国政治发展十大趋势》,《政治学研究》1998年第1期。
⑫ 参见张贤明:《政治责任的逻辑与实现》,《政治学研究》2003年第4期。

一些学者运用政党理论研究中国共产党自身的改革与发展;①一些学者运用意识形态理论研究我国意识形态建设和意识形态安全问题;②一些学者运用政府理论来阐释服务型政府、法治型政府和责任型政府的建设问题;③一些学者运用协商民主理论解释中国的政治协商与协商政治。④

如上分析表明,改革开放以来,国外政治理论的引进和运用,构成了中国政治学政治理论领域学术研究的一条重要轴线。这条轴线并不以理论生产为目标,但运用国外政治理论来分析中国政治,却是中国政治学研究本土化的一个重要尝试。这是因为,一般而言,社会科学研究的本土化有四种类型,即对象转换型本土化、补充—修正—创新型本土化、理论替代型本土化和理论方法全面替代型本土化。其中,对象转型本土化是其中一个重要类型。对象转型本土化意味着研究对象的本土化,意味着"源于西方的社会学概念、命题和理论配上源于中国社会的经验材料","研究对象从原来以西方社会为主变为以非西方社会为主(甚至为唯一对象)"⑤。

2. 运用中国政治实践检验国外政治理论的解释力

改革开放以来,中国政治学人构建本土原创性政治理论的第二种努力,体现在他们从注重理论的引进到注重理论的检验,避免理论运用的

---

① 参见林尚立:《政党与现代化:中国共产党的历史实践与现实发展》,《政治学研究》2001年第3期。
② 参见王岩、茅晓嵩:《"意识形态终结论"批判与我国意识形态安全》,《政治学研究》2009年第5期。
③ 参见朱光磊、于丹:《建设服务型政府是转变政府职能的新阶段——对中国政府转变职能过程的回顾与展望》,《政治学研究》2008年第6期。
④ 参见吴进进、何包钢:《中国城市协商民主制度化的决定因素:基于36个城市的定量分析》,《政治学研究》2017年第4期。
⑤ 谢立中:《论社会科学本土化的类型——以费孝通先生为例》,《江苏行政学院学报》2017年第1期。

四个主要陷阱,即"不加批判地运用、意识形态地运用、西方中心主义和文化中心主义(包括中国中心主义)"①。中国政治学人研究中国政治实践对国外政治理论的挑战意义,关注国外政治理论是否可用来解释中国的政治发展,国外政治理论是否有普遍性,能否用于处在转型期的中国社会。

中国政治学人发现,从中国政治发展经验看,传统的政治转型理论无法得到检验。传统的政治转型理论强调经济的发展和社会的变迁是政治转型的重要动力,民主政治是政治转型的主要目标,市场改革所带来的市场化为民主政治提供了支撑。然而,中国的政治实践探索对这种"市场—民主"的因果机制提出了挑战。一方面,我们要看到市场化为民主政治的发展提供了条件,另一方面,我们不能忽视的是国家对市场化所带来的政治挑战进行管控和稀释。可以看到,在中国,"到目前为止,既有体制颇为成功地将市场经济、新兴社会阶层和新社会组织纳入自身的结构,而不是被这些新兴要素产生的力量所转化"②。同样,中国的经验也挑战了"选举—治理"的因果机制,认为选举带来了责任政治,责任政治促进了有效治理。然而,中国村民自治政治实践的情况表明,"从选举直接推导出良治更多的是一种美好愿望,而不是政治现实本身。……人们期待通过选举解决干部眼睛朝上(只对上不对下)的问题,促使村干部为村民办好事,防止村干部腐败等等,但实际发生的事情告诉我们,这一假设是存在问题的"③。

改革开放以来,随着国家权力的收缩和社会的发展,公民社会理论

---

① 杨雪冬:《当代中国政治研究:生活逻辑、理论逻辑与实践逻辑》,《华东师范大学学报》(哲学社会科学版)2017年第1期。
② 景跃进:《中国道路的学术之维:挑战与回应》,《中央社会主义学院学报》2018年第3期。
③ 景跃进:《中国道路的学术之维:挑战与回应》,《中央社会主义学院学报》2018年第3期。

曾经成为分析当代中国国家社会关系的一种重要理论。一些学者关注公民社会理论在解释中国国家社会关系方面的适用性。这些学者认为，用传统的公民社会理论来解释转型中国的国家社会关系是有问题的。传统公民社会理论假定国家与社会之间的界线是泾渭分明的，国家与社会之间是相互塑造的。然而，对于转型中国而言，国家与社会之间并不是相互分离的关系，而是相互耦合的，国家权力渗透到社会之中，社会的诉求也在国家权力允许的范围内得到表达，并得到国家回应。更为重要的是，相对于社会力量而言，中国国家权力是强有力的，由于传统文化、经济发展水平、教育水平等诸多因素，中国社会力量仍很孱弱，组织化程度低，公民政治参与意识薄弱，中国公民社会不具备抵抗国家权力的意识和能力。因而，我们必须看到，中国国家社会关系的实然状态，与移植于西方的公民社会理论及其国家社会的分析框架存在很大的差异。"传统的公民社会理论并不足以解释中国在当前社会转型过程中出现的新变化。"[①]

对于改革开放时代的中国而言，腐败问题是国家治理的一个重要难题，现有的研究运用了诸多理论范式来解释中国腐败的发生逻辑及其治理机制。一些研究者指出，对中国反腐败产生重大影响的理论分析框架有三种，即寻租腐败论、现代化腐败论和马克思主义反腐败理论。前二者具有独到的解释功能，但是，寻租腐败论不能真正彻底地、透彻地说明中国的腐败问题发生与蔓延的内在机理，寻租腐败论的假设前提——经济人假说——有其局限性，由此发展出来的理论可能符合西方社会的实际，但未必完全适用于东方的社会主义中国。将寻租腐败论运用于中国

---

① 王慧博：《国家对社会的催生——析公民社会理论的本土适用性》，《探索与争鸣》2004年第12期。

腐败问题研究,忽视了我国政治领域和经济领域的区别、社会主义制度与资本主义制度的不同条件下政府官员的区别。以亨廷顿为代表的"现代化腐败论"者,其主要论点有二:一是认为腐败问题是发展中国家在现代化转型过程中出现的自然的、不可避免的现象;二是认为腐败有助于发展中国家的经济发展和现代转型。然而,不可忽视的现实是,腐败通常破坏了发展中国家的市场规则和营商环境,影响了海外资金的流入,阻碍了国家的法治化进程。与现代化腐败正效应论相反,我们认为,腐败瓦解政治权威的暴力基础,腐败瓦解政治权威的经济资源,腐败破坏政治权威的合法性基础。①

进入新世纪以来,治理成为当代中国国家治理活动中最有影响力的话语。我国一些学者关注来源于国外的治理理论在当代中国的适用性。一些学者认为,治理既不笃信独大的国家,也不膜拜单一的自由市场,从而超越了国家主义和新自由主义的抽象对立,具有巨大的理论解释力。然而,随着适用范围、领域不断扩大,治理概念变得模糊,理论观点也日益繁多,这就影响了理论的具体性及其适用性。治理理论多基于西方历史经验,它被应用于中国时,会遇到西方范式与中国经验之间的紧张关系。"国家的回退"与"向国家的回退"似乎构成了一对难以化解的矛盾。一些论者认为,中国"没有成熟的公民社会"和"未完成现代性国家建构",因而治理理论不适用于中国。治理理论的中国适用性是有限度的——它可以在局部和地方的公共事务治理中扮演积极的角色,也能触动地方政府的公共行政方式演进,但在"政治进步"方面的作用可能较为

---

① 参见肖炳兰:《研究腐败问题的三个理论框架及其适用性》,《中共天津市委党校学报》2004年第1期。

有限,甚至目前也不能迅速改变中国公共行政的整体面貌。①治理理论是在西方发达国家进入后工业社会的特定环境中发展起来的,其实践是以后工业化国家的经济技术水平、成熟的市场机制、完善的科层制度、发达的市民社会为依托的,而这些条件在中国尚不具备或并不完全具备。②反对治理理论在中国的运用,主要基于如下理由:治理理论针对的是西方国家市场失灵与政府失败的双重困境,而中国面临的现实问题是市场不完善和政府能力不足;以自组织作为第三种协调机制的治理理论能够在西方赢得普遍认同,有赖于特殊的前提条件,而中国并不具备这样的前提条件;治理理论倡导没有政府的治理,客观上有可能为强国和跨国公司借机干涉他国内政、推行国际霸权政策提供理论支撑和依据。③

除了这些政治理论之外,中国政治学人还用中国的事实来纠正"东方专制主义"的论断;④关心国家结构理论的解释力和适用性问题;⑤研究西方政治营销理论在我国的适用性;⑥探讨政府再造理论对我国政府改革研究的局限性;⑦研究能否在"市场—民主"的因果机制以及"选举—良治"的因果机制之外,建构起基于中国经验的不同因果

---

① 参见王诗宗:《治理理论及其中国适用性:基于公共行政学的视角》,博士学位论文,浙江大学,2009年。
② 参见薛澜、张帆:《治理理论与中国政府职能重构》,《人民论坛·学术前沿》2012年第4期。
③ 参见陈刚:《治理理论的中国适用性及中国式善治的实践方略》,《湖北社会科学》2015年第2期。
④ 参见徐勇:《从中国事实看"东方专制论"的限度——兼对马克思恩格斯有关东方政治论断的辨析与补充》,《政治学研究》2017年第4期。
⑤ 参见杨光斌:《国家结构理论的解释力与适用性问题》,《教学与研究》2007年第7期。
⑥ 参见彭姝:《政治营销理论对中国的适用性分析》,《理论月刊》2011年第1期。
⑦ 参见靳永翥、杨道田:《"政府再造"理论及其于中国改革适用性的理性思辨》,《云南行政学院学报》2009年第6期。

机制。①

3. 运用中国政治实践发展国外政治理论

改革开放以来,中国政治学人构建本土原创性政治理论的第三种努力,体现在他们力图从中国政治实践探索中进行理论创新,发展国外政治理论。中国政治学人对理论创新有强烈追求,认为"理论创新是一项艰难而崇高的事业"②,"没有理论创新,就不能科学地解释政治生活中发生的新现象,更不可能科学地解决政治生活中提出的新问题"③。在学术研究中,"不是仅仅用中国经验去检验与验证包括政治学在内的西方社会科学理论,当然也不是简单地套用西方社会科学的研究方法来测量和解释中国经验,而是通过对中国经验的学理解释进行理论创新"④。他们并不满足于学习和传播国外政治理论,不满足于"只是它们的追随者、消费者和论证者"⑤,而是要在学习国外政治理论的基础上进行理论创新。

要理论创新,一是要认真学习国外政治理论,了解其诞生的时代背景和社会环境,准确把握其具体内容;二是要对中国问题做扎实的调查研究,了解中国具体的政治实践和政府运作过程;三是要有对话意识和理论创新意识,批判性地审视已有研究,平衡批判性和建构性之间的关系。在构建本土原创性政治理论的过程中,运用国外政治理论分析中国政治实践是重要的,指出国外政治理论无法运用到中国问题分析也是重

---

① 参见景跃进:《中国道路的学术之维:挑战与回应》,《中央社会主义学院学报》2018年第3期。
② 曹沛霖:《理论创新是一项艰难而崇高的事业》,《江苏社会科学》2001年第1期。
③ 曹沛霖:《新世纪中国政治学的"三个走向"》,《天津社会科学》2001年第2期。
④ 肖滨:《面对改革开放:当代中国政治学的三种新选择》,《浙江社会科学》2017年第7期。
⑤ 杨雪冬:《当代中国政治研究:生活逻辑、理论逻辑与实践逻辑》,《华东师范大学学报》(哲学社会科学版)2017年第1期。

要的,但更为重要的是在批判国外政治理论适用性的同时,拓展国外政治理论或发展新理论来解释中国政治实践。

改革开放以来,中国政治学人形成了理论发展的具体策略,即,完善已有理论,精细化已有理论,修正已有理论,提出替代理论。

中国政治学人在理论的完善上做了探索。比如,一些研究指出,公民的国家认同是现代国家维系统一和政治稳定的必要条件。当代中国不仅是多民族国家,又是实行"一国两制"的国家,这种由于历史因素形成的独特政治现实,凸显了基于欧洲国家历史形成的"民族认同"理论和基于美国多民族融合历史形成的"制度认同"理论为主要内容的传统国家认同理论的局限性。无论是民族认同或者制度认同理论,都无力为当代中国塑造和强化公民的国家认同提供整合性的、有效的理论指导,因此,需要构建一种更具有普遍性和完备性的国家认同理论。除了民族认同和制度认同之外,完备的国家认同理论还应强调领土认同。领土与国家关系的转变是传统国家向现代国家转变的关键因素。领土逐渐具有权利内涵,是自然空间向政治空间演变的结果,并成为现代国家的构成要素和主权的核心内容。领土对现代国家的建构意义表明,领土是国家的整体性特征,领土认同是国家认同不可或缺的内容和必要的测量维度。领土认同是国家认同的基础,领土认同是民族认同和制度认同能够在国家认同层面发挥作用的必要前提。更具有普遍性和完备性的国家认同理论应该以领土认同为基础,以民族认同和制度认同为塑造或强化国家认同的重要途径。领土认同的基础性地位,决定了要塑造或强化国家认同应该首先在公民中形成国家的情境化意识。[①]

---

① 参见周光辉、李虎:《领土认同:国家认同的基础——构建一种更完备的国家认同理论》,《中国社会科学》2016年第7期。

中国政治学人在理论的精细化上做了大量努力,改变已有理论的粗放状态。比如,诞生于西欧国家建设经验的国家政权建设理论,将国家政权建设的过程,理解为国家权力不断下沉社会的过程。国家政权建设理论被广泛用于分析中国现代国家建设,解释中国现代国家成长。一些学人通过对中国国家政权建设的历史、经验和道路的深入研究发现,国家政权建设理论是粗放的,需要深化和精致化。这是因为,从中国国家政权建设经验看,国家政权建设不仅体现为国家权力向社会下沉,而且也体现为社会对国家权力下沉行为的反抗、消解。国家政权下沉并不是均衡的,而是呈现城乡不平衡状态。①又比如,对于当代中国国家社会关系,一些学者强调国家对社会的控制,另一些学者关注国家对社会的动员。就国家对社会的控制而言,现有的研究关注国家控制社会的策略、资源和后果。这里实际上蕴含着国家是整齐划一的、社会也是铁板一块的意思。一些学者通过对中国国家社会关系研究发现,在中国政治中,国家不是整齐划一的,社会也不是铁板一块的。国家有诸多行动者,社会也有诸多行动者。仅仅从一般意义上讨论国家对社会的控制的理论是粗放的,研究国家对社会的控制,还需要研究控制的主体、客体、场域、方式等内容。从国家的立场看,针对不同的合作意愿和行动能力的社会组织,国家采取的是"分类控制"的策略。②显然,这种研究深化了国家与社会关系的理论。

中国政治学人批评了现有的理论或理论范式,提出了替代性的理论或理论范式。比如,在对中国国家和社会关系的研究中,国外学者的研究要么是国家中心主义的,要么是社会中心主义的。中国政治学人通过

---

① 参见张静:《基层政权:乡村制度诸问题》,上海:上海人民出版社,2007年。
② 参见康晓光、韩恒:《分类控制:当前中国大陆国家与社会关系研究》,《社会学研究》2005年第6期。

对中国政治实践研究后发现,无论是国家中心主义,还是社会中心主义,在解释中国国家社会关系时都是错误的、不符合中国实际情况的。在研究中国国家社会关系中,变量不是二维的,而是三维的,不仅包括国家、社会,还包括政党。在政党、国家与社会三个变量中,政党(或执政党)是最为重要的变量。社会中心主义无法解释中国的现代国家建设历程,"国家中心主义对此也无能为力,因为辛亥革命之后中国的'国家'碎片化了,是政党把国家再组织起来"①,因而,政党中心主义理应成为分析中国国家社会关系的范式。②崔之元提出,应当把中国政治分成三层:中央政府、地方政府和民众,以区别于时下流行的国家—社会二分法。这三层之间可以相互制约,建立良性互动的关系。比如中央联合民众制约地方政府,而地方政府也变成制约中央过度集权的重要力量。③

4. 运用中国政治实践经验创造本土化的政治概念④

改革开放以来,中国政治学人构建本土原创性政治理论的第四种努力,体现在他们注重从中国政治实践经验中创造本土化的政治概念,解决政治概念供给不对称性问题,为建立本土原创性政治理论而承担责任。中国政治学人认识到概念短缺是中国政治学发展面临的一个突出问题,"中国现有的政治学从总体上看属于西方政治学范畴,虽然体系庞大、内容丰

---

① 杨光斌:《作为建制性学科的中国政治学——兼论如何让治理理论起到治理的作用》,《政治学研究》2018 年第 1 期。
② 参见景跃进:《党、国家与社会:三者维度的关系——从基层实践看中国政治的特点》,《华中师范大学学报》(人文社会科学版)2005 年第 2 期。
③ 参见崔之元:《"混合宪法"与对中国政治的三层分析》,荣敬本、崔之元等:《从压力型体制向民主合作体制的转变:县乡两级政治体制改革的比较研究》,北京:中央编译出版社,1998 年,第 196 页。
④ 中国政治学人如何提炼出能解释中国政治实践的政治概念,周平教授做了深入分析,本部分的分析来源于周平教授的分析。

富,却无法对中国现实、中国经验和中国问题作出全面而有效的解释"①。中国政治学要有所发展,为中国现代国家建设提供智力支持,必须建构起自己的解释系统,提升概念供给能力,不断探索概念创造策略。

改革开放以来,中国政治学人从中国的经验提出新概念。诸如"增量民主""压力型体制""干部公选""网络问政""体制吸纳"等概念,都是通过这种方式建构起来的,成为具有本土特色的政治概念,被广泛运用的学术研究和公共讨论之中。中国政治学人也从党和政府的决策性文件中析出学术概念,在政治话语与学术语言之间实现了良性互动。"在当代中国的政治生活中,官方的决策性文件一直是概念供给的重要渠道。今天中国政治学中使用的许多概念,如'群众路线''协商民主''矛盾多发期''对口支援'等,都源自于官方的决策性文件。"②中国政治学人通过移植—嫁接的方式来创造新概念,对西方政治概念进行创造性转换。"'有序政治参与''政府规制''地方政府公司化''政治锦标赛'等,都是从国外和其他学科引入概念的基础上创制的。"③除此之外,中国政治学人还通过对中国政治传统文化中的概念创造性转化来生产政治概念,诸如德治、民心、群众、小康社会、国家治理等概念就是这种创造性转化的产物,被运用于学术研究之中。政治精英供给了政治概念,同样,社会也是中国政治概念供给的重要主体,今天中国政治学所使用的"基层直选""村务公开""海选"等,都来自社会的创造。

改革开放以来,中国政治学人概念供给意识在增强,概念供给的渠道已多元化,"基于西方政治经验的政治概念占据了主导地位,而立足于

---

① 周平:《概念供给:中国政治学构建的关键》,《江汉论坛》2017 年第 11 期。
② 周平:《概念供给:中国政治学构建的关键》,《江汉论坛》2017 年第 11 期。
③ 周平:《概念供给:中国政治学构建的关键》,《江汉论坛》2017 年第 11 期。

中国本土经验的政治概念则越发稀少和匮乏"①的状态正在得到改变。

(三)走向世界的中国特色政治理论

改革开放四十年来中国政治学人构建本土原创性政治理论的努力,逐渐获得了国际政治学界的承认,国际政治学界越来越愿意倾听来自中国政治学人的声音。

中国政治学人出版了一批英文学术著作,比如,俞可平教授出版了《民主是个好东西》(*Democracy Is a Good Thing*)、《中国的文化转型》(*On China's Cultural Transformation*)等。中国政治学人在《中国季刊》《中国期刊》《当代中国期刊》《亚洲观察》《近代中国》等区域研究英文期刊上发表了一批学术论文。在比较政治学领域排名第一的《比较政治研究》(*Comparative Political Studies*)上也有论文发表,比如,孟天广等学者合作完成的论文"Conditional Receptivity to Citizen Participation: Evidence From a Survey Experiment in China",发表在《比较政治研究》2014年第4期上。中国政治学人与国外学者合作研究,开展田野调查,参加各种高层次的国际学术会议,发表研究成果。中国政治学人与国外学者进行高层次学术对话,分享其研究成果。比如,俞可平教授组织中美学者对话,对话成果为《中国的政治发展:中美学者的视角》。中国政治学人在世界著名学府学术演讲,提升中国话语的影响力和辐射力。比如,2011年9月21日,中央编译局俞可平教授在哈佛大学肯尼迪学院"阿什民主治理研究中心"举办的"名家系列讲座"上,发表了题为《通向民主治理的中国道路》的演讲。

---

① 肖滨:《中国语境中政治概念重构的三种进路》,《探索与争鸣》2016年第8期。

三、政治理论的课堂教学

改革开放以来的四十年,是中国政治学人才培养工作和政治理论课堂教学不断发展的四十年。政治理论课堂教学的发展,主要体现在教材建设、课程建设和师资队伍建设三个方面。

(一)教材建设

改革开放以来,政治理论领域教材建设取得了重要进展,主要体现在译介了一批政治理论领域国外经典教材,出版和不断修订一批政治理论导论教材,在学术研究领域分化和深化的基础上出版了一批专题性的教材,不断提升教材"征服人心的力量"[①]。改革开放以来,"某些'政治学'著作和教材与其他学科的内容相仿,缺乏鲜明的学科特色。个别政治学原理教材让人读起来似乎与其他某些学科如科学社会主义的原理没有多少区别;或者只是关于各种政治现象的描述的拼盘,各个部分之间缺乏内在的逻辑联系"[②],这种状态如今有了很大改观。

在政治理论国外经典教材出版方面,在西方政治思想史领域,1986年翻译出版了萨拜因的《政治学说史》,1993年翻译出版了施特劳斯和克罗波西合著的《政治哲学史》,这两本书在推动政治理论领域的研究和教学中发挥了重要作用。除此之外,麦克里兰的《西方政治思想史》、唐纳德和舒尔茨的《观念的发明者:西方政治哲学导论》等,也堪称该领域的经典教材。在政治学导论教材的翻译上,中国政治学人也做了大量努力和探索,将蒂德的《政治思维:永恒的困惑》、海伍德的《政治学导论》、

[①] 周光辉:《编写政治学理论教材重在增强说服力》,《人民日报》2004年12月21日,第9版。
[②] 谭君久、童之伟:《中国政治学应进一步加强自身建设》,《政治学研究》1997年第1期。

庞顿的《政治学导论》、罗金斯的《政治科学》、里普森的《政治学的重大问题》等经典教材翻译过来，产生了重要影响。在国外政治学经典教材的策划出版上，王浦劬教授主编的"国外经典政治学教材"将《政治学学习手册》《政治学核心概念》《政治科学的理论与方法》等作品翻译出版。

在教材建设上，中国政治学人不仅在译介上做了大量工作，而且也结合中国政治发展的需要编写出版了一批有影响力的教材。在西方政治思想史领域，吴恩裕的《西方政治思想史论集》、徐大同主编的《西方政治思想史》、张桂琳主编的《西方政治思想史》、王彩波主编的《西方政治思想史：从柏拉图到约翰·密尔》、唐士其的《西方政治思想史》等，在西方政治思想史领域的教学中发挥了重要作用，徐大同主编的《西方政治思想史》入选"面向二十一世纪课程教材"，徐大同主编的五卷《西方政治思想史》，被评为"鸿篇巨制，呕心力作"。在教材建设上，中国政治思想史领域也颇有建树。徐大同主编的《中国古代政治思想史》、历史学家吕振羽的《中国政治思想史》、政治学家萧公权的《中国政治思想史》、杨幼炯的《中国政治思想史》、朱日耀主编的《中国古代政治思想史》、刘泽华主编的《中国古代政治思想史》和《中国政治思想史》、曹德本主编的《中国政治思想史》、江荣海的《中国政治思想史九讲》等，在人才培养上做出了重要贡献。在政治学导论教材的编写上，中国政治学人做了大量工作。王惠岩主编的《政治学概论》《政治学原理》、孙关宏等主编的《政治学概论》、王浦劬主编的《政治学基础》、王沪宁主编的《政治的逻辑：马克思主义政治学原理》、俞可平主编的《政治学通论》、景跃进和张小劲等主编的《政治学原理》、周平主编的《政治学导论》、杨光斌主编的《政治学导论》、肖滨主编的《政治学导论》等，在政治理论知识的传授上有所贡献。

在政治理论领域的教学中，中国政治学人还根据自己的研究领域，开设专题性课程，出版专题性的教材。比如李景鹏的《权力政治学》、周平的《民族政治学》《民族政治学二十三讲》、燕继荣的《政治学十五讲》、任剑涛的《公共的政治哲学》、何俊志的《选举政治学》等。

(二) 课程建设

改革开放以来,中国政治学人在政治理论领域的课程建设上也取得了重要进步,主要体现在政治理论课程体系逐渐完善,政治理论领域课程的层次性和系统性更加凸显,以及政治理论领域的课程结构变得更加合理。

改革开放四十年来,中国政治学人不断推进政治理论课程体系的完善。在20世纪80年代,在政治学专业人才培养方案中,政治理论领域的课程大多数只有政治学概论或政治学原理这样一门课程。虽然在政治学专业初创期开始有中外政治思想史的研究,但在政治学专业人才培养方案中,大多缺乏中国政治思想史和西方政治思想史这样的课程,更不可能有专题性研究课程。从中可以看出,政治学专业人才培养在80年代还比较粗放,政治理论领域课程的完整性还未实现。

这种状况的改变开始于20世纪80年代末90年代初,随着学术研究推进的深入,西方政治思想史和中国政治思想史开始进入政治学专业人才培养方案。除了开设西方政治思想史和中国政治思想史这样通识性课程之外,90年代以来,当代西方政治思潮、中国近现代政治思潮等课程也开始进入人才培养方案。更为重要的是,一些政治理论领域的专题课程如权力理论、国家理论、责任政治理论等,被纳入人才培养计划。一些交叉学科课程如政治社会学、政治人类学、政治传播学、政府经济学等课程开始进入政治学专业课堂。从课程建设的角度看,在改革开放以来中国政治学政治理论领域的人才培养方面,一个极为重要的进步就体现在课程体系的建设和完善上。

改革开放四十年来,中国政治学人不断推进政治理论课程层次的立体化和清晰化。中国政治学人在不断推进政治理论课程体系完善的基础上,不断明晰政治理论课程的层次,按照循序渐进和由浅入深的原则来进行政治理论课程体系的建设。在政治学初创期,政治学课程整体而言水平层次不分明,大多数学校"专科生课程是本科生课程的平面压缩;研究生课程是本科生课程的重点重复"①。经过四十年的努力和探索,一个立体的、层次分明的课程体系业已形成。一般而言,该课程体系由学科基础课程、专业必修课和专业选修课构成。学科基础课程主要是政治学原理,专业必修课包括西方政治思想史、中国政治思想史、当代西方政治思潮、权力政治学、政治伦理学、政治哲学导论等,专业选修课包括社会正义理论导论、中外政治学名著选读、古希腊政治哲学、公共选择理论、政治符号学等。

改革开放四十年来,中国政治学人不断推进政治理论课程结构的优化。在政治学学科初创时期,课程结构不合理是我国大多数高校政治学专业人才培养面临的一个突出问题,具体表现在,"公共基础课、专业基础课、专业必修课、专业选修课比例不妥,或者过分强调一方,或者过分突出另一方;课程设置往往视师资情况而定,由此产生了不规范的随意性和不必要的波动性;教学计划按课程名称定夺,对具体内容缺乏周密考虑,基础课内容陈旧,知识老化,而专业课则门类划分太细,内容交叉重复过多"②。经过四十年的发展,这种状况得到很大程度的改善。在政治学专业人才培养方案中,政治学原理或政治学导论这样的课程具有举足轻重的地位,主要体现为在课程性质上定位为学科基础课程,

---

① 张永桃、张凤阳:《21世纪政治学类专业课程体系改革的几点想法》,《政治学研究》2000年第1期。
② 张永桃、张凤阳:《21世纪政治学类专业课程体系改革的几点想法》,《政治学研究》2000年第1期。

在学时和学分分配上占整个培养方案的较高比重,一些学校用一学年来上这门课程,而且集中优势师资资源采取团队教学的方式来教学。除政治学原理或政治学导论这门课程外,中国政治思想史和西方政治思想史也是极为重要的课程,在对学生政治理论的训练中发挥重要作用,无论是在学时和学分分配中,还是在师资配备中,都占有相当比例。在这三门主干课程的支撑下,辅之以一定比例的专业必修课和专业选修课,构成了一个结构完整合理的政治学专业人才培养的课程体系。

(三) 师资队伍建设

改革开放以来的四十年,除了教材和课程体系建设之外,政治理论课堂教学最为重要的变化发展就体现在师资队伍建设上了。"经过长期发展的中国政治学学科,不仅已经构筑了完整的知识体系,对来自于西方的政治学有了全面而深入的把握,并且也形成了庞大的学术队伍。"[1] 从事政治理论研究和教学的师资队伍的主要变化体现在如下四个方面:一是教师人数的增加和规模的扩张。改革开放初期,师资短缺是国内政治学专业发展普遍面临的一个普遍问题,从事政治理论方向研究的人才也极为稀缺。例如,作为全国第一个恢复建立的政治学系,吉林大学"几乎是在零起点上开始创建吉林大学政治学专业的。零起点,是指当时创建政治学专业面临的是三无的环境:一无教师;二无教材和教学计划;三无教学场所和必备的图书资料。"[2] 经过四十年的建设和发展,国内政治学专业的师资队伍规模有了较大发展,政治理论方向的研究队伍不断壮大。根据各个高校学院官网统计可知,北京大学政府管理学院政治学

---

[1] 周平:《政治学构建须以知识供给为取向》,《政治学研究》2017 年第 5 期。
[2] 周光辉:《创业之路 精神永存——深切缅怀王惠岩先生》,《吉林大学社会科学学报》2012 年第 5 期。

系在岗在编教师16人,中国人民大学国际关系学院政治学系在岗在编教师26人,复旦大学国际关系与公共事务学院政治学系在岗在编教师26人,吉林大学行政学院政治学系在岗在编教师19人。"30年前,中国可以称得上专业政治学者的人寥若晨星;经过30年的发展,中国政治学会目前已拥有团体会员近百个,个人会员千余人,浩浩荡荡、蔚然成军。"①二是教师知识结构不断完善和合理化。改革开放初期,一些在"文革"中被迫害的教师回到工作岗位,参与政治学专业的恢复重建,他们大多数是政治理论研究方向的师资力量,但他们"多半是原来从事科学社会主义、国际共产主义运动史和中共党史研究的学者,他们大都没有受过专门的政治学研究训练。他们的研究方法、分析框架和概念术语,基本上都是原来他们所熟悉的哲学社会科学通用的那些方法,例如历史唯物主义的阶级分析、经济分析、历史分析以及常规的调查研究方法"②。就政治理论而言,无论是中国政治思想史,还是西方政治史,大多数教师缺乏思想史的扎实训练,对于政治学的基本概念、基础理论、基本原理缺乏深入了解。无论是在政治理论的学术研究中,还是在教学中,说理性较弱,意识形态宣传色彩较浓,难以客观地评价各种政治思潮,分析其进步性与局限性;三是教师研究方法意识有所自觉,参与国际学术界对话能力有了一定程度发展。研究方法意识淡薄是改革开放初期政治理论研究和教学的一个重要特色。马克思主义提供经济分析、历史分析、阶级分析等方法成为政治理论研究使用的方法。改革开放以来,随着政治学学科的整体发展壮大,政治理论的研究方法呈现多元化的色彩。就西方政治思想史研究而言,历史主义的、观念史的、语境主义

---

① 王绍光:《中国政治学三十年:从取经到本土化》,《中国社会科学》2010年第6期。
② 俞可平:《中国政治学的进程——一个评论性的观察》,《学术月刊》2007年第11期。

的研究方法被学习和广泛运用,剑桥学派的研究方法、施特劳斯学派的研究风格被模仿,出版了对西方政治思想史研究方法梳理的著作,如《西方政治思想史方法论研究》①。中国政治思想史研究中,研究方法也逐渐被重视并被系统化,出版了研究方法方面的著作,如《思想的门径:中国政治思想史研究方法论》②。改革开放以来,政治理论领域的师资参与国际学界对话的能力有所提升,互联网的发展提升了他们获取学术文献的能力,政治理论领域的教师有更多机会参与国际学术会议,与同行合作展开研究,提升研究与教学水平;四是教师大多有稳定的研究方向、研究领域,并以此为支撑,不断提升教学质量。改革开放以来,我国政治学理论领域的师资队伍经历了由"杂家"向"专家"的转变,学术研究领域分工越来越精细化,大多数教师都有其研究专长和研究领域,发表了相应的研究成果,将这些研究成果转变成教学成果。

四、问题与未来努力主要方向

改革开放四十年来,中国政治理论的研究取得了可喜成绩。然而,前瞻性地看,中国政治理论的研究仍存在三个亟待解决的问题:一是中国政治学人对中国经验和中国道路的理论提升和理论建构能力还比较弱,政治理论研究在国际政治学界的影响力还相当有限。二是中国政治学人在政治理论研究中,知识体系的不完善和知识结构的不合理问题较为突出,缺乏社会科学研究方法的系统训练,比较政治的研究应进一步加强。三是政治理论研究呈现粗放状态,精细化研究成果仍略显不足。随着政治学研究科学化运动的来临和推进,传统的政治理论研究受到挑

---

① 丛日云、庞金友:《西方政治思想史方法论研究》,北京:社会科学文献出版社,2011年。
② 刘泽华等:《思想的门径:中国政治思想史研究方法论》,天津:天津古籍出版社,2006年。

战。据统计,国家社会基金政治学学科立项项目中,"有关政治学理论项目一直较少,虽然在2003—2005年出现过一个小高峰期,但之后又明显减少。16年来,该领域总共立项46项,仅占总立项数的6.99%。这说明中国针对政治学理论的研究明显不足"①。面对这些问题,中国政治学人有诸多工作需要做。在这些工作中,如下四方面的工作需重点推进:

(一)跟踪国外政治理论前沿

改革开放以来的四十年,是中国政治学人不断跟踪和研究国外政治理论学术前沿的四十年。面向未来,继续跟踪和研究国外政治理论学术前沿,仍是中国政治学政治理论研究的一项重要工作。"在目前及未来的一段时期内,中国政治学除了继续把回应中国现实问题作为研究的重点外,应继续加大关注当代西方政治思潮的走向。"②

具体说来,跟踪和研究国外政治理论的学术前沿,主要是跟踪和研究国外政治理论领域最近研究动态、发展趋势,引进国外政治理论领域最新发表出版的学术成果。这些学术成果来源于政治实践并指导政治实践,回应政治实践中出现的新情况、新问题和新挑战。这些新情况、新问题和新挑战为政治理论的发展提供了难得的经验素材。跟踪和研究国外政治理论的学术前沿,既是理论积累和理论对话的需要,也是理论创新的需要,更是中国深度融入全球化进程的需要。中国政治学的发展,既需要研究中国丰富的政治实践,以及滋生于丰富政治实践基础上所形成的政治思想和政治理论,也要了解其他国家的政治实践和政治理论。国外政治理论的学术前沿,既为中国政治学人构建本土性的政治理

---

① 李振:《从国家社会科学基金立项项目看中国政治学科发展状况——基于1993—2008年国家社科基金政治学类立项项目的分析》,《社会科学管理与评论》2010年第1期。
② 王惠岩:《回顾与展望:发展中的中国政治学》,《吉林大学社会科学学报》2005年第4期。

论提供了理论对话的对象,也为中国政治学人政治理论创新提供了思想资源和方法启示。更为重要的是,在全球化时代,对处于改革开放时代的中国而言,跟踪和研究国外政治理论学术前沿,不仅具有理论创新意义,而且也具有政治实践意义。在全球化的时代,国与国之间的联系更为紧密了,国与国之间的依存度提高了,跟踪和研究国外政治理论的前沿,有助于理解不同国家的政治实践,这种理解是中国深度融入全球化进程的内在要求。

跟踪和研究国外政治理论的学术前沿,要求政府继续支持和推动国外政治理论的前沿性研究,加大国外政治理论前沿性研究的立项支持力度。跟踪和研究国外政治理论的学术前沿,要求中国政治学人投入大量精力,跟踪政治理论领域有影响力的学术期刊,研究政治理论领域最近发表的研究综述论文,跟踪政治理论领域有影响力的重要学者和举办的重要学术会议。

(二) 深化政治理论领域重要主题的研究

面向未来,中国政治学人不仅有责任引进国外政治理论的前沿性成果,而且有责任来不断深化和推进政治理论领域重要主题的研究,使国际学术界能"更多地听到中国政治学者所发表的意见"[1]。如果说前沿性的研究引进的是政治理论的新资源,那么,深化政治理论领域重要主题的研究则是要做到"旧瓶装新酒",进行理论创新。改革开放以来,中国政治学人对国家理论、权力理论、政府理论、合法性理论、政治发展理论等有了较为深入的研究,做了大量研究工作,然而,这些研究工作仍有进一步推进的空间,我国"基础理论还缺乏时代特色和中国特色,若干理

---

[1] 夏书章:《从政治学曾多年被忽视而需要赶快补课说起——为"迈向21世纪的中国政治学"而作》,《政治学研究》1998年第4期。

论难点尚未解决,理论缺乏应有的力度,专门理论相当薄弱"①。深化政治理论已有研究仍是未来中国政治学人努力的一个重要方向。

经过四十年的努力,中国政治学人在政治理论领域的研究目前仍具有宏大叙事的特点,研究方向缺乏稳定性,政治理论的不同分支缺乏相应团队攻关,缺乏长期专注于民主或正义理论的达尔或罗尔斯那样的学者。深化政治理论研究,要求中国政治学人对政治理论的重要主题展开长期的、系统的、深入的和有层次的研究,要求围绕政治理论的重要概念、重要思想、重要理论展开团队研究。比如,"对西方政治思想的研究重点不应当再以'通史式'研究为主,更应该突出对国别、时代、流派、人物的专题研究"②。对西方政治思想的认识,"过去的应该更深、更准;新兴的应该更为及时"③。深化政治理论研究,要进一步强化对政治学基本概念的研究,不仅要关注政治概念的内涵和外延,而且要关注政治概念的测量。目前,政治理论中的诸多概念缺乏精确性,充满争论,比如,国家、民主、权力、共同体等;一些概念缺乏精细化的深入研究,比如国家自主性,基础性权力;一些概念,缺乏系统的、有说服力的指标体系进行测量,比如国家能力。

深化政治理论研究,需要进一步增强政治理论的说服力。在政治生活中,政治理论是重要的,政治理论的一个重要功能是增强政治生活的说理性来以理服人,使政治生活理性化。政治理论所呈现的理由不仅应是可理解的,而且是有共识的,大家接受的理由。如何提升政治理论的说理性仍是中国政治学人的一项重要责任。深化政治理论研究,也要在

---

① 王浦劬:《我国政治学发展20年的回顾与展望》,《思想政治教育导刊》1998年第2期。
② 徐大同、高景柱、刘训练:《西方政治思想史研究:回顾与前瞻》,《马克思主义与现实》2012年第5期。
③ 徐大同:《21世纪西方政治思想史研究的深入》,《浙江学刊》2002年第1期。

政治原则、政治制度与公共政策对接上做出努力。政治理论研究,一个关键问题是要处理和协调好"事实"与"规范"之间的关系。政治理论核心任务是要研究政治生活的应然逻辑和规范标准,用这些应然逻辑和规范标准来改进和优化"事实"。在深化政治理论研究过程中,不仅应注重"规范"标准的建构,而且也应注重对"事实"的了解。更为重要的是,要在"事实"与"规范"的矛盾冲突中做好协调、平衡和对接工作。政治理论不仅要讨论规范性的标准,而且要研究如何通过制度改革和政策调整使得这些规范性标准变成生活中的可能。不研究"事实",或者用"规范"裁剪"事实"是不可取的,不关注"规范"如何与"事实"进行对接将会是政治理论的价值无法得到承认。

(三)加强政治科学研究中政治理论成果的研究

改革开放以来,中国政治学人投入大量精力研究作为政治思想史的政治理论和作为概念性说明的政治理论,相对忽略了作为一种形式模式建构的政治理论以及作为理论的政治科学的政治理论的研究。

中国政治学人投入大量精力研究中西政治思想史,以政治思想史为基础研究规范政治理论,这些政治理论研究工作为改革开放时代中国政治学恢复重建做出了重要贡献。然而,需要强调的是,政治理论的类型不是单一的,而是多元的。政治思想史研究只是政治理论的一种类型,同样,作为概念性说明的政治理论也只是其中的一种类型。在政治科学研究中,既要运用既有政治理论解释政治现象,通过政治现象来检验已有政治理论,也要通过发现已有政治理论在解释政治现象中存在的问题来发展已有政治理论,甚至提出替代性的政治理论。长期以来,我们对政治科学研究中的政治理论环节没有引起足够重视,对政治科学在推动政治理论发展方面所起作用没有投入足够精力来研究。实际上,政治科学的研究不仅要输出政策建议,而且要检验和发展政治理论。改革开放以来，尤其是新世纪以来，中国政治学人重视社会科学研究方法的系统学习，运用这些方法来收集研究素材，分析数据，讲述中国故事，下一步应将工作重心由讲述中国故事转向挖掘中国经验和道路的理论内涵。

对政治科学中的政治理论部分加以重视是中国政治学政治理论未来研究的重要内容。比如，已有研究用极权主义、多元主义、威权主义、国家法团主义等理论范式来解释中国的国家与社会关系。政治科学的研究关注的是这些不同理论范式在何种情境有解释力，在何种情境下存在缺陷，中国政治发展的经验是验证了这些解释，还是挑战了这些解释，是否有可能提出不同于现有解释的解释。又比如，有关中国现代国家转型的研究，大多数研究运用的是"帝国—民族国家"这一范式，这一范式具有一定解释力，也受到了一些研究者的批判。那么，这些研究者对这个研究范式提出了哪些批判，是否提出了替代性的解释呢，当现有研究难以解释中国国家转型的现实时是否能有理论上的突破。这些都值得中国政治学人进行深入思考。

因而，为了推动中国政治学政治理论领域的发展，必须关注政治科学研究中政治理论的运用发展，研究政治理论与政治实践之间的互动关系。具体说来，中国政治学人应进一步强化社会科学研究方法的训练，要运用这些方法来做研究，发表研究成果，尤其是要关注政治学各个分支的国内外顶尖学术期刊发表的研究成果，关注这些研究成果的文献综述部分，关注这些研究成果运用哪些政治理论来分析政治实践，已有的政治实践对已有的政治理论起到何种作用，是验证、修正还是提出替代性的理论，关注这些研究成果结论部分对研究发现理论意义的揭示环节。

（四）建构中国政治发展的理想图景

面向未来，中国政治学人还有一项重要使命，那就是要回归到政治理论的本性,面向政治实践中的问题建构理想的政治秩序,用理想政治秩序规范和引领当下中国政治实践。

四十年来,中国政治学人"为价值、理想、信仰与启蒙倾注了巨大热情,唯独缺少了某种实证根基"①。今后,"我国政治学研究的主要方向和重点是当代中国社会客观存在着的、发展着的重大政治现象、政治问题。政治学的基础理论研究也要围绕这个方向展开"②。政治理论不仅要描述当下的政治实践和政治生活,而且要解释当下的政治实践和政治生活,更为重要的是,政治理论要依赖研究者丰富的想象力建构起政治发展的理想图景,引领政治发展进程。政治学是一门兼具人文性和科学性的学科,"在社会科学和人文科学中,学术研究的生命力,与该学科所追求的终极价值密切相关"③。

这意味着,政治理论的研究,从品格上来看,是反思性的、批判性的。政治理论的研究,并不满足于描述当下的政治生活。政治理论的研究,要直面当下政治生活中的难题,分析存在的原因。"我们要积极适应国家重大需求,围绕重大理论和实践课题进行协同攻关,急国家之所急,提出真知灼见并在这个过程中概括、提炼出自己的理论和方法。"④然而,反思性和批判性并不能涵盖政治理论研究的所有内容。实际上,政治理论的研究有着比反思性和批判性更高的追求,它不仅要反思既存的政治秩序,而且要为规范既存政治秩序提供规范尺度。因而,政治理论的研

---

① 张国清:《从政治学到政治科学——中国政治学研究的难题与范式转换》,《厦门大学学报》(哲学社会科学版)2004年第5期。
② 张永桃:《中国政治学二十年(1978—1998)——纪念党的十一届三中全会召开20周年》,《江苏社会科学》1998年第6期。
③ 林尚立:《为中国政治学寻求学术支撑》,《天津社会科学》1997年第4期。
④ 朱光磊:《政治学要为推动中国特色社会主义政治建设服务》,《政治学研究》2013年第5期。

究要输出政治价值、阐释政治价值,并按照一定原则和程序对政治价值进行排序。

　　实际上,当代中国政治实践为中国政治学人做政治理论研究提供了大量空间。比如,在我们政治生活中,一些人大代表的素质亟待提高,这就要求我们研究什么是好代表。又比如,在现代国家建设中,公民建设是一项重要内容,然而,在公共生活中,臣民意识仍存在我国部分社会成员头脑之中,那么,对好公民的研究就是极为重要的事情。实际上,无论是霍布斯的研究、洛克的研究还是卢梭的研究,他们要做的主要工作是要解构神权政治论,将政治权威合法性建立在被统治者同意和授权基础上。同样,罗尔斯的主要工作是为公正社会提供规范原则,以帮助人们认识社会中的不正义,为改变这种不正义而努力。对于当代中国政治学人而言,他们有责任立足中国政治实践建构起中国政治发展的理想图景,用理想图景来规范政治生活、引领政治生活,进而优化政治生活。建构起中国政治发展的理想图景,既是中国政治进步的一个重要前提,也是中国政治学人不可推卸的责任。

第八章　中国的比较政治研究

陈　刚

比较政治是政治学的一个分支学科,指对不同国家和地区的政治现象、政治问题进行系统的比较研究。在通行的学科分类中,比较政治一般相对于本国政治而言,通常以其他国家或地区的政治和政治制度作为研究对象。有鉴于此,外国政治有时被当作比较政治的一个不太恰当的同义语。当然,对外国政治的研究确实更集中地体现着比较方法的运用,因为即使只是个案研究如果要确保深入的话也常无法离开比较。在中国的语境里,比较政治主要就是指对中国以外的其他国家和地区的政治机构、政治行为、政治文化、政治发展等开展比较研究,而对中外政治的比较研究也属比较政治的范畴。

比较政治在政治学的学科体系中具有特别重要的地位。从一定意义上讲,政治学就源于比较政治的研究。亚里士多德的名著《政治学》就是以他对古希腊各城邦政治的研究为基础撰写的,而在所谓传统政治学时期,政治学者们也特别注重对各国政治制度的研究。比较是社会科学研究包括政治学研究最常见的研究方法之一。要更好地认识政治现象、总结政治规律乃至建构有说服力的政治理论,都离不开比较方法的运用。不仅如此,比较政治还是政治学中最有活力、最具创造性的领域。正是通过对他国政治的研究,政治学家们发现了许多新的政治现象,得出了许多新的政治洞见,创造了许多新的政治概念。

中国早在民国时期就有学者专事比较政治研究,如刘迺诚、费巩、钱端升、沈乃正等。中华人民共和国成立后不久,因政治学科被取消,比较政治研究也在相当长时间里陷于停顿。改革开放后,比较政治研究再度兴起,主要基于三方面原因:其一,改革开放带来了对外交往的日益增多,为避免外交决策失误,对外国政治体制和政治过程的了解成为必要;其二,20世纪90年代末全球化进程的加快使国家间相互依存加深,外国政情的变化会影响我国经济利益,需要时时保持关注;其三,新世纪以来随着综合国力的增强,中国政府为维护国家利益更多地参与了国际事务,而这也要求加强对外国政治的比较研究。然而,一方面国人越来越认识到了解外国政治和政治制度的重要性,另一方面长期的对外封闭又使想要研究的学者面临着重重困难。正是在这样的背景下,中国的比较政治进入了它的恢复和初步发展期。

一、比较政治研究的恢复发展(1979—1998)

1979年3月,邓小平同志在中央理论工作务虚会上提出了政治学需要尽快补课的观点。之后中国的政治学得以重建,走上了快速发展的道路,其中也包括比较政治。

(一)基本概况

1. 比较政治经典著作的译介

改革开放后,基于国家发展需要,比较政治再度受到重视。但是,较长时间的学术隔绝使研究者迫切需要加强专业化的学科训练,于是对国外比较政治经典著作的引介很快就被提上日程。初期的比较政治译著大体可分为两类:第一类属于比较政治制度的通论性著作,第二类则介绍比较政治的理论和方法。

第一类译著如日本政治学家佐藤功的《比较政治制度》,它备受政法类学者称道。该书首先揭示了近代各国政治机构的原理,继而对法、德、英、美、苏及东欧国家的政治机构进行了历史的考察和比较,最后还探讨了近期的变化。佐藤功给比较政治制度研究者提出了很多有价值的建议,如应避免绝对地肯定某种模式,应注重对各国政治制度的变迁及其原因进行历史考察,应关注政治权力的运作和政治过程而不能只看宪法规定,应结合政治制度所处的社会、经济、文化环境去开展研究,等等。[1]这些主张对之前习惯了只从阶级性角度去评判政治制度优劣的中国学者来说,非常有借鉴意义。

在第二类译著中,最有影响的是比较政治权威学者阿尔蒙德的两本书,即《比较政治学:体系、过程和政策》(与鲍威尔合著)和《公民文化:五国的政治态度和民主》(与维巴合著)。[2]前者试图建立一个可操作的理论框架,以比较处于不同经济发展水平和属于不同社会制度的国家在政治方面的基本情况。作者运用结构功能主义方法,对24个国家的政治体制、政治文化、政治过程、公共政策等进行了研究。后者比较的国家更少,研究主题也更为狭窄,但同样广被引用。作者通过大规模跨国调查对英、美、德、意、墨五国的政治文化进行了比较,继而探讨了与稳定民主相连的政治文化是怎样的,以及它产生自怎样的社会结构和过程。作者还提出了政治文化的三种理想类型,即地域型、依附型和参与型的政治文化,并认为能有效维护民主的政治文化应是混合了这三种倾向的"公

---

[1] 参见佐藤功:《比较政治制度》,刘庆林、张光博译,北京:法律出版社,1984年。
[2] 前者由曹沛霖等译,上海译文出版社1987年版;后者有两个译本,分别为马殿君等译,杭州:浙江人民出版社,1989年;以及徐湘林等译,北京:华夏出版社,1989年。

民文化"。这些观点乃至书中的问卷设计都给了之后的研究者极大启发。

2. 专业课程设置和学位培养

1952年高等学校院系调整时政治学科被取消,这给我国后来的政治发展埋下了隐患,而缺乏对外国的了解也给外事工作带来了很多困扰。故此,从1964年起根据中央决定,北大、复旦和人大重建国政系,开始在有限范围内培养外国政治的教学和研究人才。但是,这种培养时常受到"文革"干扰而被迫中断。事实上,正如北大77级校友姜明安教授回忆的那样,"在'文革'刚刚结束,高校刚刚开始正规教学的那个年代,全国高校法学院系很少有开设专门介绍西方国家宪法和政治制度的课程"[1]。1980年代各高校政治学系陆续复建,招生也逐步转入正轨,其中像北大、复旦、人大、武大等很早就开始了对外国政治、比较政治方向研究生的培养。另一些高校尽管未专门招收外国政治方向的研究生,但仍在部分专业的教学计划中安排了对外国政治的学习。据不完全统计,在改革开放后的二十年间,中国高校开设的与比较政治相关的本科、硕士课程主要有西方政治制度、比较政治制度、比较政治学、比较政党制度、比较中外人事制度、中外政治制度比较研究、中外政治制度史、西方文官制度、英美政治等。[2]

3. 早期探索性的比较政治研究著作

在政治学科被取消期间,中国只有少数高校有教师从事外国政治的教学,故此当政治学重建时,他们很快成为比较政治研究的中坚力量。

---

[1] 姜明安:《回忆法学大师罗豪才教授》,《北京日报》2018年3月5日,第20版。
[2] 参见汝信主编:《新时期中国政治学发展20年:1980—2000》,北京:中国社会科学出版社,2001年。

北大法律系教师①罗豪才和吴撷英的《资本主义国家的宪法和政治制度》以及外交学院教师杨柏华和明轩的《资本主义国家政治制度》都是这种教学的副产品。前者对英、美、法、德、意、日等国的宪法发展、公民基本权利、政党制度、选举制度、议会制度、政府制度、司法制度等进行了介绍,且既注意引用国外学者的观点,又能够做出批判性的评述。②后者除介绍上述内容外,还对资本主义国家的文官制度、舆论和舆论控制进行了论述。虽然该书仍带有较浓厚的、可以理解的时代烙印,但它丰富的材料和对制度细节的说明极有助于国人更深入地了解外国政治制度。仅以书中涉及"议会监督权"的内容为例,作者就通过广泛比较,介绍了资本主义国家议会批准任命官吏的三种方式、对政府表示不信任案的五种方式以及提出和审判弹劾案的四种不同程序。③

随着对外开放步伐的加速,一些学者为更客观地评述资本主义国家的政治,开始使用"西方国家"这一兼具政治和地理意味的术语,继而涌现出多部相关教材和专著。其中,中国社科院杨祖功和顾俊礼等著的《西方政治制度比较》在结构编排和内容上颇有特色,该书除对西方政治制度历史演变的考察外,还有"典型国别比较"的设计,以及对欧共体政治体系的介绍。④不过,书中虽有对英、美、法、德、意政治的介绍,但并未采用统一的比较框架,而这却正是复旦大学教授曹沛霖和徐宗士主编的《比较政府体制》所具有的优点。该书首先概述了现代西方民主国家呈现出的行政集权民主制的趋势及其特点,然后从基本国情、宪法和政府

---

① 如无特别说明,文中对作者单位、职称等的说明皆以其写作时间为准。
② 参见罗豪才、吴撷英:《资本主义国家的宪法和政治制度》,北京:北京大学出版社,1983年。
③ 参见杨柏华、明轩:《资本主义国家政治制度》,北京:世界知识出版社,1984年,第160—185页。
④ 参见杨祖功、顾俊礼等:《西方政治制度比较》,北京:世界知识出版社,1992年。

体制、国家元首体制、立法体制、行政体制、司法体制等方面比较了英、法、德、意、瑞典五国的政治制度。在前言中曹沛霖先生指出,"比较政府体制既要研究'共性',也要研究'个性',通过一个国家一个国家的'个性'研究,才能更深刻地了解它们的'共性',因为'共性'是寓于'个性'之中的"①。这种辩证的观点对于20世纪90年代初的比较政治研究者来说,是很好的方法论指导。

与前述著作相比,《比较政治分析》一书不仅眼界更开阔,内容也不再局限于制度的比较,而其作者是当时国内最年轻的副教授之一、复旦大学国政系的王沪宁。作为"新学科丛书"的一本,该书的探索性很强。它对政治时代、政治国家、政治形式、政治过程、政治决策、政治文化、政治思维、政治发展、政治世界、政治科学这十大领域进行了比较,且提出了很多富有创见性的观点,如"政治化的人类"、社会主义国家"不完全的政治"等。在自序中作者写道,"本书的比较分析有两个基本的向度:一为纵向的比较,从古往今来人类历史的生生息息中探索当代政治的结构格局;二为横向的比较,从当今人类大千世界形形色色的政治中寻求政治的规则关系"②。这种纵、横向的比较贯穿在了全书各部分。

4. 大型国别政治研究丛书的出版

20世纪80年代初人民出版社曾推出"外国政府体制丛书",介绍英、美、澳、日、德、瑞、苏、罗等国的行政机构和官员制度,但篇幅相当有限,且只涉及狭义的政府。1993年中共十四届三中全会做出建立社会主义市场经济体制的决定后,由于缺乏经验,国人迫切需要加强对国外经济建设成就的学习。与此同时,"改革开放的不断深入,要求我们系统

---

① 曹沛霖、徐宗士主编:《比较政府体制》,上海:复旦大学出版社,1993年,前言第1页。
② 王沪宁:《比较政治分析》,上海:上海人民出版社,1987年,"自序",第1页。

地全面地了解当今国外的各种政治制度,这不仅是因为学习、借鉴和批判外国的政治制度的需要,也是因为经济和政治在任何国家都是难分难离的,不懂得一个国家的政治体制,就很难真正懂得其经济体制,也不利于制订有效的对外政策,在全球化的时代尤其如此"①。鉴于国人迫切需要全面把握世界不同国家的政治体制,而既有通论性著作又有涵盖国家过少、论述不够深入的局限,时任中央编译局当代研究所所长的俞可平牵头主编了中华人民共和国第一套大型国别政治研究丛书——"当代各国政治体制"丛书。该丛书共16分册,系统介绍了二十余个国家(有的分册包含数国)的政治体制,其中既有发达的欧美国家,也有东亚和东南亚国家,甚至还有非洲国家。参与丛书写作的有成名已久的教授、研究员,也有刚刚取得硕博士学位的学界新秀,他们大多以自己参著的某国或某地区政治为专攻方向,这极大保证了丛书的专业性和整体质量。虽然这套丛书所介绍的一些国家的政治制度如今已发生了很大的改变,但在新世纪之前它完全称得上中国比较政治研究的集大成者。

(二) 重要主题

1. 国外比较政治学发展概况

在20世纪80年代和90年代初的中国,比较政治该研究什么及如何进行比较的问题事实上还不够清晰,且研究者常会因缺乏专业概念和工具而有力不从心之感。为此,一些外语好的学者开始介绍国外比较政治学的发展情况,以帮助克服学科建设初期可能有的障碍。在这方面,上海社科院丁珊发表于1985年的《比较政治学述评》是笔者查阅到的最早的文章。该文梳理了西方比较政治学的历史演变,介绍了结构功能分

---

① 俞可平:《当代各国政治体制——中国》,兰州:兰州大学出版社,1998年,"主编前言",第8页。

析等比较政治学的研究方法,还特别指出,马、恩、列著作中已经"包含了对人类历史上几种主要政治统治的内容与形式的科学分析","我们政治理论工作者应当把建立马克思主义比较政治学的任务担当起来",这个主张就是放到现在也不过时。① 吴清的《本世纪以来比较政治学在美国的发展》重点关注美国的比较政治学发展,认为其诞生以来"大致经历了'二战'之前的传统主义阶段、五六十年代的新比较政治学或称行为主义的比较政治学阶段以及自70年代以来的当代分化组合阶段"②。该文还简要评述了每个阶段的代表人物、著作及一些重要的理论流派,对于把握美国比较政治学的总体脉络很有帮助。复旦国政系王威海的《西方比较政治理论述评》同样很有价值。该文概述了结构—功能分析、系统分析、政治精英分析、政治团体分析这四种分析方法,还总结了西方比较政治理论的成就及局限,如文中提到一些研究者"由于把注意力集中在对繁复杂乱的具体资料的收集和分析上,热衷于设计精巧的模式和庞大的理论体系,结果陷于具体的经验资料中无法自拔,从而阻碍了对政治现象背后的历史和社会意义的探讨和把握"③。这对那些过于强调分析技术手段而轻视理论思维能力的比较政治学者有警示意义。

2. 宪法和政治制度的比较

从宪法入手去研究不同国家的政治制度,这是比较政治的传统进路。事实上,很多研究者往往会把宪法和政治制度结合起来进行研究,正如罗豪才和吴撷英前引著作所例证的那样。不过,政治学者仍然更习惯于使用"比较政治制度"的提法,以突出制度与宪法可能会有的差异,以及非宪法性制度的存在。由于前文已经讨论了几部有影响的比较政

---

① 丁珊:《比较政治学述评》,《上海社会科学院学术季刊》1985年第3期。
② 吴清:《本世纪以来比较政治学在美国的发展》,《国外社会科学》1994年第1期。
③ 王威海:《西方比较政治理论述评》,《学术月刊》1995年第12期。

治制度著作,因此下面着重介绍一些重要论文。首先,在20世纪80年代政治体制改革是热点,为更好地建策献言,有学者试图从对苏东政治体制的研究中去寻找经验和总结教训,如北大叶自成的《苏联东欧国家政治体制若干理论问题的比较》和中国社科院赵乃斌的《东欧国家政治体制比较研究》就是这种研究的成果。叶自成更关注苏东国家对社会主义政治体制的理论探讨,并指出"南斯拉夫的自治政治制度的理论还不能够很好地解决民族之间的矛盾、集权与分权的关系、集体领导与领导集团的稳定性等问题;同样,苏联的政治体制理论对于中央集权过多、党政关系长期不正常等重大的实践问题也未能作出很好的论述"①。赵乃斌只聚焦东欧国家,他不仅探讨了影响东欧国家政治体制的诸因素,还将其划分成四种不同类型,并对政党、权力机关、执行机关在各自政治体制中的地位和作用进行了细致的比较。②其次,政治制度的分类一直是比较政治的核心议题,而杨祖功的论文对此进行了很好的阐述。他全面梳理了西方古、近代思想家及当代政治学家对西方政治制度的各种分类方法,并提出考察和分析西方政治制度时,"要弄清政治制度赖以存在的社会经济结构和所有制结构""不能忽视上层建筑的反作用和意识形态对政治制度的深刻影响""必须看到各种政治制度形成的不同历史、社会、文化、背景""地理环境和自然条件对政治制度仍有一定影响"③,这些主张正是历史唯物主义观念的体现。

3. 议会和立法制度的比较

议会和立法制度是比较政治学者非常关注的内容,而在这个主题

---

① 叶自成:《苏联东欧国家政治体制若干理论问题的比较》,《当代世界社会主义问题》1986年第4期。
② 参见赵乃斌:《东欧国家政治体制比较研究》,《苏联东欧问题》1989年第1期。
③ 杨祖功:《西方政治制度的分类与比较研究》,《西欧研究》1990年第4期。

上,中国社科院吴大英和任允正出版于1981年的《立法制度比较研究》是改革开放后最早的专著。该书考察了立法机关的产生、组成、职权、任期和会议、立法程序、立法技术,还附有各国立法机关的类型和名称等非常有价值的资料。十年后两人的同事李林出版了《立法机关比较研究》,对立法机关的类型、产生、性质、体制、组织机构、权限和工作制度等重大问题进行了更为详尽的阐述和研究。①论文方面,议会监督权、议会机构设置、议会委员会运作等是最受关注的话题。值得一提的是,此类论文有很多发表在《人大研究》杂志的"国外议会研究"栏目上。20世纪八九十年代供职于全国人大常委会办公厅的蒋劲松长期研究国外议会,他的《美英德日四国议会监督比较》一文先论述了议会监督权加强的原因、议会监督与其他主体监督的关系、议会监督的标尺等理论问题,再比较了四国议会监督体制的状况,还特别举实例说明了每个国家议会的监督实践。在另一篇论文中,他又对美英德议会机构设置的动因、原因和特点等进行了比较,很多观点既有新意又有深度,如他不仅谈到,相比美国,"英国议会助理机构设置上的特征是研究类助理薄弱",而且指出"薄弱"的原因在于"政府抑制"和"议员们自己的认识模糊"。②议会的委员会也得到了很好的研究,如吴方正和王玉明的《各国议会中的委员会制度》及卓越的《西方议会委员会的立法功能》都与此相关。前者概略阐述了现代议会委员会的性质、种类、构成、作用等,然后总结了各国议会委员会制度的发展趋势,如设立与政府各部门对

---

① 参见吴大英、任允正:《立法制度比较研究》,北京:法律出版社,1981年;李林:《立法机关比较研究》,北京:人民日报出版社,1991年。三人之后还合写了《比较立法制度》(北京:群众出版社,1992年)。
② 蒋劲松:《美英德日四国议会监督比较》,《人大研究》1994年第10期;蒋劲松:《当代议会机构设置的三大模式》,《人大研究》1994年第11期。

口的委员会、专家的作用加强等。后者侧重于分析西方议会委员会的立法功能,认为其主要体现在提出议案和审查议案上,还特别举美、法、奥等国的例子说明了委员会主席扮演的个人角色也会影响委员会立法功能的发挥。①

4. 各国政党政治的比较

政党是现代政治生活的重要行为主体和组织者,因此对政治现象的比较研究自然离不开对政党及政党制度的比较。中央党校(国家行政学院)王长江教授长期研究世界各国政党,他的《政党的危机:国外政党运行机制研究》从理论和实际相结合的角度剖析了政党遇到的生存挑战、结构危机、意识形态困境和金钱诱惑等,书中提出的一些主张如"政党应当时常保持一种危机感""应当突出强调的是政党结构改革的经常性"等②体现了深邃的思考能力。上海师大王邦佐教授和李惠康副教授主编的《西方政党制度社会生态分析》视角独特,该书从历史沿革、结构特征、社会生态分析三方面比较了美、英、法、德、日五国的政党制度,其中社会生态分析是重点,探讨的是政治系统、经济系统和社会系统与政党制度的关联。作者还特别指出,"资产阶级议会制度赋予了各国政党制度以共同的灵魂和精神,而各个民族国家的特殊生态环境——政治的、经济的、文化的和阶级力量对比等的特定因素——则赋予了其政党制度以具体的形态结构和功能"③。论文方面,有多位学者比较了中国与其他国家政党制度的差异,而他们选择的比

---

① 参见吴方正、王玉明:《各国议会中的委员会制度》,《比较法研究》1988年第4期;卓越:《西方议会委员会的立法功能》,《人大研究》1993年第12期。
② 参见王长江:《政党的危机:国外政党运行机制研究》,北京:改革出版社,1996年。
③ 王邦佐、李惠康主编:《西方政党制度社会生态分析》,上海:学林出版社,1997年,第151页。

较项有理论基础、代表的阶级利益、政党与政权及政党之间的关系、执政方式等等。①另一位学者蓝瑛撰文探讨了当代世界政党的新变化和新特点。他把当代世界政党概括为执政的共产党、传统的资产阶级保守政党、民主社会主义政党等十种形态,然后介绍了三类国家的政党制度,评述了几种主要类型政党的政治倾向②,其中对十种政党形态的概括在发表后有很大影响,得到了广泛引用。

5. 民主政治模式的比较

"文革"结束后,民主成为国人殷切向往的政治价值,而要发扬和完善民主,就必须弄清社会主义民主与资本主义民主相比有何不同及为何更为优越,因此对不同民主模式的比较成为学者们热议的话题,并出现了相当多的成果,如20世纪90年代初出版的何全彝、胡卓群、邱敦红等人的著作。邱敦红的《中西民主政治论》篇幅最大,它对中国民主和以美、英、法、日为代表的西式民主进行了比较。书中提到"资本主义民主和社会主义民主是以存在条件为基础的两种民主制度,是阶级社会处在不同发展层次的产物""两种不同性质的民主存在着必然的历史承继关系,社会主义民主是对资本主义民主的扬弃",而类似观念也体现在其他著作中。③论文方面,华中师大徐育苗教授的《科学地比较两种民主制度》是最早探讨此论题的文章,而之后郑晓林、张云彪、张明久、杜凤华和

---

① 参见苏天羽:《我党执政与西方政党执政的比较研究》,《学习月刊》1987年第10期;王韶光:《我国与其他国家政党制度之比较》,《山东大学学报》(哲学社会科学版)1994年第4期;牛旭光:《我国政党制度与西方政党制度比较研究》,《中国统一战线》1994年第11期;于广怀:《我国政党制度与其它国家政党制度比较研究》,《理论学刊》1995年第1期。

② 参见蓝瑛:《当代世界政党的新变化新特点》,《政治学研究》1987年第6期。

③ 邱敦红:《中西民主政治论》,北京:中国工人出版社,1993年,第7、16页。

张继贤等也都有相关论文发表。①这些作者都认为,资本主义民主与社会主义民主有本质不同,这种不同体现在经济基础、政体原则、选举制度、权力监督、政党制度等多个方面,且总体上看资本主义民主是理论与实际相脱节的虚伪民主,而社会主义民主是有各种制度保障的真实民主。相比之下,黑龙江大学曹林教授主编的《民主政治比较分析》一书视野更为宽广,它不仅考察了人类民主政治发展的历程,对当代的两种民主政治进行了比较分析,也评述了十种不同的民主政治观,即政体论、统治论、自由论、自治论、价值论、权力分配论、生活方式论、科学论、管理论、系统论。②另外,对民主社会主义的梳理和探讨也是这一时期比较政治的重要内容,代表性成果有曹长盛教授主编的《民主社会主义模式比较研究》。该书把西欧民主社会主义划分为三大模式,即北海—波罗的海模式、内陆模式、地中海模式,然后从政治意识与理论、经济纲领与政策、阶级基础与党派关系三个方面进行了比较,继而又从民族文化传统、经济运行机制、政治变革进程的角度剖析了造成诸模式差异的社会历史根源。③

6. 地方政府和政治的比较

中国是个地大物博的国家,因此央地关系和地方治理向来都是政府官员和学者非常关注的,而对外国地方政府和政治的研究可在这方面提供经验和智慧。《近现代地方政府比较》是改革开放后第一部系统研究

---

① 参见徐育苗:《科学地比较两种民主制度》,《社会主义研究》1987年第3期;郑晓林:《对两种民主制度的科学比较》,《贵州师范大学学报》(社会科学版)1988年第6期;张云彪:《社会主义民主与资本主义民主之比较》,《教学与管理》1989年第5期;张明久:《两种民主制的比较》,《学习与探索》1991年第1期;杜凤华、张继贤:《对两种民主制度的比较研究》,《中共山西省委党校学报》1996年第5期。
② 参见曹林主编:《民主政治比较分析》,哈尔滨:黑龙江人民出版社,1994年。
③ 参见曹长盛主编:《民主社会主义模式比较研究》,长春:东北师范大学出版社,1996年。

地方政府的专门性论著,作者是当时在吉大任教的薄贵利。该书主要从行政区划、地方政府层级、地方政府职能、地方政府的组织结构、地方政府权力、地方政府与地方议会关系、地方政府改革七个方面对英、法、美、苏四国的地方政府进行比较,同时也对中国地方政府的这些内容做了对照研究。虽然作者选取的国家数不多,但因"它们都各自代表了一种典型的模式,并对其他一些国家的地方政府产生了重大影响"[1],所以这样的比较研究依然价值巨大。陈嘉陵主编的《各国地方政府比较研究》是湖北省社科院政治学所集体智慧的结晶,也是国家哲学社会科学"七五规划"重点研究课题的最终成果。该书选择"二战"后至1988年这个时间段,对社会主义国家、资本主义国家、发展中国家的地方政府进行了细致比较,涉及国家多达60余个,且比较范围更广:既有地方政府外部方面的比较,如其类型、行政区划、中央政府与地方政府的关系;也有地方政府内部方面的比较,如其职能、机构、体制、财政;还有特殊地方政府的比较研究,如城市政府、民族区域政府、特别建制政府。[2]如果说前两本书都是对国外地方政府的一般性比较,那么项继权的《外国农村基层建制》就是系统研究外国农村基层治理的专著。该书介绍了四个发达国家(英国、美国、法国、日本)、三个苏东地区国家(苏联、南斯拉夫、保加利亚)和三个发展中国家(印度、坦桑尼亚、墨西哥)的农村基层建制,且对每个国家都突出了三方面的内容:农村基层组织与管理的历史发展,农村基层建制的现状,农村基层政权组织与其他地方、中央、联邦政府以及农村基层其他组织之间的相互关系。[3]通过广泛的资料搜集和整理,该书很好地呈现了外国最基层政权的建制和运作情况。

---

[1] 薄贵利:《近现代地方政府比较》,北京:光明日报出版社,1988年,第3页。
[2] 参见陈嘉陵主编:《各国地方政府比较研究》,武汉:武汉出版社,1991年。
[3] 参见项继权:《外国农村基层建制》,武汉:华中师范大学出版社,1995年。

除上述主题之外,到 1990 年代中后期,还有学者专门撰文就比较政治的研究取向和方法、发展现状和问题等进行过探讨①,从中表现出了更为明确的学科意识,限于篇幅这里不再赘述。

(三) 简要述评

在改革开放前二十年时间里,中国的比较政治研究取得了非常大的成就。由于长期学术上的自我封闭,最初的那批研究者需要克服诸多障碍,因此上述成就的取得非常不容易。尽管如此,毋庸置疑,这一时期的研究仍然体现出了草创阶段无法避免的某些特点。

第一,研究者仅限于社科院系统及北大、复旦、武大等少数重点高校的学者。在 20 世纪八九十年代的中国,比较政治研究者人数相当有限,且大多来自社科院系统和少数重点高校,部分是因为只有这些地方的学者才具备从事该领域研究所需的语言、方法、经费、资料等先决条件:他们中有的曾留过洋或系统学过外语,有的承接了课题要为政府决策提供咨询服务,有的很早就因教学需要而开设了相关课程,有的拥有与外国学者交流的便捷渠道,而关于外国政治的为数不多的资料也保存在这些地方。这些优势使他们与其他地方的学者相比,能够更为便利地开展比较政治研究。不过,到 20 世纪 90 年代中后期,各级党校、宣传部门、政策研究机构也开始有研究者投身于其中。以前述"当代各国政治体制"丛书的作者群为例。根据书籍勒口的作者简介,这套丛书的十余位作者中有三位来自北大,两位来自武大,两位来自南开,其他分别来自中国社科院、中央编译局、中联部、复旦、厦大、江苏行政学院等,充分说明比较政治的研究队伍已有所扩大。

---

① 参见严强:《比较政治研究的取向和方法》,《江海学刊》1996 年第 4 期;程同顺:《比较政治学:走向没落,还是再度辉煌》,《政治学研究》1997 年第 1 期。

第二，研究目的以认识外国政治为主，且大多数比较研究只是分国别的介绍。改革开放之初，国人对外国的一切都充满好奇，但又都不甚了了，因此各学科学者都为普及外国的知识而付出了很多努力。外国政治是怎样的，与中国政治有何不同，又该如何客观评价，这是政治学者最先被要求回答的问题。结果就是，最初的比较政治研究成果包含了相当多解析外国政治的工具书、辞典、参考资料等，以及对某些大国政治的概况式介绍。有些书虽然名有"比较"，但往往只是细分不同主题后在相应章节里有对不同国家政治的叙述，另一些多人合写的书则因缺乏共有的比较框架而更带有国别政治研究论文集的性质。尽管如此，这些成果合在一起的确圆满地实现了为其设定的目的，即帮助国人更好地认识外国政治。经过这二十年里比较政治学者的工作，国人对外国政治生活的了解明显增多。虽然其中仍可能有误解或者理解片面的地方，但已摆脱了只从阶级性角度去批判的狭隘立场，而这无疑是极大的进步。

第三，研究方法注重传统上偏静态的制度描述，量化研究所占的比重很少。对于政治学研究来说，传统上最为常见的就是制度主义的研究路径。秉持这种路径的研究者偏爱从宪法文本和组织法等宪法性法律入手，去探讨国家机构的设置、产生办法、权力、相互关系等所谓制度的问题，而这种倾向在改革开放初期的很多研究者身上都有体现。他们认为，比较政治主要就是比较政治制度的研究，而比较政治制度实际上又与比较宪法相通。很显然，这样的研究具有研究方便、用语准确等优点，但也正如一些人所批评的那样，是偏静态的一种描述，因而往往有局限：现实中一些国家的政治过程可能与以文本形式呈现出来的制度大相径庭。然而，对于刚经历过"文革"的中国学者来说，仅仅是从无到有地去搜集、整理、加工、解读与各国政治相关的资料就已经要克服很多困难了，因此要求他们像今天的学者那样去做实证调查、运用统计分析无疑是种苛求。更何况我们应该看到,在这个阶段,国内的比较政治研究者一直在尝试着摸索行之有效的比较方法。早期的一些著作仅仅因为其涉及外国和运用了两个以上国家的材料就被看作一种比较研究,而后期的一些著作已有对比较框架的设计和对所选国家可比性、代表性的考虑,这正体现了方法论上的自觉。

第四,研究主题相对狭窄,侧重于对各国宏观政治制度架构的剖析和说明。受传统制度主义倾向的影响,20世纪八九十年代的比较政治研究者热衷于研究各个国家的不同政治制度构成,然后进行对比分析,且往往遵循特定的"程式":先把某种制度划分为几种类型,接着分别叙述每种类型的特征,再举例说明哪些国家可被归为哪种类型,进而谈属于某种类型的两个或更多个国家之间又有何差异,最后分析造成这种差异的历史、文化原因。虽然这样的比较研究可能遗漏一些细节,或者忽略对制度所置身于其中的经济、社会环境的考察,但它们对国人从宏观上和整体上把握外国政治的基本概况非常有帮助。考虑到因长期动荡不安所导致的对国外政治的生疏,最早的这一批学者把研究重心放在被认为最典型地体现着政治特性的政治制度架构,是可以理解的。况且,对"文革"结束后刚想睁眼看世界的国人来说,最先吸引他们的,以及使他们最深切地感受到与中国不同的,不正是这些重要的政治制度架构么?

二、比较政治研究的快速发展(1999—2018)

如果说改革开放前二十年是中国比较政治研究的恢复和初步发展期,那么最近这二十年就可以称得上是它的兴盛和快速发展期。这种兴盛离不开老一辈学者的引领,正是他们为比较政治研究者开辟出了专有的领地,而且他们的提点还使年轻的研究者少走了很多弯路。当然,新一代学者在老一辈学者的传帮带下,通过辛勤耕耘,也为比较政治的进一步发展奠定了坚实基础。

(一) 基本概况

20世纪末特别是新世纪以来,中国有越来越多高校开设比较政治的课程,招收比较政治方向的研究生。特别是在2000年,随着北大、人大、复旦、华师获得首批政治学一级学科硕、博士学位授予权,中外政治制度专业有了自己专门的博士点,之后又有更多知名高校加入。结果就是,从事比较政治研究的学者人数增长很快,而且逐渐有了更为强烈的学科意识。2009年,教育部公布第二届教育部社会科学委员会委员名单,北大徐湘林教授继续担任政治学、社会学、民族学学部委员,且特别标明其专业代表方向为比较政治学。[①]与此同时,一批由中国学者撰写的比较政治学教材和通论陆续涌现,且不再局限于比较政治制度,其中最有代表性的有张小劲和景跃进的《比较政治学导论》、李路曲的《比较政治学解析》、杨光斌的《比较政治学:理论与方法》、潘维的《比较政治学理论与方法》、高奇琦的《比较政治学:学科、议题和方法》,等等。

1. 各类比较政治研究机构的设立

比较政治研究者的学科意识增强,也表现在他们相继成立了有一定独立性的专业性组织机构,以更好开展这方面的研究。从1999年中央编译局俞可平教授创立比较政治与经济研究中心开始,目前中国专门冠以"比较政治"之名的研究中心、研究所已有十数个之多。其中,较有影响的有武大的比较政治研究中心(2003年成立,主任谭君久)、人大的比较政治制度研究所(2008年成立,所长杨光斌)、复旦的陈树渠比较政治

[①] 参见杜欢:《当代中国比较政治学发展大事记》,高奇琦主编:《比较政治的研究方法》,北京:中央编译出版社,2013年,第343—344页。

发展研究中心(2012年成立,主任陈明明)、上海师大的比较政治研究中心(2013年成立,主任李路曲)等。还有些机构虽然在名称上有些区别,但也仍以各国政治的比较研究为重心,如上海国际问题研究院的比较政治与公共政策研究所、华东师大的世界政治研究中心、中国现代国际关系研究院的世界政治研究所等。与这些以科研为主的研究所、研究中心不同,部分高校还以比较政治为名整合其教学单位,如2003年上海交大国际与公共事务学院就设立了国内第一个比较政治系,而随后北大国际关系学院也于2012年设立了比较政治学系。同时,华东政法大学政治学研究院自成立起也一直坚持以比较政治学为研究特色,取得了突出的成就。①

2. 比较政治丛书和集刊的出版

在改革开放的前二十年里,中国的比较政治研究力量总体而言还不够强,故此大多数成果都是分散出版的。一些丛书名为"比较",但实际更侧重"分述"而非"比较"。进入新千年后,上述状况有了很大改观,不仅有了多套比较政治丛书,还出现了多个集刊。在各种丛书中,最受关注的无疑是徐育苗教授主编、商务印书馆出版的"中外政治制度比较丛书"。这套丛书出版于2000年(2016年再版),共有10本,分别对中外的军事制度、行政制度、选举制度、公务员制度、代议制度、政党制度、立法制度、廉政制度、司法制度、监督制度进行了比较,其目的正如主编在总序中指出的那样,旨在"探寻中外政治制度的形成历史和文化背景、结构内容和基本特点、功能作用和运作机制、体制改革和发展趋势等,揭示人类社会共同的政治发展规律"。之后,宁骚教授主编的"比较政府与政治译丛"由北大出版社于2004年陆续推出,将威亚尔达、奥唐奈等人的13

---

① 参见高奇琦、吉磊:《中国比较政治研究的议题、价值与方法》,《理论探讨》2016年第4期。

部著作集中译出,使国内学者得以很好地把握国外比较政治研究的状况。同时期的其他一些译丛虽未冠"比较政治"之名,但也收录了利普哈特、普沃斯基、林茨等比较政治学者的经典著作。集刊当中,影响较大的有上海师大李路曲主编的《比较政治学研究》(中央编译出版社出版,一年两辑,已被中国社会科学引文索引即 CSSCI 收录)、人大杨光斌主编的《比较政治评论》(中国社会科学出版社出版,一年两辑),以及华东政法高奇琦主编的以收录编译论文为主的《比较政治学前沿》(中央编译出版社出版,每年一辑)。除此外,还有越来越多的学术期刊愿意为"比较政治"开设专栏,充分体现出了比较政治研究如今所受的重视。

3. 比较政治专题研讨会的增多

在新世纪之前,中国尚未召开过以比较政治为主题的学术研讨会,但在最近十年里,这类研讨会却呈逐年增多之势。2010 年 5 月,华东政法大学政治学研究院和《政治学研究》编辑部共同举办"比较政治学与中国政治发展"学术研讨会,这是国内首次以"比较政治学为主题举办的学术会议"①。次年,比较政治的研讨会召开了三次,分别是华东政法大学举办的第二届"比较政治学与中国政治发展"学术研讨会、深圳大学举办的"政治制度与政治体制比较"学术研讨会和武汉大学举办的"比较政治与政治文化"学术研讨会。"2012 年,比较政治的主题会议增加至五次,分别在中国人民大学、华东政法大学、复旦大学、上海师范大学等高校举行;2013 年,比较政治的主题会议举办三次,其中一次为国际会议,主题为'第一届比较政治经济学国际学术会议',其由清华大学社会科学学院和北京大学政府管理学院主办;2014 年,比较政治的主题会议举办 3

---

① 邢瑞磊、王金良:《"比较政治学与中国政治发展"学术研讨会综述》,《政治学研究》2010 年第 3 期。

次,其中一次为国际会议,主题为'比较政治研究:现状、前沿趋势和中国',其由复旦大学陈树渠比较政治发展研究中心举办。"①之后,上海交大、上海财大等高校也举办过比较政治的专题研讨会,而最近一次是2018年11月在天津师大举办的"改革开放以来我国比较政治研究的回顾与展望"研讨会。

4. 比较政治领域研究队伍的扩大

经过老一辈学者孜孜不倦的课堂讲授和对比较政治方向硕、博士生的多年培养,以及不断译介过来的国外经典著作所给予的帮助,加入比较政治研究队伍的年轻学者人数也逐年增多。特别是新世纪以来,我们可以明显看到中国的比较政治学术共同体已渐渐成形,且规模仍在继续扩大。近几年里,每次比较政治学术研讨会的参加者都多达五六十人,并且参会论文的主题不再是无所不包,而是更"纯粹"地体现比较政治本身的特性。与此同时,从比较政治研究者所属单位看,也早已突破了社科院系统和传统上所谓"985工程""211工程"等重点高校的范围。现如今,除了前面提到的一些高校外,在华侨大学、广州大学、江苏科技大学等高校乃至一些高校下设的分校,都有学者专门从事比较政治研究。这种研究队伍的扩大得益于如下因素:国家提出的"一带一路"倡议需要更多的比较政治研究从业者;获得政治学博士学位的比较政治研究者开始入职于越来越多的高校;高校图书馆订购的各种数据库及可免费获取的网络资讯使获取资料的难度大大降低。

(二) 重要主题

1. 公民社会的比较研究

公民社会是对独立于国家的政治、行政部门而又不属营利性私营部

---

① 高奇琦、吉磊:《中国比较政治研究的议题、价值与方法》,《理论探讨》2016年第4期。

门的各种民间组织的总称,如非政府组织、非营利组织、社会团体等,都指既非政府又非企业的行动主体。大约在 2000 年经俞可平、何增科等教授撰文介绍,公民社会作为制约政府权力和促进有效治理的重要主体,引起了学术界的热议,且涌现出不少成果,其中也包括对公民社会的比较研究。这些研究大体分三类:一是对中外公民社会(非政府组织)的对比研究,二是对特定国家、地区公民社会的分析,三是对政党与公民社会关系的探讨。第一类研究如苏州大学郑芸的论文《西方公民社会形成原因探微——兼从中西方公民社会发展史比较谈起》和国家行政学院褚松燕的专著《中外非政府组织管理体制研究》。郑芸从国家起源的具体路径、宗教及其组织的作用、城市和商品经济发展等角度切入,探讨了西方公民社会为何能比中国发育更早且能与其现代化进程形成相互的配合的问题。[①]褚松燕则从法律地位、筹资与营利禁止、税收优惠、日常监管等方面比较了美、英、日、德、印、新、中等国的非政府组织管理体制,而且在每个方面都概括了不同的模式。[②]第二类研究为数众多,仅以对特定地区公民社会的分析为例,就有上海交大陈尧、北大郭洁、中国社科院杨建民的文章。陈尧认为,非洲公民社会对民主化的贡献相当有限,而这是由于其发育的不成熟和脆弱性,具体表现在内部的差异和分裂、发育迟缓、力量弱小、适应能力差等方面;郭洁指出,东欧国家的公民社会状况是考察其政治转型的一个视角,虽然东欧公民社会仍然不够强大和弱小,但从一些评级数据看也一直在增长和更加多样化;杨建民则重点探讨了拉美国家的公民社会在其政治转型中的作用,他的文章选取了各式各样的公民社会组织进行说明,如圣保罗论坛和世界社会论坛、天主

---

① 参见郑芸:《西方公民社会形成原因探微——兼从中西方公民社会发展史比较谈起》,《学术论坛》2007 年第 10 期。
② 参见褚松燕:《中外非政府组织管理体制研究》,北京:国家行政学院出版社,2008 年。

教会、土著人组织、社会运动、妇女、学生群体等,视野非常开阔。①第三类研究如高奇琦的《国外政党与公民社会的关系——以欧美和东亚为例》。该书系统地就国外政党与公民社会的关系展开了论述,并把两者关系概括为四种地区模式,即西欧的紧密共生模式、北美的有限合作模式、东亚的政党主导模式、东亚的双重虚弱模式,同时探讨了不同模式的形成原因和面临的挑战②,既新颖又有一定的理论价值。

2. 政治文化的比较研究

政治文化是描述特定民族对政治体系的认知、情感、态度、心理等的一个专有概念。大约在20世纪80年代末,中国开始有人对它进行探讨,而徐大同和高建主编、出版于1997年的《中西传统政治文化比较研究》是对它进行比较研究的开始。进入新世纪后,对政治文化的比较研究逐渐增多,其中最有代表性的是天津师大佟德志教授主编的《比较政治文化导论》。该书从政治认知、政治思维、政治价值、意识形态四个方面建立了对不同国家政治文化进行比较的框架,而且在每个维度上都选择了恰当的比较项加以分析,如国家与社会观念的比较分析、中西政治价值选择等。③同样,在论文方面,中西政治文化的比较也是学者们非常关注的话题。例如,孙宝云和吴群芳的文章指出,中西方对政治文化中和谐和冲突的认识截然不同,例如在西方,"无论是普通民众还是政治家,都十分小心地把工作身份和家庭身份分开,强调一个人多重身份之

---

① 参见陈尧:《非洲民主化进程中的公民社会》,《西亚非洲》2009年第7期;郭洁:《东欧转型国家公民社会探析》,《科学社会主义》2009年第4期;杨建民:《公民社会与拉美国家政治转型研究》,《拉丁美洲研究》2012年第3期。

② 参见高奇琦:《国外政党与公民社会的关系——以欧美和东亚为例》,北京:中央编译出版社,2011年。

③ 参见佟德志主编:《比较政治文化导论:民主多样性的理论思考》,北京:高等教育出版社,2011年。

间的统一关系",而"在中国,政治家的多重角色经常处于紧张状态甚至会出现对立的情况"。①张津凤的文章则分析了中西方在传统政治文化和民主取向上的差异对各自政党制度模式及其发展的影响。她指出"政党制度的完善和发展,必须以相适应的政治文化的转换、创新和发展作为基础和保障"②,而文中对中西方政党制度与政治文化之间亲缘关系的论证很好地说明了这一点。另外,还有不少文章专就特定两个国家的政治文化进行比较研究。北大关海庭教授和刘莹的文章对中俄传统政治文化进行了比较,他们认为中俄传统政治文化具有国家崇拜、集体主义、道德至上三个共同点,但也在同西方文化关系和宗教上有着差异。同时,他们的文章还论证了中俄政治文化的差异如何导致中国的渐进转型模式和俄罗斯的激进转型模式,以及中俄政治文化的共性如何导致两国在转型的深化阶段遇到一些相似的问题。③同为北大教授的刘祖熙的文章比较了俄罗斯和波兰的政治文化,他认为俄罗斯人忠于沙皇、爱国和信奉集体主义的政治文化是其长期沙皇专制和东正教会熏陶的结果,而波兰爱民主自由、开放宽容的文化传统是其贵族民主制度和天主教会培养的产物。④北外李文红和于芳则比较了中德两国的政治文化,她们指出中德两国的政治文化既有相同点,如十分重视民主制度的建立和发展、主张通过对话和合作来维护世界和平,也有差异性,如拥有不同的核

---

① 孙宝云、吴群芳:《不同的和谐与冲突观——中西政治文化比较》,《晋阳学刊》2008年第5期。
② 张津凤:《论政党制度的政治文化基础——基于中西传统政治文化比较的研究视角》,《中央社会主义学院学报》2009年第4期。
③ 参见关海庭、刘莹:《中俄传统政治文化与社会转型比较研究》,《北京大学学报》(哲学社会科学版)2013年第2期。
④ 刘祖熙:《俄罗斯政治文化与波兰政治文化比较研究》,《史学集刊》2014年第1期。

心价值体系等。①这些比较政治文化研究得出的结论很有意义,给我们理解不同国家的政治和政治制度提供了重要的背景知识。

3. 政党政治的比较研究

与之前相比,新世纪以来的比较政党政治论著不仅数量更多,而且视角更宽广、分析更深入。首先,有对政党制度进行比较的通论性著作,如梁琴、钟德涛的《中外政党制度比较》及周淑真的《政党和政党制度比较研究》。前者对中国与西方国家的政党制度进行了集中比较,内容包括政党的演进和特点,政党与代议机关、政府、人事、司法、军队、社会的关系,政党的发展前景,等等,在普及政党的知识方面发挥了一定作用。② 后者运用丰富的材料系统介绍了政党的起源、发展、基本要素,几种类型政党的主张与基本特征,政党制度的类型与模式比较,中国政党制度的历史探索与当代中国政党制度,在理论总结和提炼上颇具特色。③ 其次,有对政党执政方式进行比较研究的著作,如王长江、姜跃等的《现代政党执政方式比较研究》和陈元中、陶维兵的《中西方政党执政比较初探》。前者分西方发达国家、社会主义国家和发展中国家三种基本类型对政党的执政方式和执政模式进行研究,且重点放在对几个曾长期执政而又由盛及衰的典型政党展开研究,以总结国外政党执政的经验教训。④后者则分政党政治模式、执政基础、执政方略、执政体制、执政方式、执政文化六个方面对中国共产党和英、美、法、德为代表的西方政党的执政进行了比较。正如李景治教授所说,"该书对中西方政党执政文

---

① 参见李文红、于芳:《中德政治文化比较研究》,《学术交流》2013 年第 8 期。
② 参见梁琴、钟德涛:《中外政党制度比较》,北京:商务印书馆,2013 年。
③ 参见周淑真:《政党和政党制度比较研究》,北京:人民出版社,2013 年。
④ 参见王长江、姜跃等:《现代政党执政方式比较研究》,上海:上海人民出版社,2012 年。

化进行了比较，是本文的独创，也是本书的一大亮点"[1]。最后，俞可平教授主编的"十二五"规划重大出版项目"世界各国主要政党规章制度文献"丛书也是这时期比较政党政治研究最重要的基础性成果。该丛书共20卷，由中央编译出版社于2015—2017年陆续出版，收录了当今世界绝大多数重要政党的代表性规章制度。它们作为一个整体很好地反映了世界各政党的领导制度、组织体系、决策制度、监督制度等，对于推进比较政党政治的研究做出了极大贡献。论文方面，刘建军教授对中国、日本、新加坡三国政党与政治领袖的关联性进行了比较研究，得出了一些非常有意义的政治规律，即"弱政治领袖必然导致国家的衰落""传统力量（例如世家力量）对现代政党的侵蚀必然导致政党的衰落""领袖型政党与制度化政党的结合是现代政党政治的基本形态"等。[2]徐锋和朱昔群的文章则选择了一般人容易忽视的国外政党的基层组织进行比较研究，研究的内容包括国外政党基层组织运作的制度背景，党员招募、权利和作用，基层组织设置与组织结构，基层组织职能定位、活动内容和活动方式、基层组织面临的问题及革新的尝试等。[3]他们的研究给国人更全面和生动地理解国外政党的基层活动提供了很好的指引。

4. 族群冲突的比较研究

新世纪以来族群冲突逐渐成为比较政治学最热门的议题之一，学者们围绕族群冲突的原因、族群冲突的控制和管理、族群冲突与选举政治的关系等进行了深入探讨。在族群冲突原因方面，熊易寒和唐世平的论

---

[1] 陈元中、陶维兵：《中西方政党执政比较初探》，北京：中共中央党校出版社，2007年，"序言"，第5页。
[2] 刘建军：《政党：孕育领袖还是遏制领袖？——对中国、日本和新加坡的比较研究》，《复旦学报》（社会科学版）2013年第4期。
[3] 参见徐锋、朱昔群：《国外政党基层组织比较研究》，《马克思主义与现实》2007年第4期。

文非常有见地,文章通过多案例比较分析,发现"在其他条件不变的情况下,当少数族群聚居区的核心领地发现石油时,这一少数族群将会倾向于反抗由多数族群主导的中央政府,而中央政府则会强化对少数族群的控制,由此导致族群冲突的升级"①。在族群冲突的控制和管理方面,王剑峰的《比较政治视野中的族群冲突管理》和赵磊的《非洲族群冲突的最新进展及冲突管理》最具代表性。前者把各国治理族群冲突的政策概括为同化、排斥、多元主义三种类型,并指出"与同化主义或排斥主义族群政策相比,多元主义族群政策对于处理族群冲突确实好得多。但多元主义政策具有多种可能的形式,某一特定政策的效果依赖于许多特定的条件"②。后者介绍了21世纪非洲族群冲突的一些新变化,以及非洲国家、非洲区域与次区域组织、联合国、非政府组织等管理非洲族群冲突的主要方式,还提出"必须创建一个多元主体共同管理的战略框架,以便就哪些事项应优先处理以及哪些措施最可能产生多重效果达成一致意见"③。在族群冲突与选举政治关系方面,左宏愿、张春和蔺陆洲等人都有专文探讨。左宏愿认为,多族群国家的社会可分为低度多样化、中度分化型和断裂型多族群社会,把选举引入断裂型多族群国家会形成事实上的族群性政党竞争制,进而加剧族群冲突,同时他还对族群性政党竞争制加剧族群冲突的原因进行了深入的分析。④张春和蔺陆洲的文章质疑了常见的一种看法,即非洲国家选举失利者不接受选举结果是因其自

---

① 熊易寒、唐世平:《石油的族群地理分布与族群冲突升级》,《世界经济与政治》2015年第10期。
② 王剑峰:《比较政治视野中的族群冲突管理——国外主要族群政策比较分析》,《学术界》2013年第12期。
③ 赵磊:《非洲族群冲突的最新进展及冲突管理》,《当代世界与社会主义》2011年第3期。
④ 参见左宏愿:《选举民主与族群冲突:断裂型多族群国家的民主化困局》,《民族研究》2015年第2期。

身的族群矛盾或冲突。他们通过定量研究和对尼日利亚、刚果(金)、科特迪瓦的定性研究,表明西方国家的外部介入是这种输家政治的重要诱因,并指出非洲国家民主化应更多立足于自身的内生性发展,实现自身经济、政治、社会的全面现代化,而不能一味寄望于外部支持。① 此外,还有一些学者针对特定国家的族群冲突进行了深入的研究。

5. 民主转型的比较研究

如果说改革开放前二十年里中国学者更侧重于对民主政治基础知识和理论的普及,那么后二十年里就更多地转向了对民主化和民主转型进程的比较研究。首先,有对所谓三波民主化的评述,如张飞岸和包刚升的文章。张飞岸主要关注第一波民主化,她以英美为例,说明第一波民主化是以民主运动与社会主义运动的交织亦即工人阶级的社会抗争和遏制资本主义为特点的,而第三波民主化注重市场化、自由化和空头选举形式却带来了很多恶果,因此在追求民主的过程中应该重申民主与社会主义的相关性。② 包刚升则对第三波民主化进行了评估,他使用了多种数据,指出就治理绩效来说,"第三波民主化国家的全球治理指数略低于世界平均水平","民主巩固国家的全球治理指标大大优于转型中国家和民主受挫国家","与世界平均水平相比,第三波民主化国家 GDP 增长率更高""但同时通货膨胀率和失业率也更高",这些结论令人印象深刻。③ 其次,有对特定地区民主化进程的比较研究。唐睿和唐世平的论文探讨了历史遗产与苏东地区国家民主转型的关联,作者运用定量回归

---

① 参见张春、蔺陆洲:《输家政治:非洲选举与族群冲突研究》,《国际安全研究》2016 年第 1 期。
② 参见张飞岸:《民主与社会主义的相关性:比较的视野——以第一波民主化进程为例》,《学海》2017 年第 3 期。
③ 包刚升:《第三波民主化国家的政体转型与治理绩效(1974—2013)》,《开放时代》2017 年第 1 期。

和质性比较分析,说明了在苏东地区国家,"非伊斯兰教"和"非'二战'前苏联加盟共和国"对民主巩固有很强的影响,而"独立国家经历""非苏联加盟共和国"和"经济发展水平"对此亦有一定的贡献。①袁东振的论文对拉美民主的发展路径和特征、民主巩固与转型的基本趋势、民主巩固与转型的困境及其原因等做了细致解读,而对考迪罗主义的历史影响、新世纪"参与式民主"的发展等的介绍也都有助于人们更好地理解拉美民主。②李淑云的论文则对中亚和中东欧的民主化进程做了比较,她认为,作为同样曾长期实行社会主义制度的地区,中东欧已基本实现民主化,而中亚仍处在民主化的缓慢发展阶段,这种民主化进程上的差异主要是由两者民主化初始条件、目标模式、外部环境等的差异造成的。③最后,还有对民主转型之关键因素的论述,如储建国、包刚升等人的文章。储建国强调了精英自律对民主巩固和建立优质民主的重要作用,并特别指出"向现代民主转型的国家、民主还未巩固的国家以及民主质量不高的国家,需要重视精英自律的作用,需要根据本国的文化传统和现实国情来提升精英的品质"④。包刚升则更注意民主转型中宪法设计和制度安排的作用,他特别就高度分裂的社会应该设计怎样的选举制度、政党制度、中央—地方权力配置制度、政府形式等进行了细致的论证。⑤

---

① 参见唐睿、唐世平:《历史遗产与原苏东国家民主转型——基于26个国家的模糊集与多值QCA的双重检测》,《世界经济与政治》2013年第2期。
② 参见袁东振:《拉美国家民主巩固与转型的趋势及困境》,《当代世界与社会主义》2014年第4期。
③ 参见李淑云:《中亚和中东欧民主化进程的国际比较》,《辽宁大学学报》(哲学社会科学版)2010年第3期。
④ 储建国:《精英自律、政治转型与民主质量——将"德性"带到比较政治研究的中心》,《探索与争鸣》2012年第12期。
⑤ 参见包刚升:《民主转型中的宪法工程学:一个理论框架》,《开放时代》2014年第5期。

6. 庇护主义的比较研究

庇护主义(Clientlism)又译为侍从主义,指政客(宗主)通过经纪人的组织、协调以小恩小惠换取选民(侍从)选票等政治支持的现象,它在非洲、拉美和东南亚非常普遍,而西方国家也大多经历过政党机器腐败和少数"老板"借庇护关系控制地方政治的时代。张立鹏的《庇护关系——一个社会政治的概念模式》是国内最早介绍庇护主义的论文之一,它论述了庇护关系的特点、生成条件和政治影响,并阐明了传统庇护关系与现代庇护关系的区别。①之后,上海交大陈尧也发表了两篇论文,进一步探讨了庇护主义与政治发展、政党政治、政治腐败及与民主的关系,还对庇护主义框架的分析前景做出了说明。②另一些学者侧重于运用庇护主义理论来分析外国政治,如傅景亮、彭慧、段九州等人的论文。傅景亮探讨了东南亚庇护主义的形成和发展,他指出"东南亚资本政治形态中的庇护主义是在资本与权力之间形成的一种特殊关系模式,威权体制凭借其强大的权力基础给予资本以保护和发展空间,而资本则通过自己的理性化手段回报以政治支持和资金赞助"③。彭慧同样关注东南亚,但她研究的重点是这个地区特别是菲律宾、泰国、印度尼西亚三国庇护型政党的运作,她的文章对东南亚庇护型政党的特征及为何无法形成纲领型政党的历史和经济社会原因进行了很好的论证。④段九州运用庇

---

① 参见张立鹏:《庇护关系——一个社会政治的概念模式》,《经济社会体制比较》2005 年第 3 期。
② 参见陈尧:《政治研究中的庇护主义——一个分析的范式》,《江苏社会科学》2007 年第 3 期;陈尧:《庇护关系——一种政治交换的模式》,《上海交通大学学报》(哲学社会科学版)2012 年第 4 期。
③ 傅景亮:《试论东南亚庇护主义的形成和发展——以威权体制下的资本政治为视域》,《东南亚研究》2009 年第 4 期。
④ 参见彭慧:《东南亚的庇护政党制刍议——以菲律宾、泰国及印尼为例》,《东南亚研究》2013 年第 6 期。

护主义框架对穆巴拉克时期埃及政府与科普特社群之间的关系进行了探讨,而这种关系即"作为庇护人,政府默许和支持教会对科普特社群的政治、司法垄断权,以稳固经纪人对被庇护人科普特大众的控制力。教会利用与政府的特殊合作关系为科普特大众提供社会资源以及安全保护,以换取被庇护者对经纪人的政治支持。在此基础之上,教会代表科普特大众对穆巴拉克政府提供政治支持,最终形成了政府—教会—科普特大众之间的庇护主义三边关系"①。除前述论文之外,近几年里人大、华师、武大等高校也有比较政治方向的硕士生以庇护主义作为毕业论文选题。

7. 社会运动的比较研究

近十余年来,中国的很多学者对社会运动产生了浓厚兴趣,其中也有些致力于对社会运动进行比较研究,大体可分为四个方面。第一,对社会运动的一般性评述,如山大郇庆治、山东师大刘颖以及人大释启鹏和韩冬临的论文。郇庆治考察了环境运动与和平运动在德国和法国的发展,然后介绍了西欧新社会运动在政治价值、行动策略、组织结构等方面的一些新特点。②刘颖指出,20世纪60年代以来的西方新社会运动在运动议题、动员水平、战略战术、组织形式上具有跨国相似性,而这种相似性是全球化、政治机会结构、抗议的跨国扩散的影响,且未来这种相似性或将更为突出。③释启鹏和韩冬临则对"颜色革命"和"阿拉伯之春"中的14个国家进行了"清晰定性集比较分析",揭示了社会运动中导致政权崩溃的不同条件组合,并指出在每种组合中都有"大规模的抗议人群"这一因素,因此一个政权要防止崩溃,"必须将社会组织纳入国家的制度

---

① 段九州:《庇护主义视角下的科普特问题》,《阿拉伯世界研究》2015年第5期。
② 参见郇庆治:《80年代中期以来的西欧新社会运动》,《欧洲》2001年第6期。
③ 参见刘颖:《西方新社会运动的跨国相似性分析》,《东岳论丛》2013年第4期。

化体系中,特别是防止外国势力通过社会组织扩大反对势力"①。第二,对新媒体在社会运动中作用的分析,如赵春丽和朱程程的论文。她们以"阿拉伯之春"为例,考察了新媒体在社会运动中的重要角色,认为新媒体是政治动员和集体行动的催化剂、舆论斗争的新力量,也是国外势力干涉一国内政的工具和渠道,因此它的积极影响和消极作用并存。②第三,对社会运动与政党关系的探讨,如姜辉的论文。姜辉指出,西欧的新社会运动给传统左翼政党提出了一些挑战,因为两者在斗争主题和价值取向、运动主体、运动形式等方面都不同,但是两者也具有相结合的可能性,能够相互支撑和增强彼此的影响。③第四,对社会运动之应对策略的研究,如孟鑫的论文。该文梳理了西方发达国家应对新社会运动的策略,将其概括为建立和维护社会主流意识形态、根据社会结构变化调整政党策略、国家成为社会利益调整的主体、采取法律和行政措施预防和化解社会矛盾等④,对转型期的中国处理社会矛盾、构建和谐社会具有一定的参考价值。另一些学者还对特定国家的社会运动进行了评述,如泰国、日本、菲律宾、墨西哥、埃及等等。

8. 民粹主义的比较研究

民粹主义不是一个新主题,历史上俄罗斯、美国和拉美地区都曾出现过民粹主义现象。2008年后伴随着极右翼政党在欧洲国家选举中的

---

① 释启鹏、韩冬临:《当代社会运动中的政权崩溃"颜色革命"与"阿拉伯之春"的定性比较分析》,《国际政治科学》2017年第1期。
② 参见赵春丽、朱程程:《新媒体在转型国家社会运动中的角色及启示——从"阿拉伯之春"看新媒体的政治角色》,《社会主义研究》2015年第2期。
③ 参见姜辉:《西欧传统左翼政党与新社会运动的关系》,《当代世界与社会主义》2003年第5期。
④ 参见孟鑫:《当代西方发达国家应对新社会运动策略分析》,《中国人民大学学报》2010年第5期。

亮眼表现,特别是2016年英国脱欧公投中留欧派的失败和美国总统大选特朗普的胜出,政治学者们重新对民粹主义有了浓厚兴趣,并试图从比较的角度去审视它的原因和影响。由此产生了大量研究成果,而它们可被粗略地分为三类。一是对重大国际事件中表现出的民粹主义进行分析,如上海商学院刘益梅对英国"脱欧"公投的分析,她认为在公投中之所以会出现民粹主义,是社会分裂、难民危机造成的精英与底层的离心倾向、政党间分裂、右翼媒体的推波助澜、独立党哗众取宠的宣传等因素作用的结果。①二是对欧洲民粹主义政党兴起的分析,如中国政法大学教授林德山的分析,他认为欧洲民粹主义政党的崛起会冲击既有的政党权力结构、影响传统的政党结构性平衡关系,同时也促进了一种欧洲政治的向右转、助长了欧美政治生活中的极化现象。②三是对非西方国家、地区民粹主义的研究。其中,北大董经胜教授研究了拉丁美洲的民粹主义,分析了该地区民粹主义的历史和文化根源,梳理了近百年来它的四次高潮,同时揭示了民粹主义与民主的复杂和矛盾的关系。③人大林红教授研究了东南亚的民粹主义,并将其形态概括为三个方面,即强调分配正义的福利导向、突显阶级政治的左翼色彩、基于政治竞争与生存安全的策略选择,非常精炼和有启发性。④ 北大博士后费海汀研究了俄罗斯的民粹主义,他的长文既揭示了19世纪俄国与当代俄罗斯民粹主义的一些共同点,如对官僚体系和专制主义传统的严厉抨击、对西方民主制度失效的担忧等,也从客观条件、主导者、影响三方面总结了两者

---

① 参见刘益梅:《英国"脱欧"公投中的民粹主义现象分析》,《江苏行政学院学报》2017年第4期。
② 参见林德山:《民粹主义政党崛起对欧美政党政治的结构性变化的影响》,《党政研究》2017年第6期。
③ 参见董经胜:《拉丁美洲的民粹主义:理论与实证探讨》,《拉丁美洲研究》2017年第4期。
④ 参见林红:《东南亚民粹主义的形态分析:躁动的民主》,《南洋问题研究》2017年第4期。

的差异,还特别指出"2012年前的普京政策中的民粹主义色彩以及他所设计的'可控民粹'机制基本还可归类于传统民粹主义的范畴,与西方排外的、极端民族主义的新民粹主义浪潮有着本质区别"①。除此外,南开程同顺教授和杨倩博士辨析民粹主义概念的文章也值得注意,该文概括了比较政治学者所使用的三种类型的民粹主义概念,并指出将民粹主义界定为政治策略的重构型概念在理论上和经验上都优越于叠加型、辐射型概念,有助于人们更好地理解民粹主义的内涵和外延。②

(三) 简要述评

总体而言,最近二十年里中国学者在比较政治研究领域取得的成就远超之前的二十年。同时,专事这方面研究的学者人数越来越多,成果发布的平台越来越广,资料的获取也越来越容易。纵观这一时期的比较政治研究,我们可以看到几个非常明显的特点。

第一,研究方法日益多元化,体现了质性和量化、个案和统计的结合。研究方法的革新是改革开放后二十年与前二十年相比最大的进步。在前二十年里,传统的制度研究和对个案的深描仍然是主流,且比较国、比较项的选择和比较框架的设计仍显得不够审慎。新世纪以来,中国的比较政治研究者引入了更多的方法,包括以特定理论为指导的研究方法和实际操作中运用的研究方法。就前者而言,杨光斌强调比较历史分析是复兴比较政治学的根本之道,曾毅、雷艳红等强调历史制度主义在比较政治研究中的重要性,高春芽、邢瑞磊则探讨了理性选择理论在比较政治研究中的运用。就后者而言,又可大致分为质性的研究方法、量化的研究方法,以及结合了两者的一些研究方法。对此已有学者从不同方

---

① 费海汀:《俄罗斯民粹主义的历史比较》,《国际政治科学》2017年第4期。
② 参见程同顺、杨倩:《比较政治学视野中的民粹主义概念辨析》,《天津社会科学》2015年第4期。

面进行过介绍,如高奇琦对比较政治研究中质性方法的梳理,耿曙和陈玮对比较政治中案例研究的介绍,何俊志对比较政治中模糊集方法的介绍,李路曲对个案比较与变量比较方法的介绍,游腾飞对比较政治中定量研究方法的介绍等。另外,一些年轻学者已经能够熟练地运用定量回归分析,且试图将其与多案例的考察结合起来,以增加理论的说服力。

第二,研究更带有比较视野,且研究范围和主题呈现出不断扩大的趋势。首先,从研究视野来看,前一时期的研究者倾向于选取若干有代表性的西方国家,将其政治与中国进行对比,或者较为随意地选择多个国家按章节排列分述其政治。这种比较很大程度上是根据可获得的资料情况来开展的,因此是否可比、为何比及如何比的问题相对含混。进入新世纪以后,中国学者的视野更加开阔,其表现之一就是位于东南亚、拉美、非洲等地区的国家也常被纳入比较。同时,研究者也更加注意可比性的问题,如增加了对拥有类似制度或国情的大国之间的比较,以及对文化、地理环境类似的同地区国家之间的比较。其次,从研究的范围和主题来看,也在不断扩大。仅以比较政党政治的研究为例,先前的研究者更关注不同国家政党的历史发展、特征、类型、纲领、与选民关系等内容,而最近二十年里学者们还就党内民主、政党章程、政党法规、政党监督、政党意识形态、政党结构、政党代表大会等内容进行了探讨。

第三,研究目的越来越强调实用性,且注重深度的解释和规律的探寻。虽然好奇心引发的求知欲始终是学者从事研究的一个重要动机,但与之前相比,这个时期的比较政治研究更加注重实用性。无论是前面提到的研究视野的拓宽,还是研究范围和主题的扩大,都与国家的现实需要息息相关。把东南亚、拉美、中亚、非洲国家纳入比较研究的视野,正体现着新时期国家活动轨迹的变化:由南海问题带来的合作和争端,与多个拉美国家战略伙伴关系的建立,上合组织的成立,中国对非投资的飞速增长……同时,比较政治学者探讨的很多主题要么响应了党和国家政治建设的需求,要么反映了当前国家所遇到的某些新现象。当然,这种研究的实用性一定程度上也是国家社科基金和教育部基金引导和支持的结果。另一方面,在这个时期,即使是出于求知目的所做的比较研究,也已不再满足于简单的同异对比,而是试图对同异的原因进行更为深入的解释,且试图从比较中找寻到某种规律,以促进政治知识的理论化。

第四,研究者受到了更好的学科训练,兼具专业知识和语言优势之长。改革开放初期,因政治学科刚恢复和重建,所以从事比较政治研究的人大多并非出身于政治学,且外语水平普遍不高,需要仰仗译介过来的政治学经典著作和资料来开展研究。经过最近二十年的发展,"70后""80后"学者已成长起来,肩负起了为中国的比较政治学而奋斗的使命。这些学者接受了专业训练,基础牢靠且熟悉相关理论和概念,而这又得益于大学里更加科学的课程体系设置、更加系统的读书,以及有崇高责任感的年长教师的指导。与此同时,新一代学者的外语能力明显得到了提升,这既源于国家教育体制对英语学习的日渐重视,也源于赴国外访问、学习、考察机会的增加和成本的减少。他们能够直接阅读国外原版著作和论文,克服因译文不准确造成的理解偏差,而其中的佼佼者甚至能够在政治学的国际权威期刊上发表论文,或者与其他国家的学者进行跨国合作。当然,近年来国内部分高校举行的国际学术研讨会也为研究者加强国际交流和合作提供了更多的便利。

三、比较政治研究的未来展望

(一)面临挑战

虽然中国的比较政治研究在这四十年里取得了令人瞩目的成就,且从国家的整体环境看有着良好的发展态势,但挑战仍与机遇并存。

首先,文科出身的一些比较政治学者无法掌握和运用量化研究工具。自 1977 年中国大陆恢复高考以来,为分类选拔人才,文理分科制度就一直实施至今,且高校招收的文科生在培养模式上也区别于理科生,如对高等数学的要求要低很多。结果就是,政治学的研究者因为出身于文科,没系统学过微积分、线性代数和概率论,所以也无法掌握线性回归、数据分析等量化研究的工具,甚至无法读懂量化研究的论文。所幸的是,近年来一些高校已意识到这个问题,陆续增加了方法类课程的比例,而年轻一代的学者也开始通过诸如参加方法训练班来学习运用量化方法。这种训练班很多高校都举办过,其中特别值得一提的是 2006 年起杜克大学牛铭实教授每年暑期在国内组织的政治学研究方法研讨班,因此受益的学者众多。尽管如此,在当前的学术期刊中,文科化的思维仍然得到了更多的体现。虽然量化研究未必就优于质性研究,但是若能将两者有机结合起来无疑能使研究更加深入和有说服力。

其次,对非英语国家和小国政治的比较研究仍然远少于国家的发展需要。改革开放以来,随着对外交往的扩大,学外语已形成热潮且至今未退,但应该看到这里的外语对绝大多数人来说都指的是英语。能熟练运用法语、德语、日语的人实际上并不多,而掌握西班牙语、葡萄牙语、阿拉伯语的人更少,至于其他相对生僻的语种,愿意认真去学习的人就更少了。虽然北外、上外、对外经贸、同济、武大等高校培养了一定数量的小语种人才,但他们中只有很少的人会根据自己学习的语种去选择对应国家从事学术研究,这使得对非英语国家的研究无形中受到很大的限制。当然,小国政治的研究者稀少,并不只是因为有语言的制约,也是客观环境造成的。比如,一些说英语、法语的非洲国家至今仍然没有多少人愿意去研究,而高校教师的招聘也仍然更偏爱热门大国的研究者。虽然大国政治受到更多的关注理所应当，但问题在于一些小国因研究不够而已给国家对外决策造成了一定的困难。就此而言，中国的比较政治研究者仍然需要做出更大的努力。

最后，中国比较政治学者提出的原创性概念和理论仍然数量非常有限。经过四十年的发展，中国学者已开始从早期单纯地模仿和学习西方政治学理论、借鉴西方政治学概念转向追求"本土化"。尽管如此，不得不承认的是，原创性的政治概念和理论至今屈指可数，尤其是与比较政治相关的政治概念和理论。在中国政治研究方面，俞可平教授提出的"增量民主"、荣敬本研究员提出的"压力型体制"、周黎安教授提出的"政治锦标赛"等原创性概念已得到了广泛的认同和应用，而在比较政治研究方面，主导性的概念和理论仍基本上都是西方学者供给的，如中立选民、后物质主义、共识民主、选举威权主义、否决体制等。只是到近几年，才有一些本土的比较政治学者开始尝试建构自己的概念和理论，如杨光斌教授提出的"治理民主"概念、储建国教授提出的"政党自律"概念、卢正涛教授提出的"建制型国家"概念、包刚升博士提出的"民主崩溃"的理论等。针对中国政治学者概念短缺之困，周平教授曾专门撰文呼吁要从概念供给入手，加强概念的生产或提炼工作，[①]而这的确是比较政治研究者今后应当努力的方向。

（二）发展趋势

第一，跨学科研究的增多，特别是比较政治学与国际关系学的日益交融。从改革开放初期至今，中国的比较政治研究一直是由多学科学者共同承担的。在未来，这种跨学科性会表现得更加突出，而各学科学者的合作也将成为趋势。特别是伴随着国内政治与国际政治关联度的加

---

① 参见周平：《概念供给：中国政治学构建的关键》，《江汉论坛》2017年第11期。

深,比较政治学者与国际关系学者的互动交流也将增加。虽然按照一般的理解,国际政治研究国家间的政治互动,而比较政治研究外国的国内政治,但从国际权威杂志近年刊载的论文来看,国际政治与国内政治的不可分割性事实上已成为共识。正如高奇琦所指出的,"全球化和次地区化的发展将这两个学科复杂地联系在一起。所以,推动两学科的交叉问题研究,并从中提炼出描述两者特征的理论便显得更加具有时代意义和价值"①。

第二,注重国家政治结构与经济发展之间互动的比较政治经济学的发展。比较政治经济学是比较政治的一个研究领域,"它是通过比较不同国家或同一国家不同时期的政府、利益集团和市场的关系来探讨国家怎样管理经济事务"②。目前国内已有多所高校开设比较政治经济学课程,也开始有更多学者去研究不同国家和不同体制的政府在推动经济增长方面的作用。当然,这个领域并不是全新的,比较政治研究中原本就有发展主义的路径,而"发展型国家"也是该领域的重要研究成果。只是随着全球化的深化,一国政治结构对其经济发展战略的影响会得到学者们更多的关注。特别是在发生金融危机的背景下,比较政治经济研究的重要性将更加凸显,而这也正是《比较政治研究》杂志2016年专门刊载系列论文探讨欧元危机的政治经济学、分析为什么一些国家更容易实施紧缩政策的原因。

第三,服务于国家外交战略需要的区域和国别政治研究的加强和深化。2013年9月和10月,中国国家主席习近平提出了建设"丝绸之路经济带"和"21世纪海上丝绸之路"的合作倡议,简称"一带一路"。为配合

---

① 高奇琦:《比较政治与国际关系的交叉研究:必要性与可能路径》,《国际观察》2013年第4期。
② 朱天飚:《比较政治经济学》,北京:北京大学出版社,2006年,第7页。

这一倡议的实施，中国各高校和研究机构新成立了很多区域和国别研究中心，而之前的一些研究中心也开始更多地开展活动和加强建设。教育部还曾多次专门下文，要求加强区域和国别研究工作。据不完全统计，目前全国已有的区域研究机构和国别研究机构已达上百个之多，其中获批为教育部区域和国别研究培育基地的有 37 个，分别来自北大、川大、厦大、武大等全国多所高校。随着"一带一路"倡议的持续推进，区域和国别研究预计会继续加强和深化。

第四，新制度主义范式在比较政治研究中的进一步扩展。制度一直是比较政治研究者最关切的内容，不过与旧制度主义的研究传统不同，新制度主义已摆脱了单纯描述制度的做法，而更强调政治行动者与制度的互动。在新制度主义者眼中，制度作为政治行动的背景主要包括"选举竞争规则、政党体系的结构、政府各分支间的关系以及诸如工会一类的经济行动者的结构和组织"①。根据流行的看法，新制度主义可分为历史制度主义、理性选择制度主义、社会学制度主义三个流派，不同流派对制度的看法及研究制度的角度都不同。历史制度主义认为过去创立的制度会作为一种"遗产"而对之后的政治变迁产生影响，理性选择制度主义认为制度是政治行动者基于利益的考虑而理性选择的结果，社会学制度主义相信制度反映着特定社会的文化和意义系统，这些观念对新一代的比较政治研究者产生了且将继续保持着深远的影响。

（三）前沿议题和主要范式

1. 前沿议题

第一，人权保护的国内和国际机制。人权不只是法学研究的问题，

---

① 凯瑟琳·西伦、斯温·斯坦默：《比较政治学中的历史制度主义》，何俊志等编译：《新制度主义政治学译文精选》，天津：天津人民出版社，2007 年，第 143 页。

更是重要的政治问题,例如一个国家赋予谁以本国国籍和让其享受哪些公民权利,往往会成为现实政治斗争的焦点,且要靠相关政治制度来作出规定。随着欧美国家难民问题和移民问题的愈演愈烈,人权问题会引发更多的关注,而对人权加以保护的国内和国际机制也极有可能会成为比较政治研究的热点。

第二,政权的稳定性和持续性。民主化是比较政治学的传统议题,而民主巩固的问题也同样备受关注。然而,正如近年里所发生的那样,一些威权政权展现了超出寻常的韧性,而一些之前被认为巩固的民主又回复到威权。因此,无论是威权政权还是民主政权,其稳定性和持续性都有可能会得到更多的讨论,特别是以年折算的政权持续时间对量化的比较政治研究来说是更具操作性的变量。

第三,政党组织结构和活动方式。鉴于政党在现代政治生活中扮演的重要角色,政治学者始终都非常注重对各国政党政治的比较研究。十八大以来,习近平总书记先后提出了推进党的群众路线教育实践活动和全面推进从严治党的要求。为响应这些要求,未来比较政党政治的研究预计会加强,特别是对国外政党组织结构和活动方式的研究,以便更好地总结经验和教训,加强执政党自身的建设。

第四,族群政治与国家构建。现代国家有相当比例是多族群国家,因而族群间关系的处理对于这些国家的政治生活而言具有举足轻重的地位。中国的民族学家和政治学家已就族群冲突的成因、治理等做出过积极的探索,在今后一段时期这方面的研究肯定会进一步加强,而研究重点将是:多族群国家应采取什么样的族群政策和建立什么样的制度,以在统一的公民身份基础上构建现代民族国家。

第五,国家治理经验和启示。2013年11月,党的十八届三中全会提出,"全面深化改革的总目标是完善和发展中国特色社会主义制度,推进国家治理体系和治理能力现代化"。这一总目标的提出既是之前学术界长期宣传"治理"话语的结果,也适应了我国当前发展的客观需要。为更好地实现这一目标,避免走弯路,比较政治研究者应该加强对世界各国治理经验的梳理,以为我所用。

第六,网络参与及政府的管制。新世纪以来互联网的发展日新月异,各国网民的数量都在激增。一方面,互联网给公民的参与提供了更为便捷的平台,公民可通过网络将意见及时传达给政府有关部门。另一方面,网络民粹主义、网络群体性事件也使各国政府如临大敌,唯恐监管不到位而酿成严重后果。互联网给政治带来的冲击是所有国家都要遇到的,因此加强对网络参与及网络治理的比较研究很有意义。

第七,国家安全的有效维护。近年来,国家安全得到了党和国家领导人的充分重视,不仅成立了国家安全委员会,还颁布了专门的《国家安全法》。比较政治研究者也应贡献自己所长,加强对其他国家安全体制等的研究。目前对此的研究已有朱建新和王晓东的《各国国家安全机构比较研究》及张骥编的《世界主要国家国家安全委员会》(都由时事出版社推出),未来这方面的成果肯定会更多。

第八,协商民主的制度和实践。协商民主引入中国已有十余年,但总体看观念重于实践。党的十九大报告提出要"加强协商民主制度建设,形成完整的制度程序和参与实践,保证人民在日常政治生活中有广泛持续深入参与的权利",比较政治研究者应该根据这一新的要求,深入研究发达国家贯彻协商民主的有益制度和实践,为我国的政治文明建设添砖加瓦。

2. 主要范式

最近这些年来的比较政治研究已经逐渐形成了三个主要范式,即结构主义、理性主义和文化主义,它们将在比较政治学者未来的研究中继续发挥指导作用。

第一,结构主义范式。结构主义的源头可追溯至卡尔·马克思和马克斯·韦伯,它继承了传统政治学时期对政治制度的重视,把国家的基本政治架构亦即国家机构的设置、权力及相互关系等视为政治研究的核心内容,强调制度背景对人的行为的约束。不过,经历了行为主义洗礼的结构主义也没有忽略社会的政治组织如政党和利益集团,还对国家与社会的互动有着特别的兴趣。概略而言,结构主义者注重对各种更为宏大的国家和社会结构的分析,把这视为政治研究的基础。

第二,理性主义范式。理性主义的信奉者大多为具有经济学背景的学者,与之前的公共选择学派相比,他们不再简单化地把理性人假定为就是追求利益最大化的人,也愿意承认政治、历史的背景对人行为的影响。理性主义者倾向于从政治行动者的理性入手去探讨政治现象的根源,剖析政治制度得以形成和维持的原因。同时,他们更注重做出解释和理论概括,亦即"从事比较研究的理性主义者所面临的主要任务是如何提供在逻辑上和经验上具有说服力的解释"[1]。

第三,文化主义范式。文化主义范式相信,文化是一个国家的意义系统,离开文化,政治生活的很多内容就没有办法理解。因此,"文化构造了政治发生的背景;文化联结了个体和集体的身份;文化界定了群体和组织行动内部及相互之间的边界;文化为诠释他人的行动和动机提供了一个框架;文化为政治组织和政治动员提供了资源"[2]。虽然大多数文化主义者也不否认政治行动者会有理性的考虑,不否认政治制度的确

---

[1] 马克·I. 利希巴赫、阿兰·S. 朱克曼编:《比较政治:理性、文化和结构》,储建国等译,北京:中国人民大学出版社,2008年,第26页。
[2] 马克·I. 利希巴赫、阿兰·S. 朱克曼编:《比较政治:理性、文化和结构》,储建国等译,第59页。

规范着人的行为,但他们仍坚称理性本身是文化的产物,以及"文化是制度之母"。

上述这三大范式不是泾渭分明的,也不是相互排斥的。例如,无论是结构主义者、理性主义者还是文化主义者,都非常注重制度的作用,也都认同新制度主义的基本主张,因而从一定程度上说今天的他们都是新制度主义者,虽然他们在对制度的界定等问题上看法不一。

总体而言,改革开放四十年来中国学者在比较政治方面取得的进展有目共睹,而且形成了与国外的比较政治研究不同的若干特点:更注重以马克思主义为指导,强调对政治现象进行经济分析和阶级分析;更注重与党和国家的大政方针相结合,围绕国家经济社会发展需要来选择研究主题;更注重中国与西方政治体制、政治过程的对比,坚持以我为主的研究;更注重利用各种资料、数据来论证某个观点或总结经验、教训,而不是通过变量的设计去发现相关性。不过必须承认,与欧洲特别是美国相比,目前我们所拥有的仍只是"蓄势待发的中国比较政治研究"①,因此这一分支学科的发展还有很长的路要走。

---

① 杨光斌:《蓄势待发的中国比较政治研究》,《中国社会科学报》2011年12月30日,第14版。

第九章 当代中国政治研究

陈 文

当代中国政治研究一般是指对当代中国的政治体制、政治制度和政治过程的研究,其中政治体制主要包括国体性质、国家权力和政党关系的结构性体制安排。当代中国政治语境中的政治体制是在中国共产党领导下逐渐形成和发展起来的,具体包括国家权力结构体制层面的政党、政权机关和其他政治组织的结构体系、职能设置及其运作方式,执政党的产生方式与执政方式,国家立法、行政、司法的权限划分及相互关系,国家基本的选举制度和决策模式等。政治制度主要是国家政权的组织形式及其制度体系,具体包括人民代表大会制度、中国共产党领导的多党合作和政治协商制度、民族区域自治制度和基层群众自治制度。政治过程主要指在政治体制和政治制度的实际运行中政治行为者与政治系统的互动实践活动,既包括政治权力运用于社会的方式及其影响,又是公民和团体进行政治参与的过程和行为。

一、当代中国政治研究四十年的总体特征

（一）论文发表量总体呈现曲线上升特点，研究的议题越来越具象化

为了方便全览中国政治四十年研究的整体情况，本章通过CNKI数据平台的统计功能，将发表时间限定在1979—2018年，以主题为"中国政治"或"中国政治发展"或"中国政治改革"或"中国政治体制"或"我国政治"或"中国民主政治"，来源类别选择"全部期刊"进行检索，截止到2018年7月6日，在CNKI数据库中的文献共计11562篇。从发文机构和单位的地域发布来看，北方的高校和研究机构稍多于南方，以"中国政治"以及相关主题的政治学研究的成果也相对较多，这与我国北方（北京）是政治中心的现实相契合。

从图9-1中学术论文发表的折线图可以看出，明确以"中国政治"为主题词的发文量总体呈现从缓慢上升到急速曲线增长再到逐渐回落的总体状况，具体而言，在四个时期（第一个阶段、第二个阶段、第三个阶段和第四个阶段）呈现明显不同的发展趋势。在第一个阶段，政治学研究逐渐恢复，对于"中国政治"的讨论在1986—1989年间形成小高潮，20世纪80年代末期后转向低谷；第二个阶段缓慢增长，总体来看研究成果逐渐增多；第三个阶段，约从2001年后，围绕"中国政治"的讨论呈现快速曲线增长，2011年达到顶峰；第四个阶段，标题明确以"中国政治"为主题词的发文量逐渐下降，宏观层面有关中国政治的学术讨论相对减少，但有关执政党建设、执政能力、法治政府、协商民主、基层治理、社会治理等微观层面涉及中国政治具体内容的研究越来越多。

例如通过CNKI数据平台的统计功能，将发表时间限定在1954—2018年，以主题为"中国共产党"或"中共"或"执政党建设"或"党建"，来

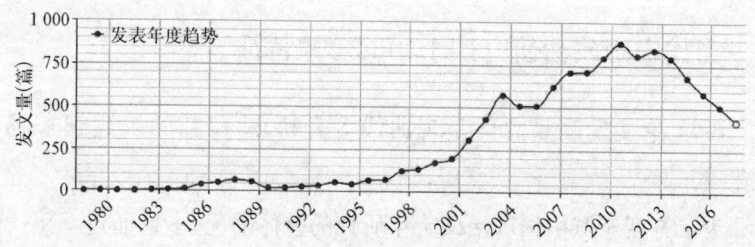

图 9-1 主题为"中国政治"相关词汇的论文发表总体趋势图（1978—2018 年）

源类别选择"全部期刊"进行检索，截止到 2018 年 7 月 6 日，在 CNKI 数据库中的文献共计高达 343685 篇，自 2000 年之后有关执政党建设的论文增长迅速（见图 9-2）。

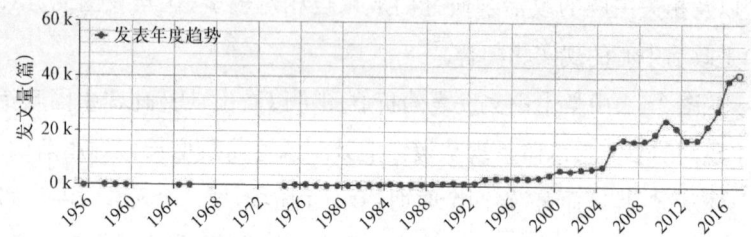

图 9-2 主题为"执政党建设"相关词汇的论文发表总体趋势图（1954—2018 年）

在研究主题方面，改革开放四十年以来，政治发展、政治文化、民主政治、政治参与、政治文明、政治体制改革、政治制度等是被中国政治学者关注得较多的宏观主题。这些关键词内涵丰富、互有交错，共同构成当代中国政治研究的重要主题，其也是普遍意义上的政治学专业词汇。从主题词来看，社会治理、协商民主、执政能力、执政党建设、和谐社会、法治政府、政治稳定、政府治理、政府创新、政府能力、国家治理、协商政治、基层党建、基层民主、基层自治是被引用频次较高的政治学系列主题词,这些较为具象的关键词在一定程度上反映了当代中国政治研究的具体演进路径特点。总体来看有关中国研究的议题越来越具体,学者更加重视对中国政治运行过程中各种现实问题的研究和探讨。

(二)专业性的研究团体和机构相继成立,逐渐形成了各自的研究特色

改革开放后随着中国政治学的恢复,一大批有关中国政治研究的专业性团体和机构相继成立。1980年中国政治学会成立,标志着政治学的恢复,后来一些省市也相继成立了政治学会。1983年国家教委批准北京大学、复旦大学、吉林大学建立政治学专业,期间又在北京大学、吉林大学建立了政治学硕士点和博士点,标志着开始培养高层次的政治学专业人才。成立于1985年的中国社会科学院政治学研究所是中国社会科学院专门从事政治学研究的学术机构,为中国政治学会的挂靠单位,主要偏重于中国特色政治制度研究。2000年北京大学政治发展与政府管理研究所被批准为教育部人文社会科学百所重点研究基地——政治学研究基地,在此机构基础上后来整合成立的北京大学国家治理研究院作为国家治理协同创新中心的牵头单位,与吉林大学、复旦大学、中山大学和中国财政科学研究院相关机构协同运行,就政治学基本理论、国家治理理论与治国理政实践等开展了诸多研究。成立于2001年的北京大学政府管理学院成为中国首个政府管理学院,并主编了《北大政治学评论》,后于2015年成立的北京大学中国政治学研究中心为北京大学独立的实体研究机构,主要从事政治学基础理论研究。20世纪80年代中期,华中师范大学一批学者开始从事中国农村基层政权研究。早在1990年就成立了华中师范大学农村基层政权研究中心,后更名为中国农村研究院,该院坚持以田野调查为基础、以实证研究为导向,主要从事基层政治与乡村治理研究,成为中国农村政治研究的学术重镇。复旦大

学国际关系与公共事务学院在中国政治学理论、政党建设与国家治理、公共管理与公共政策研究等方面的研究特色明显,并定期组织出版《复旦政治学评论》。中山大学政治与公共事务管理学院在公民参与、政治学与行政学理论、公共预算、社会保障与社会政策、城市治理与城市发展、区域公共管理等方面做了持续性研究,并组织出版了《中大政治学评论》和《公共行政评论》。吉林大学是我国高等院校在政治学学科恢复以后最早建立政治学系的高校之一,社会公正与政府治理研究中心为省级哲学社会科学重点研究基地,在政治学理论、社会公正与政府治理等方面产出了大量科研成果。1999年成立的深圳大学当代中国政治研究所为广东省高校人文社会科学重点研究基地,在长期执政党建设、政治体制改革、基层民主、政府创新、特区政治、城市政治等领域,形成了研究问题的前沿性、研究方法的实证性的研究特色,较早以中国政治为专题主编了《当代中国政治研究报告》。中国人民大学政治学系在政党政治、政治制度等方面,清华大学政治学系在中国政治量化研究、中西政治比较研究等方面,南开大学在现代政府理论、政府职能等方面,天津师范大学政治与行政学院在西方政治思想史、中西政治制度比较等方面,浙江大学对民间商会与地方治理、基层民主、农村协商治理等方面,云南大学在民族政治学、边疆治理等方面,中共中央党校在政党政治、党史党建和执政能力等方面,厦门大学在公共政策与政府治理等方面,武汉大学在比较政治制度、公共政策等方面,苏州大学在地方政府治理、基层政权建设,华东政法大学在全球治理、人工智能社会等方面形成了研究优势和特色。四川大学、兰州大学、贵州大学、西华师范大学、贵州师范大学、西南政法大学、新疆大学等一些西部高校也均设有政治与公共管理学院、政治与行政学院、历史与政治学院、公共管理学院等,在中国地方政治与基层治理方面有着各自的研究特色和优势。

特别值得一提的是,中央和地方的一些党政部门还专门设立了有关中国政治研究的机构或研究方向,如成立于1988年的中共中央编译局当代马克思主义研究所专门设立了社会与政治研究处,以及后来于1999年成立的比较政治与经济研究中心的一批学者,围绕中国政治研究中具有重大现实意义的理论问题和具有重大理论意义的现实问题,在政府创新、民主政治、选举改革、公民社会、第三部门、协商民主、治理与善治、廉能政治等方面,从政治学研究视角开展了诸多前瞻性、开拓性和引领性的研究工作,就转型时期的中国政治改革做了系统研究。[①]一些地方党和政府的政策研究室或发展研究中心也设置有政府治理、社会治理、社会稳定、城市治理等方面有关中国政治现实问题的研究处室,并制定了诸多体现现代治理理念的政策文件,在很大程度上促进了中国法治政府建设、基层党组织建设与和谐社会建设。

(三)政治实践和氛围对研究的影响较大,研究主题呈现出不同的阶段性特征

当代中国政治研究植根于中国改革开放的实践进程,政治学为改革开放后国家政治稳定以及执政党建设和政府治理等提供了一定理论支撑。一方面,随着改革开放的不断深入推进,如何改革和完善适应经济社会发展的国家上层建筑为政治学研究提出了新的要求;另一方面,改革开放从农村到城市、从经济体制改革到政治体制改革的伟大实践也为中国政治学者提供了丰富的研究题材。

1978年,十一届三中全会开启了中国改革开放进程,对内改革对外开放的时代要求需要中国政治学者给予理论解释和学术回应。1980

[①] 2018年中共中央印发了《深化党和国家机构改革方案》,将中央党史研究室、中央文献研究室、中央编译局的职责整合,组建中央党史和文献研究院,作为党中央直属事业单位。中央党史和文献研究院对外保留中央编译局的牌子。

年,邓小平关于党和国家领导制度的改革的讲话拉开了政治体制改革的序幕。1987年,党的十三大报告提出要以党政分开为主要突破口、推进中国政治体制改革的具体七大措施。十三大结束之后,为反思"文革",政治体制改革成为中国政治学界议论的热点,讨论主要关于领导干部终身制的弊端及改革方式、路径方法;党政分开的必要性、重要性和迫切性,以及具体路径方法等。这一时期政治学讨论的主要议题是中国政治体制改革、党政分开、废除领导干部终身制、政治民主化等。

20世纪80年代末90年代初,国际国内形势陡然聚变,随后研究者较少提及宏观意义上国家权力结构层面党政分开之类的话题,政治体制改革研究逐渐转向以执政党内如何实行党内民主、发展基层群众自治等具体问题的探讨,试图通过研究基层民主继续探索与我国国情相适应的中国民主政治发展道路。这一时期,探讨的议题主要是政治体制改革的具体路径,党内民主、人民民主、政党代表性以及依法治国等。

十六届三中全会系统提出了科学发展观,强调经济、政治、文化全面发展,在社会主义现代化建设的实践中努力实现社会主义物质文明、政治文明和精神文明建设的全面发展。这一时期,中国政治学界探讨的主要关注点集中在党的执政能力建设、基层民主、党内民主、和谐社会、社会治理等方面。

十八大以来,以习近平同志为核心的党中央毫不动摇坚持和发展中国特色社会主义,形成一系列治国理政的新理念、新思想、新战略,为在新时代深化改革开放、加快推进社会主义现代化提供了理论指导和行动指南。此时期中国政治学的主要研究焦点发生了一定的转向,主要集中在探讨国家治理体系和治理能力现代化、全面从严治党、党的全面领导、党和国家机构改革等方面。

(四) 政治科学研究方法受到青睐，实证研究和定量研究成果增多

与改革开放初期政治学者较多从阶级分析方法、唯物主义和辩证法视角研究政治理论和政治思想不同，现在的诸多学者更加重视现代政治科学(Political Science)的研究方法和分析工具的运用，中国政治研究的知识化和专业化程度得到较大进步，逐渐从之前的规范研究和经验研究转向实证研究和定量研究；更加强调在中国政治研究过程中，根据不同的分析对象采取不同的分析原则、程序和技术手段，并在此基础上形成不同的政治学理论和解释框架。政治科学方法的研究得到加强，政治学者越来越重视自主运用和构建中国政治研究方法。

如成立于1988年的北京大学中国国情研究中心，在推进对中国社会、政治、经济发展状况的多学科综合研究，重点推动实证的、量化的科学方法在学术界、政策研究方面的运用做了大量工作。该中心设计、组织并实施了若干全国性的大型实证研究项目，1998年进行的"全国公众环境意识调查"(样本规模12000,541个村/居)、2003年进行的"中国公民思想道德观念调查"(以研究人们法律维权意识和行为为主要内容，样本规模12000户)、2004年进行的"全国公民价值观调查"(研究平等、公正等复杂主题，样本规模4000份)等等。其多年来还实施了多个地方性实证研究项目，内容分布在政治学、经济学、社会学等多学科中，涉及环境保护、公共政策、卫生、文化、交通等多个方面。

中国社会科学院国情调查研究中心成立于1998年8月，是中国社会科学院下属的非实体研究中心。中心的宗旨是"整合社会科学专家队伍，运用经济学和社会学理论，通过观察和参与式调查，收集中国社会阶层分化、区域分化、社区建设和社会整合的资料，进行研究和分析，试图寻找相应的社会经济发展和变迁规律，为党和政府提供有针对性的决策

建议,促进经济社会协调发展"①。2010年起,中国社会科学院政治学研究所与中国社会科学院调查与数据信息中心合作,每年围绕"中国公民政治参与"问题进行一次相关主题的全国性问卷调查,以随机抽样的方式在全国数个省份开展大规模问卷采集。并基于问卷调查结果,出版了数本反映了中国公民政治参与和政治认同的基本情况的《政治参与蓝皮书:中国政治参与报告》②。

华中师范大学中国农村问题研究中心将实证研究方法引入政治学研究领域,从社会的角度研究政治发展过程,开展了"百村十年观察""海外农村调查"等大型实证研究项目。深圳大学当代中国政治研究所长期坚持"研究问题的前沿性、研究方法的实证性",出版了较多有关中国政治的案例研究报告和实证研究成果。又如,国内一些高校联合美国杜克大学及美国"校际社会科学研究联盟"(ICPSR)举办了多届"中国公共管理与政治学研究方法暑期培训班"。研讨班以循序渐进、实用实作的方式,让学员熟悉社会科学研究方法,课程包括各种收集和分析数据资料的计量方法、定性研究方法等。

二、当代中国政治研究的主要阶段及其主题

(一)研究的第一阶段:以政治体制改革和解放思想为讨论主线

中国政治学发展得益于中国改革开放和政治民主化进程,而中国政治发展和政治体制改革,又从中国政治学发展中得到重要的推动力量。③中国政治学这一阶段的基本任务是研究与建立和发展社会主义市

---

① 《社会科学院国情调查研究中心简介》,2010年11月2日,http://sociology.cssn.cn/jgtt/yjzx/201011/t20101102_1977746.shtml,2018年9月29日。
② 具体参见社会科学文献出版社近些年出版的《政治参与蓝皮书:中国政治参与报告》系列。
③ 参见林尚立:《政治学与政治发展:中国政治学发展20年》,《政治学研究》1998年第2期。

场经济体制相适应的政治体制模式。改革开放以后,中国政治学界积极倡导民主与法制的信念,主流政治学者致力于主要研究政治体制改革、废除领导干部终身制以及党政分开等议题,总体来看政治体制改革和解放思想是这一时期中国政治学者讨论的主线。

1. 政治体制改革

1980年,邓小平关于党和国家领导制度的改革的讲话拉开了政治体制改革的序幕。相对于经济体制改革的大刀阔斧,政治体制改革更为敏感和棘手。1986年夏秋,邓小平就政治体制改革问题发表了一系列讲话。1987年,党的十三大报告提出要以党政分开为主要突破口,推进中国政治体制改革的七大具体措施。反思"文革"十年,中国政治研究者普遍认同通过政治体制改革来发展民主政治,重点研究了政治体制改革的必要性、紧迫性和突破口等,但是在改革的目标、重点和路径等方面存在不同的意见和论争。

如高放认为,政治体制改革的核心在于正确处理集权和分权的关系。改变过分集权为适当分权要求更全面更完整地贯彻民主集中制的原则。按照民主集中制原则的要求,集权与分权应该恰如其分地结合起来,集权与分权都是相对的,都要适度,即要与社会发展进步的程度相适应。应该在集权的前提下分权,又要在分权的基础上集权。[①]顾家麟等人认为,政治体制改革必须以党政分开作为首要的关键。党政不分、以党代政,不仅削弱了党的政治领导,而且使政府缺乏活力,也妨碍人民群众积极性的发挥。只有首先实行党政分开才能顺利进行其他方面的改革。通过党政分开,使党、政府同其他社会组织的关系制度化,各司其职,在法律规定的范围内活动,依法形成正常的党政工作秩序和社会生

---

① 参见高放:《政治体制改革值得思考的几个问题》,《教学与研究》1987年第6期。

活秩序。①刘笑君等人认为,进行政治体制改革主要是为了解决经济基础与上层建筑的矛盾,坚持党政分开是政治体制改革的前提和关键。党政关系问题是我国政治体制中全局性和根本性的问题,它对政治体制的各个方面和环节起着决定性的制约作用。②王贵秀认为,政治体制改革的核心是民主化。首先就是要通过一系列的具体制度,使人民有权参与、管理、监督和制约国家政务,充分保障人民行使国家主人的权力。其次,国家政治体制的民主化,还包括作为人民利益和意志的体现的各种、各级国家机关和政治组织内部民主化。再次,政治体制改革,使之民主化,还应当包括决策的民主化和科学化。机构改革是政治体制改革的突破口。③张永桃等人认为,加强和改善党的领导是政治体制改革的关键。这是因为共产党是我国处于领导地位的执政党,在我国政治生活、经济生活以及社会生活的其他方面,共产党及其领导下的国家机构属于主导地位,政治体制改革所涉及的每一个具体内容,说到底都是一个如何加强和完善党对国家生活的领导问题。④胡原认为,干部体制在政治体制中处于中心地位,对政治体制改革起决定作用。⑤

2. 党政分开

何云青认为党政分开是进行政治体制改革的突破口,政治体制改革的各项任务的完成,都有赖于党政分来。只有解决党政分开的问题,其

---

① 参见顾家麒、吴知论:《政治体制改革的目标选择》,《政治学研究》1987年第6期。
② 参见刘笑君、姜近勇、陈嘉明、郑羽:《政治体制改革:历史与现实的思考》,《天府新论》1988年第1期。
③ 参见王贵秀:《政治体制改革的基本方向》,《理论探索》1986年第11期。
④ 参见张永桃、庞绍堂、刁振飞:《政治体制改革与党的领导》,《中国高等教育》1987年第Z1期。
⑤ 参见胡原:《政治体制改革的关键首先在于干部体制的改革》,《华中师范大学学报》(哲学社会科学版)1987年第1期。

他改革措施才能顺利展开。①高放认为,党政分开主要应从两方面入手:一是加强党的自身建设,保证党在全体人民中的领导地位,正确有效地发挥领导作用;二是依法定程序通过(而不是越过)国家政权机关实现对国家政治生活的领导。具体地说,就是在加强党的自身建设的基础上,逐渐理顺党与各类国家政权机关的关系,将由党组织代行的国家政权职能交还相应的国家机关,保证它们依法行使职权,独立开展工作。有的认为党政分开应该在职能、职权、职务、职责四方面都分开,首先要认清党组织和政权机关的职能是不同的。共产党的职能是为政权机关提出指导思想、基本路线、发展战略、主要人事决策和主要人选,而政权机关的职能是立法、行政、司法;其次是要划清职权界线;再次是要划清职责界限,应该明确执政党对国家政权只掌握领导权,实行政治领导,而不应该直接掌握立法权、行政权和司法权,党对三权的领导只限于提出一些原则的建议,具体的工作不应该干预。再次,要划清职责界限。共产党有政治、思想、组织的责任,而政权机关的职责是制定法律,通过行政力量贯彻法律,对违法者进行司法审判。最后要划清党政的职务界线,关键是职能、职权、职责分开,进而是职务分开。②何云青认为,党政分开要实现党的领导观念的转变,要从一元化领导的旧观念转变为党的领导是政治领导的新观念,要从单层次的领导观念转变为多层次的领导观念,要从唯权力的旧观念转变为领导就是服务的新观念。③

3. 领导体制改革

领导体制改革是推进政治体制改革的重要内容,党的十一届三中全

---

① 参见何云青:《关于党政分开的几个问题》,《中共福建省委党校学报》1988年第4期。
② 参见高放:《政治体制改革值得思考的几个问题》,《教学与研究》1987年第6期。
③ 参见何云青:《关于党政分开的几个问题》,《中共福建省委党校学报》1988年第4期。

会以来,我国干部体制进行了许多调整和改革,取得了很大成绩,但仍存在一些亟待解决的问题。学界对于干部体制改革的讨论主要在于领导干部终身制的弊端、干部体制的现实问题以及其改革路径等方面。肖光明等认为,第一,"终身制"不利于建立一支最有工作效率,永远朝气蓬勃的干部队伍。第二,"终身制"不利于选拔人才。第三,"终身制"不利于发挥干部的工作积极性和创造性。第四,"终身制"不利于发挥社会主义民主。第五,"终身制"也不利于党和国家的稳定。①江山认为,废除干部职务终身制必须从思想上真正解决问题,才能从组织上保证干部制度适应"四化"的要求。要做到:(1)改革现行干部制度,废除实际存在的干部领导职务的终身制,必须坚决打破"论资排辈"的封建传统思想。(2)大力推进干部实行招聘制、选聘、合同制、任期制,是实现干部能上能下的一条好路子,是打破干部"终身制"重要措施之一。(3)实行民主推荐和组织严格考核相结合的办法,是实现领导干部"四化"方针的保证。(4)按干部"四化"方针,积极建设好第三梯队,这是打破干部"终身制"的一项基础工程。②

4. 解放思想大讨论

1978年5月11日,《光明日报》发表特约评论员文章《实践是检验真理的唯一标准》。该文原稿由时任南京大学政治系教师胡福明撰写,后经数度修改,最终以《光明日报》"本报特约评论员"的名义发表。作为当时中国最重要的政治宣言,文章发表后,引发了一场关于真理标准问题的大讨论。1978年12月,中共中央在北京召开十一届三中全会。这次会议彻底

---

① 参见肖光明、韩在峰、赖秋萍、杨雪聘:《论废除干部领导职务终身制》,《南昌大学学报》(人文社会科学版)1980年第4期。
② 参见江山:《废除干部领导职务终身制是干部制度的重大改革》,《湖北师范学院学报》(哲学社会科学版)1985年第2期。

否定了"两个凡是"的方针,重新确立解放思想、实事求是的思想路线。此后,关于解放思想、实事求是的讨论与学习在各行各业积极展开。政治学者主要探讨解放思想的政治意义和影响,以及解放思想和实事求是的关系等。如张恩诚、彭兴祥认为,解放思想仍是当前一个重大问题。[1]于光远认为,思想解放还要前进一步。不光要反对哲学代替具体科学,讨论实践是检验真理的标准、社会主义生产的目的性等问题,还要思考问题、研究问题,要以最严格的要求来思考问题。[2]杨林认为,解放思想的内容不应该只是思想观念的更新,还应该在更深的层次即在思想方法或思维方法上解放。科学的思维方式是以辩证唯物主义和历史唯物主义为基础。当前思想解放面临的主要问题是社会主义和资本主义的再认识,实事求是地看中国,实事求是地看世界。[3]夏征农认为解放思想的标准一是实事求是,二是发扬党内外民主,三是坚持四项基本原则。[4]

(二) 研究的第二阶段:以政党代表性和党内民主为讨论主线

随着改革开放的深入,一方面中国经济快速发展,人民生活水平显著提高,社会发生翻天覆地的变化;另一方面,由于20世纪80年代末国际形势苏东剧变和国内政治风波的影响,国内出现极"左"思想回潮。邓小平南方谈话之后中央进一步明确了改革的目标是建立社会主义市场经济体制。随着经济体制改革的不断深入,政治体制改革与经济体制改革的关系性讨论在学界较为热烈。江泽民在庆祝中国共产党成立八十周年大会上的讲话中强调指出"发展党内民主,充分发挥广大党员和各级党组织的积极性

---

[1] 参见张恩诚:《解放思想大胆改革》,《甘肃社会科学》1984年第4期;彭兴祥:《解放思想仍然是一个重要问题》,《辽宁大学学报》(哲学社会科学版)1986年第4期。
[2] 参见于光远:《关于解放思想》,《自然辩证法通讯》1981年第1期。
[3] 参见杨林:《对进一步解放思想的几点思考》,《山东社会科学》1989年第2期。
[4] 参见夏征农:《解放思想是实现伟大历史性转变的需要——学习三中全会精神的体会》,《社会科学》1984年第7期。

主动性创造性,是党的事业兴旺发达的重要保证"。并强调提出"通过发展党内民主,积极推动人民民主的发展"。总体看来,此时期中国政治学者较多关注政治体制改革的具体路径和方式,重点研究政党代表性、党内民主、党的先进性、依法治国、行政体制改革等议题。

1. 政治体制改革的路径与方式

在政治体制改革与经济体制改革关系问题的讨论方面,其一为"滞后论",高放指出,正由于近十多年来政治体制改革滞后,以致经济体制改革中出现的问题,如官商、官倒、党政官员腐败等,不但未能减少,反而变本加厉。郑同庆等人进一步指出,政治体制中不适应社会经济发展基础的巩固和发展的因素越来越成为深化经济体制改革的障碍。① 但李景鹏指出,在改革发展的一定阶段内,政治体制改革滞后于经济体制改革是不可避免的。② 金太军也认为,政治改革往往以经济结构变革为先导。③ 其二为"协同论",黄启学认为 1992 年邓小平南方讲话使得改革形势发生变化:各个方面的改革不再是某个局部、某些环节的改革,而是各个方面的系统地综合配套改革。政治体制改革也成为深化改革、扩大开放的战略重点。他用协同学的原理研究和指导政治体制改革的协同发展,认为政治体制改革的过程是内协同与外协同的统一,不光要政治体制改革系统内部的协同,还要政治体制改革与经济体制改革、教育文化体制改革这三维改革系统的互相配合,协同推进。④ 王贵秀进一步指出,政治体制改革与经济体制改革相适应,表现在:目的和性质上同一,在内

---

① 参见郑同庆、王云波、赵珠峰:《经济体制改革与政治体制改革》,《山东社会科学》1993年第5期。
② 参见李景鹏:《政治体制改革为什么会滞后》,《国家行政学院学报》2002年第3期。
③ 参见金太军:《政治体制改革性质的学理分析和实践价值》,《南京师大学报》(社会科学版)2000年第5期。
④ 参见黄启学:《政治体制改革协同论》,《社会主义研究》1993年第2期。

容上一致,在进程上大体同步。①其三为"寓于论",黄卫平认为中国改革决策层既一贯坚持将政治体制改革视为改革总格局中的重要方面,又一度相对淡化政治体制改革具体操作步骤,这是一种具有极高政治智慧的战略选择——寓政治改革于经济改革之中,融政治体制改革于经济体制改革之内,即以经济建设为中心,以经济体制改革为先导和突破口,寓政治改革于经济改革之中,渐进地推动社会转型,实现经济发展和社会全面进步。究其原因在于:一是中国经济改革的初衷和原动力本来就是经济和政治二位一体的;二是中国经济改革蕴含着政治职能转变在内的政治(行政)体制改革;三是中国建立社会主义市场经济体制与建设法治国家是内在统一的;四是中国市场经济的发展为现代民主政治提供社会基础和客观需要。②

在有关中国政治体制改革的方式方面,其一为"渐进说",徐湘林认为中国政治改革是在一种渐进模式下的体制变革,"摸着石头过河"的工具理性方法在改革政策选择过程中的成功运用,保证了中国渐进政治体制改革的不断进展;③而改革过程则表现为一种波浪式的渐进模式,即在适合的时候大胆地推动被认为是必要的改革方案,但当改革取得进展却出现不稳定的因素时收缩改革的范围,等待下一次时机的到来。④其二为"适度加快说",王寿林认为政治发展相对滞后会付出代价,例如,腐败滋生蔓延,思想道德滑坡,改革成本上升,调控难度加大。这表明政治

---

① 参见王贵秀:《政治体制改革必须与经济体制改革相适应》,《中共浙江省委党校学报》1994年第5期。
② 参见黄卫平:《中国政治体制改革纵横谈》,北京:中央编译出版社,1998年,第26—36页。
③ 参见徐湘林:《"摸着石头过河"与中国渐进政治改革的政策选择》,《天津社会科学》2002年第3期。
④ 参见徐湘林:《寻求渐进政治改革的理性:理论、路径与政策过程》,北京:中国物资出版社,2009年,第41页。

发展滞后在特定历史条件下的合理性是有限度的,适度加快政治体制改革的步伐,使经济体制改革与政治体制改革相互配合、相互协调已是势在必行。① 其三为"结合说",李君如认为,从战略与策略相结合的角度讲,中国政治体制改革至少有八个方面的特点:一是把政治体制改革与经济体制改革结合起来,并且以经济体制改革的名义推进;二是把发展民主与健全法制结合起来,强调民主要制度化、法律化,坚持依法治国;三是把政治体制改革与尊重和保障人权结合起来,依法保证全体社会成员平等参与、平等发展的权利;四是把发展民主法制与完善基层群众自治制度和改善民生结合起来,让人民群众在改革中享受到直接的实惠;五是把执政党依法执政与参政党依法参政结合起来,完善了中国特色的政党政治;六是把党内民主与人民民主结合起来,以党内民主来带动人民民主;七是把党内监督、行政监督与公民直接监督结合起来,建立和完善了公民舆论监督和信访制度;八是把选举票决民主与协商民主结合起来,完善了公民有序的政治参与形式。② 其四为"政党推动说",王邦佐认为,艰巨复杂的改革任务、社会主义的国家性质、民主政治文化资源的缺失以及超大规模的社会结构共同决定了政治体制改革的改革路径必须是政党推动式的。所谓政党推动,包含两层含义。第一种含义指的是,政治体制改革必须在中国共产党的领导下进行,中国共产党是政治体制改革的领导者;第二层含义指的是,中国共产党是政治体制改革的主体力量,是成功推进政治体制改革的主要政治因素。③ 其五为"阶段说",王贵秀认为政治体制改革大体可以分为三个基本阶段来推进。第一阶段

---

① 参见王寿林:《适度加快我国政治体制改革的动因探讨》,《新视野》2001年第6期。
② 参见李君如:《中国政治体制改革的成果及其走势》,《理论参考》2008年第12期。
③ 参见王邦佐、谢岳:《政党推动:中国政治体制改革的演展逻辑》,《政治与法律》2001年第3期。

是改革和完善党内的领导体制,发展党内民主作为突破口;第二阶段是进一步理顺和调整党政关系,实行"党政分开";第三阶段是推动国家领导体制改革,发展人民民主。①

2. 党内民主

王贵秀认为,发展党内民主,改革和完善党内的领导体制是政治体制改革的突破口,因为我们党作为先进的工人阶级的先锋队组织,在改革的大潮中率先实行改革,走在其他方面改革的前面,以带动和促进整个政治体制改革;其次改革从党内切入对其他方面的改革有强大的推动作用;最后政治体制改革先从党内搞起,风险比较小。②陈尧也认为,以党内民主带动人民民主,推动中国的民主化建设,是适合中国政治体制改革的重大发展战略。③胡伟认为,党内民主应自上而下与自下而上相结合,但要以自上而下为主,从中央做起。这一方面是我国民主化的精英性质和体制内模式的逻辑必然,另一方面也是由党组织的结构和功能状况所决定的。④杨吉兴认为,这种自上而下从中央做起发展党内民主的方式,是在目前我国民主化程度较低条件下发展民主政治的一种行之有效的方式。但是从根本上说发展党内民主必须从基层做起。⑤裴泽庆认为,民主不仅仅是一种意识、作风和传统,它在本质意义上是一种制度,一种以体系化的法律和制度性规范作为支撑的国家制度。努力推进

---

① 参见王贵秀:《谈谈政治体制改革的突破口问题》,《科学社会主义》2002年第1期。
② 参见王贵秀:《谈谈政治体制改革的突破口问题》,《科学社会主义》2002年第1期。
③ 参见陈尧:《党内民主:政治体制改革的引擎》,《南京社会科学》2003年第9期。
④ 参见胡伟:《党内民主与政治发展:开发中国民主化的体制内资源》,《复旦学报》(社会科学版)1999年第1期。
⑤ 参见杨吉兴:《论我国民主政治建设的可行途径——关于通过发展党内民主推动人民民主的若干思考》,《北京大学学报》(哲学社会科学版)2002年第S1期。

制度化建设是当前发展党内民主的"主干道"。①应克复认为,党内民主的关键在于健全党的代表大会制度,因为党内民主的最高层次和最高形式是党的全国代表大会,只有全国代表大会才能集中全党的意志,并且将这种意志转化为相应的规定、决议和组织安排。②林尚立认为,党内民主不仅是一种制度形态,而且也是一种基本的政治生活,是科学的制度和健康的政治生活的有机统一。因而,它不仅涉及党的组织建设、制度建设,而且涉及党的作风建设和思想建设,换句话说,党内民主建设关系到党的建设和发展的全局。③

3. 极"左"思潮与新权威主义思潮

20世纪80年代末90年代初,国内出现极"左"政治意识形态回潮,还曾出版和发表了一批"极左"方面的著作和论文,邓小平当时还专门提及中国要警惕右,但主要是防止"左"。一些政治学者专门对"极左"现象予以了研究和批判,如威廉·约瑟夫的《极"左"思潮与中国》(南京:东南大学出版社,1989年)、黄卫平的《历史回顾与现实思考:极"左"现象研究》(广州:华南理工大学出版社,1993年)、杜蒲的《极"左"思潮的历史考察》(郑州:河南人民出版社,1994年)等。

1980年代后期,质疑激进自由主义的新权威主义思潮开始出现,其主张以渐进、稳定与开明权威为杠杆的秩序作为主要价值,认为在开明专制下的社会进步,才是最终实现民主与现代化的条件。萧功秦是20世纪80年代新权威主义的主要代表人物,其撰写了《危机中的变革——清末现代化进程中的激进与保守》,提出的"新保守主义"理论是针对激

---

① 参见裴泽庆:《发展党内民主的原则和思路探析》,《中共云南省委党校学报》2002年第4期。
② 参见应克复:《党内民主的关键是健全党的代表大会制度》,《唯实》2001年第Z1期。
③ 参见林尚立:《党内民主:改革开放以来的探索与实践》,《探索与争鸣》2002年第6期。

进主义而提出来的,认为激进主义思潮在后发国家的现代化变革进程中有着极大的消极性和破坏性。他将中国现代化运动中的激进主义思潮分为三种类型:一是心态上的激进主义。具体表现为在一种对旧体制的厌恶,危机感主导下,改革者往往会不顾条件是否成熟,现实是否可行。戊戌变法的失败就是基于变法人士的这种激进心态。二是制度主义的激进主义,主张"制度决定论",忽略西方制度得以有效运作的必需条件,简单移植,从而导致脱序性危机。清末新政与民初议会民主的失败可为教训。三是称为"法国大革命的唯理主义的激进主义"。其特征是按照某种先验自明的抽象原理,对社会进行重建或改造,而无需顾及历史自身的经验事实。①

4. 政党代表性

江泽民在2000年初首次提出了"三个代表"重要思想,指出"我们党无论在革命、建设和改革的各个时期,总是代表着中国先进生产力的发展要求,代表着先进文化的前进方向,代表着最广大人民的根本利益"②。执政党的代表性和先进性是这一时期政治学者研究的重要主题。如王长江认为,党的阶级性、先进性,离不开党的群众性。为什么党具有先进性,就是因为和它所代表的阶级和群众相比,党由于掌握了先进的理论而更有远见,更能为人民群众创造历史活动提供科学的指导。离开了它所代表的阶级和群众,离开了被领导和指导的对象,党的先进性就无从谈起。进一步说,只因为有了群众,政党才能发挥它的作用。政党只有依靠广大人民群众的支持,才能实现自己的政治主张和纲领路线方针政策。没有人民群众的支持,党就成了无源之水、无本之木。在

---

① 萧功秦:《危机中的变革——清末现代化进程中的激进与保守》,上海:上海三联书店,1999年。
② 参见江泽民:《论"三个代表"》,北京:中央文献出版社,2001年,第163—167页。

组织上,要把社会上各不同部分的优秀分子都集聚到党内来。只有这样,这个党才能代表最广大人民的根本利益,才能真正保持党的先进性。①袁峰认为,党的根本性质决定了它是国家利益的代表,是全国各族人民共同利益的忠实体现者,而不是代表某一阶层、某一集团利益的特殊组织。为了更好地代表中国最广大人民的根本利益,就必须对其在社会利益调节机制中的职能作出相应的规范。②黄卫平等以政治学意义的"合法性"理论为观察视角,阐明在执政党政治合法性的来源中,执政的现实绩效与意识形态之间良性互动的极其重要性。具体分析了中国共产党在全国执政不同历史阶段合法性诉求的变化,进而阐述了在国内外政治、经济形势的巨大变化和科学技术的突飞猛进中中国共产党的执政地位面临的压力与挑战,认为"三个代表"重要思想为中国共产党的长期执政提供了"合法性"来源和理论支撑。③

(三)研究的第三阶段:以执政能力、基层民主与和谐社会为讨论主线

21世纪初十年期间的中国政治学的研究相较于第一和第二阶段,此时期的研究出现了一些新的变化和趋向,中国政治学者更加关注执政能力、基层民主、和谐社会、社会建设、社会管理、政府创新和科学发展观等现实政治议题,重视运用政党能力、政治建设、政治文明、政治秩序、政治整合、国家建构、制度主义、草根民主、基层自治等理论和方法,系统分析中国的现实政治运作和改革取向。特别值得一提的是,中国政治学者

---

① 参见王长江:《为什么强调党要"同时成为中国人民和中华民族的先锋队"?》,《中国党政干部论坛》2001年第8期。
② 参见袁峰:《从政治上代表中国最广大人民的根本利益——中国共产党政治代表性问题研究》,《社会科学》2001年第1期。
③ 参见王孝鸣、黄卫平:《论新世纪中国共产党的执政基础》,《深圳大学学报》(人文社会科学版)2001年第5期。

开始将理论与现实紧密结合,力图以通过案例研究和政治评估来推进中国政治的进步。例如,中共中央编译局比较政治与经济研究中心、中共中央党校世界政党比较研究中心和北京大学中国政府创新研究中心于2000年联合组织发起了"中国地方政府创新奖",旨在发现、激励和推广各级地方政府改革创新的先进经验,激励地方党政机关和群众团体的改革与创新,总结并弘扬地方改革与创新的先进经验和先进典型,促进并完善地方党政机关的公共服务,以此推进中国特色社会主义民主法治的进步和国家治理体系的现代化,并出版了系列《中国地方政府创新案例研究报告》。

1. 执政能力

此时期政治学者主要从政党转型、党政关系、组织建设、执政方式及政党适应性等视角对执政能力做了较为深入的研究。如王贵秀认为要建立一套系统的执政(党)理论,并在此基础上逐步实现从革命(党)体制到执政(党)体制的转变。①朱光磊认为实现党政关系规范化显得更重要,具体来看就是要加强人大作用,以法制化规范党政,加强党内民主。②王长江认为,现有的党控制政府方式容易导致执政低效,解决问题的根本出路,就是要改变党控制政府的方式。③林尚立提出党的基层组织是党的执政能力建设与和谐社会建设的重要战略资源。④他还认为"在现代政党执政中,任何一个政党都必须积极面对民间组织,不仅要善于和民间组织建立联系,而且要善于将民间组织的资源整合到党的执政

---

① 参见王贵秀:《从革命党到执政党——中国共产党政治成长中的地位转变与角色转换》,《中共中央党校学报》2008年第4期。
② 参见朱光磊、周振超:《党政关系规范化研究》,《政治学研究》2004年第3期。
③ 参见王长江:《论提高党的依法执政能力》,《中国党政干部论坛》2003年第9期。
④ 参见林尚立:《基层组织:执政能力与和谐社会建设的战略资源》,《理论前沿》2006年第9期。

体系之中,并使其成为党执政的资源。为此,执政党不仅要利用自身的组织与制度资源联系和整合民间组织,而且要利用国家的政治资源规范、引导和整合民间组织"[1]。徐勇认为在村民自治中提高农村基层组织的执政能力就是要"实现坚持党的领导、充分发扬民主和切实依法办事在村民自治中的有机统一"[2]。齐卫平认为"党组织是党执政实践的载体,中国社会主义政治架构决定了党基层执政能力的特殊意义。学习型党组织建设是提升党在基层执政能力的保障"[3]。唐皇凤认为"组织建设中稳步扩大执政的社会基础,不断提高党内治理的制度化水平,有效整合各种合法性资源,在渐进调适的过程中不断提高了自身的适应性,增强执政党的调适性是中国政党变革和治理转型的核心主题"[4]。

2. 基层民主

基层民主是人民群众在基层政治、经济、文化和社会生活领域直接行使民主权利,参与管理公共事务和公益事业的制度和实践。改革开放以来,在中国特色社会主义民主政治的发展中,基层民主的发展是一大亮点,也是一大重点。中共十七大强调"人民民主是社会主义的生命","社会主义愈发展,民主也愈发展",要将基层民主"作为发展社会主义民主政治的基础性工程重点推进"。在这一阶段,中国政治学者从基层民主的发展动力、现实问题和改革重点等方面着手,对村民自治、居民自治和基层政权建设等做了系统探究。

---

[1] 林尚立:《民间组织的政治意义:社会建构方式转型与执政逻辑调整》,《云南行政学院学报》2007年第1期。
[2] 徐勇、徐增阳:《论村民自治与加强农村基层组织执政能力》,《当代世界与社会主义》2005年第4期。
[3] 齐卫平:《论学习型党组织建设与提高党的建设科学化水平》,《求实》2010年第10期。
[4] 唐皇凤:《增强执政党调适性:中国政治发展的核心战略取向》,《浙江社会科学》2013年第2期。

如林尚立认为在中国的政治建设中,"从'基层'的形成到'基层民主'发展,都是在国家建构中展开的,都与国家建设和发展的逻辑密切相关"①。徐勇认为基层民主在改革开放以后得到迅速发展,主要在于改革开放以后经济改革引起的社会利益格局和民众价值取向的变化。随着村民自治制度的实践,千百年来被政治所边缘化的农村百姓走向政治前台,成为政治主体。②桑玉成认为随着城市化和社会结构的转型以及各类新兴政治空间的生成,"基层民主政治越来越需要超越传统的'非国家政权'的社会空间领域,需要着眼于基层政权和社会的政治联系,建构一种新的基层民主发展观"③。肖立辉认为基层民主的制度化和理性参与,既保证了基层群众自治权的充分行使,也有利于政治民主能够在一个相当稳定的政治生态中开展。④

同时,一些政治学者也指出了基层民主发展过程中面临的一些现实问题,如俞可平运用治理、善治和比较历史分析方法,对中国农村治理的历史和现状做了比较系统的案例研究,着重分析了"乡村治理的权威结构、治理主体、治理过程、治理内容、治理方式,认为中国的乡村治理是一种政府主导的治理模式,治理结构的多元化和治理主体的精英化,是近代至今中国乡村治理的重要特征"⑤。夏志强认为农村基层民主发展开始变异,主要表现为"民主的形式重于内容,程序高于实质,出现'民主形

---

① 林尚立:《基层民主:国家建构民主的中国实践》,《江苏行政学院学报》2010年第4期。
② 参见徐勇、刘义强:《我国基层民主政治建设的历史进程与基本特点探讨》,《政治学研究》2006年第4期。
③ 桑玉成、刘春荣:《拓展民主的制度空间:构建一种新的基层民主发展观》,《复旦学报》(社会科学版)2008年第5期。
④ 参见肖立辉:《基层群众自治:中国基层民主的经验与道路》,《中国行政管理》2008年第9期。
⑤ 俞可平、徐秀丽:《中国农村治理的历史与现状(续)——以定县、邹平和江宁为例的比较分析》,《经济社会体制比较》2004年第3期。

式化',导致农民参与积极性降低,出现了'政治冷漠'"①。任中平则从农村税费改革的角度认为,村级财权被乡镇代管,而且村干部的工资和补贴也无须依靠农民供养,而是来自于乡政府的财政。这样,村干部出现"行政化"趋向,与村民之间的利益纽带变得松散,村民也开始对村级选举和自治活动降低了兴趣。②史卫民指出,由于城市居民与居委会的利益关联度远低于农民与村委会的关系,因此,城市居委会选举的参与度和竞争性,总体上也低于农村的村委会选举。③陈家喜认为公推直选内生性地隐含着两种体制性的张力。一方面是竞争选举与组织选拔之间的张力,另一方面,公推直选还内含了党内民主与人民民主之间的张力。④马宝成认为,农村基层民主的绩效如何,在很大程度上取决于民主监督的效果如何,如果农村基层民主仅仅是初步实现了民主选举,而与之相配套的民主监督还没有实现的话,这种基层民主就不是真正的民主。⑤黄卫平、陈文认为我国政治的制度特征与实践发展,决定了"以协商性民主为主、竞争性民主为辅,逐步以竞争性民主弥补传统政治体制的某些缺失,来不断完善人民代表大会制度和政治协商制度,应是建设中国特色的民主政治的现实选择"⑥。

3. 和谐社会

此时期诸多学者从政治生活和谐、社会关系协调、公民社会建设、社

---

① 夏志强、岳红印:《提升农村基层民主质量的路径》,《四川大学学报》(哲学社会科学版)2013年第4期。
② 参见任中平:《当前村民自治面临的困境、归因与出路——后税费时代四川省部分农村村民自治状况的调查报告》,《软科学》2007年第6期。
③ 参见史卫民等:《中国社区居民委员会选举研究》,北京:中国社会科学出版社,2009年。
④ 参见陈家喜、刘王裔:《党内公推直选的改革困境与发展路径》,《理论视野》2012年第4期。
⑤ 参见马宝成:《民主监督:农村基层民主的新生长点》,《国家行政学院学报》2011年第6期。
⑥ 黄卫平、陈文:《我国民主政治发展的现实选择——对"竞争性民主"与"协商性民主"的思考》,《理论探讨》2005年第6期。

会稳定维护、公民意识培育等视角,对构建和谐社会的要求和目标等做了深入分析。如桑玉成认为人际和谐和人与自然的和谐又可以归结为社会政治关系的和谐,换言之,和谐社会的本质在于人的政治生活的和谐。①何增科认为国家和社会之间关系的和谐融洽取决于国家能够真正成为社会公共利益的代表者,公共权力执掌者能够运用这种公共权力来促进社会公共利益。反腐倡廉、建设廉洁政治是构建社会主义和谐社会的基本保证。②许耀桐认为,和谐社会是法治的社会,党必须要梳理合法性执政的观念,在合法性的执政理念下,使党扎根于人民群众之中,解决党群关系和谐问题。有效制定出治国之道、理政之策,解决党和社会关系的和谐问题。③林尚立认为一元领导与多元社会的协调是中国和谐社会建设的关键,从这个角度讲,协商是创造和谐的重要资源。④党秀云认为公民社会与和谐社会是一种相互促进与相互影响的良性互动关系。公民社会在构建社会主义和谐社会的过程中扮演着重要的角色。健全而成熟的公民社会,在促进社会整合、激发全社会的创造活力、协调各方面的利益关系、化解社会矛盾、维护社会公平与正义、促进社会安定与有序发展等方面发挥着重要的作用。⑤俞可平认为,公平正义与善治,是构建和谐社会的两大基石。⑥李景鹏认为由于政治体制改革的滞后,向治理和善治的转变仍然有很长的路要走。所以从单纯的政治管理向治理和善治的转

---

① 参见桑玉成:《论和谐社会的政治基础》,《复旦学报》(社会科学版)2005年第4期。
② 参见何增科:《廉洁政治与构建社会主义和谐社会》,《马克思主义与现实》2005年第1期。
③ 参见许耀桐:《构建社会主义和谐社会对党的建设提出了新要求》,《科学社会主义》2004年第5期。
④ 参见林尚立:《协商政治与和谐社会:中国的国家建设之路》,《天津社会科学》2008年第3期。
⑤ 参见党秀云:《公民社会与和谐社会的构建》,《北京行政学院学报》2005年第5期。
⑥ 参见俞可平:《社会公平和善治是建设和谐社会的两大基石》,《中国特色社会主义研究》2005年第1期。

变还相当艰难,中国民主发展的路还会很长,这些都是构建和谐社会面临的挑战。①

(四) 研究的第四阶段:以国家治理和政党建设为讨论主线

21世纪初的第二个十年期间,特别是十八大以来,中国政治实践进入了"新时代",中国政治研究也出现了一些新的变化和特征。一是有关国家治理研究的成果明显增多,前三个阶段中分别讨论较多的政治体制改革、党内民主、基层民主等议题逐渐被纳入国家治理的范畴中加以研究;二是注重从中国历史的政治传统中吸取治国理政经验;三是构建中国话语体系的成果增多,越来越重视中国政治传播和构建中国政治学学科体系;四是有关政府治理、社会治理和城市治理的著作较多,诸多政治学者遵循治理的分析逻辑开始深入研究中国政治的具体问题,交叉学科研究越来越受到重视;五是执政党建设研究成为热点,有关坚持和加强党的全面领导的研究逐渐兴起。

1. 国家治理体系和治理能力现代化

国家治理现代化是国家现代化的重要组成部分。党的十八届三中全会《中共中央关于全面深化改革若干重大问题的决定》指出,全面深化改革的总目标是"完善和发展中国特色社会主义制度,推进国家治理体系和治理能力现代化"。"国家治理"成为我国政治学界探讨的重要学术热点词汇。

(1) 研究重点

① 社会治理体制。许耀桐认为随着社会主义市场经济体系的建立完善以及行政体制的深化改革,当前推进国家治理体系现代的重点是社会治理领域。社会组织作为国家与社会、政府与市场之间的媒

---

① 参见李景鹏:《构建和谐社会的政治学探讨》,《学习与探索》2005年第1期。

介,具有公共性功能,可以接受政府授权,承担公共事务管理。第三部门的兴起打破了传统资源配置上政府和市场非此即彼的选择,这就需要我们重视社会组织的发展和作用。①杨光斌认为政治学界要进行好的治理研究并推动国家治理现代化,前提是还得对"国家的母体"——社会,尤其是各种非西方国家的社会形态进行比较研究,以便让治理理论真正发挥积极作用,否则国家非但得不到治理,反而可能遭受无穷的内乱。②

② 国家治理、政府治理和社会治理的关系。王浦劬认为国家治理、政府治理和社会治理是"全面深化改革总目标和总部署的关键性范畴"。这三者期间,有着的包容性关系、交集性关系和区别性联系。他认为在中国政治话语体系和语境下,"国家治理、政府治理和社会治理在本质上具有一致性,这就是中国共产党领导人民进行的治国理政"。"作为国家国体和根本制度实现的途径,国家治理显然包含着其他方面的治理,因此,国家治理与政府治理、社会治理之间的关系,是包含与被包含的关系。国家治理与政府治理之间具有交集联系,政府治理即是国家治权的运行,是国家治理的具体实施和行政实现。国家治理与社会治理之间具有交集联系,从狭义上讲,国家治理是整个国家的治理,而社会治理只是社会领域的治理,在广义上,社会治理也是政府治理的紧密相关内容。在外延意义上,国家治理、政府治理和社会治理之间在包容联系、交集联系之外,还具有相互之间的差异性和区别性,由此形成了其间的区别性联系。"③

---

① 参见许耀桐、刘祺:《当代中国国家治理体系分析》,《理论探索》2014年第1期。
② 参见杨光斌:《作为建制性学科的中国政治学——兼论如何让治理理论起到治理的作用》,《政治学研究》2018年第1期。
③ 王浦劬:《国家治理、政府治理和社会治理的含义及其相互关系》,《国家行政学院学报》2014年第3期。

③ 国家制度与国家治理。胡鞍钢认为在国家治理现代化中,国家制度是最重要的无形现代要素,是国家治理现代化的重要的发动因素和推动力量。一个有效的国家制度安排就是不断降低治理费用、减少治理成本。国家治理现代化本质上是降低国家治理成本,提高国家现代化收益。而这必须依靠国家制度的现代化。①燕继荣指出国家治理能力实则就是国家制度供给的能力。国家制度建设的目的在于寻求合理的制度安排,将国家送入长治久安、繁荣发展的轨道,使之不至于因为领袖变更、政权更替而陷入混乱。②

④ 党政关系与国家治理。王侃认为法治党政关系现代化是国家治理现代化的核心内容。在中国国家治理框架中,"只有当治理主体各安其位并建立起和谐的相互关系,才能使它们充分释放治理能量,共同致力于实现国家治理现代化的伟大事业。从这个角度出发,以法治的方式明确执政党、政府、市场、社会、公民的'共治'边界,尤其是以法治的方式规范执政党与国家政权机关的权力配置关系(党政关系现代化),便成为了国家治理现代化的核心内容"③。

(2) 实现路径

① 法治与善治论。俞可平认为法治贯穿于善治的所有这些要素之中,没有基本的法律规范和制度机制,善治的每一个要素都有可能发生性质的改变,危害公共治理,甚至导致恶政和劣治,最终损害公众利益。一言以蔽之,法治是善治的前提,没有法治,便无善治,也没有国家治理的现代化。他把推动国家治理现代化与依法治国相结合,认为法治是实

---

① 参见胡鞍钢:《中国国家治理现代化的特征与方向》,《国家行政学院学报》2014 年第 3 期。
② 参见燕继荣:《现代国家治理与基础制度建设》,《人民论坛》2014 年第 S1 期。
③ 王侃:《党政关系现代化是国家治理现代化的核心内容——基于马克思主义总体方法论的视野》,《浙江社会科学》2015 年第 5 期。

现国家治理现代化的关键环节,要建设建立法治体系和法治国家的战略目标。①薄贵利把实现国家治理现代化中的法治路径详细分为五个方面。一是通过立、改、废,尽快完善行政法律体系。二是健全违宪违法监督审查机制。三是深化行政执法体制改革。四是提高行政机关及其公务员依法行政能力。五是按照法治国家、法治政府和法治社会一体建设的要求,将法治政府建设与法治社会建设一同推进。②唐皇凤认为"构建法治秩序是中国国家治理现代化的必由之路。坚持依法治国、依法执政、依法行政共同推进,坚持法治国家、法治政府、法治社会一体建设,则是法治中国建设的战略路径。逐步发育立法权和彰显司法权,最终形成行政权和立法权、司法权之间互补均衡的现代治理结构"③。辛向阳认为应通过"善治"来实现国家治理现代化,"善治",即善于在重要领域与关键领域中深化改革,提高国家治理能力。详细来说有下几点:一是推动财税体制改革,为实现国家治理现代化提供财税制度基础;二是推进文化体制改革,建设文化中国;三是进社会治理体制改革,建设活力中国和平安中国;推进生态文明体制改革,建设美丽中国。四是推进党的建设制度改革,建设廉洁中国。④

② 推动社会治理现代化创新。姜晓萍认为应当明确社会治理体制创新在国家治理现代化中的功能定位,"应当从完善社会政策体系、构建公民权利保障体系、优化基本公共服务体系、强化社会组织培育体系、建立社会行为规范体系、创新社区治理体系、巩固公共安全体

---

① 参见俞可平:《依法治国的政治学意蕴》,《探索与争鸣》2015年第2期。
② 参见薄贵利:《推进政府治理现代化》,《中国行政管理》2014年第5期。
③ 唐皇凤:《构建法治秩序:中国国家治理现代化的必由之路》,《新疆师范大学学报》(哲学社会科学版)2014年第4期。
④ 参见辛向阳:《推进国家治理体系和治理能力现代化的三个基本问题》,《理论探讨》2014年第2期。

系、健全社会风险预警与应对机制八个方面提出推进社会治理体系和治理能力现代化的实施策略"①。金太军认为社会治理创新已成为改革的关键内容,把社会治理创新嵌入国家治理现代化。对社会治理创新的解析不应囿于传统体制改革的中观层面或是机制应用的微观层面,而应将其内嵌于国家治理现代化发展战略的宏观层面来考察。当下的转型危机使国家治理面临诸多挑战,也成为社会治理发展的契机。抓住这一历史机遇,在法制保障、民主参与、政府职能转变、制度建构等维度上寻求实现社会治理创新的路径,能够为推进国家治理现代化提供不竭的动力。②胡宁生进一步认为,"由政府、市场和社会三者的协同和互动构成的中层子系统在国家治理现代化中起着关键作用,它既传递和体现着顶层核心子系统的功能,又支撑和促进着底层保障层子系统的生成。要不失时机地推进国家治理体系和治理能力的现代化,就需要围绕市场配置资源的决定地位来重塑政府与市场关系;需要围绕多元治理的结构重理政府与社会的关系;需要围绕企业的社会责任重建企业与社会的关系"③。

③ 民主责任制建设。何增科主张以民主责任制建设为方向完善国家治理结构,建立现代国家治理体系需要以民主责任制为方向优化国家治理结构。人大代表向选民负责、党代会代表向党员负责、人大常委会和党委会向人大和党代会负责、行政首长和党委书记分别向人大及其常委会负责和党委会负责的责任链条应当完整,薄弱环节应当加强。选举

---

① 姜晓萍:《国家治理现代化进程中的社会治理体制创新》,《中国行政管理》2014 年第 2 期。
② 参见金太军、张振波:《论社会冲突与政治体制改革的非线性关系》,《政治学研究》2014 年第 3 期。
③ 胡宁生:《国家治理现代化:政府、市场和社会新型协同互动》,《南京社会科学》2014 年第 1 期。

改革应当加强选举的自由选择性和竞争性。人大常委会和党委会作为民意代表机关和党内代表机关其决策权能和监督权能需要进一步加强，同时应保证书记和行政首长执行权的集中和完整。逐步探索党委委员进入人大常委会任职并实现专职化（常委和书记除外），并不再兼任党内和政府内其他职务，同时强化其对政府组成人员提名审查、行政监察和财务审计、预算审议、编制和薪酬审查、行政首长弹劾等职权。①

④ 体制调试论。唐皇凤认为"以体制调适为优选之路，实现发展型国家到监管型国家的重心位移。通过不断变革不适应现代化建设和发展的体制安排，充分利用各种现代性的价值理念和治理资源，以释放市场和社会活力来解放社会生产力。逐渐改变高度集权的治理体制，有效激发各种治理主体的活力，形成高度民主、法治完备、富有效率、充满活力的国家治理体制。更多运用经济和法律手段，采用包括经济奖惩、特许制度、技术标准、信息提供、界定产权、财政补贴、绩效标准等多元政策工具组合，实现从发展型体制向监管型体制的转型"②。

⑤ 顶层设计论。许耀桐认为构建国家治理的体制机制，立足"国家—社会—市场"的三分结构，形成"公共权力为核心的多元治理格局，使各种治理权威既有合理的分工，又能形成统一的合力，确定国家治理的政治、法律与管理方略"。体制方面，"要理顺政府不同部门之间的权责关系，建立分工合理、权责匹配，既相互制约又相互协调的行政架构"。机制方面，"要完善协作机制，加强治理主体的沟通、参与、合作、协同、整合"③。

---

① 参见何增科：《理解国家治理及其现代化》，《马克思主义与现实》2014年第1期。
② 唐皇凤：《有效推进我国国家治理现代化的战略路径》，《苏州大学学报》（哲学社会科学版）2016年第2期。
③ 许耀桐、刘祺：《当代中国国家治理体系分析》，《理论探索》2014年第1期。

1. 政党建设与全面从严治党

(1)"全面从严治党"的内涵

① 全面性。张荣臣对"全面从严治党"的内涵做了分析,认为"全面"强调的是"党的建设总体布局的各个方面"。"从严"强调的是"党的建设制度的严密性和科学性"。"治党"在于把党锻造成为"中国特色社会主义事业的坚强领导核心。全面推进党的建设新的伟大工程"①。许耀桐认为,全面从严治党包含八个基本要点:落实从严治党责任、坚持思想建党和制度治党紧密结合、严肃党内政治生活、坚持从严管理干部、持续深入改进作风、严明党的纪律、发挥人民监督作用、深入把握从严治党规律。②

② 整体性。姜建成认为,"全面从严治党"在坚持目标、主体、任务和过程都具有整体性的特点。具体来说,"目标上是党始终成为中国特色社会主义事业的坚强领导核心;主体就是从严治党没有旁观者,各级党组织、全体党员和党员领导干部都要时时严、处处严、事事严,自觉把从严治党作为神圣义务和共同责任;任务方面在于全面从严治党的任务具有整体性,既相互配套、相互促进,又突出重点、整体推进,集中体现在全党自身建设的行动统一上;过程方面,全面从严治党是一项长期的战略性工程,不可能毕其功于一役"③。

③ 问题导向性。齐卫平认为"全面从严治党"的提出具有问题导向性的特点,求真务实,树立问题意识,在有的放矢的问题解决中获得

---

① 张荣臣:《关于全面从严治党内涵及对策的思考》,《人民论坛》2015年第21期。
② 参见许耀桐:《全面从严治党论析》,《毛泽东思想研究》2015年第6期。
③ 姜建成、常青伟:《全面从严治党:坚持目标、主体、任务、过程的整体性》,《探索》2015年第6期。

实效。①

④ 严格性。许耀桐认为全面从严治党,就代表着一定要抓住确立高标准的问题,不能停留在一些原则的大体规定上。标准既然是用来衡量的,就一定要把它具体化,条理化,可操作化。有了高标准之后,还需要严要求。如果离开了严要求,高标准是不可能达到的,严要求是达到高标准的根本途径。严要求的要求,就是规范性的约束,务必达到、做到。②

(2) 制度治党

全面从严治党不是一项具体的治党举措,而是具有系统性与全面性的治党逻辑体系。全面从严治党需要相应的科学化制度体系与之配套,从而保证从严治党的顺利推进。一套完整科学的制度体系应包括实体性制度、程序性制度和保障性制度三个层面。③党的制度建设就是完善党的各项制度,坚持用制度管人、管权、管事,坚持制度面前没有例外,发挥制度的硬性约束作用。④陈家喜等人认为,"制度治党有别于传统意义上的党的制度建设,着重点不是制度的供给问题,而是制度体系的衔接匹配,制度规则的严格执行以及制度文化的孕育建构问题"⑤。制度治党,关键在于提高制度执行力。要深化党的建设制度改革,着力解决制度不健全、不适应、不配套的问题,构建系统完备、科学规范、简便易行、

---

① 参见齐卫平:《全面从严治党的基本思想和主要特点》,《新疆师范大学学报》(哲学社会科学版)2015年第5期。
② 参见许耀桐:《全面从严治党论析》,《毛泽东思想研究》2015年第6期。
③ 参见刘子平、李卫红:《全面从严治党:科学内涵、现实梗阻与逻辑进路》,《求实》2016年第6期。
④ 参见肖贵清、杨万山:《全面从严治党的时代意义及基本途径》,《山东社会科学》2015年第7期。
⑤ 陈家喜、黄慧丹:《制度治党的概念缘起与实施路径》,《特区实践与理论》2015年第3期。

有效管用的党内法规制度体系。①周敏凯等人认为,治国理政的"国法"调节的主体对象是13亿多公民,强调的是一般公民的法律责任与法定义务;管党治党的"党纪"调节的主体对象是8900万左右的党员,重点约束党内"关键少数"的高级领导干部的政治行为,"强调的是党员的政治责任与党章规定的政治义务"。治党与治国的对象与宗旨不尽相同,"党规"与"国法"不能混用。②包心鉴认为,"党的政治规矩是党员、干部的政治底线,一旦游离政治规矩,突破政治底线,就必然要走向错误乃至腐败;党的政治规矩是维系党内团结、保持党的先进性的政治生命线,一旦规矩松弛,失去应有的约束力,必然会危及党内团结,破坏党内政治生态,损害党的先进性乃至党的生命"③。

(3) 政治生态

陈金龙等人认为,党内政治生活是中共党内事关价值的权威分配,是常态化、系统化的互动方式和关系状态。④李景治认为,党内政治生活的性质和特点决定,改善党内政治生活的着力点不是直接完成党各项具体任务,而是要增强党的自我净化、自我完善、自我革新、自我提高能力,强健党的机体,从而为完成这些任务提供可靠的组织保障。⑤包心鉴认为,政治生态是指"一定政治系统内部各要素之间以及政治系统与其他社会系统之间相互作用、相互影响、相互制约所形成的生态联动,是一个

---

① 参见桑学成:《全面从严治党的深刻内涵与实践要求》,《新华日报》2015年5月5日,第16版。
② 参见周敏凯、周勇:《关于全面从严治党思想内涵与基本关系的辩证思考》,《思想理论教育》2017年第1期。
③ 包心鉴:《论严守党的政治规矩》,《廉政文化研究》2015年第6期。
④ 参见陈金龙、周建伟:《论党内政治生活的内涵、要素与功能》,《马克思主义与现实》2016年第6期。
⑤ 参见李景治:《着力增强党的自我净化、完善、革新和提高能力》,《理论与改革》2017年第1期。

地方或一个领域政治生活现状以及政治发展环境的集中反映,是党风、政风、社会风气的综合体现"①。俞可平认为,净化党内政治生态,首先要破除官本位观念。②

(4) 党的全面领导与国家治理的关系

胡仙芝认为:"党的全面领导与国家治理现代化是辩证统一的关系,二者相辅相成、相互促进。加强党的全面领导要遵循国家治理现代化的基本规律和基本方向,促进国家治理现代化要把加强党的全面领导作为核心和龙头。""我国的国家治理体系建设,无论在哪个领域,都必须加强和坚持党的全面领导,无论是机构改革还是体制机制改革,都要以加强和完善党的全面领导为出发点,以加强国家治理的现代化作为方向,两者互为方向、互相促进,齐头并进,不可偏废。"③唐皇凤认为全面领导和长期执政成为使命型政党的必然选择和根本手段,使命型政党的先进性是执政党内在的特征,为全面领导和长期执政的正当性和有效性提供了合理的价值基础、内在动力和主体支撑。中国共产党作为使命型政党的本质性规定,不仅彰显其在社会经济长期可持续协调发展中的主导地位,而且为执政党全面领导和长期执政的正当性、有效性奠定了坚实的政治基础。因此,坚持党的先进性纯洁性建设对于党的长期执政能力建设具有决定性意义。同时,长期执政的有效性是执政党全面领导效能的集中体现,也是新时代执政党建设的根本目标。④

(5) 党和国家机构改革

---

① 包心鉴:《论优化党内政治生态》,《光明日报》2015年5月13日,第1版。
② 参见俞可平:《破除官本位观念、净化政治生态》,《学习时报》2015年3月23日,第3版。
③ 胡仙芝:《加强党的全面领导与国家治理现代化的辩证统一关系》,《人民论坛》2018年第9期。
④ 参见唐皇凤:《使命型政党:新时代中国共产党长期执政能力建设的政治基础》,《武汉大学学报》(哲学社会科学版)2018年第3期。

王浦劬认为推进政府职能转变是我国政府管理体制改革的重点难点命题。转变政府职能,应该按照政府职能的不同属性,设置一般性机制和专门性实现机制。一是以现代财政税收机制刚性约束政府职权和功能的转变。二是以权责统一、权威高效的依法行政机制,完善政府组织和行政程序法律制度,使得政府职能法定化、政府机构和程序法制化、政府职权法授化、政府责任规范化。三是以科学严格的监督评估和究责机制规范政府职能的转变。建立健全政府职能转变和运行的监督评估和究责机制。四是以统一开放、竞争有序的市场规则和科学的宏观调控机制达成政府市场治理职能的转变。五是以政府购买公共服务机制实现政府公共服务职能的转变。六是以公民参与和协商治理机制促进政府社会治理职能的转变。① 沈荣华提出编制配备事关机构的人员数额、结构分布、职位配置、财政支出和成本效益,直接影响到机构的履职和运行,是政府机构改革不可或缺的内容。按照"统筹使用"的思路,加大改革创新力度,建立严控总量、盘活存量的动态调整机制,用好各类编制资源,既保障各项事业需要,又防止人员膨胀。具体来看,一是盘活存量。二是"人随事走"。三是刚性约束。② 何艳玲等人认为在现代国家建设框架下所推进的机构改革,其主导原则并非"精简化",而是"理性化"。③

三、海外中国政治研究的比较分析

国外有关中国政治的研究成果,主要是出版了一系列有关中国共产党、中国政府、中国社会、中国政治传统等方面的著作,以及发表在 The

---

① 参见王浦劬:《论转变政府职能的若干理论问题》,《国家行政学院学报》2015年第1期。
② 参见沈荣华:《国家治理变革视角下深化政府机构改革的重点和思路》,《行政管理改革》2018年第4期。
③ 参见何艳玲、李丹:《机构改革的限度及原因分析》,《政治学研究》2014年第3期。

China Quarterly, *The China Journal*, *Modern China*, *The Journal of Contemporary China* 等有关中国研究的专门学刊上面的论文。政治学的综合性学刊如 *American Political Science Review*, *World Politics*, *Journal of Democracy* 以及 *Asian Survey* 等也发表过此类研究文章。在国际学术会议、学术论文集中发表的相关中国政治的论文也占有较多数量。在研究当代中国政治问题的学者当中，国际知名的主要有托尼·赛奇(Tony Saich)、欧博文(Kevin OBrien)、布鲁斯·J.迪克森(Bruce J. Dickson)、傅士卓(Joseph Fewsmith)、李连江、白思鼎(Thomas P. Bernstein)、戴慕珍(Jean Oi)、柯丹青(Daniel Kelliher)、史天健(Shi Tianjian)、墨宁(Melanie Manion)、罗伦丝(Susan Lawrence)、海贝勒(Thomas Heberer)、郑永年、何包钢等。总体而言，海外学者对中国政治的研究无论是范围、角度、方法还是深度都是一个循序渐进的过程。随着中国的改革开放和中国政治学国际交流的增多，这从根本上改变了原有的海外学者"只可远观"的研究特点，为他们进一步近距离的观察和研究中国政治提供了良好条件。

（一）海外中国政治研究的特点

与在本国进行中国政治研究的学者不同，大多数海外学者能够到中国进行实地考察和亲身体验的机会相对较少；但是其往往运用一些国外前沿理论和政治科学方法，从各个角度开展对中国政治的研究，显现出了一些与国内研究不同的特点。

1. 尤其注重经济影响的延展性。大多数国外学者往往将中国经济改革必然导致政治民主化作为分析逻辑。海外学者普遍将中国政治发展作为改革开放的延伸，以经济改革作为切入点，尝试把握中国政治的发展脉络。改革开放的进行会深刻影响现实的政治观念、政治生活和政治制度，促进政治转型，因此中国的改革开放始于经济领域但是不限于经济领域,这已经成为海外学者研究当代中国政治的发展的基本共识。①经济改革意味着地方组织或单位有可能以牺牲整体利益为代价换取自身利益。"社会主义初级阶段"理论的提出在使得社会结构、社会利益和社会阶层多元化的同时,也冲击着旧有的意识形态,改变了固有的社会主义观念。②经济政治的关系具有共通性的规律,回顾西方资本主义制度的崛起历程,甚至有观点认为随着中国经济的持续增长,中国公众的政治文化态度正变得更加倾向于自由主义和民主派,这种政治文化的态度可能为中国转向某种形式的大众民主提供基础。③而事实上,在结合中国多年的实际发展情况后来看,经济发展的红利、公共产品服务的提升和治理的改善增强了民众对现状的认同感,激进的西式民主化政改反而在中国逐渐销声匿迹。④

2. 注重根源性探究。中国发展的根本动力和中国政治的核心问题是海外学者比较关注的议题,在如何理解官方和民间的力量在中国发展中起作用时,中外学者的观点存在较大的差异。在这个问题上,中国的大多数学者能清晰地意识到中国共产党是中国政治改革的核心要素。而由于海外学者有着不同的学术关注点,就会出现研究角度、重点乃至结论的差异,大多认为中国的公民社会成长对中国政治有着根本性的影响。如有学者认为假如立足于改革开放造成的多元社会兴起的现状,那

---

① 参见童建军:《近年来国外学者对当代中国政治发展的研究》,《中共党史研究》2015年第3期。
② 参见 John P. Burns, "China's Governance: Political Reform in a Turbulent Environment," *The China Quarterly*, vol. 119(September 1989).
③ 参见 Wang Yanlai, Nicholas Rees and Bernadette Andreosso-O'Callaghan, "Economic Change and Political Development in China: Findings from a Public Opinion Survey," *Journal of Contemporary China*, vol. 13, no. 39(2004).
④ 参见 Bruce J. Dickson, "Updating the China Model," *The Washington Quarterly*, vol. 34, no. 4(Fall 2011).

么中国的社会底层民众①或者以企业为代表的市场经济参与者②等社会力量会被认为更重要。有的学者也认为,着眼于政党在政治发展中的引领作用,那么以共产党为代表的官方力量在中国政治发展中往往被赋予更高的社会地位。③

3. 广泛采用案例研究。在海外学者所做的相关研究中,数据挖掘和案例分析是最为重要的方法,这种理论联系实际的方法很大程度上增强了文章的说服力。单案例研究上在陈希同涉腐案、远华走私案等反腐斗争中的重大案件中,国外学者用相当深入和细致的剖析将这些案件加以回溯④;多案例分析研究中,海外学者亦经常会选择通过对几个案例的罗列来论证结论,试图以此增强论证的力度。如高吉坤等人在文中论述了国家法律、党内条例、司法实践、重要人物讲话对腐败概念的界定等,论述了中国话语体系下腐败概念的特殊性。⑤

4. 充分体现出学科、方法的交叉融合性。中国的政治学从改革开放后重新起步,与海外发展多年具有成熟理论体系和方法论的政治学相比尚有一定的差距,与传统政治学的单学科和定性为主不同,海外学者在对中国政治进行研究时比较重视多学科融合,定量与定性方法相结

---

① 参见 Kevin J. O'Brien and Li Lianjiang, *Rightful Resistance in Rural China*, Cambridge: Cambridge University Press, 2006。
② 参见 Kellee S. Tsai, *Capitalism without Democracy: The Private Sector in Contemporary China*, New York: Cornell University Press, 2007。
③ 参见 George J. Gilboy and Benjamin L. Read, "Political and Social Reform in China: Alive and Walking," *The Washington Quarterly*, vol. 31, no. 3(July 2008)。
④ 参见陈答才、吕越颖:《近年来海外关于中国腐败与反腐败的研究述评》,《求实》2017年第5期。
⑤ 参见 Kilkon Ko and Weng Cuifen, "Critical Review of Conceptual Definitions of Chinese Corruption: A Formal-Legal Perspective", *Journal of Contemporary China*, vol. 20, no. 70(2011)。

合。例如探究政治制度与中国社会的不平等感的关系,能够利用社会调查与统计技术分析相结合得出结论;①对中国的乡村案例进行分析,探究资产管理方式对农村政治参与的影响;②通过跟踪调查改革开放后私营企业家的政治参与情况进行统计,来研究他们的政治参与和民主化是否有直接关联。③

(二)海外中国政治研究的优势

现代政治学无论是基本理论还是研究方法大多数源于西方,海外学者尽管对于中国的政治研究在资料收集和实地考察等方面不具有优势,但是他们起步更早,拥有更为成熟的理论体系和研究方法,其研究优势主要体现在以下方面。

1. 跨学科研究特色明显,定性与定量相结合的方法运用娴熟。诸多海外学者涉猎极广,不仅掌握有政治学专业的知识,同时还综合采用历史学、外交理论、传播学、社会心理学、统计学、人类学以及文化研究等多个领域和维度的方法观察和研究中国政治。如中国的民族主义是海外学者关注的重点之一,在对中国民族主义的研究中,他们非常重视民族主义的文本分析方法和实证分析方法的运用。前者如胡可礼,他通过对4本民族主义著作的文本解读,阐述了中国民族主义与地缘政治相结合的观点;④后者如唐文方和本杰明·达尔,他们通过长时段、大规模的

---

① 参见 Teresa Wright, *Accepting Authoritarianism: State-Society Relations in China's Reform Era*, Stanford: Stanford University Press, 2010.
② 参见田原史起:《中国農村政治研究の現状と課題:村落政治のアクター分析にむけて》,《アジア経済》第46卷第1号,2005年,第53—71頁。
③ 参见 Gilles Guiheux, "The Political 'Participation' of Entrepreneurs: Challenge or Opportunity for the Chinese Communist Party?" *Social Research*, vol. 73, no. 1 (Spring 2006).
④ 参见 Christopher Hughes, "Reclassifying Chinese Nationalism: The Geopolitik Turn," *Journal of Contemporary China*, vol. 20, iss. 71(2011).

社会调查,分析了中国民族主义与社会经济之间的相关性。①

2. 能够充分运用海外已有研究成果,与中国政治进行比较性探究。现代主流政治学起源于海外,已积累了大量的研究成果,全面而广泛,涉及了从现象到本质、从结构到行为、从群体到个人、从经济领域到政治领域和文化领域、从宏观制度层面到微观机制层面等诸多领域。许多海外学者在研究中国政治时能够在结合中国特殊国情的基础上,运用这些资源优势,有的放矢地比较分析,有利于深入研究中国政治过程。

3. 注重对微观政治现象开展持续深入研究。中国政治的研究不仅仅体现在宏观的制度和运行层面上,微观对象的研究同样重要。如前文所述,对于非长期生活在中国和理解中国政治情况的海外学者来讲,利用共通性的理论对微观对象进行持续性和跟踪性的研究则显得更为实际。利用问卷调查、访谈从微观层面近距离观察人们参与的动机、背景、影响因素等。美国学者詹姆·斯德勒斯和加拿大学者丹尼尔·柯丹对青岛市浮山后社区的调查,托马斯·海贝勒对沈阳市和平区的中和、中兴东和大庆路三社区、重庆市江北区龙湖花园和南岸区的南湖社区以及北京市石景山区的鲁谷社区等的140人进行的访谈等无不体现研究的持续性和微观性的特点。②

(三)海外中国政治研究的不足

由于学术立场、文化差异、时间限制、数据缺乏和惯性思维等因素所限,海外学者对中国研究显现出以下的不足。

1. 缺乏对中国政治实践的长期扎根研究。海外学者往往难以深入

---

① 参见陈答才、吕越颖:《近年来海外关于中国腐败与反腐败的研究述评》,《求实》2017年第5期。
② 参见张利军:《改革开放以来海外视域下的中国政治参与研究》,《国外理论动态》2012年第6期。

中国社会,长期耳濡目染地实地观察和跟踪研究中国实践过程,政治科学研究方法难以契合中国政治实际,从而影响了研究的科学性。另外,海外学者过分注重对中国政治的规范性研究,即在所谓的"学科规范"的要求下,越来越多的海外学者倾向于将自己的研究基于每个学科的流行的理论和概念之上,致力于"理论建构"。①但是,从认识论的层面上看,这样的研究趋向是存在问题的,即它不是从中国的实际出发,而是从已有的理论架构和概念出发来研究中国的问题,这就很容易导致白鲁恂(Lucian W. Pye)所说的"通过社会科学理论去寻找中国的现实"②,以及包瑞嘉(Richard Baum)所说的"对研究方法的关注取代了对研究对象的关注"③。

2. 受西方传统理论所限,在中国研究上缺乏针对性的理论解释。不少研究尚未完全走出单一研究路径的模式,虽然有逐步走向制度化背景下多元研究的趋势,但在具体的实证研究成果中则缺乏突破。④海外学者对中国政治的研究往往从西方社会科学的模型出发,忽视具有中国烙印和特色的实际经验。中国的历史传统、文化类型和政治发展历程均和西方大不相同,全球化和市场化产生的中国国家转型的规模、深度在人类历史上是前所未有的。源自欧美政治实践的社会科学理论和概念,对于中国问题的解释能力则是值得质疑的,"中国的发展经验打破了所有人类社会的历史纪录,颠覆了西方主流社会科学的各种解释模式与理

---

① 参见同健:《海外对改革开放以来中国共产党的研究》,《国外理论动态》2012 年第 8 期。
② Lucian W. Pye, "Social Science Theories in Search of Chinese Realities," *The China Quarterly*, vol. 132(1992).
③ Robert Ash, David Shambaugh and Seiichiro Takagi, *China Watching: Perspectives from Europe, Japan and the United States*, Abingdon: Routledge, 2007.
④ 参见倪星、原超:《从二元到多元:海外中国政治精英研究述评》,《中山大学学报》(社会科学版)2011 年第 6 期。

论预期"①。

3. 无法摆脱"西方中心主义"的暗影,往往从自由民主的意识形态出发,使其研究带有一定的价值偏见。以自由民主为核心的话语霸权将西方模式神圣化,将西方的政治实践包装成唯一可行的民主模式,给共产党领导的社会主义政权贴上"专制"的意识形态标签,继而否定其合法性,否定其独立探索自身发展道路的正当性,迫使其屈从于西方的价值观念和发展模式。②受制于现有的价值观、政治立场和研究方法,西方的一些学者在谈论中国取得的成就时有意淡化社会主义的色彩,不愿意使用"中国特色社会主义"的概念。在他们看来,如果使用这个概念,就等于承认社会主义的生命力和创造力。③

4. 与中国国内政治学研究的合作有待进一步加强。现在多数的海外研究者还是根据自身所处的地区和研究机构不同,从独自的流派眼光出发考察和形成研究成果,但是中国问题本身的复杂性,加上身处国外对中国国情缺乏亲身了解,较少从纵向角度、从马克思主义和社会主义发展史的角度来考察中国政治的成就、特征、发展趋势和历史地位,④和中国国内相关研究机构、研究者的广泛、深入的合作研究还是显得不足。

(四) 基本小结

四十年来海外视角下对中国政治的研究,与国内中国政治研究相

---

① 朱云汉:《高思在云:中国兴起与全球秩序重组》,北京:中国人民大学出版社,2015年,第2页。
② 参见国晓光、王彩波:《海外对当代中国国家能力的研究》,《国外社会科学》2016年第3期。
③ 参见严书翰:《中国特色社会主义何以有声有色》,《人民论坛》2009年第6期。
④ 参见张严:《国外关于中国特色社会主义研究的核心问题与解读范式》,《当代世界与社会主义》2013年第5期。

比,尽管在关注部分重点议题上存在着一定的相同之处,比如基层民主、政治体制改革等,但是依然存在着一些差异性特点。1. 问题范围不同。不少海外学者对于中国政治的分析甚少论及国家制度层面,而是专注于研究制度下的具体问题和运作模式。2. 研究资料欠缺。与诸多国内研究进行的田野调查有所不同,海外学者所掌握的材料还很有限,因此很多时候是借助于二手甚至是三手资料对问题进行分析和描述,所体现出来的层次感也与国内研究有所不同。3. 分析视角不同。海外学者更多时候是偏向于使用西方的民主逻辑分析中国政治。4. 研究延续度不同。部分海外学者对于中国政治的观察具有持续性,例如对于农村基层选举的观察,横跨数年甚至更长时间,因此所得出的结果具有一定的连贯性。但是,与中国的政治研究有所不同,诸多海外学者更多的是作为"局外人"的角色,他们对中国所做的观察和分析对于我们更好地捋清中国政治发展的脉络具有一定的借鉴意义和参考价值。但另一方面,由于不少海外学者的学术思维和理论背景不同,得出的结论也不尽相同,有的难免有失偏颇。这就需要我们通过对海外学者相关研究的特点、优势和不足进行概括,只有在充分了解、分类梳理的基础上才能真正地为我们所借鉴和参考。

四、当代中国政治研究的挑战和趋势

(一)从研究方法运用来看

在研究方法方面,主要是宏观研究与微观研究相结合、比较研究与扎根研究相结合、规范研究与经验研究相结合、案例研究和定量研究相结合,但在数据来源、资料收集、社会调查和民意分析等方面仍然存在诸多现实困境。当前的政治学研究方法主要是宏观研究与微观研究的相结合、动态研究与静态研究的相结合、规范研究与经验研究相结合、显性分析与隐性分析相结合。①从研究方法来看,兼收并蓄,综合性地应用各种方法实施政治学研究。重视实证、量化研究的运用,通过观察、访谈、问卷调查、模型分析、内容分析等科学的研究方法描述和分析中国的现实政治场景,把握政治现象的发生发展规律,预测未来政治发展走向。此外,越来越多的青年政治学者探索使用实验法。实验法可以清晰揭示各种政治变量之间的因果联系,对于提出具有可操作性的政策建议意义重大,重点可以在政治行为研究,如投票和选举、集体行动中的协商与合作以及政治传播等领域应用这种方法。②同时,也需要妥善协调研究方法的科学性与规范性,定量研究与规范研究之间的关系等等。

(二)从研究主题选择来看

在研究主题方面,研究者不但重视政治体制改革、党政关系、基层民主、党内民主、执政党建设等具体议题,而且越来越重视政治过程和治国理政实践的分析,此类议题逐渐被纳入国家治理体系和治理能力现代化的范畴内加以研究。研究重点从政治体制转向政治过程,更加关注中国政治的现实运行过程,更为重视对中国现实政治案例的总结分析。如何处理国家治理的宏观议题与政治发展的具体议题之间的关系,以及政治体制、政治制度与政治过程之间的关联有待学界深入研究。从研究问题分析来看,首先,未来的中国政治学研究必然涉及政治体制改革、民主政治建设、执政党建设与现代化、国家转型与政治稳定等基本议题。这些根本性的问题仍然贯穿在未来中国政治研究的全过程。同时未来的政治学研究也越来越趋向于对公共政策过程与决策模式、政府职能转变、服

---

① 参见杨海蛟:《20世纪90年代以来中国政治学研究的特点及发展趋势》,《浙江社会科学》2001年第4期。
② 参见张平、丁超凡:《中国政治学研究的发展态势与评价——基于〈政治学研究〉(2000—2015年)的文献计量分析》,《北京行政学院学报》2017年第6期。

务型政府建设、第三部门与中介组织、群体性事件与政治稳定、廉政建设等具体议题的深入探讨。① 其次,"政治行为"研究仍将在相当长的一段时间内成为中国政治学研究主流领域,包括政治管理、政治参与、政治沟通、政治冲突等方面内容。② 再次,对当代中国政治学基本理论的研究将进一步升温,其研究内容主要是对有关政治学的概念、性质、基本理论、基本内容的阐释和重新梳理等。面对国内外新形势和新问题,为了更好地实现理论指导实践,研究者需要重视政治学基础理论的深入研究,推进政治学基本理论的系统反思。③ 最后,政治发展仍旧是未来政治学研究的重点方向。以政治改革为着眼点,构建适应市场经济的行之有效的政治体制是发展中国政治学的长期目标,治国理政与政治发展的关系将是未来政治学的研究热点。当前中国正处于经济增速换挡、结构调整阵痛、新旧动能转换相互交织状况中。如何推动国家治理体系和治理能力现代化,如何促进人的自由和全面发展,成为政治学研究新的时代课题。④

（三）从研究领域拓展来看

在重视加强政治学作为独立学科建设的同时,交叉学科研究成为趋势,研究领域不断拓展,但在学科交流与学科融合的体系建设方面有待加强,学科国际化与话语权建构仍然任重道远。研究领域不断拓展,不仅在原有的学科体系内开辟了许多的分析领域,而且积极展开了跨学科研究。政治社会学、政治心理学、政治地理学、政治传播学、生态政治学、发展政治学、民族政治学、城市政治学等交叉学科将得到进一步发展。

---

① 参见胡伟:《中国政治研究呈现新趋势》,《中国社会科学报》2013年12月20日。
② 参见胡伟:《中国政治研究呈现新趋势》,《中国社会科学报》2013年12月20日。
③ 参见胡伟:《中国政治研究呈现新趋势》,《中国社会科学报》2013年12月20日。
④ 参见张平、丁超凡:《中国政治学研究的发展态势与评价——基于〈政治学研究〉(2000—2015年)的文献计量分析》,《北京行政学院学报》2017年第6期。

交叉的政治学研究方法也将进一步得到重视,政治系统分析、政治结构分析、政治沟通分析、政治文化分析、政治决策分析、政治团体分析、政治心理分析等研究方法越来越多地被运用到中国现实政治分析过程之中。

(四)研究团队建设来看

在研究团队方面,虽然专业性的研究团体和机构相继成立,并逐渐形成了各自的研究特色,越来越重视研究特色的建设和研究方向的凝聚,但学者"单打独斗"的总体特征还比较明显,学界仍然欠缺深入的批判性理论探讨和学术对话。从研究者队伍来看,首先是中国政治学学者研究方向或研究议题的变动性较大,系统的、持续性的研究有待加强。从合著状况分析,研究者有逐渐向群体化发展的趋向,但是单打独斗的局面仍旧是主流。因此,未来应该加强团队协作建设,打造一支专业的、精干的、梯队衔接的政治学研究队伍。其次,中国政治学研究科研力量分布呈明显的"集中—离散"态势,已形成了以高校为核心、研究所及各级党政部门为辅助的政治学研究机构布局。未来应该在以高校为政治学研究主阵地的基础上,壮大其他机构研究力量,多视角、多领域探索政治现象,推动中国政治学全面、纵深发展。①

(五)从学科规划建设来看

注重规范性和学术性理论研究,学科的建设和发展,主要表现在为完善学科理论体系、规范基本概念、拓展研究领域、丰富和发展基本理论以及变革研究方法等方面。② 在基本范畴和基本理论方面,用规范的概念和学科语言代替一般的政策性语言,用有处可查的资料论证代替想当然的主观

---

① 参见杨海蛟:《20世纪90年代以来中国政治学研究的特点及发展趋势》,《浙江社会科学》2001年第4期。
② 参见林尚立:《政治学与政治发展:中国政治学发展20年》,《政治学研究》1998年第2期。

分析,用理性分析代替简单的理论套用。①从政治学学科特点出发,重新探讨政治、政治学、国家、阶级、政治权力、政治过程、政治文化、政治行为等基本概念。②与此同时,也充分运用其他学科的研究成果。

(六) 从研究发展趋向来看

在研究趋势方面,当代中国政治的研究主题出现了一些转向,主要从自治转向共治、从选举转向协商、从党政分开转向党政分工、从社会中心转向政党中心、从民主问题转向民生问题等。对民主政治的关注逐步从代议民主转向代表民主、从票决民主转向参与民主、从竞争民主转向协商民主。

当前中国政治研究的议题有逐渐转入更容易突破的具体领域探讨的趋势,主要表现为以下三个转向:首先,主要研究兴趣从国家中心转向社会中心、从民主问题转向民生问题。其次,对民主的关注逐步从代议民主转向参与民主、从竞争性民主转向协商性民主。最后,研究重点从政治制度转向政治过程,更加关注中国政治的现实运行过程,更为重视对中国现实政治案例的总结分析。③而且,目前中国政治研究的主题越来越依附于中国现实政治环境和政治形势走向。因此,需要妥善协调研究主题的学术性与政治性、研究方法的科学性与规范性、研究领域的交叉性与独立性、研究的阶段性与持续性、研究的经验性与理论性、研究的个体性与团体性、研究的本土化与国际化等方面的关系。

---

① 参见杨海蛟:《20世纪90年代以来中国政治学研究的特点及发展趋势》,《浙江社会科学》2001年第4期。
② 参见胡伟:《中国政治研究呈现新趋势》,《中国社会科学报》2013年12月20日。
③ 参见胡伟:《中国政治研究呈现新趋势》,《中国社会科学报》2013年12月20日。

附录 中国政治学四十年大事记

张禹 王俊

收录说明：

1. 中国政治学的发展与我国的政治发展和政治环境息息相关。"大事记"以时间为线索，一方面收录了改革开放以来影响我国政治学发展的大政方针和重要决议，另一方面收录了中国政治学在自身学科重建与发展过程中取得的重要成就。

2. 重要成就主要包括但不局限于中国政治学在学科建构、机构设置、学者培养和对外交流等方面的成果。

3. 成果的选取和收录综合考量了其影响力、重要性和先占性，并主要围绕我国几大传统政治学重镇来进行梳理。

4. "大事记"旨在帮助读者一窥中国政治学四十年波澜壮阔的发展历程，呈现出我国政治发展与学科发展之间的互动。

5. 限于学力、经验和时间，再加上搜集材料困难，"大事记"在收录范围和编排体例等方面难免存在问题，对有关单位、事件和个人的叙述难免存在偏误。挂一漏万、管窥之见，祈请各位读者、有关单位和政治学同仁谅解。如发现问题，请及时与编者联系，欢迎提供补充材料和宝贵改进意见。此部分内容文责自负。

1978 年

《光明日报》发表题为《实践是检验真理的唯一标准》的特约评论员文章,由此引发了一场关于真理标准问题的大讨论。

作为改革开放标志的中共十一届三中全会于 1978 年 12 月 18 日召开,邓小平作了题为《解放思想,实事求是,团结一致向前看》的大会报告。大会决定,中国共产党的工作中心从阶级斗争转向经济建设,中国从此进入伟大的改革开放新时代。

1979 年

邓小平在党的理论工作务虚会上指出:"政治学、法学、社会学以及世界政治的研究,我们过去多年忽视了,现在需要补课。"自此,中国政治学开始恢复和重建。

中国第一家政治学研究机构——黑龙江省社会科学院政治学研究所成立。

《党史资料与研究》创刊。该刊是由中共福建省委党校与福建省中共党史学会主办,中国现代史学会、中共中央党校党史教研部联办的党史专业理论杂志,于 1987 年更名为《党史研究与教学》。

《南京政治学校校刊》创刊,1986 年更名为《南京政治学院学报》,1987 年正式公开发行。其主办单位是中国人民解放军南京政治学院,主管单位是解放军总政治部宣传部。

《科学社会主义研究》创刊,1995 年更名为《中国特色社会主义研究》。该刊现由北京市社会科学界联合会主管,北京市社会科学界联合会、北京市中国特色社会主义理论体系研究中心、北京市科学社会主义学会联合主办。

1980 年

邓小平在中央政治局扩大会议上做《党和国家领导制度改革》的讲话,深刻分析了现行政治体制的弊端,提出了政治体制改革的基本构想,引发了中国政治学界对政治体制改革的热烈讨论。

中国政治学会重建,张友渔当选为首任会长,全国性的政治学学术共同体开始形成。

《国际政治研究》创刊(内部发行),2002 年起,在国内外公开出版发行。该刊由北京大学主办、北京大学国际关系学院暨全国高校国际政治研究会编辑出版。

中国政治学会和中国社会科学院政治学研究所筹备组编写出版《政治学参考资料》,主要译介国外政治学理论并作为内部资料流通,于 1984 年更名为《国外政治学》。

1981 年

中共十一届六中会全会通过《关于建国以来党的若干历史问题的决议》,实事求是评价中华人民共和国成立三十二年来的重大历史事件,彻底否定无产阶级文化大革命。

复旦大学开始招收政治学专业本科生。

王惠岩在吉林大学创建政治学研究室。

中国现代国际关系研究所(现代国际关系研究院前身)创办《现代国际关系》杂志。

徐大同、陈哲夫等编著《中国古代政治思想史》,由吉林人民出版社出版。

1982 年

天津师范大学中外政治思想研究所成立,1998 年更名为政治文化研究所,徐大同担任所长。

赵宝煦主编的《政治学概论》提出了政治学的基本理论体系和学科体系,是中国政治学恢复重建后的第一本政治学理论教材。

中国政治学会年会成功举办。

中国政治学会委托复旦大学举办了起"亮相、启蒙、播种"作用的全国政治学第一期短训班。

应中国政治学会会长张友渔邀请,美国著名政治学家阿尔蒙德来华访问并作了《发展中的政治经济》《美国政治与美国外交政策》的专题报告。阿尔蒙德还应邀访问了北京大学,在临湖轩发表关于"公民文化"的演讲,引发热烈反响。

1983 年

国务院学位委员会第四次会议决定公布、试行《高等学校和科研机构授予博士和硕士学位的学科专业目录(试行草案)》。

王惠岩、杜若君、朱日耀推动建立了吉林大学政治学系,这是当代中国政治学恢复以来的第一个政治学系。1993 年,吉林大学在原有政治学系的基础上成立了行政学院。

赵明义主持成立山东大学当代世界社会主义问题研究所。

中国社会科学院创办《马克思主义研究》,这是当时全国唯一以宣传马克思主义整体理论体系为宗旨的学术理论刊物。

四川人民出版社陆续推出"走向未来丛书",在中国知识界引起极大反响。

美国著名政治学家戴维·伊斯顿应中国社会科学院之邀,对中国进行了为期六周的访问,并在中国社科院、北京大学、国际关系学院、西北大学、复旦大学及上海社会科学院等机构讲学。

1984 年

中共十二届三中全会通过《中共中央关于经济体制改革的决定》,进一步贯彻执行对内搞活经济、对外实行开放的方针,加快以城市为重点的经济体制改革的步伐。《决定》明确了改革的基本目标和各项要求,为打破计划经济体制创造了条件。

北京大学、吉林大学等高校开始招收政治学专业硕士生。

南开大学政治学系重建,郑健民任系主任。

武汉大学建立政治学系,刘德厚任主任。政治学系恢复后,曾两度与法学院分合,2003 年归属于政治与公共管理学院,院长为丁俊萍。

华中师范大学政治与社会发展研究所成立,高原任所长。

中国政治学会正式成为国际政治学会(IPSA)集体成员。

美国著名政治学家李普塞特应邀访问中国,对中国多地进行了考察调研,并在北京做了《一九八四年美国大选》《公共舆论与公共舆论研究》《美国政治学的发展》等专题演讲,与我国学界、政界人士展开了深入的交流。

美国著名政治学家罗伯特·达尔应邀访华,并在北京做了关于民主问题的讲演。

山东大学当代世界社会主义问题研究所创办《当代国外社会主义问题》,该刊物是当时国内唯一以研究和介绍当代世界社会主义重大问题为主要内容和特色的专业学术刊物,由教育部主管,1986 年更名为《当代世界社会主义问题》。

丘晓著《政治学原理》由四川人民出版社出版。

〔日〕佐藤功著《比较政治制度》中译本由法律出版社出版。

1985 年

中共中央作出《关于科学技术体制改革的决定》。《决定》指出，现代科学技术是新的社会生产力中最活跃和决定性的因素，全党必须高度重视并充分发挥科学技术的巨大作用。

国家教育委员会召开政治学教学研讨会，确定了学科建设的基本方针。

北京大学开始培养政治学专业博士生，俞可平、王浦劬成为我国自己培养的首届政治学博士研究生。

中国社会科学院政治学研究所成立，严家其任所长。

中国政法大学政治系成立，刘圣恩担任系主任。1999 年，政治系撤系建院，成立政治与管理学院，张桂林担任院长。2002 年，学院再次重组，成立政治学与公共管理学院，朱维究担任院长。

《思想理论教育》创刊。该刊现由上海市教育委员会主管，上海市高等学校思想理论教育研究会、上海市教育科学研究院主办。

中国社会科学院创办《政治学研究》，这是当时全国唯一国内外公开发行的政治学专业学术理论刊物。

中国行政管理学会筹备组创办的《中国行政管理》杂志正式创刊，这是当时全国唯一公开发行的行政管理专业性学术期刊。

王惠岩主编的教材《政治学原理》出版。

夏书章主编的国内第一本行政管理教科书《行政管理学》由山西人民出版社出版。

中国政治学会派出代表参加 IPSA 第十三届大会，赵宝煦当选为该会第十三届执行局委员。

中国政治学会第二次代表大会召开。

1986 年

国家教委首次批准兴办行政管理四年制本科专业。

黄达强创建中国人民大学行政学所,这是改革开放后国内设立的首批行政管理学高端研究和国家干部培训机构。1995 年改建为行政管理学系(所)。

南京大学政治学系恢复重建,张永桃任主任。

厦门大学复办政治学系,隶属于政法学院,1990 年更名为政治学与行政学系。

上海译文出版社陆续推出"当代学术思潮译丛"。

华夏出版社陆续推出"二十世纪文库"丛书。

浙江人民出版社陆续推出"政治学丛书"。

严家其著《首脑论》由上海人民出版社出版。

王邦佐、孙关宏、王沪宁主编教材《政治学概要》出版。

1987 年

中国共产党第十三次全国代表大会报告阐述了社会主义初级阶段理论,提出了党在社会主义初级阶段"一个中心、两个基本点"的基本路线,制定了到下世纪中叶分三步走、实现现代化的发展战略,并提出了政治体制改革的任务和目标。十三大是党的十一届三中全会以来路线的继续、丰富和发展,实现了马克思主义中国化的新飞跃,开辟了具有中国特色的社会主义建设之路。

中国社会科学院世界经济与政治研究所创办《世界经济与政治》

期刊。

1988 年

北京大学政治学与行政管理系恢复重建,萧超然任系主任。

中国人民大学设立中国第一个行政管理专业硕士点,并成为首批行政管理专业博士学位授权单位之一。

中国行政管理学会正式成立,由国务院办公厅主管,国务委员兼国务院秘书长陈俊生担任第一届理事会会长。

中山大学政治学与行政学系重建,王乐夫任系主任。

山西大学政治学系重建,2003 年更名为政治与公共管理学院。

北京大学中国国情研究中心成立,赵宝煦担任中心主任。

复旦大学政治与行政研究所创立,王沪宁任所长。

中共中央编译局成立当代马克思主义研究所,詹汝琮任所长。

第 14 届 IPSA 大会召开,胡奇安接替赵宝煦任该会执行局委员,并当选为副主席。

北京外国语大学创办《国际论坛》杂志。

《党的文献》创刊。该刊物是由中共中央文献研究室和中央档案馆共同主办的中央级学术理论刊物。

关于党的建设的综合性党刊《党建》创刊,由中共中央宣传部主管。

《党史通讯》与中共中央党校主办的《党史研究》合刊,更名为《中共党史研究》。该刊物是中共中央党史研究室主办的全国性党史学术期刊。

挪威著名政治学家乔恩·埃尔斯特访华,在中国社会科学院做了题为《决策的理性选择论》的学术报告,详细介绍了理性选择理论,并与中国学者进行了深入交流。

〔英〕拉尔夫·密利本德著《英国资本主义民主制》中译本由商务印书馆出版。

1989 年

北京师范大学法律与政治研究所成立,2003 年在此基础上组建了北京师范大学政治学与国际关系学院。

我国第一本面向全国高等学校思想政治教育领域的学术刊物《思想教育研究》公开发行,该刊的主办单位为全国高等学校思想政治教育研究会。

〔美〕戴维·伊斯顿著《政治生活的系统分析》中译本由华夏出版社出版。

1990 年

华中师范大学农村基层政权研究中心成立,张厚安任中心主任,徐勇为常务副主任。1995 年更名为农村问题研究中心,1999 年更名为中国农村问题研究中心,2011 年更名为中国农村研究院。

中国著名法学家、政治学家、社会活动家钱端升先生去世。

中共中央编译局当代马克思主义研究所创办《马克思主义与现实》。

1991 年

中共十三届八中全会通过《中共中央关于进一步加强农业和农村工作的决定》,提出把以家庭联产承包为主的责任制、统分结合的双层经营体制作为我国乡村集体经济组织的一项基本制度长期稳定下来,并不断充实完善。

中国政治学会第三次代表大会召开。

中共中央编译局代马克思主义研究所创办《国外理论动态》。

〔美〕罗伯特·诺齐克著《无政府、国家与乌托邦》中译本由中国社会科学出版社出版。

〔美〕约翰·罗尔斯著《正义论》中译本由上海译文出版社出版。

1992 年

中国共产党第十四次全国代表大会召开，江泽民向大会做题为《加快改革开放和现代化建设步伐，夺取有中国特色社会主义事业的更大胜利》的报告，把我国经济体制改革的目标确立为建立社会主义市场经济体制，并将建设有中国特色社会主义的理论和党的基本路线写进党章。

全国政治学系主任联席会议、中国农村政权建设理论和实践研讨会、改革开放与政治稳定理论研讨会、毛泽东政治学说研讨会成功召开。

著名马克思主义政治学家，中国政治学会创始会长，中国法学会创始会长张友渔先生逝世。

《中国大百科全书·政治学卷》由中国大百科全书出版社出版。

邓正来主持编译《布莱克维尔政治学百科全书》，由中国政法大学出版社出版。

1993 年

中共十四届三中全会通过了《中共中央关于建立社会主义市场经济体制若干问题的决定》。全会指出，社会主义市场经济体制是同社会主义基本制度结合在一起的。

北京大学邓小平理论研究中心成立，中心名誉主任为吴树青，赵存生任主任。后更名为中国特色社会主义理论体系研究中心。

武汉大学成立政治科学研究所，1999 年更名为政治科学与公共管理研究所,2001年改为政治科学与政府事务研究所。

中国战略与管理研究会的机关刊物《战略与管理》创刊,2004年停刊。

〔美〕阿尔蒙德、小鲍威尔著《当代比较政治学》中译本由商务印书馆出版。

1994 年

国家行政学院成立,院长由国务委员兼国务院秘书长担任,李贵鲜出任首任院长。

中国特色社会主义民主政治与政治体制改革研讨会成功召开。

黑龙江省行政学院创办《行政论坛》。

上海社会科学院创办《毛泽东邓小平理论研究》。

《思想理论教育导刊》创刊,由教育部主管,高等教育出版社主办。

〔德〕弗兰茨·奥本海著《论国家》中译本由商务印书馆出版。

1995 年

中共十四届五中全会通过了《中共中央关于制定国民经济和社会发展"九五"计划和2010年远景目标的建议》。《建议》提出我国经济体制需从传统的计划经济体制向社会主义市场经济体制转变,经济增长方式从粗放型向集约型转变。

王浦劬主编《政治学基础》由北京大学出版社出版。

〔英〕鲍桑葵著《关于国家的哲学理论》中译本由商务印书馆出版。

1996 年

中国政治学会第四次代表大会召开。

〔英〕霍布豪斯著《自由主义》中译本由商务印书馆出版。

1997 年

中国共产党第十五次全国代表大会召开,江泽民做《高举邓小平理论伟大旗帜,把建设有中国特色社会主义事业全面推向二十一世纪》的大会报告,把邓小平理论确定为党的指导思想,把依法治国确定为治国的基本方略,把坚持公有制为主体、多种所有制经济共同发展,坚持按劳分配为主体、多种分配方式并存,确定为我国在社会主义初级阶段的基本经济制度和分配制度。

在 1990 年发布的学科专业目录的基础上,国务院学位委员会和国家教育委员会联合下发《授予博士、硕士学位和培养研究生的学科、专业目录》。根据《学位授予和人才培养学科目录》,政治学在学科门类上属于法学。作为一级学科,政治学下设政治学理论、中外政治制度、科学社会主义与国际共产主义运动、中共党史(含:党的学说与党的建设)、国际政治、国际关系和外交学等七项二级学科。

教育部高等学校政治学学科教学指导委员会成立。

中央党校世界政党比较研究中心,暨中央党校党建教研部世界政党比较教研室成立。

哈佛大学成立亚洲研究中心,著名中国问题专家托尼·赛奇任中心主任,并设立中国研究项目。

中共中央党校创办《中共中央党校学报》。

〔英〕哈耶克著《自由秩序原理》中译本由生活·读书·新知三联书店出版。

1998 年

教育部和李嘉诚基金会共同启动实施"长江学者奖励计划",设立特聘教授、讲座教授岗位制度和长江学者成就奖。

中国社会科学院国情调查研究中心成立。

全国高校政治学类专业教育指导委员会暨全国政治学、行政学第14届系主任联席会议成功召开。

浙江人民出版社出版陆续推出"当代中国政府理论研究丛书"。

中央编译出版社陆续推出俞可平主编"全球化论丛"。

俞可平主编"当代各国政治体制"丛书由兰州大学出版社出版。

〔美〕列奥·施特劳斯、约瑟夫·克罗波西著《政治哲学史》中译本由河北人民出版社出版。

〔美〕乔·萨托利著《民主新论》中译本由东方出版社出版。

〔美〕弗朗西斯·福山著《历史的终结》中译本由远方出版社出版。

〔美〕塞缪尔·亨廷顿著《第三波——20世纪后期民主化浪潮》中译本由生活·读书·新知三联书店出版。

〔英〕安东尼·吉登斯著《民族—国家与暴力》中译本由生活·读书·新知三联书店出版。

1999 年

中共中央编译局比较政治与经济研究中心成立,俞可平任主任。

浙江大学比较政治与公共管理研究所成立,陈剩勇任所长。

云南大学公共管理学院在原政治学与行政管理学系的基础上组建而成,姜子华任院长,周平任政治学系主任。

深圳大学当代中国政治研究所成立,黄卫平任所长。

北京大学设立政治发展与政府管理研究所,谢庆奎任所长,2016年更名为北京大学国家治理研究院。

国家行政学院创办《国家行政学院学报》。

北京行政学院创办《北京行政学院学报》。

华夏出版社开始陆续推出"现代西方思想文库"丛书。

〔法〕贡斯当著《古代人的自由与现代人的自由》中译本由商务印书馆出版。

2000 年

北京大学、中国人民大学、复旦大学、华中师范大学获得首批政治学一级学科博士、硕士学位授予权。

中共中央编译局比较政治与经济研究中心、中共中央党校世界政党比较研究中心联合发起"中国地方政府公共服务改革与创新"研究及奖励计划(北京大学中国政府创新研究中心于2003年加入),并于同年组织发起了首届"中国地方政府创新奖"评选和奖励活动。该奖项每两年举办一次,2016年停办,期间一共举办了八届,是中国学术界对政府改革进行系统全面评估的奖项。

清华大学公共管理学院成立,国务院发展研究中心原党组书记、副主任陈清泰担任首任院长。

清华大学人文社会科学学院政治学系复建,李润海担任系主任。2009年政治学系全面重组,张小劲任系主任。

复旦大学国际关系与公共事务学院成立,倪世雄任院长。

上海交通大学政治学与行政学研究所成立,胡伟任所长。

中山大学行政管理研究中心成立,夏书章、王乐夫任名誉主任,马骏任主任。

中山大学政治学研究所成立，徐俊忠任所长。

中国人民大学当代中国政党制度研究中心成立，程天权任主任。

教育部将北京大学政治发展与政府管理研究所、北京大学邓小平理论研究中心、山东大学当代社会主义研究所、中山大学行政管理研究中心、华中师范大学中国农村问题研究中心确定为全国普通高校人文社会科学重点研究基地。

全国高校政治学学科教学指导委员会暨第16届政治学行政学国际政治系主任联席会议召开。

上海行政学院创办《上海行政学院学报》。

社会科学文献出版社陆续推出俞可平主编"当代西方学术前沿论丛"。

中国社会科学出版社陆续推出徐育苗主编"中外政治制度比较研究丛书"。

〔美〕哈罗德·D.拉斯韦尔著《政治学——谁得到什么？何时和如何得到？》中译本由商务印书馆出版。

〔美〕约翰·罗尔斯著《政治自由主义》中译本由译林出版社出版。

〔英〕埃里克·霍布斯鲍姆著《民族与民族主义》中译本由上海人民出版社出版。

〔英〕安东尼·吉登斯著《第三条道路——社会民主主义的道路》中译本由北京大学出版社出版。

〔美〕埃莉诺·奥斯特罗姆著《公共事物的治理之道：集体行动制度的演进》中译本由生活·读书·新知三联书店出版。

2001年

北京大学政府管理学院成立，时任全国政协副主席罗豪才担任首任院长。

北京师范大学管理学院成立,时任全国人民代表大会常务委员会副委员长蒋正华任院长,唐任伍任执行院长。2013年更名为政府管理学院。

中国人民大学当代中国研究中心成立,纪宝成、朱佳木担任主任,杨凤城和陈东林任执行主任。

国家行政学院政治学教研部成立。

中山大学政治与公共事务管理学院成立,夏书章任名誉院长,王乐夫任院长。

山东大学政治学与公共管理学院成立,刘玉安任院长。

四川大学公共管理学院成立,屈锡华任院长。

四川大学组建四川大学政治学院,王国敏担任院长,2015年正式更名为马克思主义学院。

武汉大学英语国家政治与文化研究中心成立,2003年更名为比较政治研究中心,谭君久任主任。

中国人民大学公共管理学院组建,董克用任院长。

中国人民大学政治学专业教师和学生并入国际关系学院所属的政治学系。

中共江苏省委党校和江苏省行政学院主办的《江苏行政学院学报》创刊。

德国著名学者尤根·哈贝马斯应邀访华并发表演讲。

中国政治学会编辑出版《新时期中国政治学发展20年(1980—2000)》。

中国人民大学出版社陆续推出"公共行政与公共管理经典译丛·政府治理与改革系列"丛书。

中国人民大学出版社与华夏出版社陆续推出"21世纪高校教材译丛·政治学与行政管理学"丛书。

江西人民出版社推出俞可平主编"当代西方主流学术名著译丛"。

〔美〕丹尼尔·贝尔著《意识形态的终结》中译本由江苏人民出版社出版。

〔美〕罗伯特·基欧汉著《霸权之后——世界政治经济中的合作与纷争》中译本由世纪出版集团出版。

〔美〕迈克尔·J.桑德尔著《自由主义与正义的局限》中译本由译林出版社出版。

2002年

中国共产党第十六次全国代表大会召开,江泽民做题为《全面建设小康社会,开创中国特色社会主义事业新局面》的报告。党的十六大确定了全面建设小康社会的奋斗目标,并把发展社会主义民主政治,建设社会主义政治文明作为全面建设小康社会的一个重要目标。

教育部学位与研究生教育发展中心按照国务院学位委员会和教育部《学位授予和人才培养学科目录》的要求首次对具有博士硕士学位授予权的政治学一级学科进行整体水平的评估,北京大学在评估中名列第一。

上海政党研究中心成立,周鹤林、方明伦任主任。

中山大学成立公共事务调查中心和公共政策研究中心,郭巍青、周超分别任主任。

牛津大学设立当代中国研究项目,许慧文(Vivienne Shue)任项目主任。

美国著名学者德沃金应邀访问清华大学,参加"德沃金法哲学思想国际研讨会"并做公开演讲。

美国著名政治学家拉里·戴蒙德应邀访问中共中央党校,并且做了题为《经济发展与政治稳定》的演讲。

〔美〕亨廷顿著《文明的冲突与世界秩序的重建》中译本由新华出版社出版。

〔意〕莫斯卡著《统治阶级(〈政治科学原理〉)》中译本由译林出版社出版。

2003 年

上海交通大学国际与公共事务学院成立并下设比较政治系,成为国内第一个以"比较政治"命名的大学科系。

北京大学设立政党研究中心,金安平任主任。

山东大学成立政党研究所,王韶兴任所长。

清华大学设立政府创新研究中心和应急管理研究基地。

复旦大学创办《复旦政治学评论》。

北京大学主持编辑出版《中国政治学年鉴》,前后共三本(2002;2003—2005;2006—2008)。

〔德〕罗伯特·米歇尔斯著《寡头统治铁律——现代民主制度中的政党社会学》中译本由天津人民出版社出版。

〔法〕福柯著《规训与惩罚》中译本由生活·读书·新知三联书店出版。

〔美〕列奥·施特劳斯著《自然权利与历史》中译本由生活·读书·新知三联书店出版。

〔英〕伯恩斯坦著《社会主义的前提条件》中译本由中国政法大学出版社出版。

〔英〕斯金纳著《自由主义之前的自由》中译本由生活·读书·新知三联书店出版。

〔美〕德沃金著《至上的美德：平等的理论与实践》中译本由江苏人民出版社出版。

2004 年

中共中央发出《关于进一步繁荣发展哲学社会科学的意见》，提出实施马克思主义理论研究和建设工程。之后，中共中央办公厅转发《中央宣传思想工作领导小组关于实施马克思主义理论研究和建设工程的意见》，对实施工程作出部署。

南开大学周恩来政府管理学院成立，朱光磊任院长。

厦门大学公共事务学院成立，陈振明任院长。

华南理工大学政治与公共管理学院成立，2009 年行政管理系独立建院，更名为公共管理学院。

中山大学成立电子政务研究中心，蔡立辉为负责人。

北京师范大学设立高校党建研究中心和中国农民问题研究中心，张静如、孙津分别任主任。

中国统一战线理论研究会政党理论北京研究基地成立。

北京大学出版社陆续推出宁骚主编"比较政府与政治译丛"。

〔英〕欧克肖特著《政治中的理性主义》中译本由上海译文出版社出版。

〔美〕保罗·A. 萨巴蒂尔著《政策过程理论》中译本由生活·读书·新知三联书店出版。

〔德〕施密特著《政治的概念》中译本由上海人民出版社出版。

2005年

浙江大学公共管理学院成立,姚先国任院长。

北京大学公民社会研究中心成立,李景鹏任主任。

复旦大学与上海市政府应急管理委员会合作成立应急管理研究中心,竺乾威任中心主任。

清华大学创办《国际政治科学》。

〔美〕约瑟夫·奈著《软力量:世界政坛成功之道》中译本由东方出版社出版。

〔波〕亚当·普沃斯基著《民主与市场:东欧与拉丁美洲的政治经济改革》中译本由北京大学出版社出版。

〔美〕戴维·杜鲁门著《政治过程——政治利益与公共舆论》中译本由天津人民出版社出版。

2006年

中共十六届六中全会通过了《中共中央关于构建社会主义和谐社会若干重大问题的决定》,历史上第一次把"提高构建社会主义和谐社会的能力"作为党执政能力的一个重要方面明确提出。

浙江大学非传统安全与和平发展研究中心成立,王逸舟担任名誉主任,余潇枫任主任。

中央编译出版社开始陆续推出俞可平主编"协商民主译丛"。

商务印书馆开始陆续推出杨德山主编"当代西方政党研究译丛"。

北京大学出版社陆续出版俞可平主编"北京大学政府创新论丛"。

〔美〕古丁、克林格曼主编《政治科学新手册》(上、下)中译本由生活·读书·新知三联书店出版。

〔美〕罗伯特·达尔著《民主及其批评者》中译本由吉林人民出版社出版。

2007 年

中国共产党第十七次全国代表大会召开，胡锦涛做题为《高举中国特色社会主义伟大旗帜，为夺取全面建设小康社会新胜利而奋斗》的报告，将全面建设小康社会确立为党和国家到 2020 年的奋斗目标，报告对科学发展观的时代背景、科学内涵和精神实质进行了全面阐述，对深入贯彻落实科学发展观提出了明确要求。

中国政法大学设立危机管理研究中心，李程伟任中心主任，2015 年更名为地方治理与危机管理研究中心。

中国人民大学成立非营利组织研究所，康晓光担任所长，2016 年更名为中国公益创新研究院。

英国诺丁汉大学成立当代中国政治研究院。

英国著名政治学家吉登斯应邀参加在中山大学举行的"吉登斯与现代社会理论"学术研讨会上，与中国学者进行了密切交流。

美国著名学者桑德尔访问中国并发表题为《全球化时代的政治认同》学术演讲。

中国政治学会副会长，国务院学位委员会法学学科评议组成员，国家哲学社会科学基金政治学学科评审组副组长，教育部人文社会科学专家咨询委员会委员，著名政治学家、法学家王惠岩先生逝世。

中国人民大学出版社开始陆续推出任剑涛主编"当代西方政治学前沿译丛"和"海外政治学研究方法丛书"。

吉林出版集团有限责任公司开始陆续推出"当代西方学术文库·西方公民理论书系"。

俞可平在《北京日报》发表《民主是个好东西》一文，引发理论界关于民主问题的大讨论。

武汉大学创办《珞珈政治学评论》。

〔美〕西达·斯考切波著《国家与社会革命：对法国、俄国和中国的比较分析》中译本由上海人民出版社出版。

〔美〕罗伯特·达尔著《美国宪法的民主批判》中译本由东方出版社出版。

〔美〕曼瑟·奥尔森著《国家的兴衰：经济增长、滞涨和社会僵化》中译本由上海人民出版社出版。

〔英〕卡尔·波兰尼著《大转型：我们时代的政治与经济的起源》中译本由浙江人民出版社出版。

2008 年

中国人民大学比较政治研究所成立，杨光斌任所长。

北京大学成立中国政府治理研究中心，徐湘林任主任。

华东政法大学政治学研究院成立，李路曲任院长。2012 年更名为政治学研究所。

广东省出版集团有限公司、广东省行政体制改革研究中心主办，中山大学中国公共管理研究中心、广东省行政管理学会协办的公共行政类专业学术期刊《公共行政评论》创刊。

〔美〕汉娜·阿伦特著《极权主义的起源》中译本由生活·读书·新知三联书店出版。

〔法〕让·博丹、〔美〕朱利安·H.富兰克林著《主权论》中译本由北京大学出版社出版。

〔美〕查尔斯·蒂利著《欧洲的抗争与民主：1650—2000》中译本由格

致出版社出版。

2009 年

教育部学位与研究生教育发展中心开展了第二轮政治学学科评估，北京大学和中国人民大学以 83 分排名第一。

中山大学成立廉政与治理研究中心，中山大学党委书记郑德涛和省纪委副书记丘海担任主任。

作为马克思主义理论研究和建设工程重要成果的 10 卷本《马克思恩格斯文集》和 5 卷本《列宁专题文集》中译本出版。

〔德〕尤尔根·哈贝马斯著《合法性危机》中译本由上海人民出版社出版。

2010 年

中山大学政治科学系编辑出版《中大政治学评论》。

第一届北京政治学青年论坛召开。

比较政治学与中国政治发展学术研讨会召开。

美国著名政治学家菲利普·施密特应邀访问中国，并在复旦大学、南开大学、吉林大学等地发表演讲。

英国肯特大学政治学教授，世界著名马克思主义学者戴维·麦克莱伦教授来应邀到北京大学马克思主义学院发表题为《西方马克思主义的演化及前沿问题》的演讲。

〔美〕安东尼·唐斯著《民主的经济理论》中译本由上海人民出版社出版。

〔美〕布鲁斯·布尔诺·德·梅斯奎塔、阿拉斯泰尔·史密斯著《独裁者手册：为什么坏行为几乎总是好政治》中译本由江苏文艺出版社出版。

〔美〕利昂·P.巴拉达特著《意识形态的起源和影响》中译本由世界图书出版公司出版。

〔英〕芬纳著《统治史（卷一）：古代的王权和帝国——从苏美尔到罗马》中译本由华东师范大学出版社出版。

2011年

埃莉诺·奥斯特罗姆应中国人民大学公共政策研究院邀请访问中国，并在逸夫会议中心做了《多中心、自主治理与发展：共同努力提供公益物品》的学术报告。

〔美〕詹姆斯·马奇、〔挪〕约翰·奥尔森著《重新发现制度：政治的组织基础》中译本由生活·读书·新知三联书店出版。

〔美〕罗伯特·帕特南著《独自打保龄球》中译本由北京大学出版社出版。

〔美〕戴维·阿普特著《现代化的政治》中译本由中央编译出版社出版。

〔美〕阿拉斯戴尔·麦金泰尔著《追寻美德》中译本由译林出版社出版。

〔美〕列奥·施特劳斯著《什么是政治哲学》中译本由华夏出版社出版。

2012年

中国共产党第十八次全国代表大会召开。十八大报告强调，全面建成小康社会必须以更大的政治勇气和智慧，不失时机深化重要领域改革，坚决破除一切妨碍科学发展的思想观念和体制机制弊端。报告同时强调把制度建设摆在突出位置,充分发挥我国社会主义政治制度优越性,坚持走中国特色社会主义政治发展道路。

中共中央政治局会议审议通过《十八届中央政治局关于改进工作作风、密切联系群众的八项规定》。

教育部学位与研究生教育发展中心开展了第三轮政治学学科评估,其中北京大学、中国人民大学、复旦大学以89分并列榜首。

北京大学国际关系学院成立比较政治学系,许振洲任主任。

复旦大学陈树渠比较政治发展研究中心成立,陈明明任主任。

中山大学民意调查研究中心成立,马骏为负责人。

中国政法大学台湾研究中心、东亚国际问题研究中心和朝鲜半岛研究中心成立,吴琼恩、孙承、戚保良分别担任各中心负责人。

政治学家,当代中国政治学主要奠基人之一,北京大学亚太研究院学术委员会主任,北京大学中国国情研究中心名誉主任,中国政治学会顾问,北京市政治学行政学会名誉会长赵宝煦先生逝世。

美国著名政治学家约瑟夫·奈应北京大学马克思主义学院、北京大学中国文化研究中心之邀访问了北京大学,并做了题为《中国软实力崛起》的演讲。

〔英〕弗里德里希·冯·哈耶克著《自由宪章》中译本由中国社会科学出版社出版。

2013年

中共十八届三中全会审议通过《中共中央关于全面深化改革若干重大问题的决定》。全会强调,全面深化改革的总目标是完善和发展中国特色社会主义制度,推进国家治理体系和治理能力现代化。

十二届全国人大一次会议批准通过《国务院机构改革和职能转变

方案》。

吉林大学设立廉政研究与教育中心,刘晓民担任主任。

中国政法大学成立中国政府改革和发展研究中心、中国周边安全研究中心和中国诚信建设研究中心,石亚军、刘长敏、胡明分别担任中心主任。

美国著名政治学家罗纳德·英格尔哈特访问中国,于社会科学文献出版社做了题为《迈向后现代社会的价值观念革命》的报告,并与中国学者展开了深入交流。

〔美〕罗纳德·英格尔哈特著《现代后与后现代化:43个国家的文化、经济与政治变迁》中译本由社会科学文献出版社出版。

〔美〕迈克尔·罗斯金著《国家的常识:政权·地理·文化》中译本由世界图书出版公司出版。

2014 年

中共十八届四中全会审议通过《中共中央关于全面推进依法治国若干重大问题的决定》,明确提出全面推进依法治国的总目标是建设中国特色社会主义法治体系,建设社会主义法治国家。

〔美〕加里·金、罗伯特·基欧汉、悉尼·维巴著《社会科学中的研究设计》中译本由格致出版社出版。

〔英〕芬纳著《统治史(卷二、卷三):中世纪的帝国统治和代议制的兴起——从拜占庭到威尼斯》中译本由华东师范大学出版社出版。

2015 年

高等教育出版社创办《马克思主义理论学科研究》。

复旦大学创立政治学英文期刊 *Chinese Political Science Review*。

俞可平辞去中共中央编译局副局长，受聘担任北京大学政治学讲席教授、政府管理学院院长。

北京大学成立中国政治学研究中心，俞可平任中心主任。

浙江大学成立公共服务与绩效评估研究中心，胡税根任中心主任。

中央编译出版社陆续推出"十二五"规划重大出版项目"世界主要政党规章制度文献"丛书，共20卷。

中央文献出版社推出俞可平主编"协商民主研究丛书"。

〔美〕迈克尔·曼著《社会权力的来源（1—4卷）》中译本由上海世纪出版股份有限公司出版。

〔美〕罗伯特·D.帕特南著《让民主运转起来》中译本由中国人民大学出版社出版。

2016年

北京大学、清华大学、中国人民大学等11所北京高校的中国特色社会主义理论研究协同创新中心成立。

浙江大学创立政治学英文期刊 *Journal of Chinese Governance*。

应北京大学邀请，著名历史学家、思想史"剑桥学派"代表人物、伦敦大学玛丽女王学院巴伯·博蒙特人文科学教授昆廷·斯金纳访问北大并发表系列演讲。

〔澳〕约翰·基恩著《生死民主（上、下卷）》中译本由中央编译出版社出版。

〔英〕拉斯基著《国家的理论与实际》中译本由上海社会科学院出版社出版。

〔美〕佩里·安德森著《绝对主义国家的系谱》中译本由上海人民出版社出版。

2017 年

中共中央印发了《关于加快构建中国特色哲学社会科学的意见》,对加快构建中国特色哲学社会科学作出全面部署。

教育部学位与研究生教育发展中心开展了第四轮政治学学科评估,评估首次采用"分档"的方式进行,其中北京大学和复旦大学评估结果为A+,一共有七所高校政治学学科评估结果为A类。

北京大学、清华大学、中国人民大学、复旦大学、华中师范大学和外交学院六所院校的政治学系入选"一流学科"建设名单。

北京大学政府管理学院、城市与环境学院、产业技术研究院、数字中国研究院、中国政治学研究中心和林肯城市发展与土地政策研究中心等六家单位共同发起成立北京大学城市治理研究院,俞可平任院长。

中国政治学会顾问,中国行政管理学会顾问,新中国政治学"五老"之一,苏州大学政治与公共管理学院教授丘晓先生逝世。

2018 年

北京大学、清华大学、复旦大学分别位列 QS 世界大学排行榜"政治与国际关系学"学科排名第 26,第 35 和第 48 位。此前,中国大学在 QS 世界大学"政治与国际关系学"学科排行榜的最高排名是复旦大学在 2014 年达到的第 19 位。

北京大学举行新书出版座谈会,推出《马克思主义历史考证大辞典》中文版(第一卷)(商务印书馆出版)、"马克思主义经典著作基本观点研究丛书"(12 卷)(人民出版社出版)和《马克思主义简明读本》(人民出版社出版)。

中国人民大学国际关系学院创办《世界政治研究》。

北京大学政府管理学院牵头,联合中国政治学研究中心、北京大学法学院、社会学系,自2018年9月起,设立"政治、法律与社会"本科生联合培养项目。

中国现代行政法学的开拓者、奠基人,北京大学政府管理学院名誉院长罗豪才先生逝世。

著名学者、政治学家,中国人民大学国际关系学院一级教授高放先生逝世。

参考文献

阿尔蒙德、维伯:《公民文化:五个国家的政治态度和民主制》,徐湘林等译,北京:华夏出版社,1989年。

包刚升:《被误解的民主》,北京:法律出版社,2015年。

包刚升:《民主崩溃的政治学》,北京:商务印书馆,2014年。

薄贵利:《近现代地方政府比较》,北京:光明日报出版社,1988年。

贝淡宁:《贤能政治:为什么尚贤制比选举民主制更适合中国》,吴万伟译,北京:中信出版集团,2016年。

曹林主编:《民主政治比较分析》,哈尔滨:黑龙江人民出版社,1994年。

曹沛霖、徐宗士主编:《比较政府体制》,上海:复旦大学出版社,1993年。

曹长盛主编:《民主社会主义模式比较研究》,长春:东北师范大学出版社,1996年。

陈国权:《责任政府:从权力本位到责任本位》,杭州:浙江大学出版社,2009年。

陈国权:《政治监督论》,上海:学林出版社,2000年。

陈嘉陵主编:《各国地方政府比较研究》,武汉:武汉出版社,1991年。

陈朋:《国家与社会合力互动下的乡村协商民主实践:温岭案例》,上海:上海人民出版社,2012年。

陈苏镇主编:《中国古代政治文化研究》,北京:北京大学出版社,2009年。

陈尧:《新权威主义政权的民主转型》,上海:上海人民出版社,2006年。

陈尧:《新兴民主国家的民主巩固》,上海:上海人民出版社,2011年。

陈元中、陶维兵:《中西方政党执政比较初探》,北京:中共中央党校出版社,2007年。

褚松燕:《中外非政府组织管理体制比较》,北京:国家行政学院出版社,2008年。

邓初民:《新政治学大纲》,北京:商务印书馆,2011年。

邓大才:《湖村经济:中国洞庭湖区农民的经济生活》,北京:中国社会科学出版社,2006年。

邓伟志主编:《变革社会中的政治稳定》,上海:上海人民出版社,1997年。

邓小平:《邓小平文选》第2卷,北京:人民出版社,1994年。

邓正来、J. C. 亚历山大主编:《国家与市民社会:一种社会理论的研究路径》,北京:中央编译出版社,1998年。

邓正来、郝雨凡编:《转型中国的社会正义问题》,桂林:广西师范大学出版社,2013年。

邓正来、郝雨凡主编:《中国人文社会科学三十年:回顾与前瞻》,上海:复旦大学出版社,2008年。

邓正来:《国家与社会——中国市民社会研究》,成都:四川人民出版社,1997年。

邓正来主编:《布莱克维尔政治学百科全书》,北京:中国政法大学出版社,1992年。

房宁:《自由、威权、多元——东亚政治发展研究报告》,北京:社会科学文献出版社,2009年。

高丙中、袁瑞军主编:《中国公民社会发展蓝皮书》,北京:北京大学出版社,2008年。

高奇琦:《国外政党与公民社会的关系——以欧美和东亚为例》,北京:中央编译出版社,2011年。

高伟、佟德志主编:《党内民主》,天津:天津人民出版社,2010年。

高小平、王丽平主编:《服务型政府导论》,北京:人民出版社,2009年。

高毅:《法兰西风格:大革命的政治文化》,杭州:浙江人民出版社,1991年。

郭苏建主编:《政治科学与中国政治研究——学科发展现状评析》,上海:上海人民出版社,2016年。

郭台辉、余慧元译编:《历史中的公民概念》,天津:天津人民出版社,2013年。

郭忠华:《公民身份的核心问题》,北京:中央编译出版社,2016年。

过勇:《中国国家廉政体系研究》,北京:中国方正出版社,2007年。

何包钢:《协商民主:理论、方法和实践》,北京:中国社会科学出版社,2008年。

何俊志、任军锋、朱德米编译:《新制度主义政治学译文精选》,天津:天津人民出版社,2007年。

何增科:《反腐新路:转型期中国腐败问题研究》,北京:中央编译出版社,2002年。

何增科:《公民社会与民主治理》,北京:中央编译出版社,2007年。

黄清吉:《论国家能力》,北京:中央编译出版社,2013年。

黄卫平:《中国政治体制改革纵横谈》,北京:中央编译出版社,1998年。

江泽民:《论"三个代表"》,北京:中央文献出版社,2001年。

姜晓萍、田昭等:《基本公共服务均等化:知识图谱与研究热点述评》,北京:中国人民大学出版社,2016年。

姜晓萍主编:《建设服务型政府与完善地方公共服务体系》,北京:中央编译出版社,2015年。

金观涛、刘青峰:《开放中的变迁:再论中国社会超稳定结构》,北京:法律出版社,2011年。

金观涛、刘青峰:《兴盛与危机:论中国社会超稳定结构》,北京:法律出版社,2011年。

金观涛、刘青峰:《中国现代思想的起源:超稳定结构与中国政治文化的演变》,北京:法律出版社,2011年。

景跃进、张小劲、余逊达主编:《理解中国政治——关键词的方法》,北京:中国社会科学出版社,2012年。

景跃进:《当代中国农村"两委关系"的微观解析与宏观透视》,北京:中央文献出版社,2004年。

李斌:《网络政治学导论》,北京:中国社会科学出版社,2006年。

李传军:《管理主义的终结——服务型政府兴起的历史与逻辑》,北京:中国人民大学出版社,2007年。

李凤军:《论人大的监督权》,北京:中国政法大学出版社,2015年。

李景鹏:《中国政治发展的理论研究纲要》,哈尔滨:黑龙江人民出版社,2000年。

李景鹏主编:《政治管理学概论》,北京:高等教育出版社,1991年。

李林:《立法机关比较研究》,北京:人民日报出版社,1991年。

李路曲:《政党政治与政治发展》,北京:中央编译出版社,2016年。

李元书:《政治发展导论》,北京:商务印书馆,2001年。

李泽厚:《中国古代思想史论》,北京:人民出版社,1986年。

梁琴、钟德涛:《中外政党制度比较》,北京:商务印书馆,2013年。

林尚立:《党内民主:中国共产党的理论与实践》,上海:上海社会科学院出版社,2001年。

刘建军:《当代中国政治思潮》,上海:复旦大学出版社,2010年。

刘圣中:《历史制度主义:制度变迁的比较历史研究》,上海:上海人民出版社,2010年。

刘文富:《网络政治:网络社会与国家治理》,北京:商务印书馆,2002年。

罗豪才、吴撷英:《资本主义国家的宪法和政治制度》,北京:北京大学出版社,1983年。

马德普主编:《当代中国政治思潮(改革开放以来)》,天津:天津人民出版社,2016年。

马克·I.利希巴赫、阿兰·S.朱克曼编:《比较政治:理性、文化和结构》,储建国等译,北京:中国人民大学出版社,2008年。

马庆钰:《告别西西弗斯:中国政治文化分析与展望》,北京:中国社会科学出版社,2002年。

马雪松:《政治世界的制度逻辑——新制度主义政治学理论研究》,北京:光明日报出版社,2013年。

毛寿龙、李梅、陈幽泓:《西方政府的治道变革》,北京:中国人民大学出版社,1998年。

闵琦:《中国政治文化——民主政治难产的社会心理因素》,昆明:云南人民出版社,1989年。

莫吉武:《当代中国政治监督体制研究》,北京:中国社会科学出版社,2002年。

庞金友:《现代西方国家与社会关系理论》,北京:中国政法大学出版社,2006年。

祁玲玲:《制度设计与民主发展——基于91个第三波民主国家的定量定性混合分析》,北京:中国社会科学出版社,2017年。

乔耀章:《政府理论》,苏州:苏州大学出版社,2000年。

秦前红、孙莹、黄明涛:《地方人大监督权》,北京:法律出版社,2013年。

邱敦红:《中西民主政治论》,北京:中国工人出版社,1993年。

荣敬本等:《从压力型体制向民主合作体制的转变:乡县两级政治体制改革》,北京:中央编译出版社,1998年。

汝信主编:《新时期中国政治学发展20年:1980—2000》,北京:中国社会科学出版社,2001年。

沙莲香主编:《中国民族性》,北京:中国人民大学出版社,1989年。

施雪华:《政治现代化比较研究》,武汉:武汉大学出版社,2006年。

史卫民等:《中国社区居民委员会选举研究》,北京:中国社会科学出版社,2009年。

司法公正权威与司法监督的关系课题组:《司法监督制度研究》,北京:法律出版社,2015年。

孙正甲:《政治文化学概论》,哈尔滨:黑龙江人民出版社,1996年。

谈火生:《民主审议与政治合法性》,北京:法律出版社,2007年。

唐睿:《体制性吸纳与东亚国家政治转型:韩国、新加坡和菲律宾的比较分析》,北京:中央编译出版社,2014年。

仝志辉:《选举事件与村庄政治:村庄社会关联中的村民选举参与》,北京:中国社会科学出版社,2004年。

佟德志主编:《比较政治文化导论:民主多样性的理论思考》,北京:高等教育出版社,2011年。

王邦佐、李惠康主编:《西方政党制度社会生态分析》,上海:学林出版社,1997年。

王炳权:《当代中国政治思潮研究》,北京:中国社会科学出版社,2015年。

王沪宁、竺乾威主编:《行政学导论》,上海:上海三联书店,1988年。

王沪宁:《比较政治分析》,上海:上海人民出版社,1987年。

王沪宁:《当代中国村落家族文化:对中国社会现代化的一项探索》,上海:上海人民出版社,1991年。

王沪宁:《行政生态分析》,上海:复旦大学出版社,1989年。

王乐理:《政治文化导论》,北京:中国人民大学出版社,2000年。

王名、刘国翰、何建宇:《中国社团改革:从政府选择到社会选择》,北京:社会科学文献出版社,2001年。

王名主编:《中国非政府公共部门:清华发展研究报告2003》,北京:清华大学出版社,2004年。

王浦劬编:《政治学基础》,北京:北京大学出版社,1995年。

王浦劬主编:《中国高校哲学社会科学发展报告1978—2008:政治学》,桂林:广西师范大学出版社,2008年。

王浦劬主编:《中国政治学学术发展回顾与规划(2006—2015)》,天津:天津人民出版社,2011年。

王绍光、胡鞍钢:《中国国家能力报告》,沈阳:辽宁人民出版社,1993年。

王绍光:《民主四讲》,北京:生活·读书·新知三联书店,2008年。

王淼:《民主政治视野下的精英治理:西方精英主义政治理论研究》,北京:中国法制出版社,2014年。

王长江、姜跃等:《现代政党执政方式比较研究》,上海:上海人民出版社,2012年。

王长江:《政党的危机:国外政党运行机制研究》,北京:改革出版社,1996年。

王长江:《政党论》,北京:人民出版社,2009年。

王长江:《政党政治原理》,北京:中共中央党校出版社,2009年。

王长江主编:《党政关系研究》,北京:中共中央党校出版社,2015年。

吴大英、任允正、李林:《比较立法制度》,北京:群众出版社,1992年。

吴大英、任允正:《立法制度比较研究》,北京:法律出版社,1981年。

吴惕安、俞可平主编:《当代西方国家理论评析》,西安:陕西人民出版社,1994年。

吴毅:《村治变迁中的权威与秩序》,北京:中国社会科学出版社,2002年。

吴忠民:《社会公正论》,济南:山东人民出版社,2004年。

伍俊斌:《公民社会基础理论研究》,北京:人民出版社,2010年。

项继权:《外国农村基层建制》,武汉:华中师范大学出版社,1995年。

肖滨、郭忠华、郭台辉:《现代政治中的公民身份》,上海:上海人民出版社,2010年。

肖滨主编:《中国政治学年度评论(2016)》,北京:商务印书馆,2017年。

熊易寒:《城市化的孩子》,上海:上海人民出版社,2010年。

徐湘林:《寻求渐进政治改革的理性:理论、路径与政策过程》,北京:中国物资出版社,2009年。

闫飞飞:《谁是代表,代表什么:代表理论研究》,北京:中央编译出版社,2017年。

杨柏华、明轩:《资本主义国家政治制度》,北京:世界知识出版社,1984年。

杨光斌主编:《政治学导论》,北京:中国人民大学出版社,2000年。

杨祖功、顾俊礼等:《西方政治制度比较》,北京:世界知识出版社,1992年。

叶麒麟:《社会分裂、弱政党与民主巩固》,北京:中央编译出版社,2014年。

于建嵘:《岳村政治:转型期中国乡村政治结构的变迁》,北京:商务印书馆,2001年。

俞可平:《民主与陀螺》,北京:北京大学出版社,2006年。

俞可平:《西方政治分析新方法论》,北京:人民出版社,1989年。

俞可平:《增量民主与善治——转变中的中国政治》,北京:社会科学文献出版社,2005年。

俞可平编:《中国学者论民主与法治》,重庆:重庆出版社,2008年。

俞可平等著:《中国公民社会的兴起与治理的变迁》,北京:社会科学文献出版社,2002年。

俞可平主编:《当代各国政治体制——中国》,兰州:兰州大学出版社,1998年。

俞可平主编:《治理与善治》,北京:社会科学文献出版社,2000年。

斋藤淳:《政治分肥:自民党长期政权的政治经济学》,杨帆、张帆译,上海:上海人民出版社,2017年

展江、张金玺等:《新闻舆论监督与全球政治文明:一种公民社会的进路》,北京:社会科学文献出版社,2007年。

张惠康主编:《参政党民主监督功能研究》,北京:中共中央党校出版社,2011年。

张建明:《党内监督机制研究》,北京:光明日报出版社,2008年。

张静:《基层政权:乡村制度诸问题》,上海:上海人民出版社,2007年。

张明澍:《中国"政治人"——中国公民政治素质调查报告》,北京:中国社会科学出版社,1994年。

张效敏:《马克思的国家理论》,田毅松译,上海:上海三联书店,2013年。

赵宝煦主编:《政治学概论》,北京:北京大学出版社,1982年。

赵鼎新:《民主的限制》,北京:中信出版社,2012年。

赵树凯:《乡镇治理与政府制度化》,北京:商务印书馆,2010年。

郑永年:《中国的"行为联邦制":中央—地方关系的变革与动力》,北京:东方出版社,2013年。

周飞舟、谭明智:《当代中国的中央地方关系》,北京:中国社会科学出版社,2014年。

周飞舟:《以利为利:财政关系与地方政府行为》,上海:上海三联书店,2012年。

周光辉:《论公共权力的合法性》,长春:吉林出版集团有限责任公司,2008年。

周光辉主编:《公正与治理评论:社会正义的治理之道》,长春:吉林人民出版社,2012年。

周濂:《现代政治的正当性基础》,北京:生活·读书·新知三联书店,2008年。

周淑真:《政党和政党制度比较研究》,北京:人民出版社,2013年。

周雪光:《中国国家治理的制度逻辑:一个组织学研究》,北京:生活·读书·新知三联书店,2017年。

朱天飚:《比较政治经济学》,北京:北京大学出版社,2006年。

朱云汉:《高思在云:中国兴起与全球秩序重组》,北京:中国人民大学出版社,2015年。

佐藤功:《比较政治制度》,刘庆林、张光博译,北京:法律出版社,1984年。

Andrew Heywood, *Politics*, Basingstoke: Palgrave Macmillan Press, 2002.

David Easton, *A Systems Analysis of Political Life*, New York: John Wiley, 1965.

David Easton, John G. Gunnell and Luigi Graziano, eds., *The Development of Political Science: A Comparative Survey*, London: Routledge Press, 1991.

David Easton, John G. Gunnell and Michael B. Stein, eds., *Regime and Discipline: Democracy and the Development of Political Science*, Ann Arbor: University of Michigan Press, 1995.

David Marsh and Gerry Stoker, eds., *Theories and Methods in Political Sci-*

ence, Basingstoke: Palgrave Macmillan, 2002.

Gabriel A. Almond and G. Bingham Powell, *Comparative Politics: A Developmental Approach*, Boston: Little Brown, 1966.

Gabriel A. Almond and Sidney Verba, *The Civic Culture: Political Attitudes and Democracy in Five Nations*, Princeton: Princeton University Press, 1963.

Gabriel A. Almond, *A Discipline Divided: Schools and Sects in Political Science*, London: Sage Publications, 1990.

Gary Goertz and James Mahoney, *A Tale of Two Cultures: Qualitative and Quantitative Research in the Social Sciences*, Princeton: Princeton University Press, 2012.

Harold Lasswell, *Politics: Who Gets What, When, How*, New York: P. Smith Press, 1950.

Jack Hayward, Brian Barry and Achie Brown, *The British Study of Politics in the Twentieth Century*, Oxford: Oxford University Press, 1999.

James Farr, John S. Dryzek and Stephen T. Leonard, eds. , *Political Science in History: Research Programs and Political Traditions*, Cambridge: Cambridge University Press, 1995.

Kellee S. Tsai, *Capitalism without Democracy: The Private Sector in Contemporary China*, Ithaca: Cornell University Press, 2007.

Kenneth G. Lieberthal and David M. Lampton, *Bureaucracy, Politics, and Decision Making in Post-Mao China*, Berkeley: University of California Press, 1992.

Kenneth Lieberthal and Michel Oksenberg, *Policy Making in China: Leaders, Structures, and Processes*, Princeton: Princeton University Press, 1988.

Kevin J. O'Brien and Li Lianjiang, *Rightful Resistance in Rural China*, Cambridge: Cambridge University Press, 2006.

Kristen Renwick Monroe, ed. , *Perestroika!: The Raucous Rebellion in Polit-

ical Science, New Haven: Yale University Press, 2005.

Lucian W. Pye and Sidney Verba, *Political Culture and Political Development*, Princeton: Princeton University Press, 1965.

Mark Bevir, Shannon C. Stimson and Robert Adcock, eds., *Modern Political Science: Anglo-American Exchanges since 1880*, Princeton: Princeton University Press, 2007.

Michael A. Baer, Malcolm E. Jewell and Lee Sigelman, eds., *Political Science in America: Oral Histories of a Discipline*, Lexington: University of Kentucky Press, 1991.

Robert F. Ash, Dabid L. Shambaugh and Seiichiro Takagi, *China Watching: Perspectives from Europe, Japan and the United States*, London: Routeldge, 2007.

Stephen White, *Political Culture and Soviet Politics*, London: Macmillan, 1979.

Teresa Wright, *Accepting Authoritarianism: State-Society Relations in China's Reform Era*, Stanford: Stanford University Press, 2010.

Thomas Bernstein and Lü Xiaobo, *Taxation without Representation in Contemporary Rural China*, Cambridge: Cambridge University Press, 2003.

图书在版编目（CIP）数据

中国政治学四十年 / 俞可平主编 . —北京：商务印书馆，2019.10（2022.2 重印）
（改革开放四十年与中国社会科学丛书）
ISBN 978-7-100-17207-3

Ⅰ.①中… Ⅱ.①俞… Ⅲ.①政治学－研究－中国 Ⅳ.① D6

中国版本图书馆 CIP 数据核字（2019）第 052251 号

权利保留，侵权必究。

改革开放四十年与中国社会科学丛书
中国政治学四十年
俞可平　主编

商 务 印 书 馆 出 版
（北京王府井大街36号　邮政编码100710）
商 务 印 书 馆 发 行
江苏凤凰数码印务有限公司印刷
ISBN 978-7-100-17207-3

2019年10月第1版　　开本 880×1240　1/32
2022年2月第3次印刷　印张 14½
定价：88.00元